"十二五"职业教育国家规划教材
经全国职业教育教材审定委员会审定

全国财政职业教育教学指导委员会教研课题

21世纪高职高专精品教材·新税制纳税操作实务系列

纳税会计与纳税申报实训操作

主　编／傅文清　付莉莎

第四版

中国人民大学出版社
·北京·

前　言

高等职业教育的目标是为国民经济各部门、各单位、各企业培养既具有一定的专业理论知识，又熟悉岗位工作流程、掌握岗位工作技能的一线工作岗位技能型人才。高职院校的专业与课程建设必须围绕这个目标，实现专业与行业、课堂与岗位、教学内容与岗位工作内容的无缝对接，使学生毕业即可就业，上岗即可操作。为此，我们对《纳税会计与纳税申报实训操作（第三版）》进行修订，以供财经类高职院校会计、税务专业教学和学生模拟操作。此外，我们还提供了配套学生习作，以供学生实训操作。

本教材以国家最新税收法规和会计准则为依据，所用实例取材于企业单位实际业务，所用原始票据、报表尽可能做到高度仿真，旨在为学生提供一个真实的操作环境，从而与实际工作实现无缝对接；通过专业教学和学生模拟操作，快速提高学生涉税会计核算与纳税申报的基本技能，提高学生的就业竞争力。

本教材包括八个项目：项目一工商企业增值税会计核算与纳税申报实训；项目二建筑及房地产企业增值税会计核算与纳税申报实训；项目三服务企业增值税会计核算与纳税申报实训；项目四酒类产品及化妆品生产企业消费税会计核算与纳税申报实训；项目五工商企业进出口增值税、消费税会计核算与退免税申报实训；项目六城镇土地使用税、房产税会计核算与纳税申报实训；项目七印花税、车船税会计核算与纳税申报实训；项目八企业所得税、个人所得税会计核算与纳税申报实训。项目一至项目四由傅文清教授编写，项目五至项目八由付丽莎副教授编写。全书由付丽莎副教授设计、总纂和统稿，傅文清教授主审。

由于近几年我国开始实行全面的税收制度改革，逐步推进增值税改革，不断完善个人所得税制，对会计核算影响巨大，且实训教材所涉及的信息类型多、数据信息量大，加之编者水平有限，在本次修订过程中虽然尽最大努力紧跟实际，但难免存在不尽如人意和错漏之处，望广大读者批评指正。

本教材在编写过程中借鉴吸收了国内外会计、税收专业教材的优秀成果，得到了九江市国家税务局、地方税务局、海关等专业部门的一线人员以及九江市部分工商企业财务人员和江西财经职业学院会计系、财税系教师的大力帮助，在此谨向相关作者、同人、编辑深表谢意。书中印章系电脑制作，只为增加本书票证仿真效果，别无他意。

编者

目 录

项目一 工商企业增值税会计核算与纳税申报实训

【实训目的】 通过本项目的实训操作，学生应熟练掌握工商企业增值税应税计算、涉税账务处理、纳税申报资料填制的基本技能，为从事增值税办税业务奠定良好的技能基础，实现快速上岗的目标。

【实训内容】 外购货物及劳务、购置固定资产的涉税账务处理；销售货物、自用货物的涉税账务处理；进项税转出与扣减的涉税账务处理；增值税涉税账户录入，增值税纳税申报表及其附列资料的填制与报送等。

【实训方法】 以企业常见经济业务为基础，以仿真发票和税收票证为素材，按照《增值税暂行条例》、会计准则等法规制度规范，在实训教师的指导下，由学生自己动手进行操作，在操作中深化学习，在学习中不断提高。

【实训要求】 实训前要充分学习《增值税暂行条例》和《企业会计准则》，准备好操作用通用记账凭证、增值税涉税账页、增值税纳税申报表及其附列资料；实训时务必自己动手，认真、仔细，可以互相学习和讨论，但不能抄袭或复制他人习作。

实训一　生产企业增值税会计核算与纳税申报

根据我国现行《增值税暂行条例》的规定，增值税一般纳税人采用购进扣税法计算应征收的增值税，在这种计税方法下，增值税涉税账务处理不仅涉及应税账务处理，还涉及外购货物进项税、销售货物销项税的账务处理。

一、企业基本资料

微州阳光家用电器股份有限公司于 2005 年 4 月 8 日经微州市工商行政管理局注册登记成立，同年 4 月 15 日办理开业税务登记和增值税一般纳税人认定。经主管税务机关核定，该公司采用查账征收方式，按月申报缴纳增值税。其基本资料如下：

（1）公司注册类型：股份有限公司；统一社会信用代码：91560101000022334A；计算机管理代码：00056784；法定代表人：陈三杰；财务负责人：宋江涛；办税员：王朝阳；公司电话：0781－6560208。

（2）公司注册地址：微州市开发区阳光大道 58 号；生产经营范围：彩电、冰箱、洗衣机、抽油烟机、微波炉等家用电器的生产与销售；开户银行：中国工商银行微州市支行开发区分理处，账号：2345－667788，网银缴税专用账号：2345－667755。

(3) 国税主管机关：微州市开发区国家税务局；组织机构代码：000234512；办税服务厅经办人：李天祥；电话：0781－6239966。地税主管机关：微州市开发区地方税务局；组织机构代码：000251112；办税服务厅经办人：陈天菊；电话：0781－6512446。

二、涉税业务资料

以微州阳光家用电器股份有限公司2019年7月的增值税涉税业务为例，以仿真票据单证为载体进行列示，学生按照业务发生顺序逐笔填制记账凭证，进行账务处理，月末登记增值税及附加税费账户，并编制相关纳税申报资料。

【业务1】 7月6日，缴纳上月增值税，取得开户银行开出的“电子缴税付款凭证”第二联付款回单，通过网银缴税专用账户缴纳6月应纳增值税57 000元、城建税3 990元、教育费附加1 710元。

要求：进行缴纳增值税、城建税及教育费附加的账务处理，填制2张通用记账凭证。

工商银行电子缴税付款凭证

转账日期：2019年7月6日　　凭证字号：120805002345123

付款人全称	微州阳光家用电器股份有限公司	征收机关名称	微州市开发区国家税务局
付款人账号	2345－667788	收款国库名称	中华人民共和国国家金库微州市中心支库
付款人开户银行	中国工商银行微州市支行开发区分理处	小写（合计）金额	57 000.00
缴款书交易流水号	2019050200123456	大写（合计）金额	伍万柒仟元整

税（费）名称	所属日期	实缴金额
增值税	2019年6月1日至2019年6月30日	57 000.00

第　次打印　作付款回单　无银行收讫章无效　记账　复核　打印时间：2019年7月6日

（印章：工行微州市支行开发区分理处 2019－7－6 转账 转讫）

电子缴库专用缴款书使用方法

电子缴库专用缴款书由企业填写，用于通知银行划缴税款，不作为企业会计核算的原始凭证。

工商银行电子缴税付款凭证

转账日期：2019年7月6日　　　　凭证字号：120805002345124

付款人全称	微州阳光家用电器股份有限公司	征收机关名称	微州市开发区地方税务局
付款人账号	2345－667788	收款国库名称	中华人民共和国国家金库微州市开发区国库
付款人开户银行	中国工商银行微州市支行开发区分理处	小写（合计）金额	5 700.00
缴款书交易流水号	2019050200123457	大写（合计）金额	伍仟柒佰元整

税（费）名称	所属日期	实缴金额
城建税	2019年6月1日至2019年6月30日	3 990.00
教育费附加	2019年6月1日至2019年6月30日	1 710.00

工行微州市支行开发区分理处　2019－7－6　转账　转讫

第　次打印　作付款回单　无银行收讫章无效　记账　复核　打印时间：2019年7月6日

电子缴税付款凭证使用方法

电子缴税付款凭证由开户银行填写，是证明企业缴纳税款的凭证，也是纳税人会计核算的原始凭证。

【业务2】 7月8日，购进一批原材料（电子元器件），通过银行转账支付货款，取得增值税专用发票的发票联和抵扣联（所附货物运输信息清单略）。

要求：进行开具汇票、采购货物、支付运费、转回余款的账务处理，填制4张通用记账凭证。

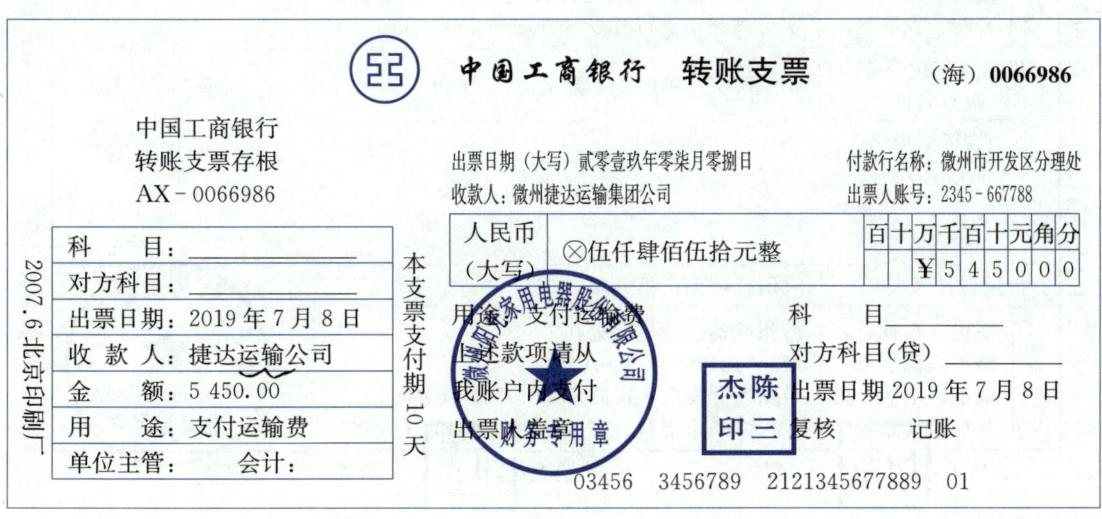

中国工商银行　转账支票　（海）0066986

中国工商银行
转账支票存根
AX－0066986

科　　目：
对方科目：
出票日期：2019年7月8日
收 款 人：捷达运输公司
金　　额：5 450.00
用　　途：支付运输费
单位主管：　　会计：

2007.6北京印刷厂

本支票支付期10天

出票日期（大写）贰零壹玖年零柒月零捌日　　付款行名称：微州市开发区分理处
收款人：微州捷达运输集团公司　　出票人账号：2345－667788

人民币（大写）	⊗伍仟肆佰伍拾元整	百	十	万	千	百	十	元	角	分
				¥	5	4	5	0	0	0

用途 支付运输费　　科　　目
上述款项请从　　对方科目（贷）
我账户内支付　　出票日期2019年7月8日
出票人签章　　复核　　记账

微州阳光家用电器股份有限公司 财务专用章　　杰陈印三

03456　3456789　2121345677889　01

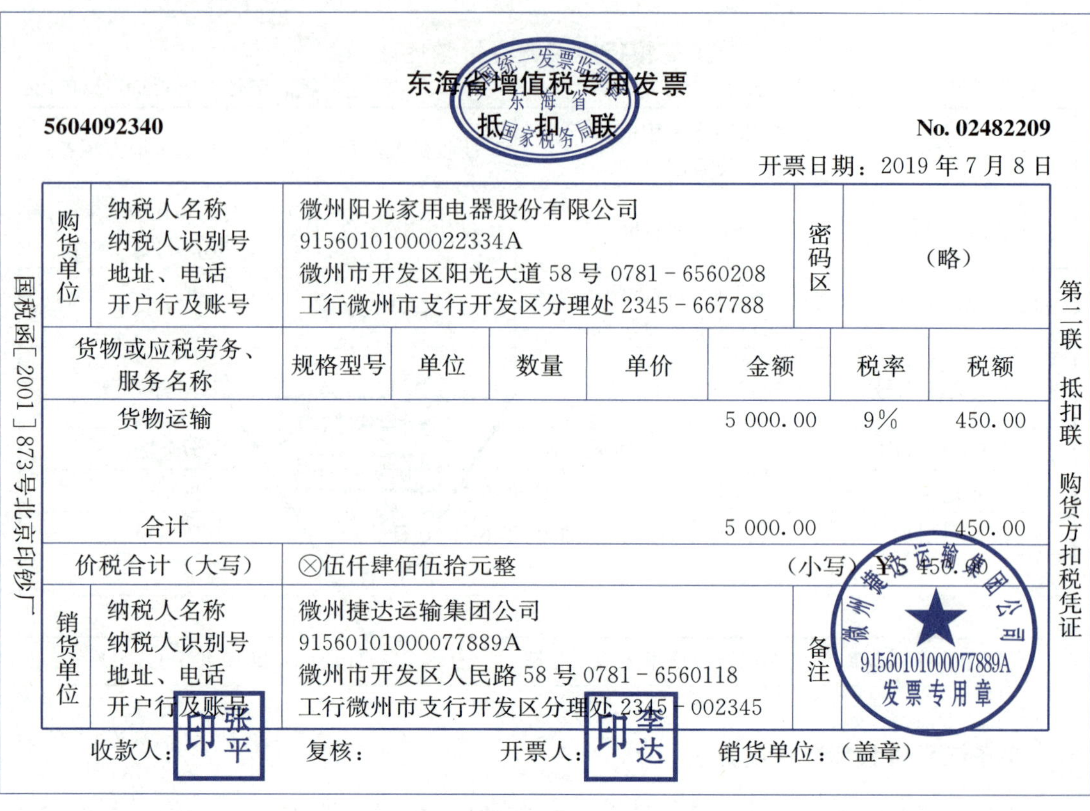

东海省增值税专用发票

抵扣联

5604092340　　No. 02482209

开票日期：2019 年 7 月 8 日

购货单位	纳税人名称 纳税人识别号 地址、电话 开户行及账号	微州阳光家用电器股份有限公司 91560101000022334A 微州市开发区阳光大道 58 号 0781－6560208 工行微州市支行开发区分理处 2345－667788			密码区	（略）	
货物或应税劳务、服务名称	规格型号	单位	数量	单价	金额	税率	税额
货物运输					5 000.00	9%	450.00
合计					5 000.00		450.00
价税合计（大写）	⊗伍仟肆佰伍拾元整				（小写）￥5 450.00		
销货单位	纳税人名称 纳税人识别号 地址、电话 开户行及账号	微州捷达运输集团公司 91560101000077889A 微州市开发区人民路 58 号 0781－6560118 工行微州市支行开发区分理处 2345－002345			备注		

收款人：张平印　复核：　开票人：李达印　销货单位：（盖章）

国税函[2001]873号北京印钞厂

第二联 抵扣联 购货方扣税凭证

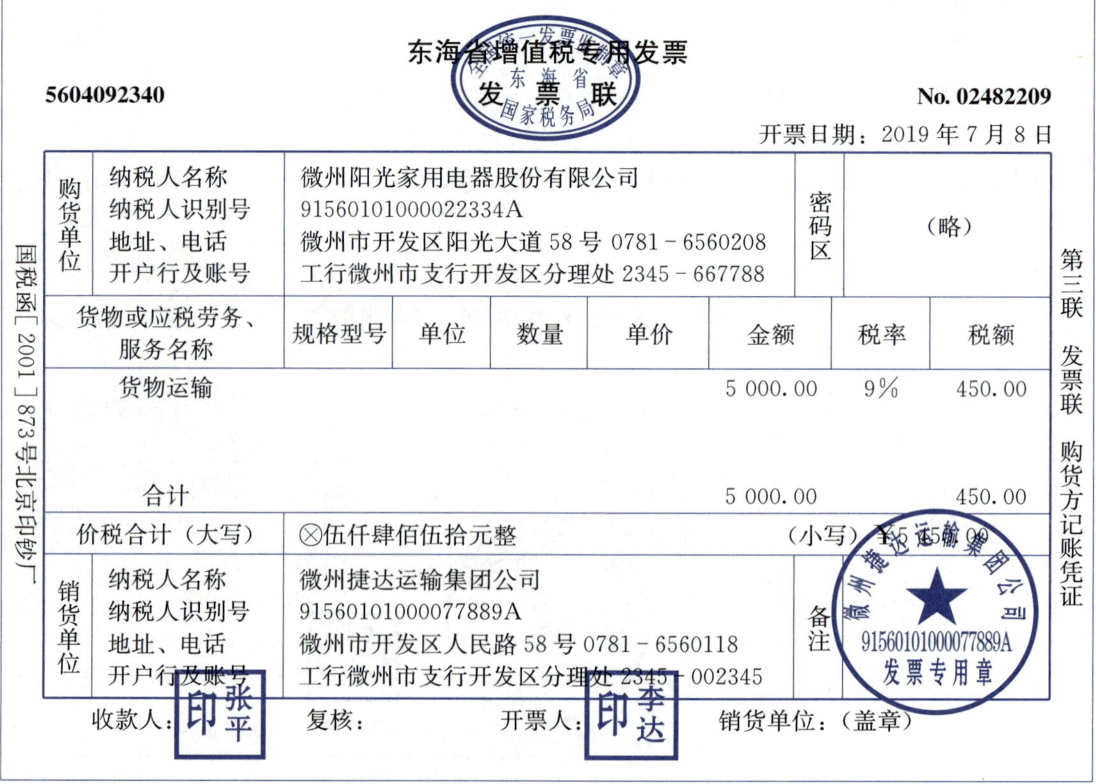

东海省增值税专用发票

发票联

5604092340　　No. 02482209

开票日期：2019 年 7 月 8 日

购货单位	纳税人名称 纳税人识别号 地址、电话 开户行及账号	微州阳光家用电器股份有限公司 91560101000022334A 微州市开发区阳光大道 58 号 0781－6560208 工行微州市支行开发区分理处 2345－667788			密码区	（略）	
货物或应税劳务、服务名称	规格型号	单位	数量	单价	金额	税率	税额
货物运输					5 000.00	9%	450.00
合计					5 000.00		450.00
价税合计（大写）	⊗伍仟肆佰伍拾元整				（小写）￥5 450.00		
销货单位	纳税人名称 纳税人识别号 地址、电话 开户行及账号	微州捷达运输集团公司 91560101000077889A 微州市开发区人民路 58 号 0781－6560118 工行微州市支行开发区分理处 2345－002345			备注		

收款人：张平印　复核：　开票人：李达印　销货单位：（盖章）

国税函[2001]873号北京印钞厂

第三联 发票联 购货方记账凭证

付款期限 壹个月	中国工商银行 银行汇票	2	地名 BA 01	0034257812
出票日期（大写）	贰零壹玖年柒月叁日	代理付款行：工行庐州市支行中山路分理处　行号：0351		
收款人：庐州兴达电子有限责任公司		账号：0351－779988		
出票金额	人民币（大写）⊗伍拾柒万元整	570 000.00		
申请人：微州阳光家用电器股份有限公司		账号：2345－667788		
出票行：工行微州市支行开发区分理处　行号：2345		密押：	科目（借）____	
备注：		多余金额	对方科目______	
凭票付款		十 万 千 百 十 元 角 分	兑付日期：2019 年 7 月 8 日	
出票行签章		0 0 5 0 0 0 0 0	复核　　记账	

第一联　存根　付款方记账传票

进货发票认证方法

防伪税控系统用户在纳税申报前应将增值税专用发票抵扣联、进口增值税完税凭证进行认证。发票认证方式有纳税人购置扫描仪进行网上认证，委托会计师事务所等中介机构进行网上认证，自带发票到主管税务机关办税服务厅认证窗口办理认证。

根据国家税务总局 2015 年第 99 号公告，货物运输增值税专用发票从 2016 年 8 月 1 日起停止使用，换用增值税专用发票或增值税普通发票。

江南省增值税专用发票

抵扣联

5604092140　　　　**No. 02482002**

开票日期：2019 年 7 月 8 日

购货单位	纳税人名称 纳税人识别号 地址、电话 开户行及账号	微州阳光家用电器股份有限公司 91560101000022334A 微州市开发区阳光大道 58 号 0781－6560208 工行微州市支行开发区分理处 2345－667788			密码区	（略）	
货物或应税劳务、服务名称	规格型号	单位	数量	单价	金额	税率	税额
家电电路板	Ⅱ型	片	500	1 000.00	500 000.00	13%	65 000.00
合计					500 000.00		65 000.00
价税合计（大写）	⊗伍拾陆万伍仟元整				（小写）￥565 000.00		
销货单位	纳税人名称 纳税人识别号 地址、电话 开户行及账号	庐州兴达电子有限责任公司 91360403000022556A 庐州市中山路 45 号 0787－5632256 工行庐州市支行中山路分理处 0351－7769988			备注		

收款人：张平　复核：　开票人：陈华　销货单位：（盖章）

国税函[2001]873号北京印钞厂

第二联　抵扣联　购货方扣税凭证

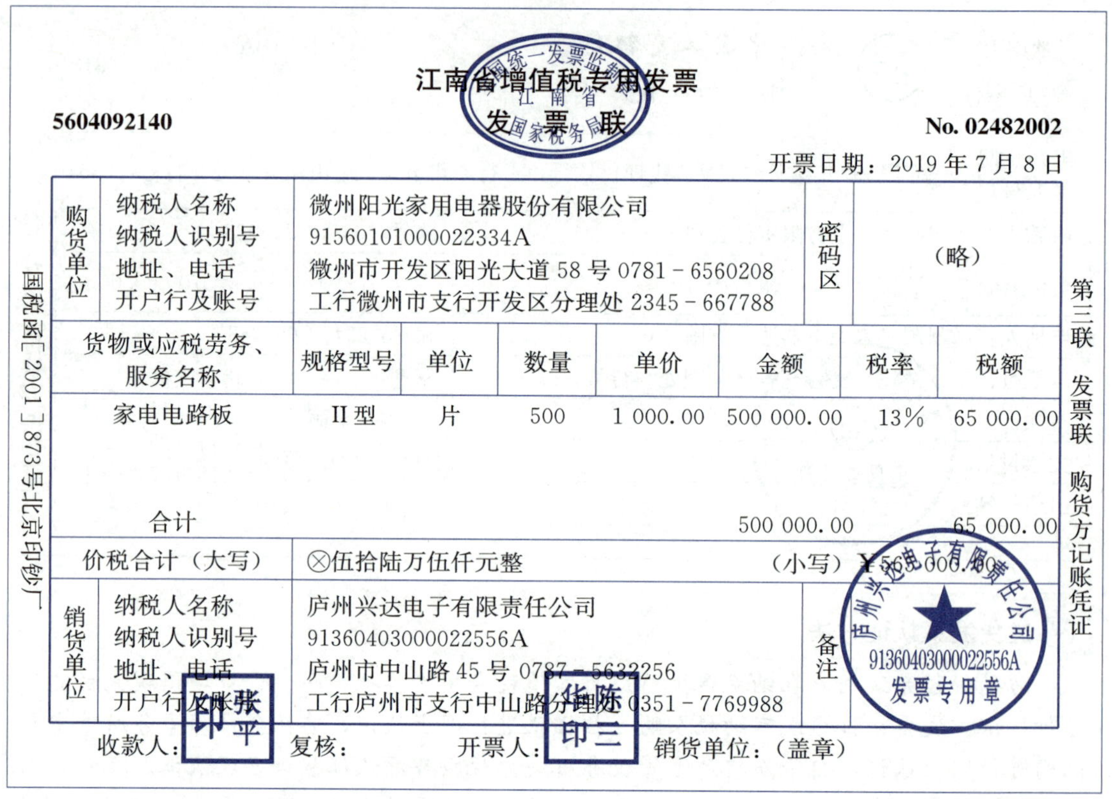

江南省增值税专用发票

发 票 联

5604092140　　　　No. 02482002

开票日期：2019 年 7 月 8 日

购货单位	纳税人名称 纳税人识别号 地址、电话 开户行及账号	微州阳光家用电器股份有限公司 91560101000022334A 微州市开发区阳光大道 58 号 0781－6560208 工行微州市支行开发区分理处 2345－667788	密码区	（略）			
货物或应税劳务、服务名称	规格型号	单位	数量	单价	金额	税率	税额
家电电路板	Ⅱ型	片	500	1 000.00	500 000.00	13%	65 000.00
合计					500 000.00		65 000.00
价税合计（大写）	⊗伍拾陆万伍仟元整				（小写）¥565 000.00		
销货单位	纳税人名称 纳税人识别号 地址、电话 开户行及账号	庐州兴达电子有限责任公司 91360403000022556A 庐州市中山路 45 号 0787－5632256 工行庐州市支行中山路分理处 0351－7769988	备注				

收款人：　　复核：　　开票人：　　销货单位：（盖章）

国税函[2001]873号北京印钞厂

第三联 发票联 购货方记账凭证

【业务 3】 7 月 10 日，从郑州亿能家用电器质检设备公司购入两台产品质检设备，货款通过银行汇票支付，运输费用以现金支付，取得增值税专用发票（货物运输信息清单略）。

要求：进行开具汇票、采购货物、支付运费、转回余款的账务处理，填制 4 张通用证账凭证。

付款期限　壹 个 月

中国工商银行

银 行 汇 票　　　2　　地名 BA 01　　0034257813

出票日期（大写）	贰零壹玖年柒月伍日	代理付款行：工行郑州支行明园路分理处　行号：0841	
收款人：郑州亿能家用电器质检设备公司		账号：0841－664455	
出票金额	人民币（大写）	⊗叁拾柒万元整	370 000.00
申请人：微州阳光家用电器股份有限公司		账号：2345－667788	
出票行：工行微州支行开发区分理处　行号：2345		密押：	科目（借）____ 对方科目______ 兑付日期： 2019 年 7 月 10 日 复核　　记账
备注：		多余金额	
凭票付款		十 万 千 百 十 元 角 分	
出票行签章		0 0 3 4 2 8 0 0	

第一联 存根 付款方记账传票

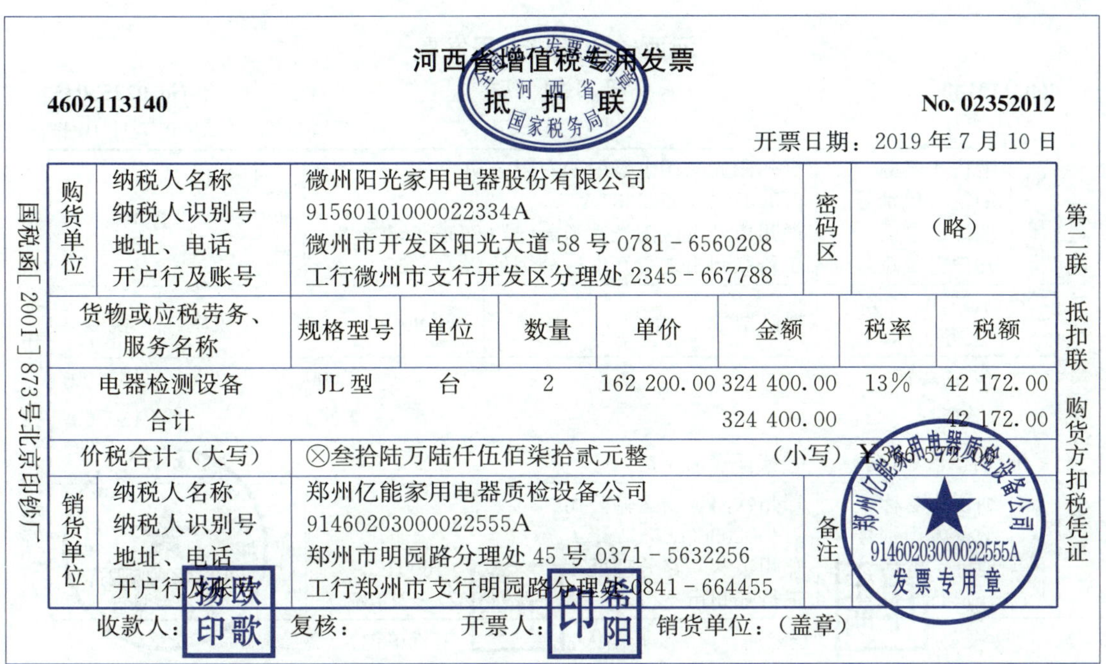

河西省增值税专用发票

抵　扣　联

4602113140　　　　No. 02352012

开票日期：2019 年 7 月 10 日

购货单位	纳税人名称	微州阳光家用电器股份有限公司				密码区	（略）	
	纳税人识别号	91560101000022334A						
	地址、电话	微州市开发区阳光大道 58 号 0781－6560208						
	开户行及账号	工行微州市支行开发区分理处 2345－667788						
货物或应税劳务、服务名称		规格型号	单位	数量	单价	金额	税率	税额
电器检测设备		JL 型	台	2	162 200.00	324 400.00	13%	42 172.00
合计						324 400.00		42 172.00
价税合计（大写）		⊗叁拾陆万陆仟伍佰柒拾贰元整				（小写）￥366 572.00		
销货单位	纳税人名称	郑州亿能家用电器质检设备公司				备注		
	纳税人识别号	91460203000022555A						
	地址、电话	郑州市明园路分理处 45 号 0371－5632256						
	开户行及账号	工行郑州市支行明园路分理处 0841－664455						

收款人：　　复核：　　开票人：　　销货单位：（盖章）

第二联　抵扣联　购货方扣税凭证

国税函[2001]873号北京印钞厂

防伪税控发票认证应注意的问题

防伪税控系统开具的增值税专用发票抵扣联，认证前应与其他扣税凭证分开，不得装订成册；认证完后将认证清单附在本期增值税专用发票抵扣联上面，再装订成册。经过认证的发票不得重复认证。同一张增值税专用发票只可认证一次，如果重复认证，一经发现不得抵扣，同时移送稽查部门。认证的增值税专用发票要求票面整洁、清晰。

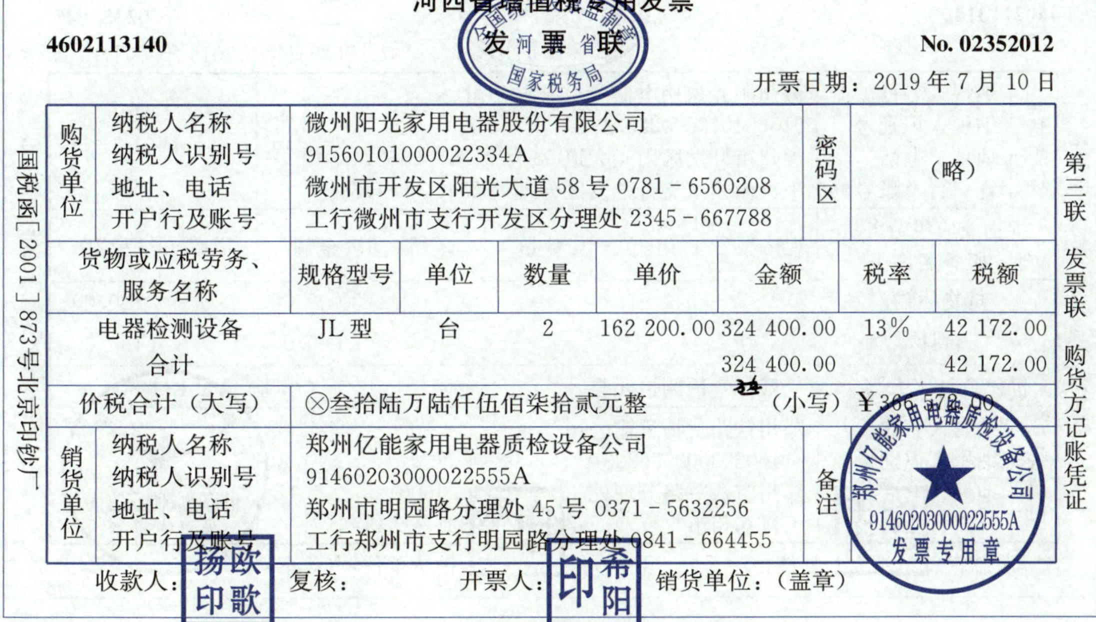

河西省增值税专用发票

发　票　联

4602113140　　　　No. 02352012

开票日期：2019 年 7 月 10 日

购货单位	纳税人名称	微州阳光家用电器股份有限公司				密码区	（略）	
	纳税人识别号	91560101000022334A						
	地址、电话	微州市开发区阳光大道 58 号 0781－6560208						
	开户行及账号	工行微州市支行开发区分理处 2345－667788						
货物或应税劳务、服务名称		规格型号	单位	数量	单价	金额	税率	税额
电器检测设备		JL 型	台	2	162 200.00	324 400.00	13%	42 172.00
合计						324 400.00		42 172.00
价税合计（大写）		⊗叁拾陆万陆仟伍佰柒拾贰元整				（小写）￥366 572.00		
销货单位	纳税人名称	郑州亿能家用电器质检设备公司				备注		
	纳税人识别号	91460203000022555A						
	地址、电话	郑州市明园路分理处 45 号 0371－5632256						
	开户行及账号	工行郑州市支行明园路分理处 0841－664455						

收款人：　　复核：　　开票人：　　销货单位：（盖章）

第三联　发票联　购货方记账凭证

国税函[2001]873号北京印钞厂

河西省增值税专用发票

抵扣联

4602113140 No. 02353045

开票日期：2019 年 7 月 10 日

<table>
<tr><td rowspan="4">购货单位</td><td>纳税人名称</td><td colspan="4">微州阳光家用电器股份有限公司</td><td rowspan="4">密码区</td><td colspan="2" rowspan="4">（略）</td></tr>
<tr><td>纳税人识别号</td><td colspan="4">91560101000022334A</td></tr>
<tr><td>地址、电话</td><td colspan="4">微州市开发区阳光大道 58 号 0781－6560208</td></tr>
<tr><td>开户行及账号</td><td colspan="4">工行微州市支行开发区分理处 2345－667788</td></tr>
<tr><td colspan="2">货物或应税劳务、服务名称</td><td>规格型号</td><td>单位</td><td>数量</td><td>单价</td><td>金额</td><td>税率</td><td>税额</td></tr>
<tr><td colspan="2">货物运输</td><td></td><td></td><td></td><td></td><td>2 000.00</td><td>9%</td><td>180.00</td></tr>
<tr><td colspan="2">合计</td><td></td><td></td><td></td><td></td><td>2 000.00</td><td></td><td>180.00</td></tr>
<tr><td colspan="2">价税合计（大写）</td><td colspan="7">⊗贰仟壹佰捌拾元整　　（小写）￥2 180.00</td></tr>
<tr><td rowspan="4">销货单位</td><td>纳税人名称</td><td colspan="4">郑州铁路货物运输公司</td><td rowspan="4">备注</td><td colspan="2" rowspan="4"></td></tr>
<tr><td>纳税人识别号</td><td colspan="4">91460203000055223A</td></tr>
<tr><td>地址、电话</td><td colspan="4">郑州市八一路分理处 45 号 0371－4600123</td></tr>
<tr><td>开户行及账号</td><td colspan="4">工行郑州市支行八一路分理处 0821－23457</td></tr>
</table>

收款人：王明印　复核：　开票人：张三印　销货单位：（盖章）

国税函[2001]873号北京印钞厂

第二联 抵扣联 购货方扣税凭证

进项税抵扣应注意的问题

未经认证的购货发票或认证未通过的购货发票不得进行进项税抵扣。当期认证通过的购货发票的进项税额合计数如果超过当期销项税额合计数，超过部分应作为当期留抵税额转入下期抵扣，当期不得抵扣。

河西省增值税专用发票

发票联

4602113140 No. 02353045

开票日期：2019 年 7 月 10 日

<table>
<tr><td rowspan="4">购货单位</td><td>纳税人名称</td><td colspan="4">微州阳光家用电器股份有限公司</td><td rowspan="4">密码区</td><td colspan="2" rowspan="4">（略）</td></tr>
<tr><td>纳税人识别号</td><td colspan="4">91560101000022334A</td></tr>
<tr><td>地址、电话</td><td colspan="4">微州市开发区阳光大道 58 号 0781－6560208</td></tr>
<tr><td>开户行及账号</td><td colspan="4">工行微州市支行开发区分理处 2345－667788</td></tr>
<tr><td colspan="2">货物或应税劳务、服务名称</td><td>规格型号</td><td>单位</td><td>数量</td><td>单价</td><td>金额</td><td>税率</td><td>税额</td></tr>
<tr><td colspan="2">货物运输</td><td></td><td></td><td></td><td></td><td>2 000.00</td><td>9%</td><td>180.00</td></tr>
<tr><td colspan="2">合计</td><td></td><td></td><td></td><td></td><td>2 000.00</td><td></td><td>180.00</td></tr>
<tr><td colspan="2">价税合计（大写）</td><td colspan="7">⊗贰仟壹佰捌拾元整　　（小写）￥2 180.00</td></tr>
<tr><td rowspan="4">销货单位</td><td>纳税人名称</td><td colspan="4">郑州铁路货物运输公司</td><td rowspan="4">备注</td><td colspan="2" rowspan="4"></td></tr>
<tr><td>纳税人识别号</td><td colspan="4">91460203000055223A</td></tr>
<tr><td>地址、电话</td><td colspan="4">郑州市八一路分理处 45 号 0371－4600123</td></tr>
<tr><td>开户行及账号</td><td colspan="4">工行郑州市支行八一路分理处 0821－23457</td></tr>
</table>

收款人：王明印　复核：　开票人：张三印　销货单位：（盖章）

国税函[2001]873号北京印钞厂

第三联 发票联 购货方记账凭证

【业务4】7月15日，公司按照合同的约定向安阳市汇通家用电器销售公司发出电冰箱、洗衣机、电视机各50台，货款已通过开户银行收讫，取得下列原始凭证。

要求：进行销售业务及销项税的账务处理，填制1张通用记账凭证。

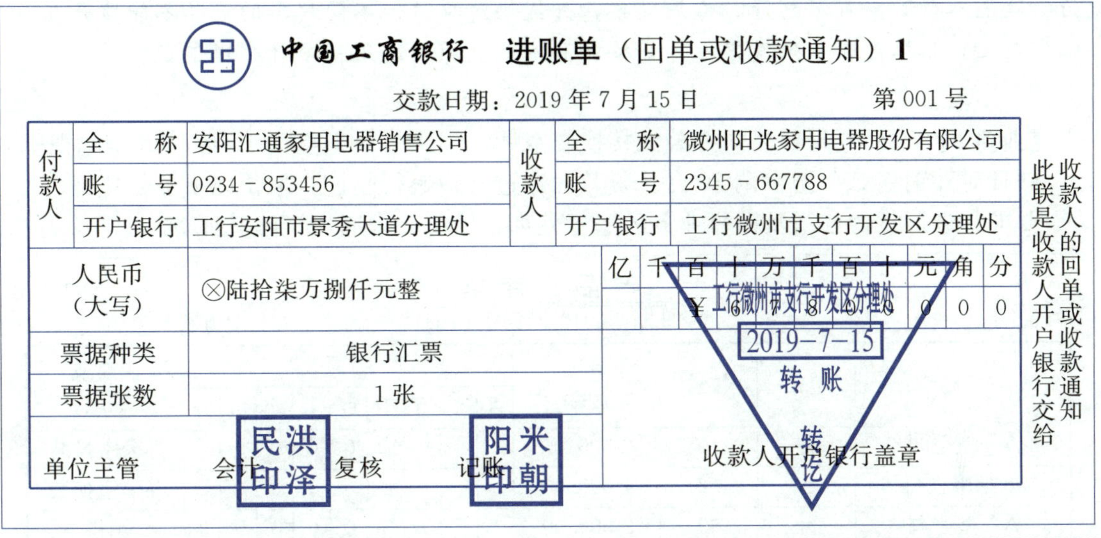

中国工商银行　进账单（回单或收款通知）1

交款日期：2019年7月15日　　第001号

付款人			收款人		
付款人	全　　称	安阳汇通家用电器销售公司	收款人	全　　称	微州阳光家用电器股份有限公司
	账　　号	0234－853456		账　　号	2345－667788
	开户银行	工行安阳市景秀大道分理处		开户银行	工行微州市支行开发区分理处

人民币（大写）	⊗陆拾柒万捌仟元整	亿	千	百	十	万	千	百	十	元	角	分
				¥	6	7	8	0	0	0	0	0
票据种类	银行汇票											
票据张数	1张											

单位主管　会计 民洪印泽　复核　记账 阳米印朝　　收款人开户银行盖章

（工行微州市支行开发区分理处　2019－7－15　转账　转讫）

此联是收款人开户银行交给收款人的回单或收款通知

自产货物自用应税处理

根据现行增值税法的规定，将自产货物对外投资、无偿赠送、用于个人消费等应视同销售处理，移送时应计算增值税销项税，其进项税也可抵扣。但自用于固定资产、连续生产应税货物的，因其最终会形成销售额和销项税，故不计算增值税的销项税。

东海省增值税专用发票

5601102140　　**记　账　联**　　**No. 02252113**

此联不作报销、扣税凭证使用　　开票日期：2019年7月15日

购货单位		密码区
纳税人名称	安阳市汇通家用电器销售公司	（略）
纳税人识别号	91560205000022113 3A	
地址、电话	安阳市开发区景秀大道18号 0372－62360201	
开户行及账号	工行安阳市景秀大道分理处 0234－853456	

货物或应税劳务、服务名称	规格型号	单位	数量	单价	金额	税率	税额
电冰箱	21型	台	50	3 000.00	150 000.00	13%	19 500.00
洗衣机	33型	台	50	4 000.00	200 000.00	13%	26 000.00
电视机	58型	台	50	5 000.00	250 000.00	13%	32 500.00
合计					600 000.00		78 000.00
价税合计（大写）	⊗陆拾柒万捌仟元整				（小写）¥678 000.00		

销货单位		备注
纳税人名称	微州阳光家用电器股份有限公司	微州阳光家用电器股份有限公司 9156010100002 2334A 发票专用章
纳税人识别号	9156010100002 2334A	
地址、电话	微州市开发区阳光大道58号 0781－6560208	
开户行及账号	工行微州市支行开发区分理处 2345－667788	

收款人：张显印章　复核：　开票人：李雄印　销货单位：（盖章）

国税函[2001]873号北京印钞厂

第一联　记账联　销货方记账凭证

增值税专用发票开票方法

填开增值税专用发票时，相同税率的产品可分项填开在同一张发票中；品种较多，行数超过八行时，可汇总开具专用发票，并提供清单。但不同税率的产品不能填开在一张发票上，如填开在一张发票上，则按就高不就低原则选用税率计征增值税。

【业务 5】 7 月 18 日，公司办公大楼换装空调，领用 AA 型空调 10 台，58 型电视机 2 台。同日对外销售 AA 型空调 30 台，货款已通过开户银行收讫，取得以下原始凭证。

要求：进行货物自用及销售业务的账务处理，填制 2 张通用记账凭证。

产品出库单

第 113 号

科目：＿＿＿＿＿　日期：2019 年 7 月 18 日　对方科目＿＿＿＿＿

名称	单位	数量	单位成本	金额									用途或原因
				百	十	万	千	百	十	元	角	分	
AA 型空调	台	10	2 500.00			2	5	0	0	0	0	0	办公室换装
58 型电视机	台	2	4 000.00				8	0	0	0	0	0	办公室换装
AA 型空调	台	30	2 500.00			7	5	0	0	0	0	0	销售
合计				¥	1	0	8	0	0	0	0	0	

主管：　会计：萧馨印　质检员：　保管员：何小明印

东海省增值税专用发票

5601102140　记账联　No. 02252114

此联不作报销、扣税凭证使用　开票日期：2019 年 7 月 18 日

购货单位	纳税人名称 纳税人识别号 地址、电话 开户行及账号	信达市派拉蒙百货商场 91360406000022118A 信达市新城区商业大街 108 号 0788－7345588 工行信达市支行商业大街分理处 2323－443355			密码区	（略）	
货物或应税劳务、服务名称	规格型号	单位	数量	单价	金额	税率	税额
空调	AA 型	台	30	3 200.00	96 000.00	13%	12 480.00
合计					96 000.00		12 480.00
价税合计（大写）	⊗壹拾万捌仟肆佰捌拾元整				（小写）¥108 480.00		
销货单位	纳税人名称 纳税人识别号 地址、电话 开户行及账号	微州阳光家用电器股份有限公司 91560101000022334A 微州市开发区阳光大道 58 号 0781－6560208 工行微州市支行开发区分理处 2345－667788			备注		

收款人：外显章印　复核：　开票人：李雄印　销货单位：（盖章）

国税函[2001]873号北京印钞厂

第一联　记账联　销货方记账凭证

自产自用货物计税价格的确定

自产货物用于集体福利、个人消费，应视同销售征收增值税。有同类产品对外销售的，按同类产品对外平均售价计税；没有同类产品对外销售的，按组成计税价格计税。

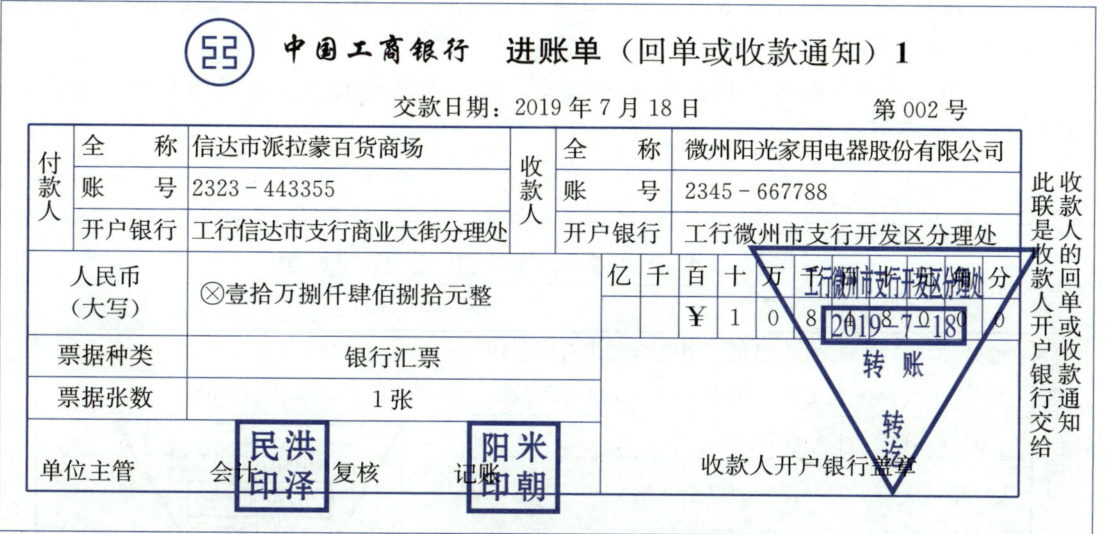

中国工商银行　进账单（回单或收款通知）1

交款日期：2019 年 7 月 18 日　　第 002 号

付款人			收款人		
全称	信达市派拉蒙百货商场		全称	微州阳光家用电器股份有限公司	
账号	2323－443355		账号	2345－667788	
开户银行	工行信达市支行商业大街分理处		开户银行	工行微州市支行开发区分理处	
人民币（大写）	⊗壹拾万捌仟肆佰捌拾元整		亿千百十万千百十元角分	￥108480.00	
票据种类	银行汇票				
票据张数	1 张				
单位主管　会计　复核　记账			收款人开户银行盖章		

此联是收款人开户银行交给收款人的回单或收款通知

650.
390
260.

【业务 6】7 月 20 日，公司将 10 台电风扇赠送给微州市老人福利院，同类产品对外平均含税售价为 220 元。同时以半卖半送方式销售 1 台 58 型电视机给某关系户，取得以下原始凭证。

要求：进行视同销售、低价销售的账务处理，填制 3 张通用记账凭证。

东海省增值税普通发票

5601102140　　记账联　　No. 02252115

此联不作报销、扣税凭证使用　　开票日期：2019 年 7 月 20 日

购货单位	纳税人名称：张小池 纳税人识别号：560101196701180923 地址、电话：微州市新城区商业大街 15 号 0788－7345526 开户行及账号：工行信达市支行商业大街分理处 2323－443391				密码区	（略）	
货物或应税劳务、服务名称	规格型号	单位	数量	单价	金额	税率	税额
58 型电视机	58 型	台	1	3 000.00	3 000.00	13%	390.00
合计					3 000.00		390.00
价税合计（大写）	⊗叁仟叁佰玖拾元整				（小写）￥3 390.00		
销货单位	纳税人名称：微州阳光家用电器股份有限公司 纳税人识别号：91560101000022334A 地址、电话：微州市开发区阳光大道 58 号 0781－6560208 开户行及账号：工行微州市支行开发区分理处 2345－667788				备注		

收款人：　　复核：　　开票人：　　销货单位：（盖章）

第一联　记账联　销货方记账凭证

国税函[2001]873号北京印钞厂

自产货物用于集体福利或对外捐赠的账务处理

根据现行会计准则，企业自产产品用于集体福利或对外捐赠，会计上可不作销售处理，移用时直接冲减库存产品。但根据现行税法，则应作为视同销售计算增值税销项税。其账务处理方法如下：

(1) 用于集体福利时，借：应付职工薪酬，贷：应交税费——应交增值税（销项税额），贷：库存商品。

(2) 用于对外捐赠时，借：营业外支出，贷：应交税费——应交增值税（销项税额），贷：库存商品。

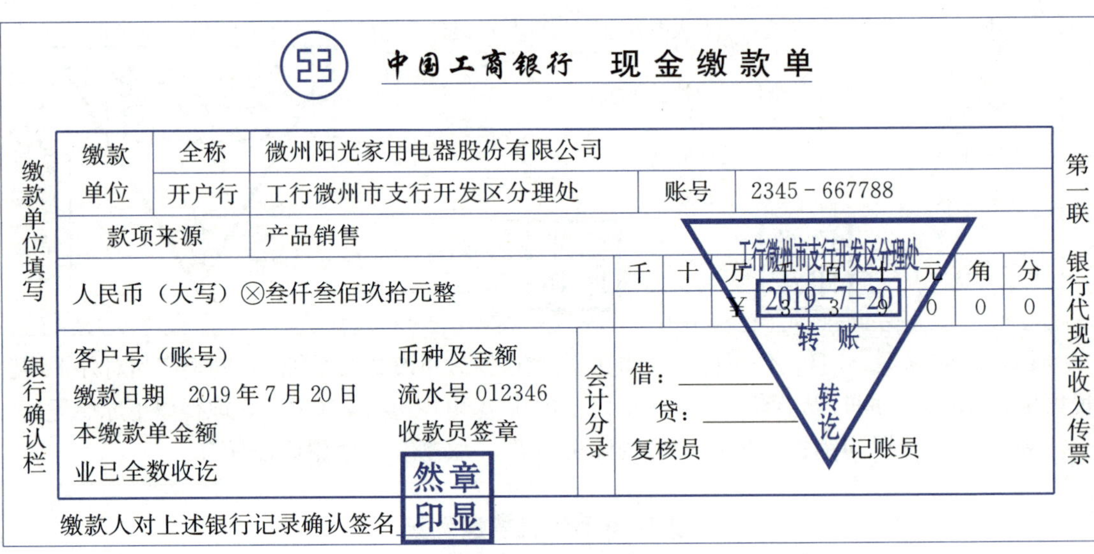

中国工商银行 现金缴款单

缴款单位填写

缴款单位	全称	微州阳光家用电器股份有限公司		
	开户行	工行微州市支行开发区分理处	账号	2345－667788
款项来源		产品销售		

人民币（大写）⊗叁仟叁佰玖拾元整	千	十	万	千	百	十	元	角	分
			¥	3	3	9	0	0	0

银行确认栏

客户号（账号）	币种及金额	会计分录	借：
缴款日期 2019年7月20日	流水号 012346		贷：
本缴款单金额	收款员签章		复核员 记账员
业已全数收讫	然章 印显		

缴款人对上述银行记录确认签名

第一联 银行代现金收入传票

工行微州市支行开发区分理处 2019-7-20 转账 转讫

东海省接收捐赠专用收款收据 No. 01234566

东财 A－0401　　支票号：

捐赠单位	微州阳光家用电器股份有限公司	捐赠人								
捐赠实物名称	电风扇	数量	10台							
人民币（大写）	⊗贰仟贰佰元整	十	万	千	百	十	元	角	分	
			¥	2	2	0	0	0	0	
外币（大写）		十	万	千	百	十	元	角	分	
接受单位（盖章）	微州市老人福利院	经手人（签章）	张利 2019－7－20	结算方式：						

东海省财政厅监制 2008.12

第二联 收据

微州市老人福利院 财务专用章

产 品 出 库 单　　第 114 号

科目：________　　日期：2019 年 7 月 20 日　　对方科目________

名称	单位	数量	单位成本	金额 百	十	万	千	百	十	元	角	分	用途或原因
电风扇	台	10	150.00				1	5	0	0	0	0	赠送福利院
58 型电视机	台	1	4 000.00				4	0	0	0	0	0	低价销售
合计						¥	5	5	0	0			

主管：　　会计：萧馨印　　质检员：　　保管员：何小明印

【业务 7】7 月 27 日，公司出售 1 台 2007 年购入的机器设备给一小规模纳税人，原价 50 000 元，已计提折旧 38 000 元，售价 10 000 元，取得以下原始凭证。

要求：进行固定资产转让的账务处理，填制 3 张通用记账凭证。

中国工商银行　进账单（回单或收账通知）1

交款日期：2019 年 7 月 27 日　　第 003 号

付款人		收款人	
全　称	星子县天祥小家电制造厂	全　称	微州阳光家用电器股份有限公司
账　号	0234－565656	账　号	2345－667788
开户银行	工行星子县台阳镇分理处	开户银行	工行微州市支行开发区分理处

人民币（大写）	⊗壹万元整	亿	千	百	十	万	千	百	十	元	角	分
					¥	1	0	0	0	0	0	0

票据种类	银行汇票
票据张数	1 张

单位主管　　会计　　复核　　记账　　收款人开户银行盖章

（工行微州市支行开发区分理处 2019－7－27 转账 转讫）

此联是收款人开户银行交给收款人的回单或收款通知

东海省增值税普通发票

56011022140　　**记 账 联**　　No. 02152116

此联不作报销、扣税凭证使用　　开票日期：2019 年 7 月 27 日

购货单位	
纳税人名称	星子县天祥小家电制造厂
纳税人识别号	92560207000042056A
地址、电话	星子县台阳镇沿河路 28 号 0792－7460023
开户行及账号	工行星子县台阳镇分理处 0234－565656
密码区	（略）

货物或应税劳务、服务名称	规格型号	单位	数量	单价	金额	税率	税额
家用电器喷漆机	DX 型	台	1	9 708.74	9 708.74	3%	291.26
合计					9 708.74		291.26
价税合计（大写）	⊗壹万元整				（小写）¥10 000.00		

销货单位	
纳税人名称	微州阳光家用电器股份有限公司
纳税人识别号	91560101000022334A
地址、电话	微州市开发区阳光大道 58 号 0781－6560208
开户行及账号	工行微州市支行开发区分理处 2345－667788
备注	销售自己使用过且未抵扣过进项税的固定资产按 3%减按 2%的征收率计算征收，实纳税额 194.17

收款人：章显然印　　复核：　　开票人：李雄印　　销货单位：（盖章）

第一联　记账联　销货方记账凭证

国税函[2001]873 号北京印钞厂

【业务8】7月29日，转让2015年购入的机器设备1台，原价100 000元，已计提折旧22 000元，开出增值税专用发票，不含税售价80 000元，取得以下原始凭证。

要求：进行固定资产转让的账务处理，填制3张通用记账凭证。

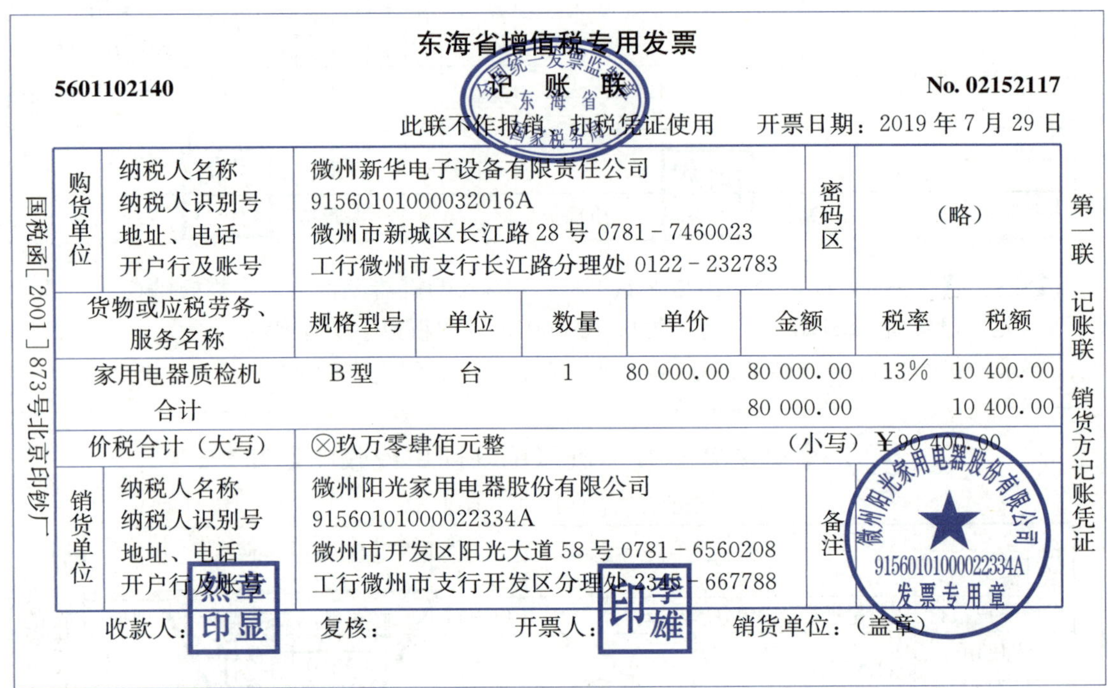

东海省增值税专用发票

5601102140　　记 账 联　　No. 02152117

此联不作报销、扣税凭证使用　　开票日期：2019年7月29日

购货单位	纳税人名称 纳税人识别号 地址、电话 开户行及账号	微州新华电子设备有限责任公司 91560101000032016A 微州市新城区长江路28号 0781－7460023 工行微州市支行长江路分理处 0122－232783				密码区	（略）
货物或应税劳务、服务名称	规格型号	单位	数量	单价	金额	税率	税额
家用电器质检机	B型	台	1	80 000.00	80 000.00	13%	10 400.00
合计					80 000.00		10 400.00
价税合计（大写）	⊗玖万零肆佰元整				（小写）¥90 400.00		
销货单位	纳税人名称 纳税人识别号 地址、电话 开户行及账号	微州阳光家用电器股份有限公司 91560101000022334A 微州市开发区阳光大道58号 0781－6560208 工行微州市支行开发区分理处 2345－667788				备注	

收款人：　　复核：　　开票人：　　销货单位：（盖章）

国税函［2001］873号北京印钞厂

第一联 记账联 销货方记账凭证

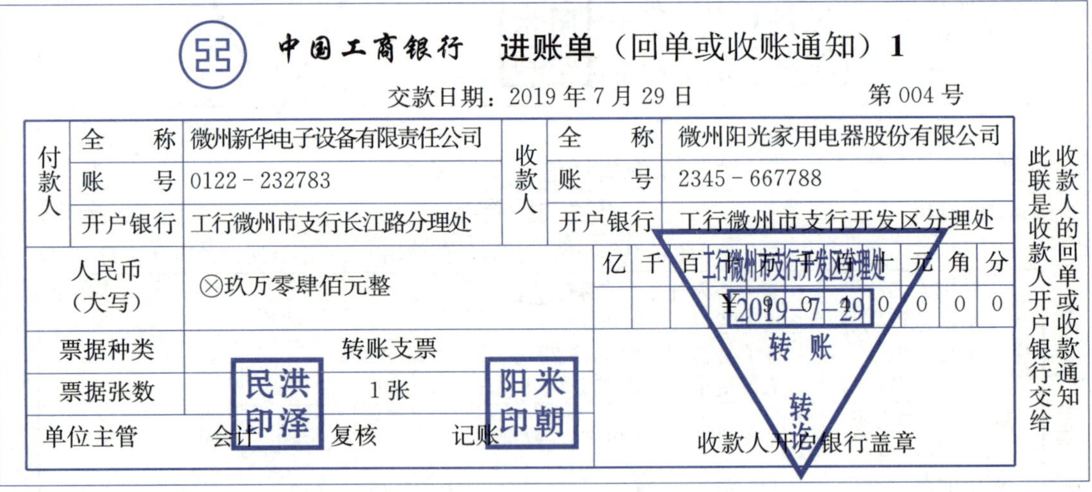

中国工商银行　进账单（回单或收账通知）1

交款日期：2019年7月29日　　第004号

付款人	全称	微州新华电子设备有限责任公司	收款人	全称	微州阳光家用电器股份有限公司
	账号	0122－232783		账号	2345－667788
	开户银行	工行微州市支行长江路分理处		开户银行	工行微州市支行开发区分理处
人民币（大写）		⊗玖万零肆佰元整	金额		¥9 0 4 0 0 0 0
票据种类		转账支票			
票据张数		1张			
单位主管　会计　复核　记账			收款人开户银行盖章		

此联是收款人开户银行交给收款人的回单或收账通知

销售自用过的固定资产的计税与开票方法

销售自己使用过未曾抵扣进项税的固定资产，按3%减按2%征收销项税，开具增值税普通发票，开票时按3%开票，按2%进行账务处理。纳税申报表中先按3%填写应纳税额，再填写减免税1%。销售自己使用并抵扣过进项税的固定资产，按法定税率计算销项税，开具增值税专用发票。

【业务9】7月30日，公司被盗，损失上月购入的铝板200张，成本价101 000元(其中运费成本1 000元)；损失电风扇20台，成本价3 000元，成本中外购货物成本占60%。货物损失清单如下。

要求：进行货物损失及进项税转出的账务处理，填制2张通用记账凭证。

财产清查报告单

2019年7月30日　　　　第012号

类别	财产名称	单价	单位	数量		盘盈		盘亏		原因
				账存	实存	数量	金额	数量	金额	
原件	铝板	505.00	张	800	600			200	101 000.00	被盗
产品	风扇	150.00	台	600	580			20	3 000.00	被盗
合计									104 000.00	

财务主管：宋江涛印　　制单：萧馨印　　会计：　　仓库保管：何小明印

【业务10】7月30日，用自产AA型空调10台与微州亚东特种钢材公司换取钢材10吨，另支付差价2 260元，取得以下原始凭证。

要求：进行换入和换出货物、支付运费的账务处理，填写3张通用记账凭证。

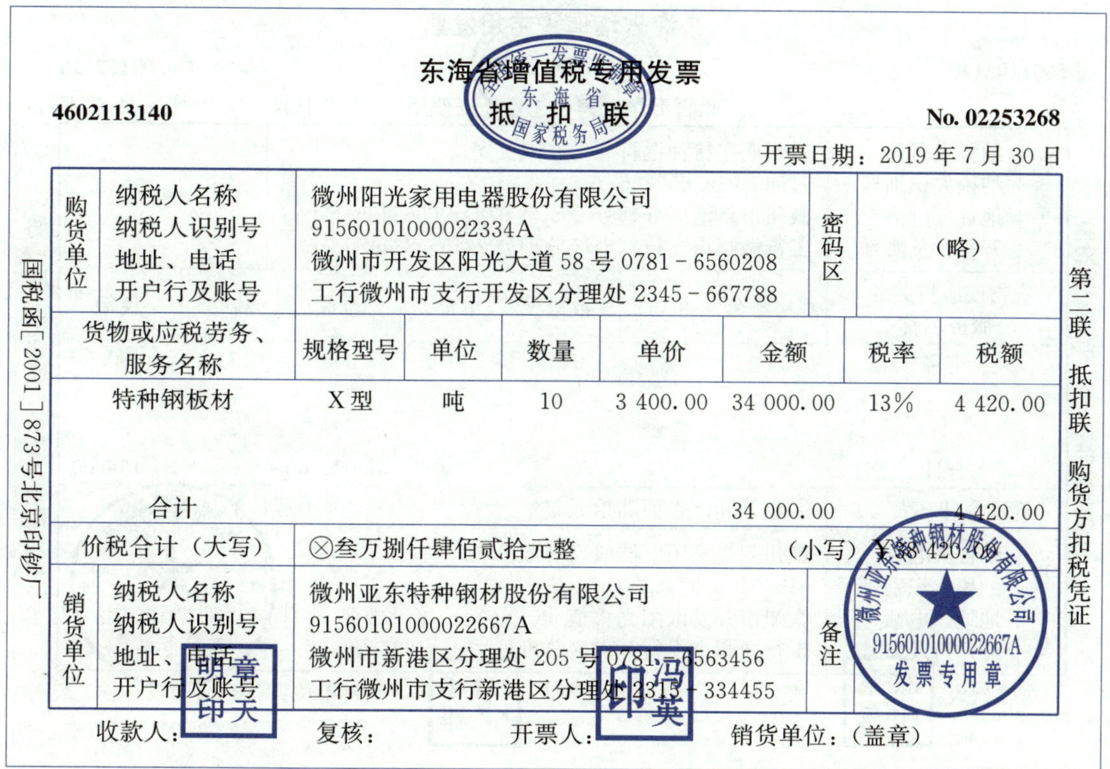

东海省增值税专用发票

抵扣联

4602113140　　　　No. 02253268

开票日期：2019年7月30日

购货单位	纳税人名称	微州阳光家用电器股份有限公司	密码区	(略)
	纳税人识别号	915601010000022334A		
	地址、电话	微州市开发区阳光大道58号0781－6560208		
	开户行及账号	工行微州市支行开发区分理处2345－667788		

货物或应税劳务、服务名称	规格型号	单位	数量	单价	金额	税率	税额
特种钢板材	X型	吨	10	3 400.00	34 000.00	13%	4 420.00
合计					34 000.00		4 420.00
价税合计（大写）	⊗叁万捌仟肆佰贰拾元整				（小写）￥38 420.00		

销货单位	纳税人名称	微州亚东特种钢材股份有限公司	备注
	纳税人识别号	915601010000022667A	微州亚东特种钢材股份有限公司 915601010000022667A 发票专用章
	地址、电话	微州市新港区分理处205号0781－6563456	
	开户行及账号	工行微州市支行新港区分理处2315－334455	

收款人：章天明印　　复核：　　开票人：冯英印　　销货单位：(盖章)

第二联　抵扣联　购货方扣税凭证

国税函[2001]873号北京印钞厂

东海省增值税专用发票

发 票 联

4602113140　　　　No. 02253268

开票日期：2019年7月30日

<table>
<tr><td rowspan="4">购货单位</td><td>纳税人名称</td><td colspan="4">微州阳光家用电器股份有限公司</td><td rowspan="4">密码区</td><td colspan="2" rowspan="4">（略）</td></tr>
<tr><td>纳税人识别号</td><td colspan="4">91560101000022334A</td></tr>
<tr><td>地址、电话</td><td colspan="4">微州市开发区阳光大道58号 0781-6560208</td></tr>
<tr><td>开户行及账号</td><td colspan="4">工行微州市支行开发区分理处 2345-667788</td></tr>
<tr><td colspan="2">货物或应税劳务、服务名称</td><td>规格型号</td><td>单位</td><td>数量</td><td>单价</td><td>金额</td><td>税率</td><td>税额</td></tr>
<tr><td colspan="2">特种钢板材</td><td>X型</td><td>吨</td><td>10</td><td>3 400.00</td><td>34 000.00</td><td>13%</td><td>4 420.00</td></tr>
<tr><td colspan="2">合计</td><td></td><td></td><td></td><td></td><td>34 000.00</td><td></td><td>4 420.00</td></tr>
<tr><td colspan="2">价税合计（大写）</td><td colspan="7">⊗叁万捌仟肆佰贰拾元整　　（小写）¥38 420.00</td></tr>
<tr><td rowspan="4">销货单位</td><td>纳税人名称</td><td colspan="4">微州亚东特种钢材股份有限公司</td><td rowspan="4">备注</td><td colspan="2" rowspan="4">微州亚东特种钢材股份有限公司 91560101000022667A 发票专用章</td></tr>
<tr><td>纳税人识别号</td><td colspan="4">91560101000022667A</td></tr>
<tr><td>地址、电话</td><td colspan="4">微州市新港区分理处205号 0781-6563456</td></tr>
<tr><td>开户行及账号</td><td colspan="4">工行微州市支行新港区分理处 2315-334455</td></tr>
</table>

收款人：明天印章　　复核：　　开票人：冯英印　　销货单位：（盖章）

国税函[2001]873号北京印钞厂

第三联 发票联 购货方记账凭证

东海省增值税专用发票

记 账 联

5601102140　　　　No. 02152118

此联不作报销、扣税凭证使用　　开票日期：2019年7月30日

<table>
<tr><td rowspan="4">购货单位</td><td>纳税人名称</td><td colspan="4">微州亚东特种钢材股份有限公司</td><td rowspan="4">密码区</td><td colspan="2" rowspan="4">（略）</td></tr>
<tr><td>纳税人识别号</td><td colspan="4">91560101000022667A</td></tr>
<tr><td>地址、电话</td><td colspan="4">微州市新港区分理处205号 0781-6563456</td></tr>
<tr><td>开户行及账号</td><td colspan="4">工行微州市支行新港区分理处 2315-334455</td></tr>
<tr><td colspan="2">货物或应税劳务、服务名称</td><td>规格型号</td><td>单位</td><td>数量</td><td>单价</td><td>金额</td><td>税率</td><td>税额</td></tr>
<tr><td colspan="2">空调</td><td>AA型</td><td>台</td><td>10</td><td>3 200.00</td><td>32 000.00</td><td>13%</td><td>4 160.00</td></tr>
<tr><td colspan="2">合计</td><td></td><td></td><td></td><td></td><td>32 000.00</td><td></td><td>4 160.00</td></tr>
<tr><td colspan="2">价税合计（大写）</td><td colspan="7">⊗叁万陆仟壹佰陆拾元整　　（小写）¥36 160.00</td></tr>
<tr><td rowspan="4">销货单位</td><td>纳税人名称</td><td colspan="4">微州阳光家用电器股份有限公司</td><td rowspan="4">备注</td><td colspan="2" rowspan="4">微州阳光家用电器股份有限公司 91560101000022334A 发票专用章</td></tr>
<tr><td>纳税人识别号</td><td colspan="4">91560101000022334A</td></tr>
<tr><td>地址、电话</td><td colspan="4">微州市开发区阳光大道58号 0781-6560208</td></tr>
<tr><td>开户行及账号</td><td colspan="4">工行微州市支行开发区分理处 2345-667788</td></tr>
</table>

收款人：显然印章　　复核：　　开票人：李雄印　　销货单位：（盖章）

国税函[2001]873号北京印钞厂

第一联 记账联 销货方记账凭证

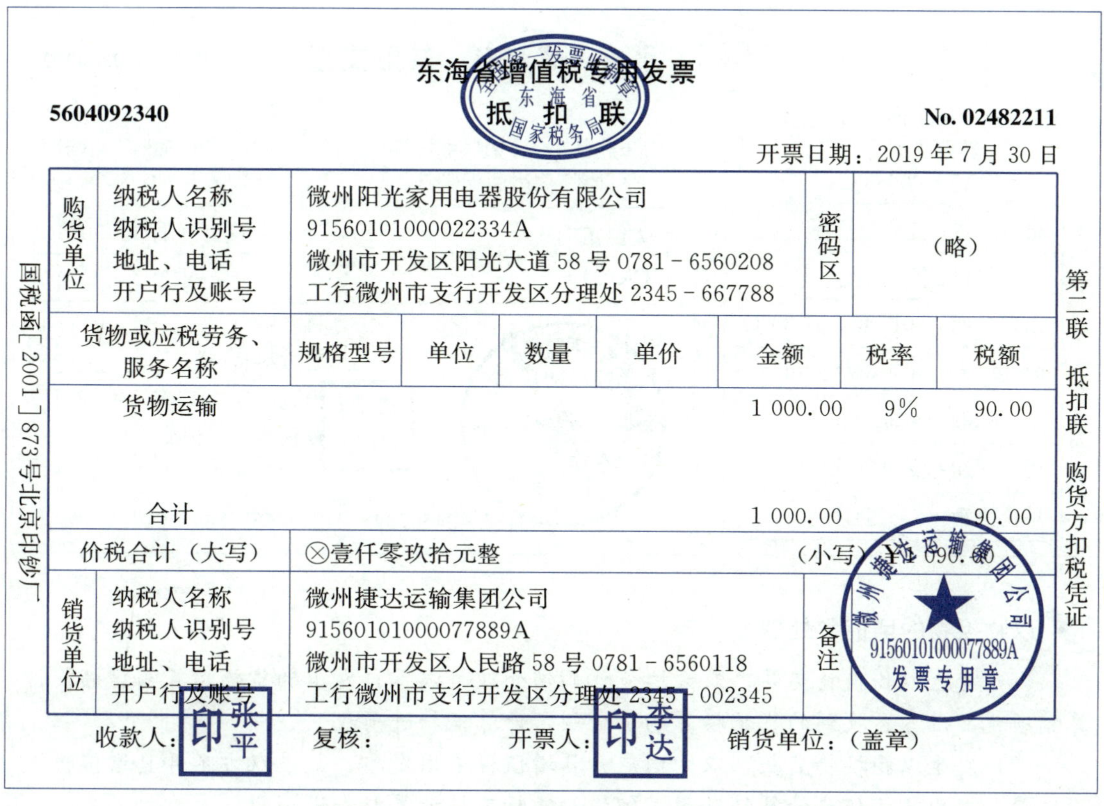

东海省增值税专用发票

抵 扣 联

5604092340 No. 02482211

开票日期：2019年7月30日

购货单位	纳税人名称 纳税人识别号 地址、电话 开户行及账号	微州阳光家用电器股份有限公司 91560101000022334A 微州市开发区阳光大道58号0781－6560208 工行微州市支行开发区分理处2345－667788	密码区 （略）

货物或应税劳务、服务名称	规格型号	单位	数量	单价	金额	税率	税额
货物运输					1 000.00	9%	90.00
合计					1 000.00		90.00
价税合计（大写）	⊗壹仟零玖拾元整				（小写）¥1 090.00		

销货单位	纳税人名称 纳税人识别号 地址、电话 开户行及账号	微州捷达运输集团公司 91560101000077889A 微州市开发区人民路58号0781－6560118 工行微州市支行开发区分理处2345－002345	备注

收款人：张平 复核： 开票人：李达 销货单位：（盖章）

国税函[2001]873号北京印钞厂

第二联 抵扣联 购货方扣税凭证

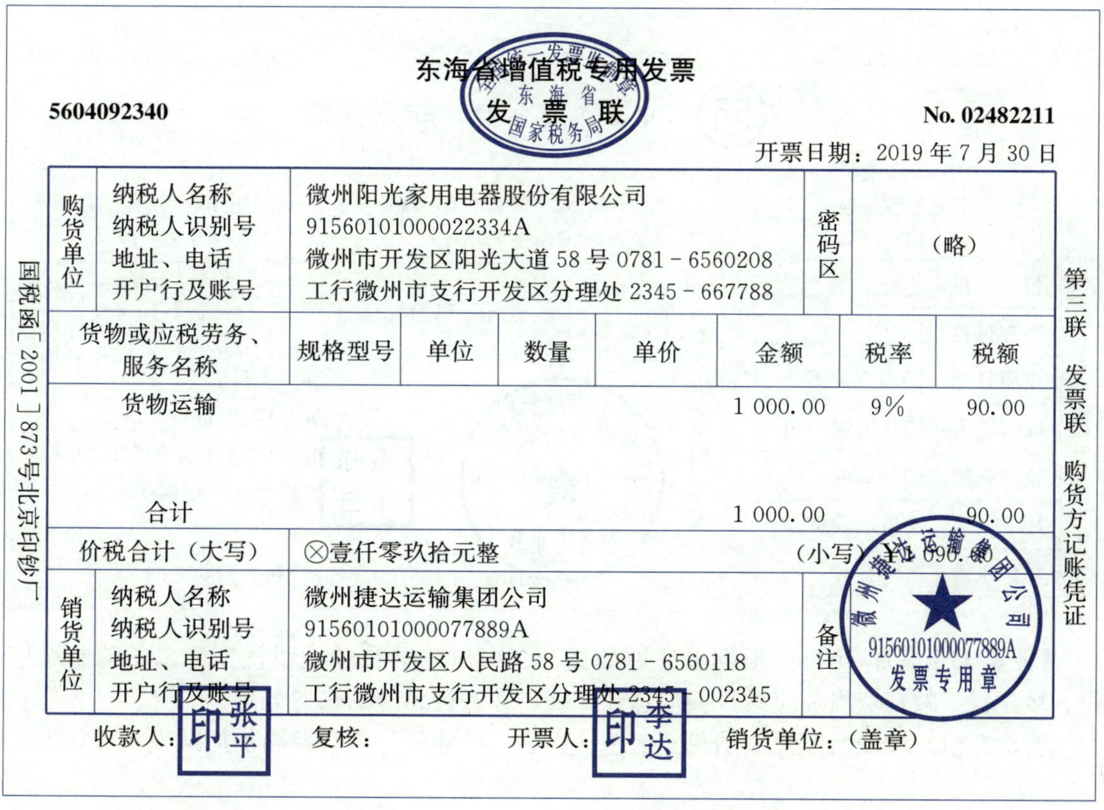

东海省增值税专用发票

发 票 联

5604092340 No. 02482211

开票日期：2019年7月30日

购货单位	纳税人名称 纳税人识别号 地址、电话 开户行及账号	微州阳光家用电器股份有限公司 91560101000022334A 微州市开发区阳光大道58号0781－6560208 工行微州市支行开发区分理处2345－667788	密码区 （略）

货物或应税劳务、服务名称	规格型号	单位	数量	单价	金额	税率	税额
货物运输					1 000.00	9%	90.00
合计					1 000.00		90.00
价税合计（大写）	⊗壹仟零玖拾元整				（小写）¥1 090.00		

销货单位	纳税人名称 纳税人识别号 地址、电话 开户行及账号	微州捷达运输集团公司 91560101000077889A 微州市开发区人民路58号0781－6560118 工行微州市支行开发区分理处2345－002345	备注

收款人：张平 复核： 开票人：李达 销货单位：（盖章）

国税函[2001]873号北京印钞厂

第三联 发票联 购货方记账凭证

中国工商银行　转账支票　(海) 0066992

中国工商银行
转账支票存根
AX－0066992

科　　目：
对方科目：
出票日期：2019 年 7 月 30 日
收 款 人：亚东钢材公司
金　　额：2 260.00
用　　途：支付货款
单位主管：　　会计：

2007.6 北京印刷厂

本支票支付期 10 天

出票日期 (大写) 贰零壹玖年柒月叁拾日　付款行名称：徽州市开发区分理处
收款人：徽州亚东特种钢材股份有限公司　出票人账号：2345－667788

人民币(大写)	⊗贰仟贰佰陆拾元整	百	十	万	千	百	十	元	角	分
				¥	2	2	6	0	0	0

用途：支付货款　科　　目
上述款项请从　对方科目(贷)
我账户内支付　出票日期 2019 年 7 月 30 日
出票人盖章　复核　　记账

徽州现代家用电器股份有限公司 财务专用章　杰陈印三

03456　3456789　2121345677889　01

以物换物的增值税处理

(1) 发生以物换物交易，双方均应作购销处理，以各自发出的货物核算销售额，计算销项税，以各自收到的货物核算购货金额，计算抵扣进项税。

(2) 发生以物换物交易，双方均应开具增值税专用发票，如果双方不开具增值税专用发票，换出货物仍要计算销项税，但换入货物不得计算抵扣进项税。

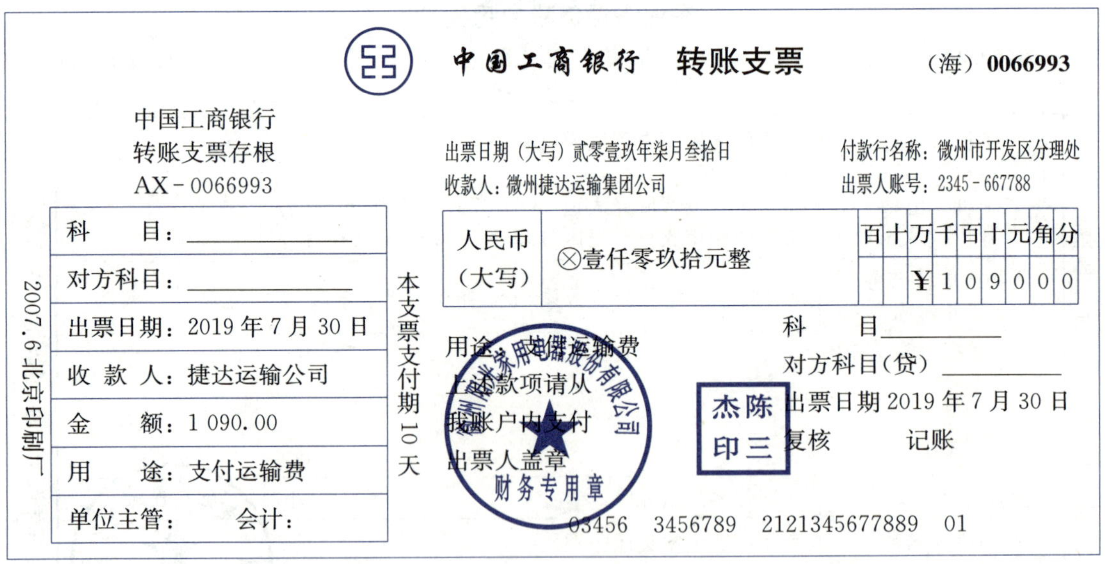

中国工商银行　转账支票　(海) 0066993

中国工商银行
转账支票存根
AX－0066993

科　　目：
对方科目：
出票日期：2019 年 7 月 30 日
收 款 人：捷达运输公司
金　　额：1 090.00
用　　途：支付运输费
单位主管：　　会计：

2007.6 北京印刷厂

本支票支付期 10 天

出票日期 (大写) 贰零壹玖年柒月叁拾日　付款行名称：徽州市开发区分理处
收款人：徽州捷达运输集团公司　出票人账号：2345－667788

人民币(大写)	⊗壹仟零玖拾元整	百	十	万	千	百	十	元	角	分
				¥	1	0	9	0	0	0

用途：支付运输费　科　　目
上述款项请从　对方科目(贷)
我账户内支付　出票日期 2019 年 7 月 30 日
出票人盖章　复核　　记账

徽州现代家用电器股份有限公司 财务专用章　杰陈印三

03456　3456789　2121345677889　01

【业务 11】 7 月 31 日，根据上述原始凭证、账户记录和进项税认证清单，编制增值税、城建税、教育费附加应纳税额汇总计算表，并进行相应的账务处理。

要求：(1) 填制增值税应纳税额汇总计算表，城建税、教育费附加应纳税额计算表。

（2）进行未交增值税、应纳城建税及教育费附加的应税账务处理，填制 2 张通用记账凭证。

增值税发票认证结果清单

企业名称：微州阳光家用电器股份有限公司　　统一社会信用代码：91560101000022334A

发票份数统计：6 份　　金额统计：866 400.00　　税额统计：138 144.00

序号	发票代码	发票号码	开票日期	销货方税号	金额	税额	认证时间
1	5604092340	02482209	2019－7－8	91560101000077889A	5 000.00	450.00	2019－7－31
2	5604092140	02482002	2019－7－8	91360403000022556A	500 000.00	65 000.00	2019－7－31
3	4602113140	02352012	2019－7－10	91460203000022555A	324 400.00	42 172.00	2019－7－31
4	4602113140	02353045	2019－7－10	91460203000055223A	2 000.00	180.00	2019－7－31
5	4602113140	02253268	2019－7－30	91560101000022667A	34 000.00	4 420.00	2019－7－31
6	5604092340	02482211	2019－7－30	91560101000077889A	1 000.00	90.00	2019－7－31
	合计				866 400.00	112 312.00	

微州市开发区国家税务局
准 予 抵 扣
2018年5月31日

【业务 12】 根据上述记账凭证，登记增值税、城建税、教育费附加涉税账户。

要求：（1）登记“应交税费——应交增值税”“应交税费——应交增值税（进项税额）”“应交税费——应交增值税（销项税额）”“应交税费——未交增值税”“应交税费——简易计税”明细账户。

（2）登记“应交税费——应交城建税”“应交税费——应交教育费附加”明细账户。

（3）先登记三级明细账户，后登记二级明细账户，最后登记总账，并逐笔进行登记。账户登记完后，进行账证核对、账账核对。

【业务 13】 填列纳税申报资料及《电子缴库专用缴款书》，申报表及其附列资料。填制完成后，进行账表核对和表表核对。

要求：（1）填制增值税纳税申报表及其附列资料（一）、（二）。

（2）填制城建税纳税申报表、教育费附加申报表。

（3）填制国税、地税《电子缴库专用缴款书》。

【业务 14】 通过网银缴税专用账户缴纳税款，并进行完税账务处理。

要求：（1）通过网银缴税专用账户缴纳税款。

（2）根据电子缴税付款凭证进行完税账务处理。

附月初纳税资料：

微州阳光家用电器股份有限公司 2019 年 1—6 月的相关资料如下：应税货物销售额 5 429 866.36 元，销项税 923 077.28 元，进项税 234 345.26 元，应纳增值税税额 688 732.02 元，至 6 月底未交增值税 57 000 元，未交城建税 3 990 元和教育费附加 1 710 元。

实训二　商贸企业增值税会计核算与纳税申报

一、企业基本资料

微州大洋食品饮料贸易公司，于2007年8月8日经微州市工商行政管理局注册登记成立，同年8月28日办理开业税务登记和增值税一般纳税人认定。经主管税务机关核定，该公司实行按月计税、查账征收的征税方法。其基本资料如下：

（1）公司注册类型：股份有限公司；统一社会信用代码：91560101000022125A；计算机管理代码：00056241；法定代表人：董良英；财务负责人：金风顺；办税员：丛光华；公司电话：0781－6238899。

（2）公司注册地址：微州市新城区中山大道88号；电子邮箱：hzdy2010@163.com；经营范围：粮食、炒货、奶制品、水果、饮料的批发与零售；开户银行：中国工商银行微州市支行新城区分理处，账号：2212－554433，网上缴税专用账号：2212－554434。

（3）国税主管机关：微州市新城区国家税务局；组织机构代码：000234515；办税服务厅经办人：董家驹；电话：0781－6526645。地税主管机关：微州市新城区地方税务局；组织机构代码：000234235；办税服务厅经办人：方伯军；电话：0781－6523248。

二、涉税业务资料

以微州大洋食品饮料贸易公司2019年6月增值税涉税业务为例，用仿真票据单证为载体进行列示，学生按照业务发生顺序逐笔填制记账凭证，进行账务处理，月末进行涉税账户录入，填报增值税、城建税及教育费附加等纳税申报资料。

【业务1】 6月7日，从微州市湖口县八里乡湾里村杨鹏程等农民大户手中收购山楂干果4 000千克，货款由采购人员提现付讫，货已入库。

要求：进行收购业务和增值税进项税的账务处理，填制2张通用记账凭证。

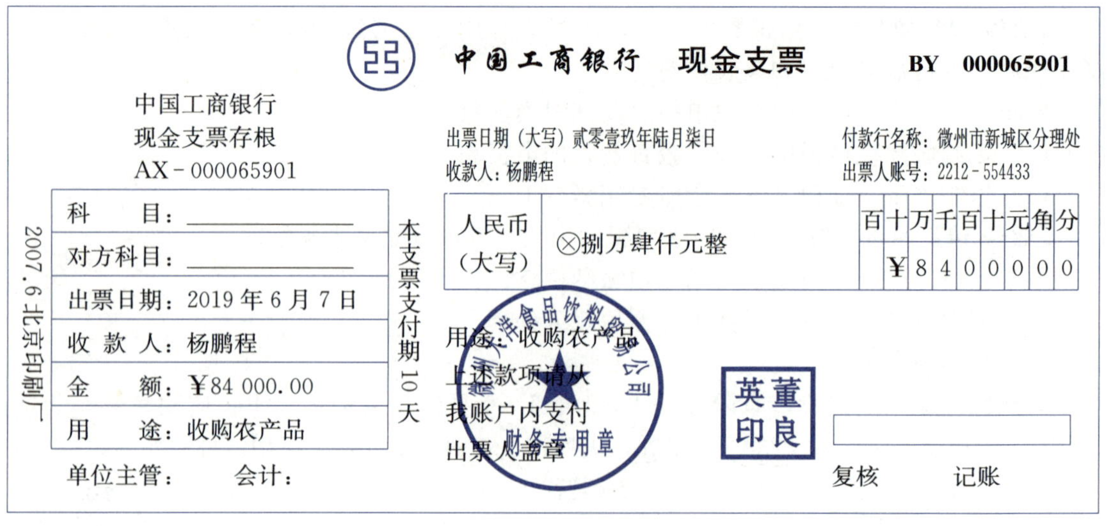

中国工商银行　现金支票　BY　000065901

中国工商银行
现金支票存根
AX－000065901

科　　目：	
对方科目：	
出票日期：2019年6月7日	
收 款 人：杨鹏程	
金　　额：¥84 000.00	
用　　途：收购农产品	

单位主管：　　会计：

2007.6北京印制厂

本支票支付期10天

出票日期（大写）贰零壹玖年陆月柒日　　付款行名称：微州市新城区分理处
收款人：杨鹏程　　出票人账号：2212－554433

人民币（大写）	⊗捌万肆仟元整	百	十	万	千	百	十	元	角	分
			¥	8	4	0	0	0	0	0

用途：收购农产品
上述款项请从
我账户内支付
出票人盖章

微州大洋食品饮料贸易公司　财务专用章

英董印良

复核　　记账

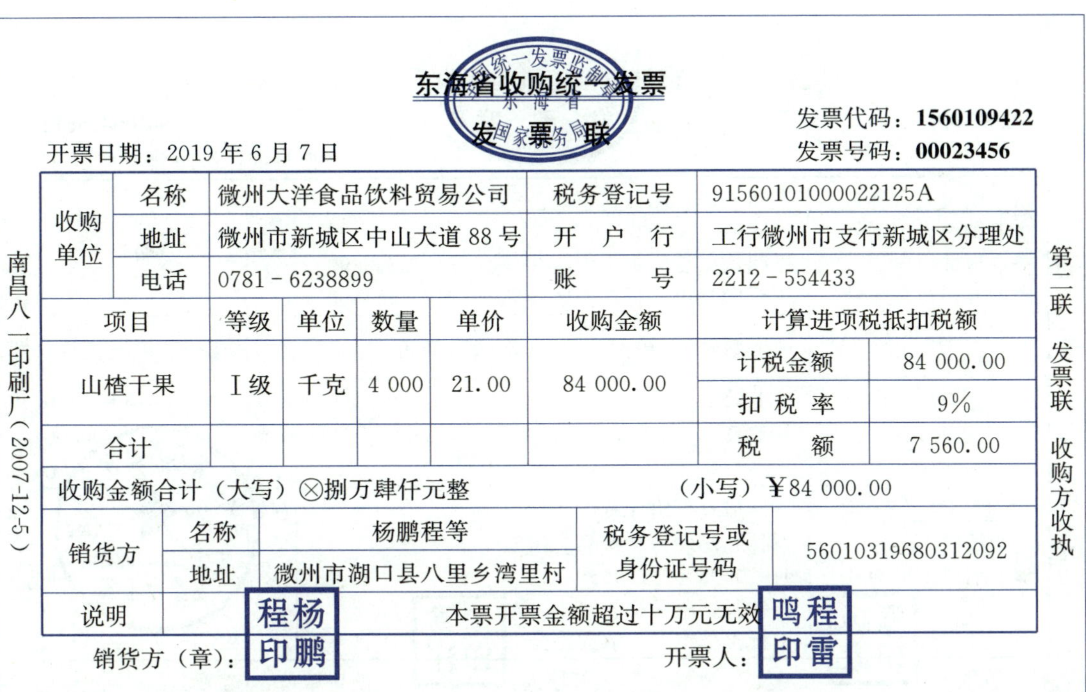

东海省收购统一发票

发　票　联

发票代码：1560109422

发票号码：00023456

开票日期：2019 年 6 月 7 日

收购单位	名称	微州大洋食品饮料贸易公司				税务登记号	91560101000022125A	
	地址	微州市新城区中山大道 88 号				开户行	工行微州市支行新城区分理处	
	电话	0781－6238899				账号	2212－554433	
项目		等级	单位	数量	单价	收购金额	计算进项税抵扣税额	
山楂干果		Ⅰ级	千克	4 000	21.00	84 000.00	计税金额	84 000.00
							扣税率	9%
合计							税额	7 560.00
收购金额合计（大写）⊗捌万肆仟元整					（小写）￥84 000.00			
销货方	名称	杨鹏程等				税务登记号或身份证号码	56010319680312092	
	地址	微州市湖口县八里乡湾里村						
说明		本票开票金额超过十万元无效						

销货方（章）：程杨印鹏　　开票人：鸣程印雷

南昌八一印刷厂（2007-12-5）

第二联　发票联　收购方收执

【业务 2】6 月 10 日，公司从吉林北洋农产品贸易公司购入大米、大豆，货款通过银行汇票支付，运费由销货方代垫，取得以下原始凭证。

要求：进行开具汇票、采购货物进项税的账务处理，填制 4 张通用记账凭证。

吉林省增值税专用发票

抵　扣　联

2202093140　　No. 00435612

开票日期：2019 年 6 月 10 日

购货单位	纳税人名称 纳税人识别号 地址、电话 开户行及账号	微州大洋食品饮料贸易公司 91560101000022125A 微州市新城区中山大道 88 号 0781－6238899 工行微州市支行新城区分理处 2212－554433				密码区	（略）	
货物或应税劳务、服务名称		规格型号	单位	数量	单价	金额	税率	税额
东北大米		Ⅰ级	千克	50 000	4.00	200 000.00	9%	18 000.00
东北大豆		Ⅰ级	千克	10 000	8.00	80 000.00	9%	7 200.00
合计						280 000.00		25 200.00
价税合计（大写）		⊗叁拾万零伍仟贰佰元整				（小写）￥305 200.00		
销货单位	纳税人名称 纳税人识别号 地址、电话 开户行及账号	吉林北洋农产品贸易公司 91220203000012345A 吉林市朝阳区解放路 45 号 0431－4588908 工行吉林市支行解放路分理处 0234－123488				备注	吉林北洋农产品贸易公司 91220203000012345A 发票专用章	

收款人：顺扬印家　　复核：　　开票人：南易印江　　销货单位：（盖章）

国税函[2001]873号北京印钞厂

第二联　抵扣联　购货方扣税凭证

吉林省增值税专用发票

发 票 联

2202093140　　　　No. 00435612

开票日期：2019年6月10日

国税函[2001]873号北京印钞厂

购货单位	纳税人名称 纳税人识别号 地址、电话 开户行及账号	微州大洋食品饮料贸易公司 91560101000022125A 微州市新城区中山大道88号0781－6238899 工行微州市支行新城区分理处2212－554433			密码区	（略）	
货物或应税劳务、服务名称		规格型号	单位	数量	单价	金额	税率	税额
东北大米		Ⅰ级	千克	50 000	4.00	200 000.00	9%	18 000.00
东北大豆		Ⅰ级	千克	10 000	8.00	80 000.00	9%	7 200.00
合计						280 000.00		25 200.00
价税合计（大写）		⊗叁拾万零伍仟贰佰元整				（小写）￥305 200.00		
销货单位	纳税人名称 纳税人识别号 地址、电话 开户行及账号	吉林北洋农产品贸易公司 91220203000012345A 吉林市朝阳区解放路45号0431－4588908 工行吉林市支行解放路分理处0234－123488			备注		

收款人：　　复核：　　开票人：　　销货单位：（盖章）

第三联　发票联　购货方记账凭证

付款期限
壹个月

中国工商银行

银 行 汇 票　　2　　地名 BA 01　　0034127821

出票日期（大写）	贰零壹玖年陆月伍日	代理付款行：工行吉林支行解放路分理处　行号：0234		
收款人：吉林北洋农产品贸易公司		账号：0234－123488		
出票金额	人民币（大写）	⊗叁拾壹万柒仟元整		317 000.00
申请人：微州大洋食品饮料贸易公司		账号：2212－554433		
出票行：工行微州市支行新城区分理处　行号：2212		密押：		科目（借）____ 对方科目______ 兑付日期： 2019年6月10日 复核　　记账
备注：		多余金额		
凭票付款		十 万 千 百 十 元 角 分		
出票行签章		0 0 6 3 5 0 0 0		

第一联　存根　付款方记账传票

运费进项税抵扣提示

（1）购销运杂费中的运费进项税扣除率为9%，其他杂费的进项税扣除率为6%，免税农产品的进项税扣除率为9%。对不同扣除率的劳务应分别开票。

（2）购入免税农产品，用于生产销售或委托加工13%税率的货物，免税农产品的进项税扣除率为10%。

（3）因收购免税农产品所支付的价款不含增值税，在进行进项税账务处理时，将所支付的价款扣除进项税后的差额计入货物成本。

吉林省增值税专用发票

抵扣联

2202093140　　　　No. 00435703

开票日期：2019 年 6 月 10 日

购货单位	纳税人名称 纳税人识别号 地址、电话 开户行及账号	微州大洋食品饮料贸易公司 91560101000022125A 微州市新城区中山大道 88 号 0781－6238899 工行微州市支行新城区分理处 2212－554433				密码区	（略）	
货物或应税劳务、服务名称		规格型号	单位	数量	单价	金额	税率	税额
货物运输						5 000.00	9%	450.00
合计						5 000.00		450.00
价税合计（大写）		⊗伍仟肆佰伍拾元整					（小写）￥5 450.00	
销货单位	纳税人名称 纳税人识别号 地址、电话 开户行及账号	吉林铁路货物运输公司 91220203000011552A 吉林市朝阳区景观路 15 号 0431－28120034 工行吉林市支行解放路分理处 0234－05668				备注	运输Ⅰ级东北大米 30 吨 Ⅰ级东北大豆 10 吨到微州	

收款人：张明　复核：　开票人：王风　销货单位：（盖章）

国税函［2001］873号北京印钞厂

第二联 抵扣联 购货方扣税凭证

吉林省增值税专用发票

发票联

2202093140　　　　No. 00435703

开票日期：2019 年 6 月 10 日

购货单位	纳税人名称 纳税人识别号 地址、电话 开户行及账号	微州大洋食品饮料贸易公司 91560101000022125A 微州市新城区中山大道 88 号 0781－6238899 工行微州市支行新城区分理处 2212－554433				密码区	（略）	
货物或应税劳务、服务名称		规格型号	单位	数量	单价	金额	税率	税额
货物运输						5 000.00	9%	450.00
合计						5 000.00		450.00
价税合计（大写）		⊗伍仟肆佰伍拾元整					（小写）￥5 450.00	
销货单位	纳税人名称 纳税人识别号 地址、电话 开户行及账号	吉林铁路货物运输公司 91220203000011552A 吉林市朝阳区景观路 15 号 0431－28120034 工行吉林市支行解放路分理处 0234－05668				备注	运输Ⅰ级东北大米 30 吨 Ⅰ级东北大豆 10 吨到微州	

收款人：张明　复核：　开票人：王风　销货单位：（盖章）

国税函［2001］873号北京印钞厂

第三联 发票联 购货方记账凭证

免税农产品的进项税转出

购入免税农产品因管理不善造成损失时，应进行进项税转出处理，应转出的进项税＝计入库存商品或原材料的成本金额÷（1－扣除率）×扣除率。

【业务 3】 6 月 12 日，销售罐装饮料 2 000 箱、休闲食品 2 500 箱，公司开出增值税专用发票，款项已存入银行。

要求：进行销售业务和增值税销项税的账务处理，填制 1 张通用记账凭证。

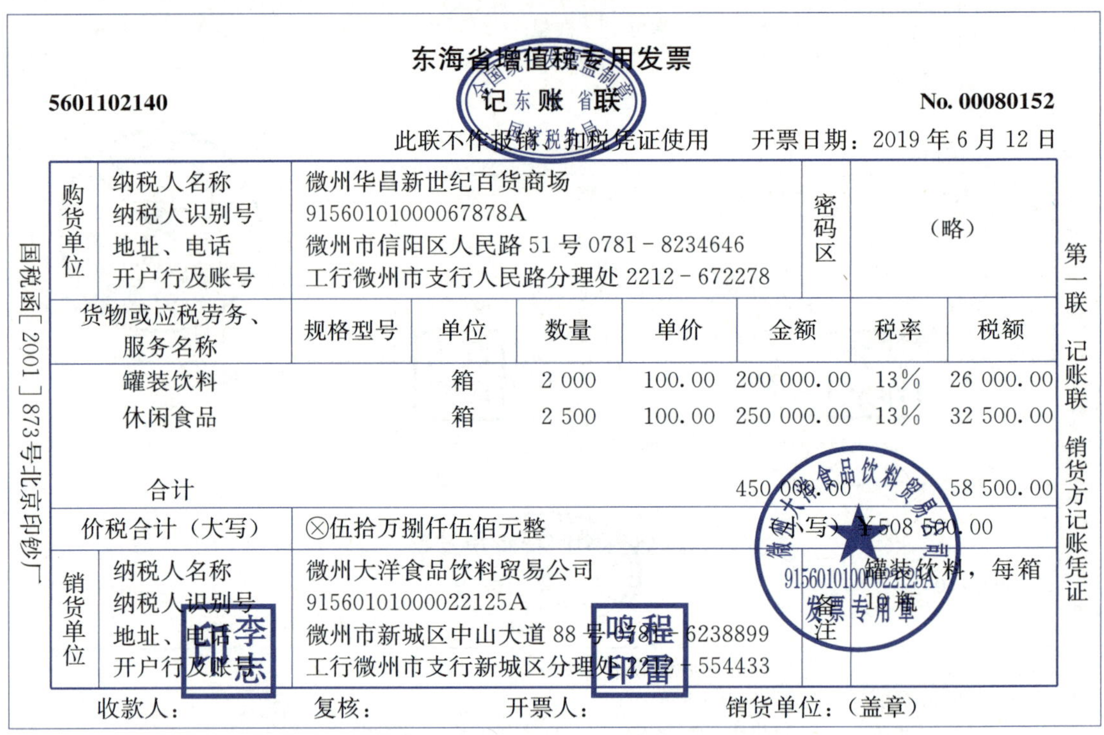

东海省增值税专用发票

记 账 联

5601102140　　　　**No. 00080152**

此联不作报销、扣税凭证使用　　开票日期：2019 年 6 月 12 日

购货单位	纳税人名称	微州华昌新世纪百货商场			密码区	（略）	
	纳税人识别号	91560101000067878A					
	地址、电话	微州市信阳区人民路 51 号 0781－8234646					
	开户行及账号	工行微州市支行人民路分理处 2212－672278					
货物或应税劳务、服务名称	规格型号	单位	数量	单价	金额	税率	税额
罐装饮料		箱	2 000	100.00	200 000.00	13%	26 000.00
休闲食品		箱	2 500	100.00	250 000.00	13%	32 500.00
合计					450 000.00		58 500.00
价税合计（大写）	⊗伍拾万捌仟伍佰元整				（小写）¥508 500.00		
销货单位	纳税人名称	微州大洋食品饮料贸易公司			备注	罐装饮料，每箱 10 瓶	
	纳税人识别号	91560101000022125A					
	地址、电话	微州市新城区中山大道 88 号 0781－6238899					
	开户行及账号	工行微州市支行新城区分理处 2212－554433					

收款人：　　复核：　　开票人：　　销货单位：（盖章）

国税函[2001]873号北京印钞厂

第一联 记账联 销货方记账凭证

印章：李志印；程雷印；微州大洋食品饮料贸易公司 91560101000022125A 发票专用章；全国统一发票监制章 东海省国家税务局

特别注意：销售货物开出增值税专用发票，意味着收入的确认，即销售的实现，纳税人应及时进行销售业务的账务处理。若未确定收入，则不能开具发票。

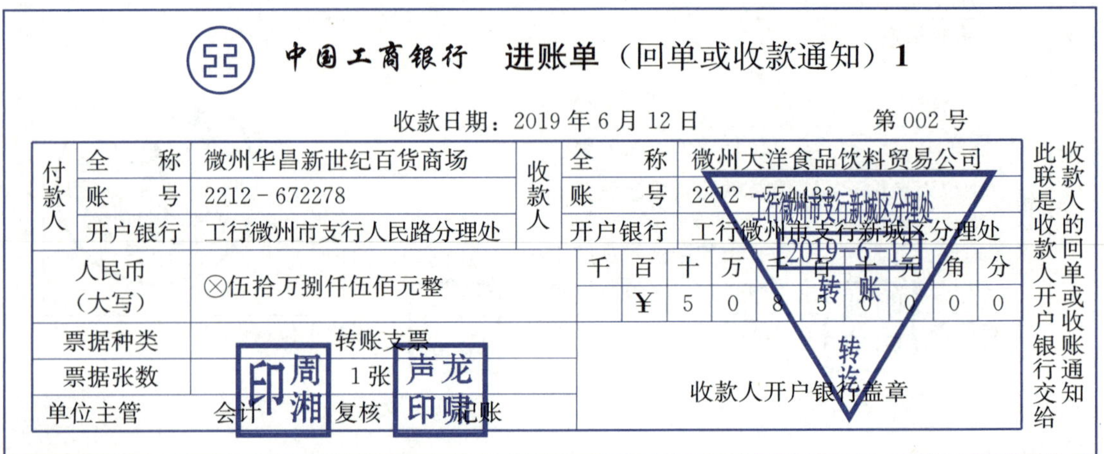

中国工商银行　进账单（回单或收款通知）1

收款日期：2019 年 6 月 12 日　　第 002 号

付款人	全称	微州华昌新世纪百货商场	收款人	全称	微州大洋食品饮料贸易公司
	账号	2212－672278		账号	2212－554433
	开户银行	工行微州市支行人民路分理处		开户银行	工行微州市支行新城区分理处

人民币（大写）	⊗伍拾万捌仟伍佰元整	千	百	十	万	千	百	十	元	角	分
			¥	5	0	8	5	0	0	0	0

票据种类	转账支票	收款人开户银行盖章
票据张数	1 张	
单位主管　会计　复核　记账		

此联是收款人开户银行交给收款人的回单或收账通知

印章：周湘印；龙啸印；工行微州市支行新城区分理处 2019－6－12 转账 转讫

【业务 4】 6 月 18 日，将上月外购的 100 瓶食用植物油低价卖给本厂职工，每瓶含税售价 30 元，外购成本价 45 元，对外不含税售价 58 元；Ⅰ级面粉 500 千克，每千克外购成本价 4 元，对外不含税售价 5 元，全部用作职工福利。

要求：分项进行货物自用和销项税的账务处理，填制 3 张通用记账凭证。

商品出库单　　　　第 113 号

科目：________　　日期：2019 年 6 月 18 日　　对方科目________

名称	单位	数量	单位成本	金额 百	十	万	千	百	十	元	角	分	用途或原因
食用植物油	瓶	100	45.00				4	5	0	0	0	0	职工购买
Ⅰ级面粉	千克	500	4.00				2	0	0	0	0	0	用作职工福利
合计						¥	6	5	0	0	0	0	

主管：　　会计：　　经办人：　　保管员：

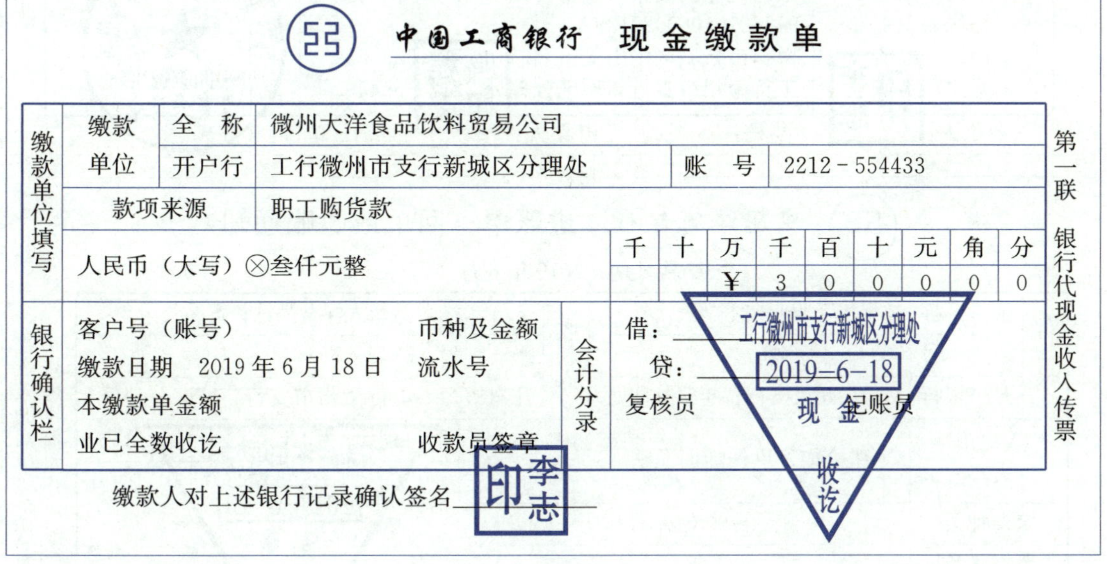

中国工商银行　现金缴款单

缴款单位填写	缴款单位	全　称	微州大洋食品饮料贸易公司		
		开户行	工行微州市支行新城区分理处	账　号	2212－554433
	款项来源		职工购货款		
	人民币（大写）⊗叁仟元整		千 十 万 千 百 十 元 角 分	¥ 3 0 0 0 0 0	
银行确认栏	客户号（账号） 缴款日期　2019 年 6 月 18 日 本缴款单金额 业已全数收讫	币种及金额 流水号 收款员签章	会计分录	借： 贷： 复核员　　记账员	

缴款人对上述银行记录确认签名________

第一联　银行代现金收入传票

账务处理提示

外购货物用于职工个人消费，没有经济利益的流入，在会计上不确认收入；根据《增值税暂行条例》的规定，不需要计算销项税，其进项税也不能抵扣，需要进行进项税转出处理。借记“应付职工薪酬”科目，贷记“库存商品”和“应交税费——应交增值税（进项税额转出）”科目。

用于职工集体福利与职工个人消费的不同之处是：用于职工集体福利是指用于职工食堂、职工澡堂、职工娱乐中心等；用于职工个人消费是指将商品分给职工个人使用。

【业务5】 6月20日，销售一批面粉、大米给某职业院校，开出增值税普通发票，取得转账支票，款项已通过开户银行收讫。

要求：进行销售业务和增值税销项税的账务处理，填制1张通用记账凭证。

东海省增值税普通发票

记 账 联

56011012140　　　　　　　　　　　　　　　　　　　　**No. 00180153**

此联不作报销、扣税凭证使用　　开票日期：2019年6月20日

购货单位	纳税人名称	微州化工职业技术学院				密码区	（略）	
	纳税人识别号	000056889						
	地址、电话	微州市朝阳区青年路91号 0781－8230096						
	开户行及账号	交行微州市支行青年路分理处 0034－345678						
货物或应税劳务、服务名称		规格型号	单位	数量	单价	金额	税率	税额
东北大米		Ⅰ级	千克	40 000	6.00	240 000.00	9%	21 600.00
面粉		Ⅰ级	千克	20 000	10.00	200 000.00	9%	18 000.00
合计						440 000.00		39 600.00
价税合计（大写）		⊗肆拾柒万玖仟陆佰元整				（小写）￥479 600.00		
销货单位	纳税人名称	微州大洋食品饮料贸易公司				备注		
	纳税人识别号	91560101000022125A						
	地址、电话	微州市新城区中山大道88号 0781－6238899						
	开户行及账号	工行微州市支行新城区分理处 2212－554433						

收款人：李志印　　复核：　　开票人：程雷印　　销货单位：（盖章）微州大洋食品饮料贸易公司 91560101000022125A 发票专用章

第一联 记账联 销货方记账凭证

国税函[2001]873号北京印钞厂

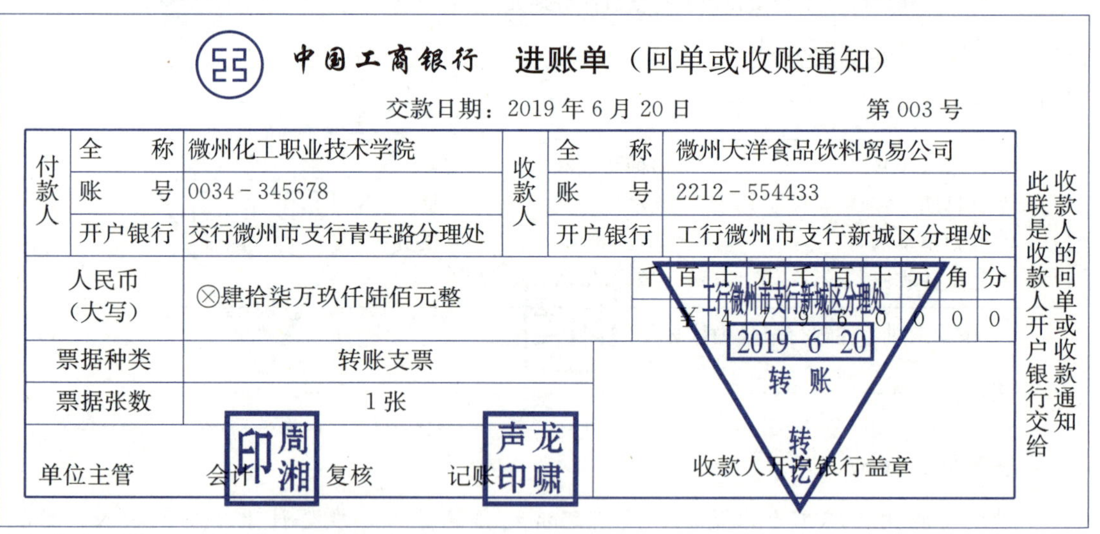

中国工商银行　进账单（回单或收账通知）

交款日期：2019年6月20日　　　　第003号

付款人	全称	微州化工职业技术学院	收款人	全称	微州大洋食品饮料贸易公司
	账号	0034－345678		账号	2212－554433
	开户银行	交行微州市支行青年路分理处		开户银行	工行微州市支行新城区分理处
人民币（大写）		⊗肆拾柒万玖仟陆佰元整		千百十万千百十元角分	￥479600 00
票据种类		转账支票			
票据张数		1张			
单位主管		会计 周湘印　复核　记账 龙啸声印		收款人开户银行盖章	工行微州市支行新城区分理处 2019-6-20 转账 转讫

此联是收款人开户银行交给收款人的回单或收款通知

开具增值税发票应注意的问题

向同一客户同时销售两种相同税率的产品，可填开一份增值税专用发票；向同一客户同时销售两种不同税率的产品，应分别填开增值税专用发票，做到“一率一票”。

【业务6】6月21日，委托微州湖口食品加工有限责任公司加工炒货，材料上月已发出，本月支付加工费和加工环节增值税，取得原始凭证如下。

要求：进行委托加工业务和增值税进项税的账务处理，填制1张通用记账凭证。

东海省增值税专用发票

抵扣联

5601102140　　　　No. 00180267

开票日期：2019年6月21日

购货单位	纳税人名称 纳税人识别号 地址、电话 开户行及账号	微州大洋食品饮料贸易公司 91560101000022125A 微州市新城区中山大道88号 0781－6238899 工行微州市支行新城区分理处 2212－554433			密码区	（略）	
货物或应税劳务、服务名称	规格型号	单位	数量	单价	金额	税率	税额
炒货加工费					3 000.00	13%	390.00
合计					3 000.00		390.00
价税合计（大写）	⊗叁仟叁佰玖拾元整				（小写）￥3 390.00		
销货单位	纳税人名称 纳税人识别号 地址、电话 开户行及账号	微州湖口食品加工有限责任公司 91560102000011235A 微州市柴桑区西大街24号 0781－8565349 工行微州市支行西大街分理处 2213－221335			备注	微州湖口食品加工有限责任公司 91560102000011235A 发票专用章	

收款人：　　复核：　　开票人：　　销货单位：（盖章）

国税函[2001]873号北京印钞厂

第二联　抵扣联　购货方扣税凭证

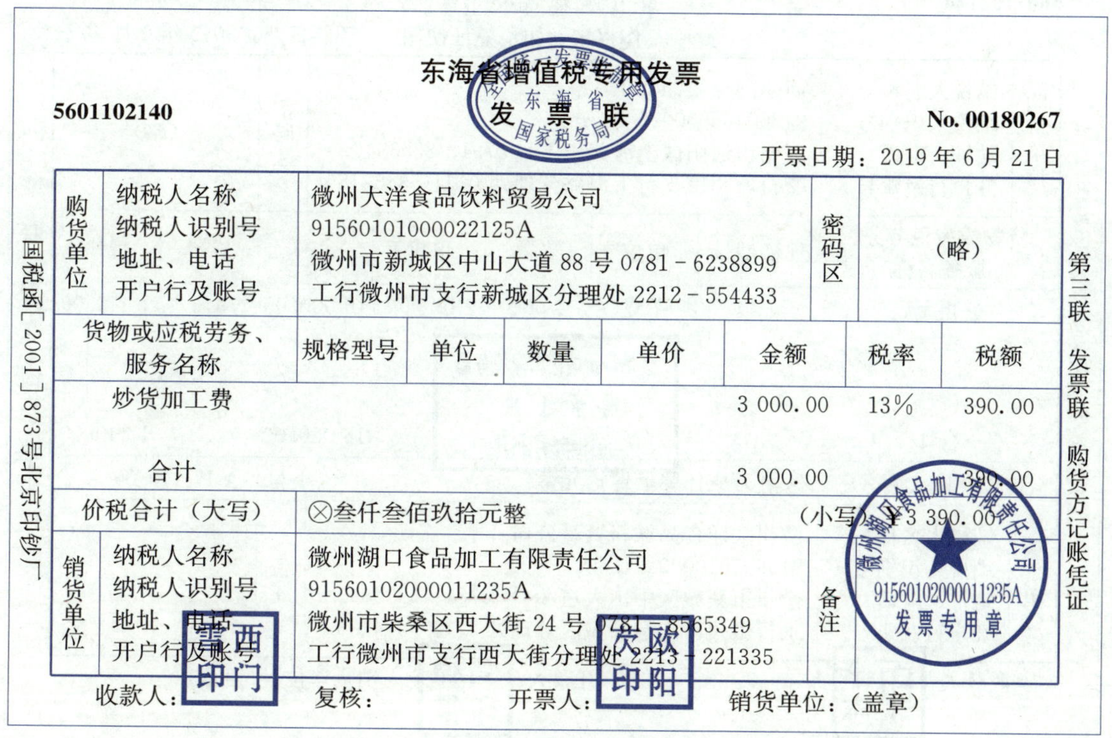

东海省增值税专用发票

发票联

5601102140　　　　No. 00180267

开票日期：2019年6月21日

购货单位	纳税人名称 纳税人识别号 地址、电话 开户行及账号	微州大洋食品饮料贸易公司 91560101000022125A 微州市新城区中山大道88号 0781－6238899 工行微州市支行新城区分理处 2212－554433			密码区	（略）	
货物或应税劳务、服务名称	规格型号	单位	数量	单价	金额	税率	税额
炒货加工费					3 000.00	13%	390.00
合计					3 000.00		390.00
价税合计（大写）	⊗叁仟叁佰玖拾元整				（小写）￥3 390.00		
销货单位	纳税人名称 纳税人识别号 地址、电话 开户行及账号	微州湖口食品加工有限责任公司 91560102000011235A 微州市柴桑区西大街24号 0781－8565349 工行微州市支行西大街分理处 2213－221335			备注	微州湖口食品加工有限责任公司 91560102000011235A 发票专用章	

收款人：　　复核：　　开票人：　　销货单位：（盖章）

国税函[2001]873号北京印钞厂

第三联　发票联　购货方记账凭证

中国工商银行　转账支票　(海) 0065902

中国工商银行
转账支票存根
AX－0065902

科　　目：	
对方科目：	
出票日期：	2019 年 6 月 21 日
收 款 人：	湖口食品加工公司
金　　额：	3 390.00
用　　途：	支付加工费

单位主管：　　会计：

2007.6 北京印刷厂

本支票支付期 10 天

出票日期（大写）贰零壹玖年陆月贰拾壹日　　付款行名称：微州市新城区分理处
收款人：微州湖口食品加工有限责任公司　　出票人账号：2212－554433

人民币（大写）	⊗叁仟叁佰玖拾元整	百	十	万	千	百	十	元	角	分
				¥	3	3	9	0	0	0

用途：支付加工费
上述款项请从
我账户内支付
出票人签章

科　　目
对方科目(贷)
出票日期 2019 年 6 月 21 日
复核　　记账

03456　3456789　2121345677889　01

【业务 7】6 月 30 日，上月销售的东北大豆发生销货退回，价款 16 000 元，增值税 1 600 元，公司开出红字增值税专用发票，并以银行存款支付。

要求：进行退货的账务处理，填制 3 张通用记账凭证。

东海省增值税专用发票

5601102140　　记 账 联　　No. 00180154

此联不作报销、扣税凭证使用　　开票日期：2019 年 6 月 30 日

购货单位	纳税人名称 纳税人识别号 地址、电话 开户行及账号	庐州闽赣粮油加工厂 91360403000023456A 庐州市通阳区上海路 101 号 0791－8253346 交行庐州市支行上海路分理处 0124－345218			密码区	（略）	
货物或应税劳务、服务名称	规格型号	单位	数量	单价	金额	税率	税额
东北大豆	Ⅰ级	千克	1 600	10.00	16 000.00	9%	1 440.00
合计					16 000.00		1 440.00
价税合计（大写）	⊗壹万柒仟肆佰肆拾元整				（小写）¥17 440.00		
销货单位	纳税人名称 纳税人识别号 地址、电话 开户行及账号	微州大洋食品饮料贸易公司 91560101000022125A 微州市新城区中山大道 88 号 0781－6238899 工行微州市支行新城区分理处 2212－554433			备注		

微州市新城区国家税务局 准予红冲 2019年6月30日

收款人：　　复核：　　开票人：　　销货单位：（盖章）

国税函[2001]873号北京印钞厂

第一联 记账联 销货方记账凭证

开具红字增值税专用发票的前提条件

销售方开具红字增值税专用发票必须具备两个条件：一是销售方对销售的货物已做账务处理；二是购货方对所购货物未做账务处理，且原票退回。

付款期限 壹个月

中国工商银行
银行汇票

2 地名 BA 01 0034127822

出票日期（大写）	贰零壹玖年陆月叁拾日	代理付款行：交行庐州市支行上海路分理处 行号：0124	
收款人：庐州闽赣粮油加工厂		账号：0124－345218	
出票金额	人民币（大写）	⊗壹万捌仟元整	18 000.00
申请人：徽州大洋食品饮料贸易公司		账号：2212－554433	
出票行：工行徽州市支行新城区分理处 行号：2212		密押：	科目（借）____
备注：		多余金额	对方科目______
凭票付款		十万千百十元角分	兑付日期：2019年6月30日
出票行签章		0 0 0 5 6 0 0 0	复核 记账

第一联 存根 付款方记账传票

（印章：中国工商银行徽州市支行 汇票专用章 2212-01）

【业务8】6月30日，公司以300瓶食用植物油抵偿原欠南昌宝来农产品贸易公司货款20 000元，公司按正常销售开具增值税专用发票。（抵债协议略）

要求：进行以货抵债的账务处理，填制1张通用记账凭证。

东海省增值税专用发票

5601102140 记账联 No. 00180155

此联不作报销、扣税凭证使用 开票日期：2019年6月30日

购货单位	纳税人名称 纳税人识别号 地址、电话 开户行及账号	南昌宝来农产品贸易公司 91360405000053246A 南昌市八一路291号 0781－8130016 交行南昌市支行八一路分理处 0034－345678			密码区	（略）	
货物或应税劳务、服务名称	规格型号	单位	数量	单价	金额	税率	税额
食用植物油	Ⅰ型	瓶	300	58.00	17 400.00	9%	1 566.00
合计					17 400.00		1 566.00
价税合计（大写）	⊗壹万捌仟玖佰陆拾陆元整				（小写）¥18 966.00		
销货单位	纳税人名称 纳税人识别号 地址、电话 开户行及账号	徽州大洋食品饮料贸易公司 91560101000022125A 徽州市新城区中山大道88号 0781－6238899 工行徽州市支行新城区分理处 2212－554433			备注		

收款人：李志印 复核： 开票人：程鸣印雷 销货单位：（盖章）

国税函［2001］873号北京印钞厂

第一联 记账联 销货方记账凭证

（印章：徽州大洋食品饮料贸易公司 91560101000022125A 发票专用章）

货物抵债账务处理提示

以货物抵债，当货物金额低于债务金额时，少于部分属于债务重组收益，通过“营业外收入——债务重组收益”科目进行核算。

【业务9】 6月30日，月末盘点时发现上月从农民手中收购的一批大米和小米因管理不善发生霉烂变质，经有关部门检测，已完全不能食用。

要求：进行货物损失的账务处理，填制1张转账凭证。

库存原材料盘点表（损失部分）

编号	原材料名称	单位	单价	账面库存	损耗变质	实际库存	金额
001	丰城大米	千克	4.00	3 000	2 000	1 000	8 000.00
002	丰城小米	千克	5.00	2 000	2 000	0	10 000.00
003							
004							
005							
006							
合计							18 000.00

徽州大洋食品饮料贸易公司 财务专用章

财务负责人：　　仓库负责人：　　保管员：　　盘点人：

【业务10】 6月30日，公司参加上海食品饮料展销会，用于客户品尝的产品有罐装饮料、休闲食品、食用植物油等，所带样品除客户品尝外，剩余部分用于赠送。

要求：进行商品展销的账务处理，填制1张转账凭证。

展销会展销用品明细表

编号	产品名称	单位	单位成本	品尝数量	赠送数量	成本金额
021	罐装饮料	箱	60.00	25	25	3 000.00
022	休闲食品	箱	70.00	50	50	7 000.00
023	食用植物油	瓶	30.00	50	50	3 000.00
024						
025						
026						
合计						13 000.00

徽州大洋食品饮料贸易公司 营销部

财务负责人：　　营销负责人：李涛印江　　营销员：李治印　　复核人：

【业务11】 6月30日，公司将本月所有增值税抵扣凭证通过网上认证系统办理认证，取得下列认证清单。

要求：根据认证清单、相关凭证和账户记录编制增值税应纳税额汇总计算表，城建税、教育费附加计算表。

应纳增值税额计算提示

进行进项税抵扣时，按简易办法计算的应纳税额不作为销项税用以抵扣进项税，当销项税不足以抵扣进项税时，按简易办法计算的应纳税额即本期的应纳税额。

发票认证结果清单

企业名称：微州大洋食品饮料贸易公司　　统一社会信用代码：91560101000022125A

发票份数统计：4 份　　金额统计：372 000.00　　税额统计：37 380.00

序号	发票代码	发票号码	开票日期	销货方税号	计税金额	税额	认证时间
1	2202093140	00435612	2019 - 6 - 10	91220203000012345A	280 000.00	25 200.00	2019 - 6 - 30
2	2202093140	00435703	2019 - 6 - 10	91220203000011552A	5 000.00	450.00	2019 - 6 - 30
3	5601102140	00180267	2019 - 6 - 21	91560102000011235A	3 000.00	390.00	2019 - 6 - 30
4	1560109422	00023456	2019 - 6 - 7	56010319680312092	84 000.00	7 560.00	2019 - 6 - 30
	合计				372 000.00	33 600.00	

微州市新城区国家税务局　准予抵扣　2019年6月30日

【业务 12】 根据应纳税额汇总计算表，进行计提城建税、教育费附加的账务处理，同时结转应交增值税。

要求：进行城建税、教育费附加应税账务处理，结转未交增值税的账务处理，填制 2 张通用记账凭证。

【业务 13】 月末，根据上述原始凭证、相关记账凭证登记相关涉税账户。

要求：(1) 登记"应交税费——应交增值税""应交税费——应交增值税（进项税额）""应交税费——应交增值税（销项税额）""应交税费——未交增值税"明细账户。

(2) 登记"应交税费——应交城建税"和"应交税费——应交教育费附加"明细账户。

(3) 先登记三级明细账户，后登记二级明细账户，最后登记总账，并逐笔进行登记。账户登记完成后，进行账证核对、账账核对。

【业务 14】 月末，根据相关凭证和账户记录填列纳税申报资料，填写《电子缴库专用缴款书》。

要求：(1) 填制增值税纳税申报表及其附列资料（一）、（二）。

(2) 填制城建税纳税申报表和教育费附加申报表。

(3) 先填制增值税纳税申报附列资料，再填制增值税纳税申报表；申报表及其附列资料填制完成后，进行账表核对和表表核对。

【业务 15】 下月初缴纳税款，进行完税账务处理。

要求：(1) 通过网银缴税专用账户缴纳税款。

(2) 税款缴纳后，根据开户银行转来的电子缴税付款凭证进行完税账务处理。

项目二　建筑及房地产企业增值税会计核算与纳税申报实训

【实训目的】通过本项目的实训操作，学生应熟练掌握建筑及房地产企业的增值税应税计算、涉税账务处理、纳税申报资料填制的基本技能，为从事建筑及房地产企业增值税办税业务奠定良好的技能基础，实现快速上岗的目标。

【实训内容】购置土地使用权、外购建筑材料的涉税账务处理；销售、自用房地产的涉税账务处理；房地产租赁的涉税账务处理；增值税涉税账户录入，增值税纳税申报表及其附列资料的填制与报送等。

【实训方法】以企业常见经济业务为基础，以仿真发票和税收票证为素材，按照“营改增”相关规定、现行会计准则等法规制度规范，在实训教师的指导下，由学生自己动手进行操作，在操作中深化学习，在学习中不断提高。

【实训要求】实训前要充分学习“营改增”的相关规定和《企业会计准则》，准备好操作用通用记账凭证、增值税涉税账页、增值税纳税申报表及其附列资料；实训时务必自己动手，认真、仔细，可以互相学习和讨论，但不能抄袭或复制他人习作。

实训一　房地产开发企业增值税会计核算与纳税申报

根据“营改增”的相关规定，从 2016 年 6 月开始，房地产开发企业销售房地产由征收营业税改为征收增值税。现以庐州新华房地产开发公司为模型，以其开发业务为依据，练习转让房地产应征增值税及土地增值税的涉税会计核算与纳税申报。为了便于计算，假定于房地产销售后一次计算土地增值税和转让房地产增值税。

一、企业基本资料

庐州新华房地产开发公司，于 2005 年 10 月 5 日经庐州市工商行政管理局注册登记成立，同年 10 月 25 日办理开业税务登记，是庐州市国家税务局及地方税务局的重点税源企业。该企业的基本情况如下：

(1) 注册类型：股份有限公司，统一社会信用代码：91360403000042118A；计算机管理代码：00121005；法定代表人：董伟强；财务负责人：纪小婉；办税员：王安心；开户银行：中国建设银行庐州市支行青年路分理处，账号：0225-001186。

(2) 注册地址：庐州市新城区青年路 15 号；电话：0792-8122658；邮政编码：332000；电子邮箱：lztxhfc2005@163.com；经营范围：普通商品住房、高档商品住房、别墅、商务楼的开发与销售，物业管理等。

（3）国税主管机关：庐州市新城区国家税务局；组织机构代码：002345567；办税服务厅经办人：董程和；办公电话：0792－8331245。地税主管机关：庐州市新城区地方税务局；组织机构代码：002345678；办税服务厅经办人：李光跃；办公电话：0792－8332568。

二、涉税业务资料

庐州新华房地产开发公司是一家专职从事房地产开发的企业，假定该公司于2017—2019年同时开发水木清华、天宝花园、天一花园三个住宅小区项目。其中，水木清华项目的开发业务资料如下。

【业务1】 2017年1月20日，经庐州市人民政府批准，取得了庐州市开发区01号商业用地，土地面积200 000平方米，同日，公司支付土地出让金、土地使用权登记费2 010万元，取得以下原始凭证。

要求：进行受让土地使用权的账务处理，填制1张通用记账凭证。

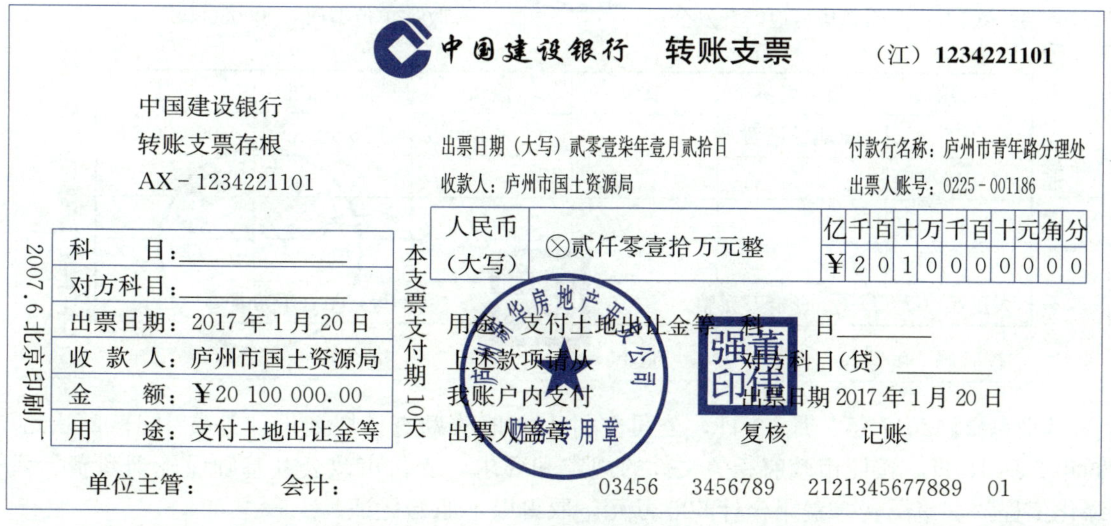

中国建设银行 转账支票 （江）1234221101

中国建设银行
转账支票存根
AX－1234221101

科目：	
对方科目：	
出票日期：	2017年1月20日
收款人：	庐州市国土资源局
金额：	¥20 100 000.00
用途：	支付土地出让金等

单位主管： 会计：

出票日期（大写）贰零壹柒年壹月贰拾日　付款行名称：庐州市青年路分理处
收款人：庐州市国土资源局　出票人账号：0225－001186

人民币（大写）	⊗贰仟零壹拾万元整	亿	千	百	十	万	千	百	十	元	角	分
		¥	2	0	1	0	0	0	0	0	0	0

本支票支付期10天

用途：支付土地出让金等　科目＿＿＿＿
上述款项请从　对方科目（贷）＿＿＿＿
我账户内支付　出票日期2017年1月20日
出票人签章　复核　记账

03456 3456789 2121345677889 01

2007.6北京印刷厂

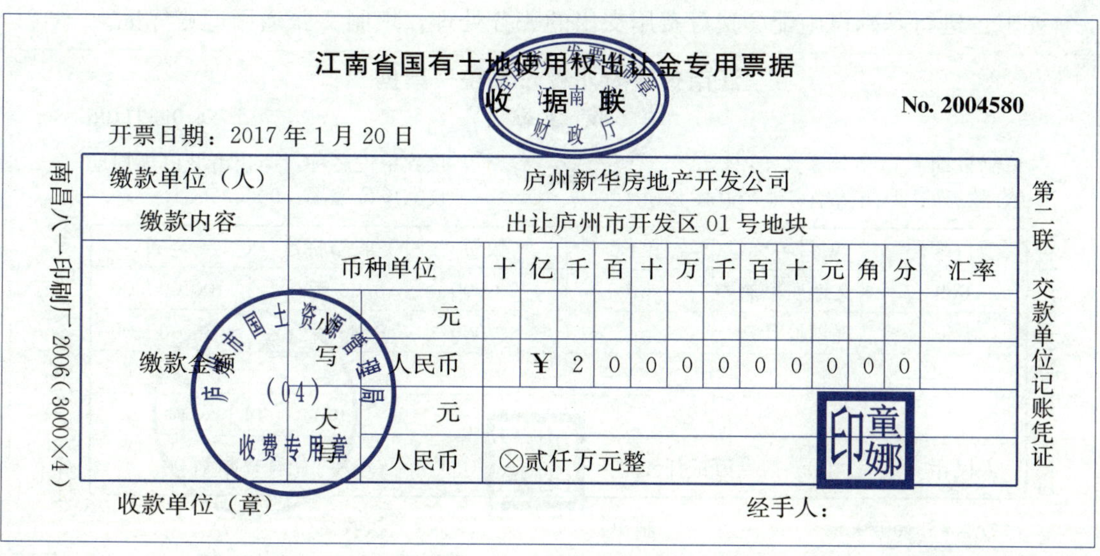

江南省国有土地使用权出让金专用票据
收据联
No. 2004580

开票日期：2017年1月20日

缴款单位（人）	庐州新华房地产开发公司													
缴款内容	出让庐州市开发区01号地块													
缴款金额	币种单位	十	亿	千	百	十	万	千	百	十	元	角	分	汇率
小写	元													
小写	人民币		¥	2	0	0	0	0	0	0	0	0	0	
大写	元													
大写	人民币	⊗贰仟万元整												

收款单位（章）　经手人：

第二联 交款单位记账凭证

南昌八一印刷厂 2006（3000×4）

土地增值税征税范围界定标准

(1) 土地所有权是否国有：转让国有土地应征收土地增值税；转让集体所有土地不征收土地增值税（集体所有土地一般不可转让，但国家可以征用）。

(2) 土地使用权是否转让：转让国有土地使用权应征收土地增值税，权属未发生转移的，不征收土地增值税；政府出让国有土地使用权也不征收土地增值税。

(3) 转让是否取得收入：转让国有土地使用权取得收入的，应征收土地增值税，未取得收入的（如继承），不征收土地增值税。

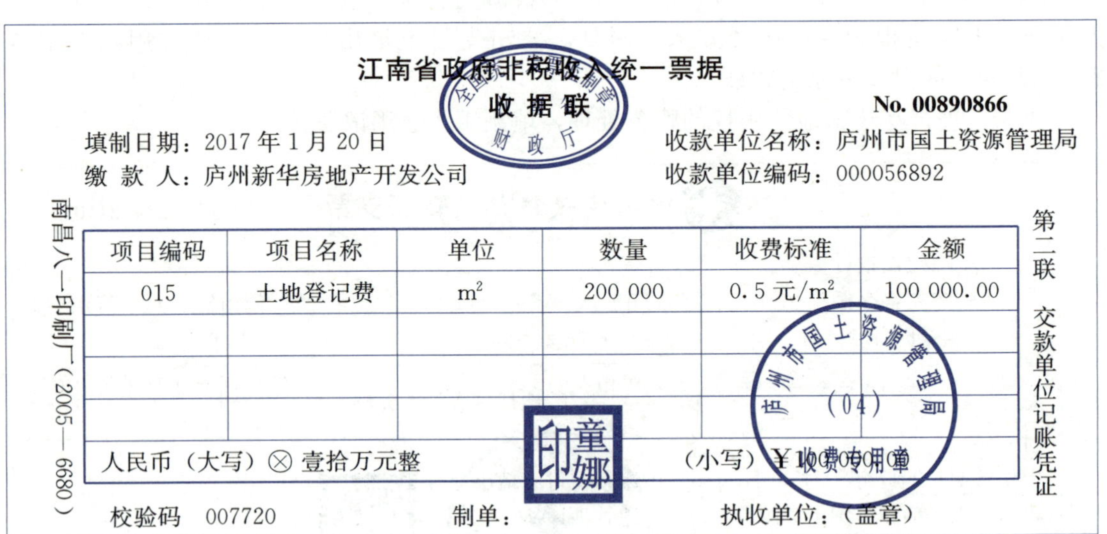

江南省政府非税收入统一票据

收据联

No. 00890866

填制日期：2017年1月20日　　收款单位名称：庐州市国土资源管理局

缴 款 人：庐州新华房地产开发公司　　收款单位编码：000056892

项目编码	项目名称	单位	数量	收费标准	金额
015	土地登记费	m^2	200 000	0.5元/m^2	100 000.00
人民币（大写）⊗壹拾万元整				（小写）￥100 000.00	

校验码　007720　　制单：　　执收单位：（盖章）

南昌八一印刷厂（2005—6680）

第二联　交款单位记账凭证

【业务2】2017年2月10日，公司支付水文地质勘查、规划设计等费用13.2万元。同年2月15日，按照市政府相关文件的规定和要求，支付市政公共基础设施配套费、代绿化工程款、审图费等费用合计603万元，取得以下原始凭证。

要求：进行基础设施配套费等费用支出的账务处理，填制2张通用记账凭证。

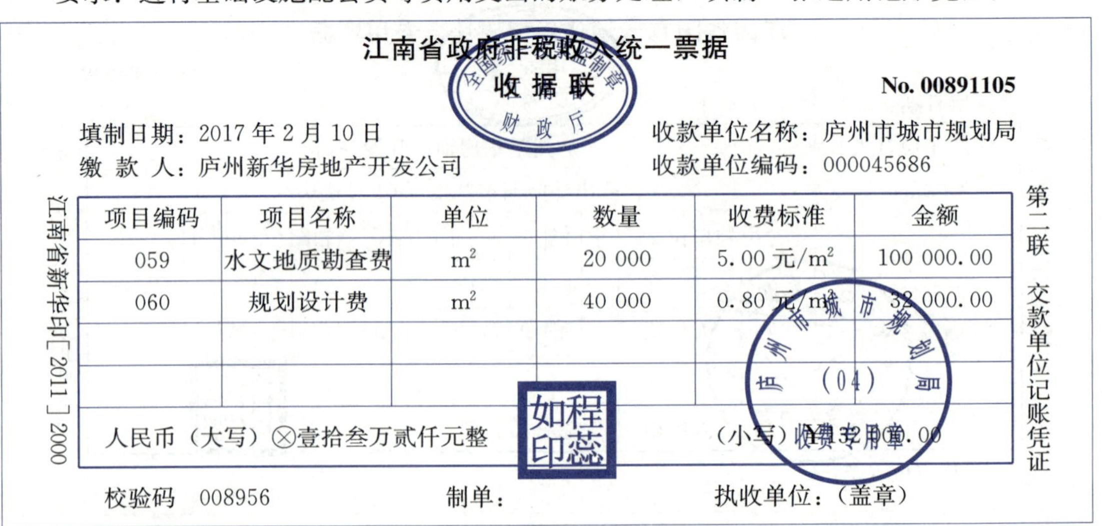

江南省政府非税收入统一票据

收据联

No. 00891105

填制日期：2017年2月10日　　收款单位名称：庐州市城市规划局

缴 款 人：庐州新华房地产开发公司　　收款单位编码：000045686

项目编码	项目名称	单位	数量	收费标准	金额
059	水文地质勘查费	m^2	20 000	5.00元/m^2	100 000.00
060	规划设计费	m^2	40 000	0.80元/m^2	32 000.00
人民币（大写）⊗壹拾叁万贰仟元整				（小写）￥132 000.00	

校验码　008956　　制单：　　执收单位：（盖章）

江南省新华印[2011]2000

第二联　交款单位记账凭证

土地增值税税率

土地增值税实行四级超率累进税率，增值额不超过扣除项目金额50%的部分，税率为30%；超过50%～100%的部分，税率为40%；超过100%～200%的部分，税率为50%；超过200%的部分，税率为60%。

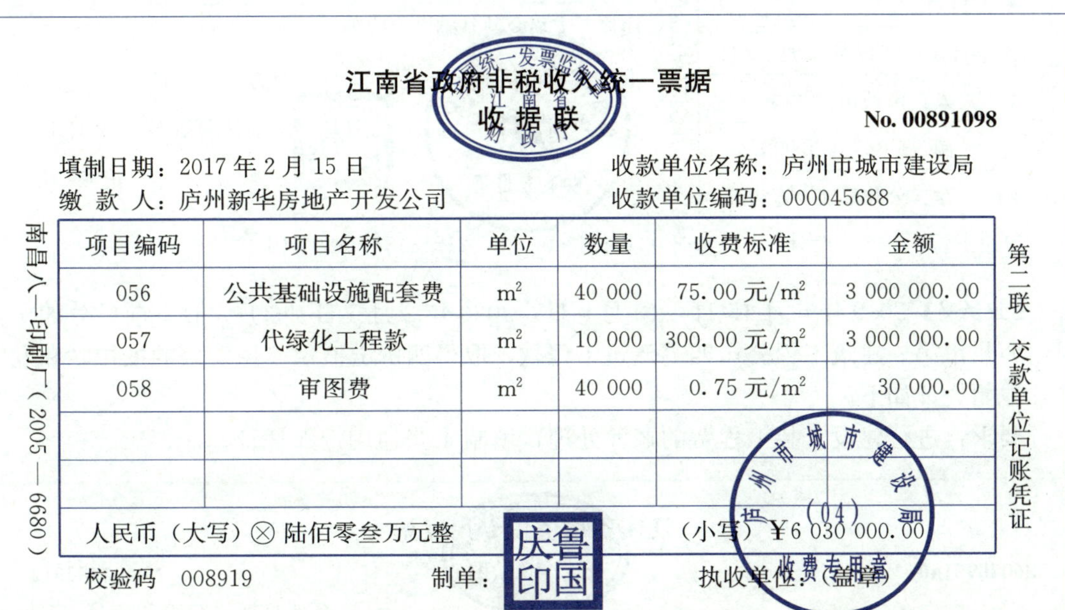

江南省政府非税收入统一票据

收据联

No. 00891098

填制日期：2017年2月15日　　收款单位名称：庐州市城市建设局

缴 款 人：庐州新华房地产开发公司　　收款单位编码：000045688

项目编码	项目名称	单位	数量	收费标准	金额
056	公共基础设施配套费	m^2	40 000	75.00元/m^2	3 000 000.00
057	代绿化工程款	m^2	10 000	300.00元/m^2	3 000 000.00
058	审图费	m^2	40 000	0.75元/m^2	30 000.00
人民币（大写）⊗陆佰零叁万元整				（小写）￥6 030 000.00	

校验码　008919　　制单：庆鲁印国　　执收单位：（盖章）

第二联　交款单位记账凭证

南昌八一印刷厂（2005—6680）

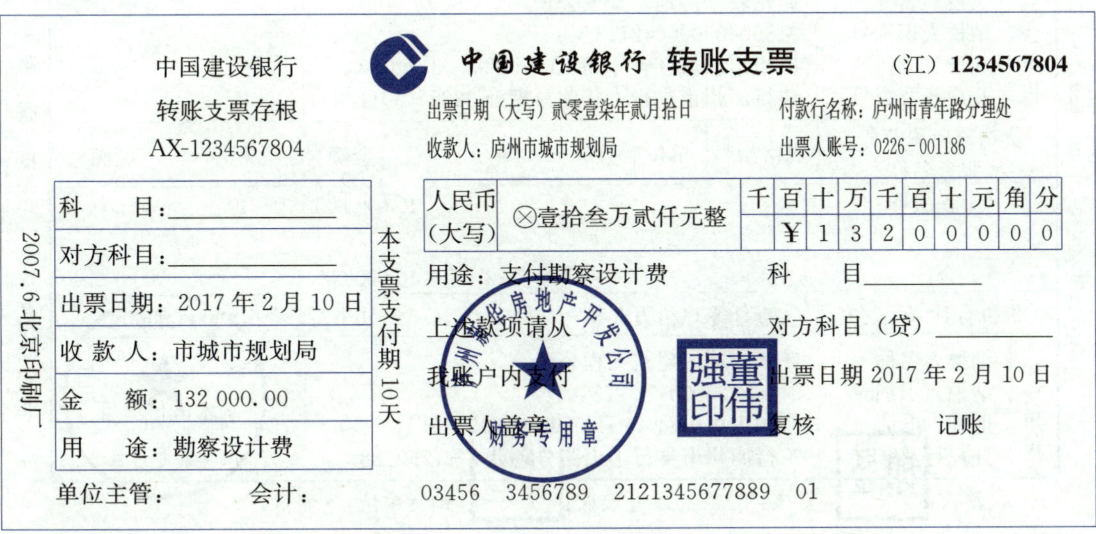

中国建设银行

转账支票存根

AX-1234567804

科　　目：
对方科目：
出票日期：2017年2月10日
收 款 人：市城市规划局
金　　额：132 000.00
用　　途：勘察设计费

单位主管：　　会计：

2007.6北京印刷厂

中国建设银行　转账支票　（江）1234567804

本支票支付期10天

出票日期（大写）贰零壹柒年贰月拾日　　付款行名称：庐州市青年路分理处

收款人：庐州市城市规划局　　出票人账号：0226-001186

人民币（大写）	⊗壹拾叁万贰仟元整	千	百	十	万	千	百	十	元	角	分
			￥	1	3	2	0	0	0	0	0

用途：支付勘察设计费　　科　　目________

上述款项请从　　对方科目（贷）________

我账户内支付　　出票日期2017年2月10日

出票人签章　　强董印伟　　复核　　记账

03456　3456789　2121345677889　01

土地增值税税收优惠

按所在地一般民用住宅标准建造的居住用房，增值额未超过扣除项目金额20%的，免征土地增值税；超过20%的，按增值额全额征收土地增值税。

中国建设银行 转账支票存根 AX-1234567805	中国建设银行 转账支票		(江) 1234567805
科　　目：________	出票日期（大写）贰零壹柒年贰月拾伍日		付款行名称：庐州市青年路分理处
对方科目：________	收款人：庐州市城市建设局		出票人账号：0226－001186
出票日期：2017年2月15日	人民币（大写）	⊗陆佰零叁万元整	千 百 十 万 千 百 十 元 角 分 ¥ 6 0 3 0 0 0 0 0 0
收 款 人：市城市建设局	用途：支付公共基础设施费等		科　　目________
金　　额：6 030 000.00	上述款项请从		对方科目（贷）________
用　　途：公共基础设施费等	我账户内支付		出票日期 2017年2月15日
	出票人签章		复核　　记账
单位主管：　　会计：	03456　3456789　2121345677889　01		

本支票支付期10天

2007.6北京印刷厂

【业务3】2019年6月15日、10月5日，2020年2月5日、6月5日，前后分四次支付给庐州市第一建筑工程公司四笔建筑工程款，取得四份增值税专用发票的抵扣联和发票联，原始凭证如下。

要求：进行建设安装工程费的账务处理，填制4张通用记账凭证。

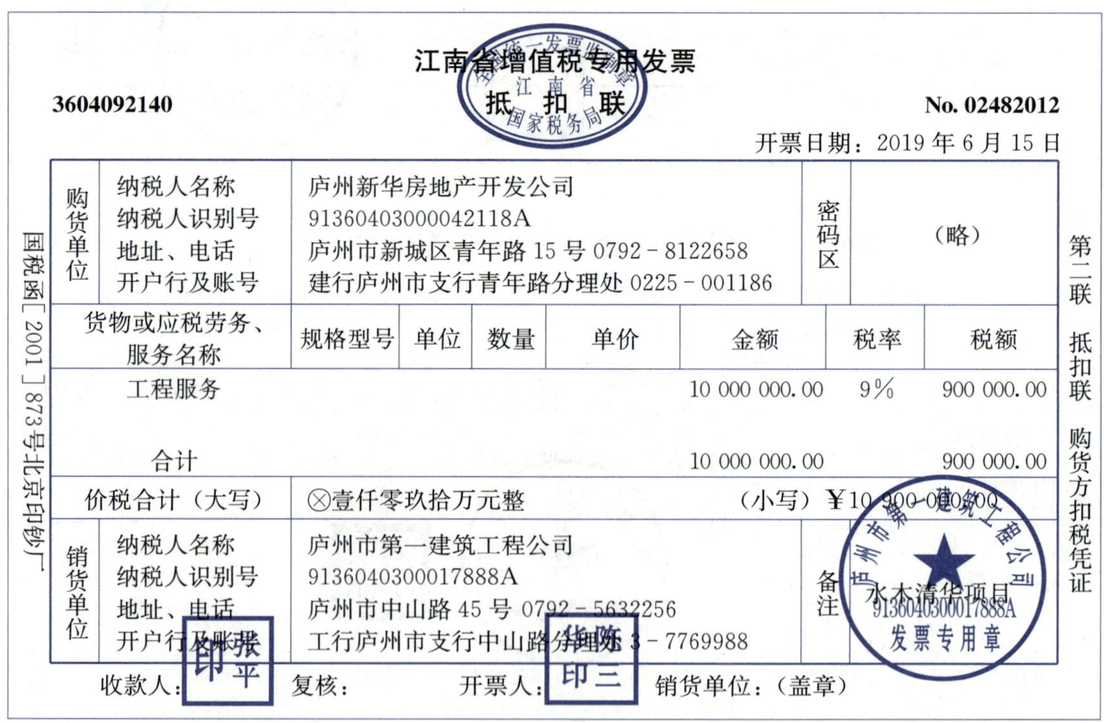

江南省增值税专用发票

抵　扣　联

3604092140　　　　**No. 02482012**

开票日期：2019年6月15日

购货单位	纳税人名称 纳税人识别号 地址、电话 开户行及账号	庐州新华房地产开发公司 91360403000042118A 庐州市新城区青年路15号 0792－8122658 建行庐州市支行青年路分理处 0225－001186				密码区	（略）
货物或应税劳务、服务名称	规格型号	单位	数量	单价	金额	税率	税额
工程服务					10 000 000.00	9%	900 000.00
合计					10 000 000.00		900 000.00
价税合计（大写）	⊗壹仟零玖拾万元整				（小写）¥10 900 000.00		
销货单位	纳税人名称 纳税人识别号 地址、电话 开户行及账号	庐州市第一建筑工程公司 9136040300017888A 庐州市中山路45号 0792－5632256 工行庐州市支行中山路分理处 3－7769988				备注	水木清华项目

收款人：　　复核：　　开票人：　　销货单位：（盖章）

第二联 抵扣联 购货方扣税凭证

国税函［2001］873号北京印钞厂

土地增值税税收优惠条件

纳税人既建造普通住宅又进行其他房地产开发的，应分别核算土地增值额，未分别核算或不能准确核算的，不能适用相关减免税规定。

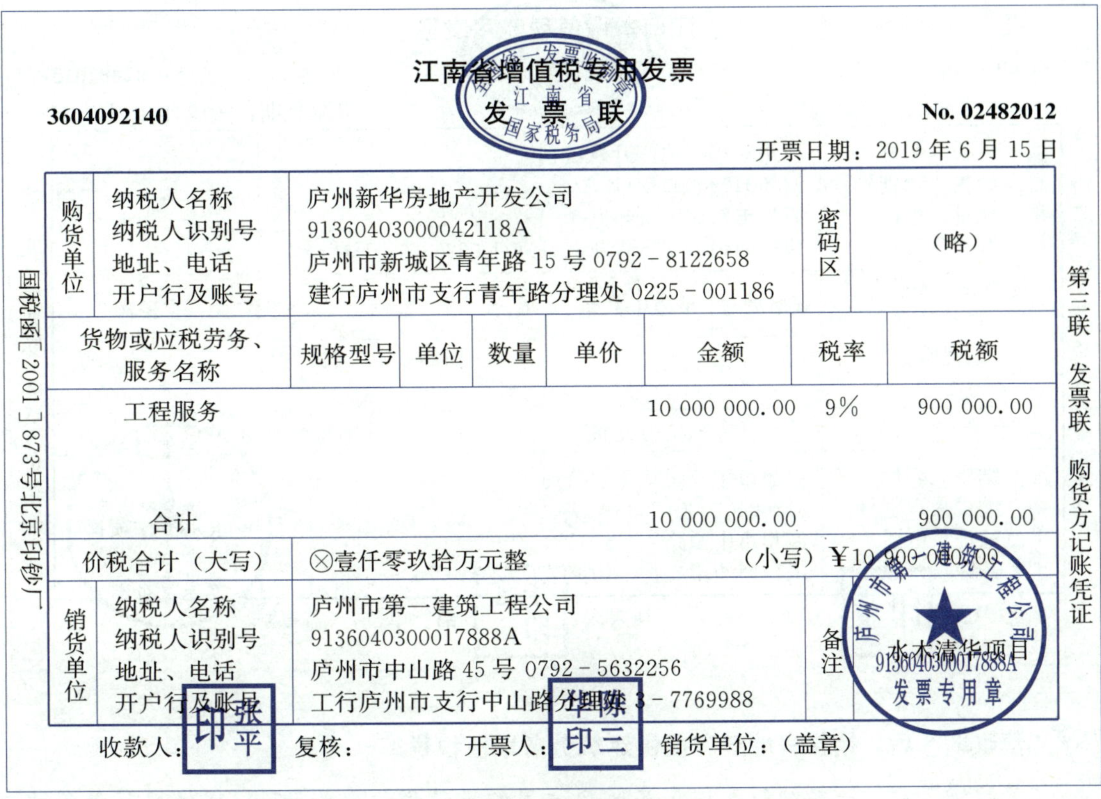

江南省增值税专用发票

发　票　联

3604092140　　　　No. 02482012

开票日期：2019 年 6 月 15 日

购货单位	纳税人名称 纳税人识别号 地址、电话 开户行及账号	庐州新华房地产开发公司 9136040300004211 8A 庐州市新城区青年路 15 号 0792－8122658 建行庐州市支行青年路分理处 0225－001186				密码区	（略）
货物或应税劳务、服务名称	规格型号	单位	数量	单价	金额	税率	税额
工程服务					10 000 000.00	9%	900 000.00
合计					10 000 000.00		900 000.00
价税合计（大写）	⊗壹仟零玖拾万元整				（小写）¥10 900 000.00		
销货单位	纳税人名称 纳税人识别号 地址、电话 开户行及账号	庐州市第一建筑工程公司 9136040300017888A 庐州市中山路 45 号 0792－5632256 工行庐州市支行中山路分理处 3－7769988				备注	水木清华项目

收款人：张平　　复核：　　开票人：陈三　　销货单位：（盖章）

国税函［2001］873号北京印钞厂

第三联　发票联　购货方记账凭证

江南省增值税专用发票

抵　扣　联

3604092140　　　　No. 02482013

开票日期：2019 年 10 月 5 日

购货单位	纳税人名称 纳税人识别号 地址、电话 开户行及账号	庐州新华房地产开发公司 9136040300004211 8A 庐州市新城区青年路 15 号 0792－8122658 建行庐州市支行青年路分理处 0225－001186				密码区	（略）
货物或应税劳务、服务名称	规格型号	单位	数量	单价	金额	税率	税额
工程服务					10 000 000.00	9%	900 000.00
合计					10 000 000.00		900 000.00
价税合计（大写）	⊗壹仟零玖拾万元整				（小写）¥10 900 000.00		
销货单位	纳税人名称 纳税人识别号 地址、电话 开户行及账号	庐州市第一建筑工程公司 9136040300017888A 庐州市中山路 45 号 0792－5632256 工行庐州市支行中山路分理处 3－7769988				备注	水木清华项目

收款人：张平　　复核：　　开票人：陈三　　销货单位：（盖章）

国税函［2001］873号北京印钞厂

第二联　抵扣联　购货方扣税凭证

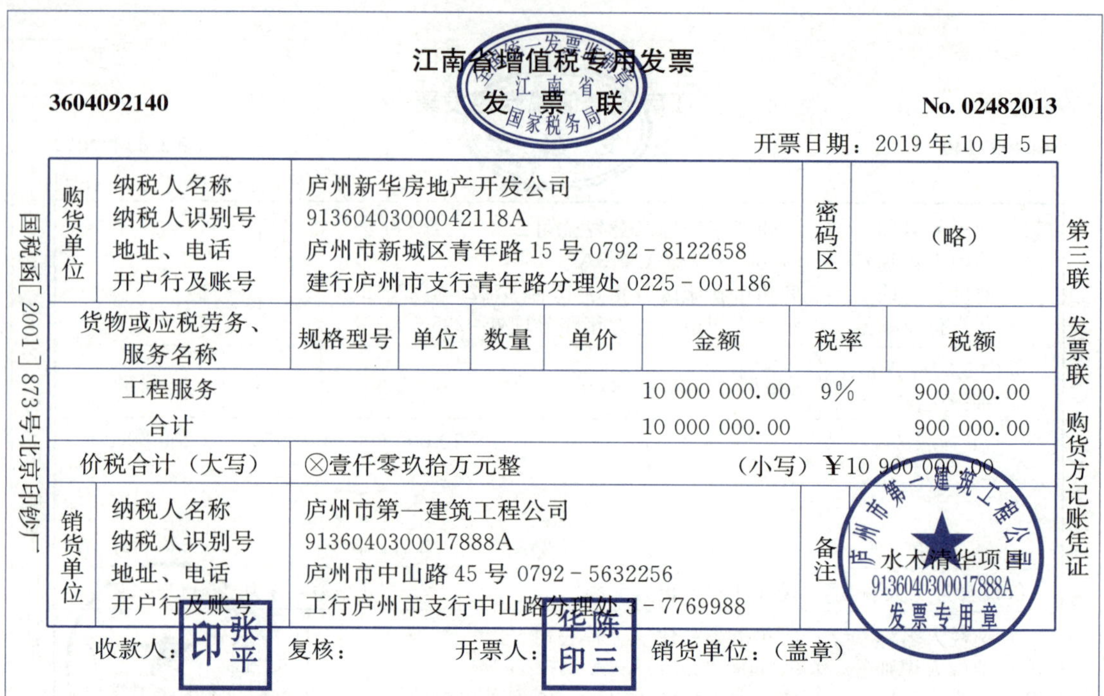

江南省增值税专用发票

发 票 联

3604092140　　　　No. 02482013

开票日期：2019 年 10 月 5 日

国税函[2001]873号北京印钞厂

购货单位	纳税人名称 纳税人识别号 地址、电话 开户行及账号	庐州新华房地产开发公司 91360403000042118A 庐州市新城区青年路 15 号 0792－8122658 建行庐州市支行青年路分理处 0225－001186			密码区	（略）	
货物或应税劳务、服务名称	规格型号	单位	数量	单价	金额	税率	税额
工程服务					10 000 000.00	9%	900 000.00
合计					10 000 000.00		900 000.00
价税合计（大写）	⊗壹仟零玖拾万元整				（小写）¥10 900 000.00		
销货单位	纳税人名称 纳税人识别号 地址、电话 开户行及账号	庐州市第一建筑工程公司 9136040300017888A 庐州市中山路 45 号 0792－5632256 工行庐州市支行中山路分理处 3－7769988			备注	水木清华项目	

收款人：张平印　复核：　开票人：陈华印三　销货单位：（盖章）

第三联　发票联　购货方记账凭证

"营改增"后，销售房地产和提供建筑劳务增值税税率

"营改增"后，一般纳税人销售房地产适用的增值税税率为 9%，提供建筑劳务适用的增值税税率为 9%，出租房地产适用的增值税税率为 9%。

江南省增值税专用发票

抵 扣 联

3604092140　　　　No. 02482014

开票日期：2020 年 2 月 5 日

国税函[2001]873号北京印钞厂

购货单位	纳税人名称 纳税人识别号 地址、电话 开户行及账号	庐州新华房地产开发公司 91360403000042118A 庐州市新城区青年路 15 号 0792－8122658 建行庐州市支行青年路分理处 0225－001186			密码区	（略）	
货物或应税劳务、服务名称	规格型号	单位	数量	单价	金额	税率	税额
工程服务					10 000 000.00	9%	900 000.00
合计					10 000 000.00		900 000.00
价税合计（大写）	⊗壹仟零玖拾万元整				（小写）¥10 900 000.00		
销货单位	纳税人名称 纳税人识别号 地址、电话 开户行及账号	庐州市第一建筑工程公司 9136040300017888A 庐州市中山路 45 号 0792－5632256 工行庐州市支行中山路分理处 3－7769988			备注	水木清华项目	

收款人：张平印　复核：　开票人：陈华印三　销货单位：（盖章）

第二联　抵扣联　购货方扣税凭证

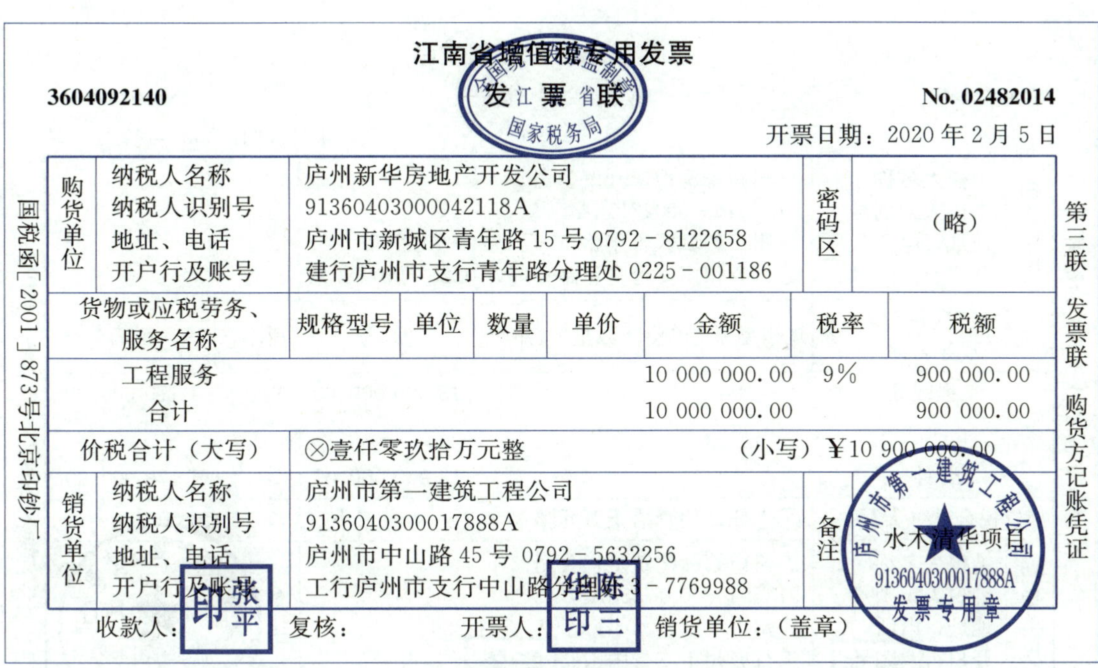

江南省增值税专用发票

发　票　联

3604092140　　　　No. 02482014

开票日期：2020 年 2 月 5 日

购货单位	纳税人名称 纳税人识别号 地址、电话 开户行及账号	庐州新华房地产开发公司 91360403000042118A 庐州市新城区青年路 15 号 0792－8122658 建行庐州市支行青年路分理处 0225－001186			密码区	（略）
货物或应税劳务、服务名称	规格型号	单位	数量	单价	金额	税率	税额
工程服务					10 000 000.00	9%	900 000.00
合计					10 000 000.00		900 000.00
价税合计（大写）	⊗壹仟零玖拾万元整				（小写）￥10 900 000.00		
销货单位	纳税人名称 纳税人识别号 地址、电话 开户行及账号	庐州市第一建筑工程公司 913604030001788 8A 庐州市中山路 45 号 0792－5632256 工行庐州市支行中山路分理处 3－7769988			备注	水木清华项目

收款人：张平　　复核：　　开票人：陈三　　销货单位：（盖章）

国税函［2001］873号北京印钞厂

第三联　发票联　购货方记账凭证

“营改增”后，销售房地产的应税销售收入的确定

房地产开发企业以销售房地产取得的全部不含增值税的价款和价外费用，扣除受让土地时向政府部门支付的土地价款后的余额为应税销售收入。扣除土地价款以省级以上（含省级）财政部门监（印）制的财政票据为合法有效凭证。同时，土地出让金不纳入进项税抵扣范围。

江南省增值税专用发票

抵　扣　联

3604092140　　　　No. 02482015

开票日期：2020 年 6 月 5 日

购货单位	纳税人名称 纳税人识别号 地址、电话 开户行及账号	庐州新华房地产开发公司 91360403000042118A 庐州市新城区青年路 15 号 0792－8122658 建行庐州市支行青年路分理处 0225－001186			密码区	（略）
货物或应税劳务、服务名称	规格型号	单位	数量	单价	金额	税率	税额
工程服务					13 000 000.00	9%	1 170 000.00
合计					13 000 000.00		1 170 000.00
价税合计（大写）	⊗壹仟肆佰壹拾柒万元整				（小写）￥14 170 000.00		
销货单位	纳税人名称 纳税人识别号 地址、电话 开户行及账号	庐州市第一建筑工程公司 913604030001788 8A 庐州市中山路 45 号 0792－5632256 工行庐州市支行中山路分理处 3－7769988			备注	水木清华项目

收款人：张平　　复核：　　开票人：陈三　　销货单位：（盖章）

国税函［2001］873号北京印钞厂

第二联　抵扣联　购货方扣税凭证

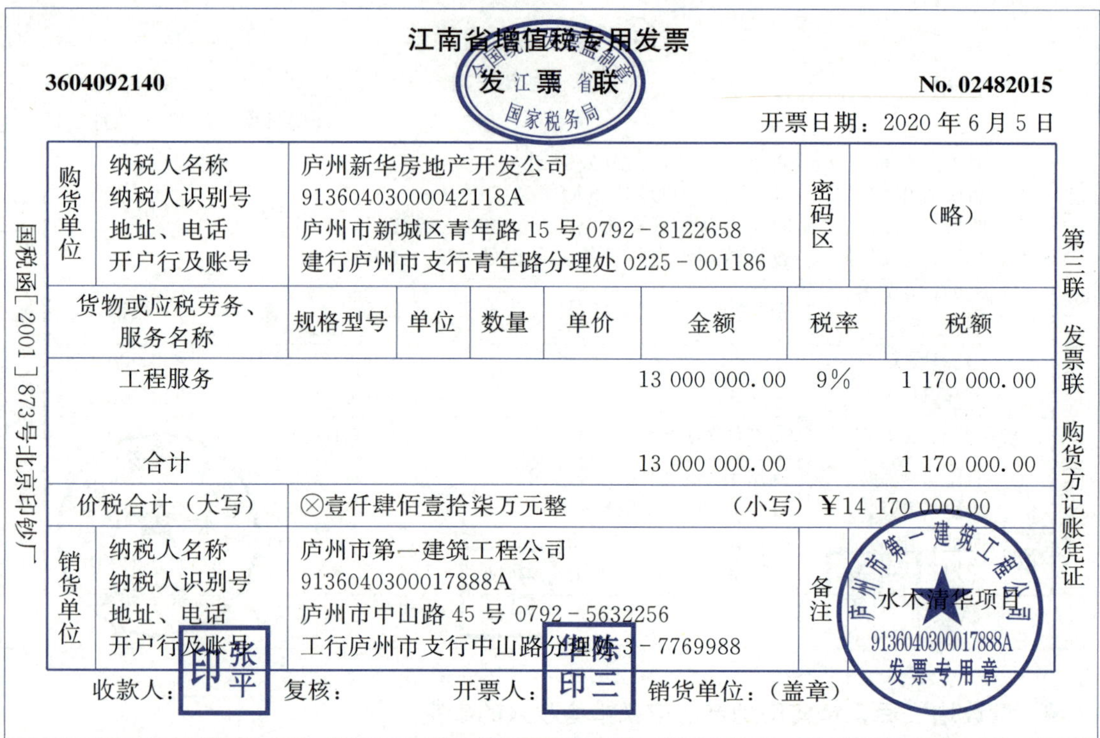

江南省增值税专用发票

发 票 联

3604092140　　No. 02482015

开票日期：2020 年 6 月 5 日

购货单位	纳税人名称：庐州新华房地产开发公司 纳税人识别号：9136040300004211 8A 地址、电话：庐州市新城区青年路 15 号 0792－8122658 开户行及账号：建行庐州市支行青年路分理处 0225－001186			密码区	（略）	
货物或应税劳务、服务名称	规格型号	单位	数量	单价	金额	税率	税额
工程服务					13 000 000.00	9%	1 170 000.00
合计					13 000 000.00		1 170 000.00
价税合计（大写）	⊗壹仟肆佰壹拾柒万元整				（小写）¥14 170 000.00		
销货单位	纳税人名称：庐州市第一建筑工程公司 纳税人识别号：913604030001 7888A 地址、电话：庐州市中山路 45 号 0792－5632256 开户行及账号：工行庐州市支行中山路分理处 3－7769988			备注	水木清华项目	

收款人：　　复核：　　开票人：　　销货单位：（盖章）

国税函［2001］873号北京印钞厂

第三联 发票联 购货方记账凭证

房地产开发企业不得扣除进项税项目

房地产开发企业开发的产品，如商铺、写字楼、商场等自己持有经营，其所耗用的建筑材料和建筑公司提供的建筑劳务部分的进项税不得从销项税中抵扣。前期开发费用如“三通一平”，融资利息支出，以及政府性基金及收费项目不得抵扣进项税。

中国建设银行　转账支票　（江）1234560012

中国建设银行
转账支票存根
AX－1234560012

科　目：	
对方科目：	
出票日期：	2019 年 6 月 15 日
收 款 人：	第一建筑公司
金　额：	¥10 900 000.00
用　途：	建筑工程费

单位主管：　　会计：

2007.6 北京印刷厂

本支票支付期 10天

出票日期（大写）贰零壹玖年陆月拾伍日　　付款行名称：庐州市青年路分理处

收款人：庐州市第一建筑工程公司　　出票人账号：0225－001186

人民币（大写）	⊗壹仟零玖拾万元整	亿	千	百	十	万	千	百	十	元	角	分
		¥	1	0	9	0	0	0	0	0	0	0

用途：建筑安装工程费　　科　目________

上述款项请从　　对方科目（贷）________

我账户内支付　　出票日期 2019 年 6 月 15 日

出票人盖章　　复核　　记账

03456　3456789　2121345677889　01

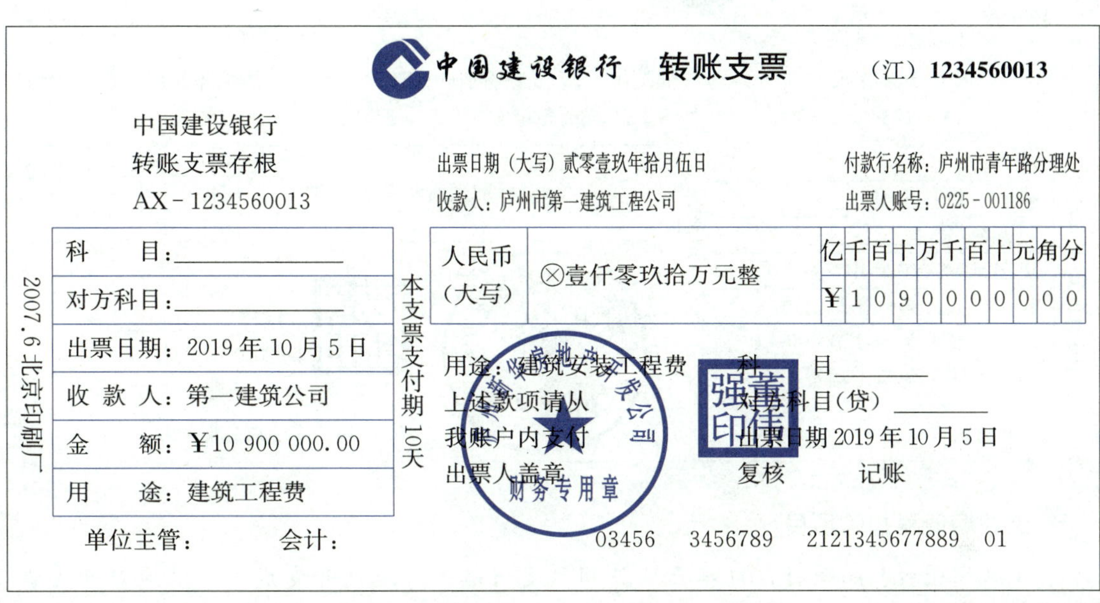

中国建设银行　转账支票　（江）1234560013

中国建设银行
转账支票存根
AX－1234560013

科　　目：
对方科目：
出票日期：2019年10月5日
收 款 人：第一建筑公司
金　　额：¥10 900 000.00
用　　途：建筑工程费

单位主管：　　会计：

2007.6 北京印刷厂

本支票支付期10天

出票日期（大写）贰零壹玖年拾月伍日　　付款行名称：庐州市青年路分理处
收款人：庐州市第一建筑工程公司　　出票人账号：0225－001186

人民币（大写）	⊗壹仟零玖拾万元整	亿	千	百	十	万	千	百	十	元	角	分
		¥	1	0	9	0	0	0	0	0	0	0

用途：建筑安装工程费　　科　　目
上述款项请从　　对方科目（贷）
我账户内支付　　出票日期2019年10月5日
出票人盖章　　复核　　记账

03456　3456789　2121345677889　01

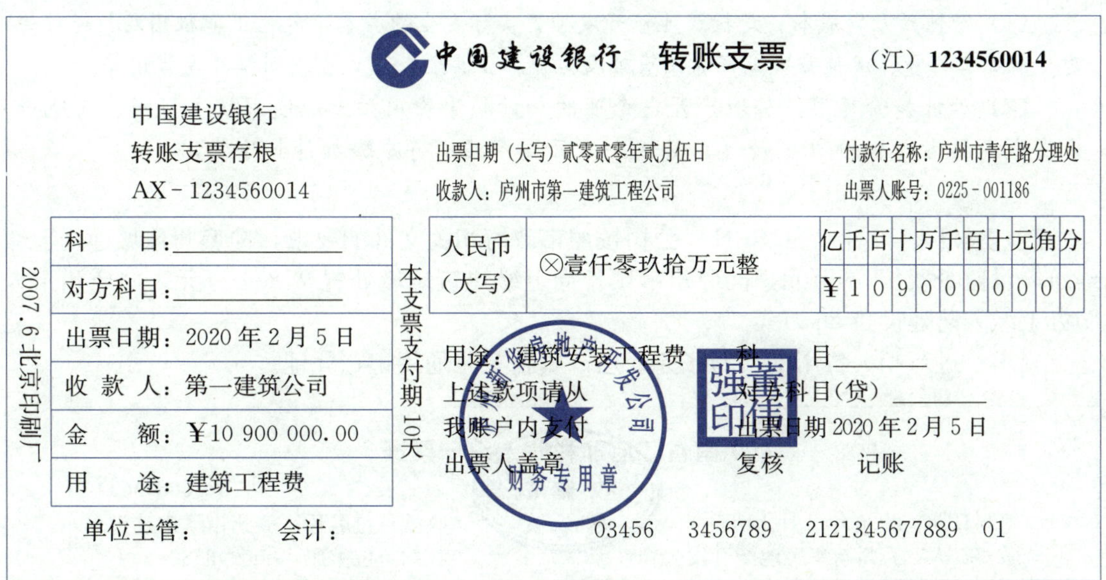

中国建设银行　转账支票　（江）1234560014

中国建设银行
转账支票存根
AX－1234560014

科　　目：
对方科目：
出票日期：2020年2月5日
收 款 人：第一建筑公司
金　　额：¥10 900 000.00
用　　途：建筑工程费

单位主管：　　会计：

2007.6 北京印刷厂

本支票支付期10天

出票日期（大写）贰零贰零年贰月伍日　　付款行名称：庐州市青年路分理处
收款人：庐州市第一建筑工程公司　　出票人账号：0225－001186

人民币（大写）	⊗壹仟零玖拾万元整	亿	千	百	十	万	千	百	十	元	角	分
		¥	1	0	9	0	0	0	0	0	0	0

用途：建筑安装工程费　　科　　目
上述款项请从　　对方科目（贷）
我账户内支付　　出票日期2020年2月5日
出票人盖章　　复核　　记账

03456　3456789　2121345677889　01

计算开发费用应注意的问题

（1）房地产开发费用计算公式中的“5%以内”“10%以内”是法定标准，具体由各省、自治区、直辖市人民政府确定，以不超过此标准为限。

（2）计算开发费用时，超过贷款还款期限的利息及罚息，不得扣除，贷款利率超过国家规定的上浮幅度，其超过部分的利息也不得扣除。

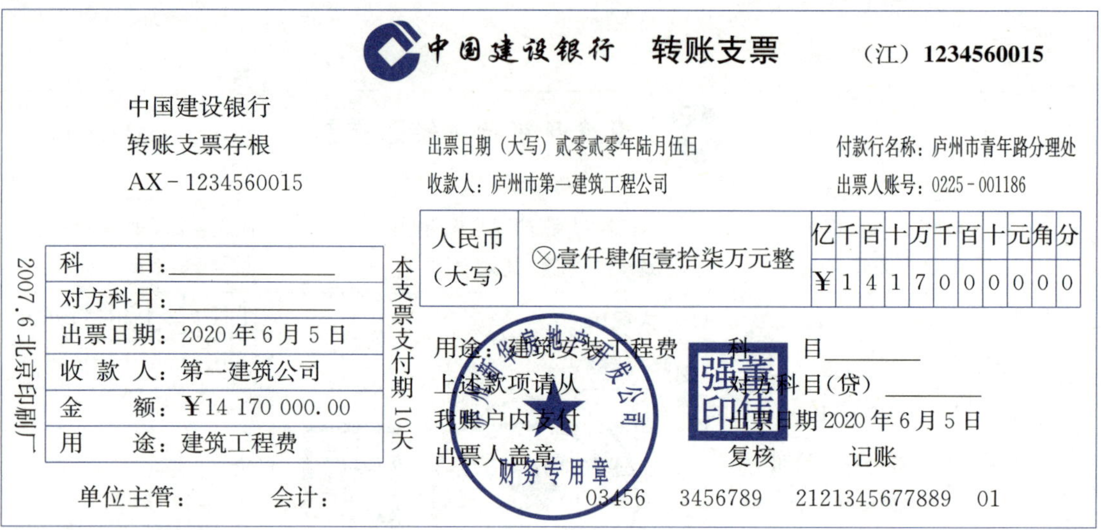
中国建设银行 转账支票 (江) 1234560015

中国建设银行
转账支票存根
AX-1234560015

科 目：	
对方科目：	
出票日期：	2020年6月5日
收 款 人：	第一建筑公司
金 额：	¥14 170 000.00
用 途：	建筑工程费

单位主管： 会计：

2007.6北京印刷厂

本支票支付期10天

出票日期（大写）贰零贰零年陆月伍日 付款行名称：庐州市青年路分理处
收款人：庐州市第一建筑工程公司 出票人账号：0225-001186

人民币（大写）	⊗壹仟肆佰壹拾柒万元整	亿	千	百	十	万	千	百	十	元	角	分
		¥	1	4	1	7	0	0	0	0	0	0

用途：建筑安装工程费 科 目
上述款项请从 对方科目（贷）
我账户内支付 出票日期2020年6月5日
出票人盖章 复核 记账

03456 3456789 2121345677889 01

土地增值税扣除项目

土地增值税扣除项目，包括土地使用权支付额、房地产开发成本、房地产开发费用、房地产转让税费、加计扣除费用等。其中：

(1) 房地产开发成本。是指房地产开发项目实际发生的成本，包括土地征用及拆迁补偿费、前期工程费、建筑安装工程费、基础设施费、公共配套设施费、间接开发费用等。

(2) 加计扣除费用。房地产开发企业的加计扣除费用按土地使用权支付额、房地产开发成本两者之和的20%计算；其他企业开发产品不得减除加计扣除费用。

【业务4】2020年2月10日，公司按照市政府相关文件的要求，向庐州市城建局上缴建筑质量监督费17.6万元，向庐州市城管局上缴建筑垃圾处置费2.4万元，向庐州市人防办上缴人防建设费56万元。

要求：进行相关费用支出的账务处理，填制3张通用记账凭证。

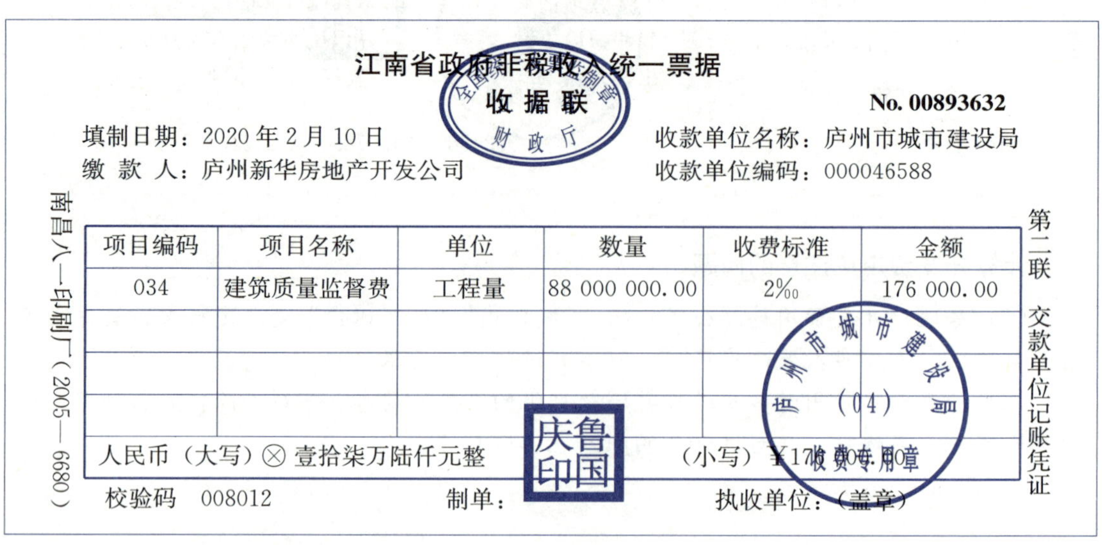
江南省政府非税收入统一票据

收据联

No. 00893632

填制日期：2020年2月10日 收款单位名称：庐州市城市建设局
缴 款 人：庐州新华房地产开发公司 收款单位编码：000046588

项目编码	项目名称	单位	数量	收费标准	金额
034	建筑质量监督费	工程量	88 000 000.00	2‰	176 000.00
人民币（大写）⊗壹拾柒万陆仟元整			（小写）¥176 000.00		

校验码 008012 制单： 执收单位：（盖章）

南昌八一印刷厂（2005—6680）

第二联 交款单位记账凭证

“房地产开发成本”扣除技巧

（1）房地产开发企业开发产品所发生的一切费用中，除与土地使用权有关的支出、公司的三项期间费用、房地产转让税费外，与房地产开发项目相关的其他所有支出均可列为房地产开发项目的开发成本。

（2）特别注意某项目本身的间接费用与公司销售费用、管理费用、财务费用三项期间费用的区别，前者属于房地产开发成本，直接根据实际发生额计算；后者属于房地产开发费用，不能按实际发生额计算，而应按规定标准计算。

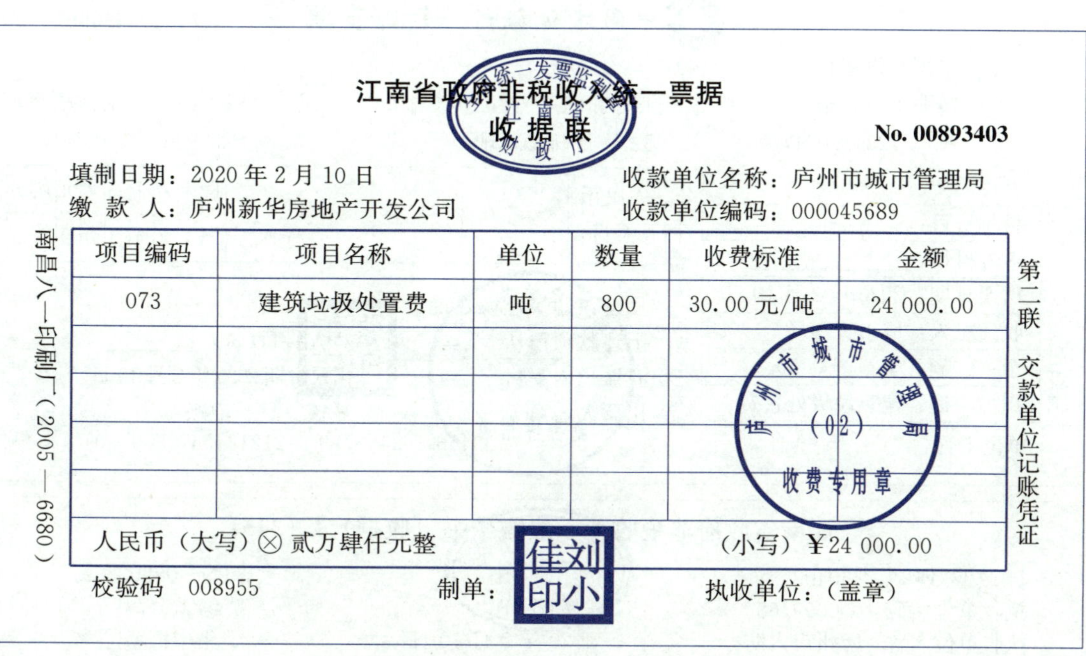

江南省政府非税收入统一票据

收据联

No. 00893403

填制日期：2020年2月10日　　收款单位名称：庐州市城市管理局

缴 款 人：庐州新华房地产开发公司　　收款单位编码：000045689

项目编码	项目名称	单位	数量	收费标准	金额
073	建筑垃圾处置费	吨	800	30.00元/吨	24 000.00
人民币（大写）⊗贰万肆仟元整				（小写）￥24 000.00	

校验码　008955　　制单：　　执收单位：（盖章）

南昌八一印刷厂（2005—6680）

第二联　交款单位记账凭证

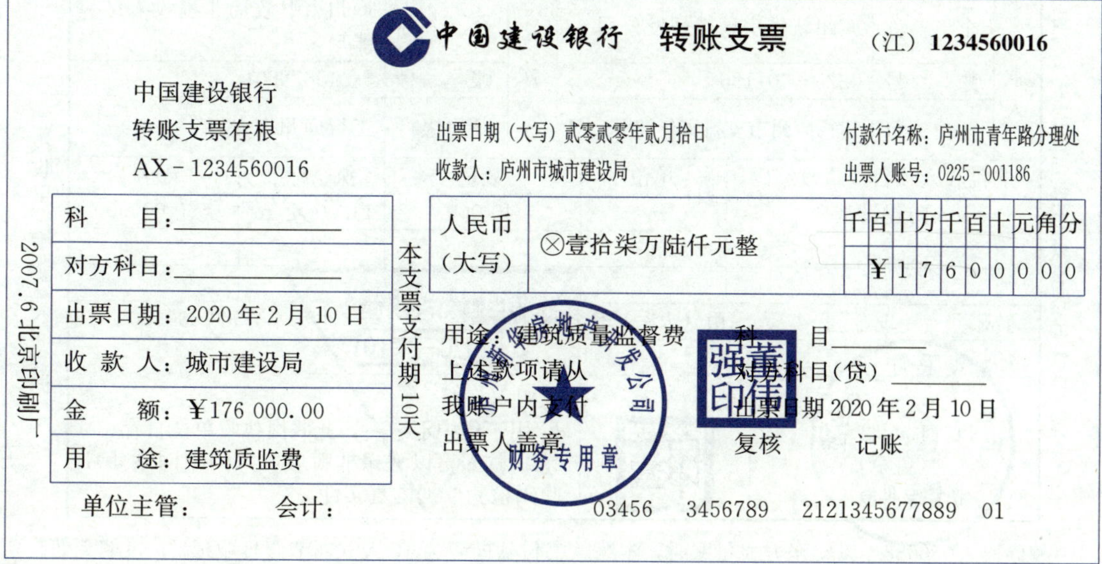

中国建设银行　转账支票　（江）1234560016

中国建设银行
转账支票存根
AX-1234560016

科　　目：
对方科目：
出票日期：2020年2月10日
收 款 人：城市建设局
金　　额：￥176 000.00
用　　途：建筑质监费

单位主管：　　会计：

本支票支付期10天

出票日期（大写）贰零贰零年贰月拾日　　付款行名称：庐州市青年路分理处

收款人：庐州市城市建设局　　出票人账号：0225-001186

人民币（大写）	⊗壹拾柒万陆仟元整	千	百	十	万	千	百	十	元	角	分
			￥	1	7	6	0	0	0	0	0

用途：建筑质量监督费　　科　目

上述款项请从　　对方科目（贷）

我账户内支付　　出票日期2020年2月10日

出票人盖章　　复核　　记账

03456　3456789　2121345677889　01

2007.6 北京印刷厂

预收款方式销售房地产征收增值税方法

按“营改增”相关规定，房地产开发企业采取预收款方式销售开发产品，在收到预收款时按照3%的预征率预缴增值税，项目全部销售后再进行应税结算。在实际工作中，土地增值税也采用按季或月预征，完工后结算的征收方式。

本例要求进行预缴房地产转让增值税处理，但不要求预缴土地增值税的计算，待项目完工，所有开发产品销售完毕时计征土地增值税，同时结算应纳转让增值税。

中国建设银行　转账支票　（江）1234560017

中国建设银行
转账支票存根
AX-1234560017

科　　目：	
对方科目：	
出票日期：	2020年2月10日
收　款　人：	城市管理局
金　　额：	￥24 000.00
用　　途：	建筑垃圾处置费

单位主管：　　会计：

2007.6北京印刷厂

本支票支付期10天

出票日期（大写）贰零贰零年贰月拾日　　付款行名称：庐州市青年路分理处
收款人：庐州市城市管理局　　出票人账号：0225-001186

人民币（大写）	⊗贰万肆仟元整	百	十	万	千	百	十	元	角	分
			￥	2	4	0	0	0	0	0

用途：建筑垃圾处置费　　科　目________
上述款项请从　　对方科目（贷）________
我账户内支付　　出票日期2020年2月10日
出票人盖章　　复核　　记账

03456　3456789　2121345677889　01

江南省政府非税收入一般缴款书（收据）1（345）

行政区划码：360403　　No. 08903589
执收单位编码：000099468　　缴款分离☑
执收单位名称：庐州市人防办　　2020年2月10日　　集中汇缴☐

付款人	全　称	庐州新华房地产开发公司	收款人	全　称	庐州市财政局非税收入结算账户
	账　号	0225-001186		账　号	5-45678801
	开户银行	建行庐州市支行青年路分理处		开户银行	工行庐州市支行

非税收入项目或执收编码	单位	数量	执收标准	金额
人防建设基金	m^2	40 000	14.00元/m^2	560 000.00

转账☑　现金☐　人民币（大写）伍拾陆万元整　（小写）￥560 000.00

备注

执（代）收单位（盖章）　　经办人（盖章）

说明：
1. 用于集中汇缴时，此联由执收单位自存；
2. 付款人可以登录非税收收入门户网站凭校验码检验票据的真实性。

校验码　056688　以转账方式付账时，本缴款书付款期限为10天（遇节假日顺延），过期无效

南昌八一印刷厂承印 2006年5月10日（2000×5）

①执收单位给缴款人的收据

【业务5】2020年10月25日、11月10日、11月25日、12月25日，共有庐州移动通信公司等四个单位为职工团购住宅，公司共销售住宅354套，开出增值税普通发票四份，原始凭证如下。

要求：进行住房销售业务的账务处理，填制8张通用记账凭证。

江南省增值税普通发票

3604092140　　　　**记账联**　　　　No. 02412332

此联不作报销、扣税凭证使用　　开票日期：2020年10月25日

购货单位	纳税人名称 纳税人识别号 地址、电话 开户行及账号	庐州移动通信股份有限公司 91360403000022555A 庐州市朝阳路102号 0792－5566778 工行庐州市支行朝阳路分理处 15－96993302					密码区	（略）
货物或应税劳务、服务名称		规格型号	单位	数量	单价	金额	税率	税额
建筑物		普通住宅	m²	4 320	3 000	12 960 000.00	9%	1 166 400.00
合计						12 960 000.00		1 166 400.00
价税合计（大写）		⊗壹仟肆佰壹拾贰万陆仟肆佰元整				（小写）¥14 126 400.00		
销货单位	纳税人名称 纳税人识别号 地址、电话 开户行及账号	庐州新华房地产开发公司 91360403000042118A 庐州市新城区青年路15号 0792－8122658 建行庐州市支行青年路分理处 0225－001186					备注	预收购房款：水木清华项目34号楼36套

收款人：　　复核：　　开票人：　　销货单位：（盖章）

国税函[2001]873号北京印钞厂

第一联　记账联　销货方记账凭证

江南省增值税普通发票

3604092140　　　　**记账联**　　　　No. 02412333

此联不作报销、扣税凭证使用　　开票日期：2020年11月10日

购货单位	纳税人名称 纳税人识别号 地址、电话 开户行及账号	庐州电力股份有限公司 91360403000022222A 庐州市长江路332号 0792－2345678 工行庐州市支行长江路分理处 0211－834567					密码区	（略）
货物或应税劳务、服务名称		规格型号	单位	数量	单价	金额	税率	税额
建筑物		普通住宅	m²	12 960	3 000	38 880 000.00	9%	3 499 200.00
合计						38 880 000.00		3 499 200.00
价税合计（大写）		⊗肆仟贰佰叁拾柒万玖仟贰佰元整				（小写）¥42 379 200.00		
销货单位	纳税人名称 纳税人识别号 地址、电话 开户行及账号	庐州新华房地产开发公司 91360403000042118A 庐州市新城区青年路15号 0792－8122658 建行庐州市支行青年路分理处 0225－001186					备注	预收购房款：水木清华56号楼88套

收款人：　　复核：　　开票人：　　销货单位：（盖章）

国税函[2001]873号北京印钞厂

第一联　记账联　销货方记账凭证

房地产增值税涉税账户设置

在现有一级账户“应交税费”下设置“应交增值税”“未交增值税”“预交增值税”“待抵扣进项税额”“待认证进项税额”“增值税留抵税额”“简易计税”等二级账户。

江南省增值税普通发票

3604092140 记账联 **No. 02412334**

此联不作报销、扣税凭证使用 开票日期：2020年11月25日

国税函[2001]873号北京印钞厂

购货单位	纳税人名称：庐州市供电总公司 纳税人识别号：91360403000022668A 地址、电话：庐州市沿江路62号 0792－2312098 开户行及账号：工行庐州市支行沿江路分理处 0212－8221133				密码区	（略）	
货物或应税劳务、服务名称	规格型号	单位	数量	单价	金额	税率	税额
建筑物	普通住宅	m²	7 200	3 000	21 600 000.00	9%	1 944 000.00
合计					21 600 000.00		1 944 000.00
价税合计（大写）	⊗贰仟叁佰伍拾肆万肆仟元整				（小写）￥23 544 000.00		
销货单位	纳税人名称：庐州新华房地产开发公司 纳税人识别号：91360403000042118A 地址、电话：庐州市新城区青年路15号 0792－8122658 开户行及账号：建行庐州市支行青年路分理处 0225－001186				备注	预收购房款：水木清华7、8号楼（66套）	

收款人：林支印庆 复核： 开票人：沈王印安 销货单位：（盖章）

第一联 记账联 销货方记账凭证

江南省增值税普通发票

3604092140 记账联 **No. 02412335**

此联不作报销、扣税凭证使用 开票日期：2020年12月25日

国税函[2001]873号北京印钞厂

购货单位	纳税人名称：中国石油化工集团公司庐州分公司 纳税人识别号：91360403000022333A 地址、电话：庐州市港西大道112号 0792－6623096 开户行及账号：工行庐州市支行港西区分理处 0219－828992				密码区	（略）	
货物或应税劳务、服务名称	规格型号	单位	数量	单价	金额	税率	税额
建筑物	普通住宅	m²	17 280	3 000	51 840 000.00	9%	4 665 600.00
合计					51 840 000.00		4 665 600.00
价税合计（大写）	⊗伍仟陆佰伍拾万伍仟陆佰元整				（小写）￥56 505 600.00		
销货单位	纳税人名称：庐州新华房地产开发公司 纳税人识别号：91360403000042118A 地址、电话：庐州市新城区青年路15号 0792－8122658 开户行及账号：建行庐州市支行青年路分理处 0225－001186				备注	预收购房款：水木清华1、2号楼（130套）	

收款人：林支印庆 复核： 开票人：沈王印安 销货单位：（盖章）

第一联 记账联 销货方记账凭证

购进直接用于开发项目的货物、设备、劳务的增值税处理

借记“开发成本”“应交税费——应交增值税（进项税额）”科目，贷记“应付账款”“应交票据”“银行存款”等科目。

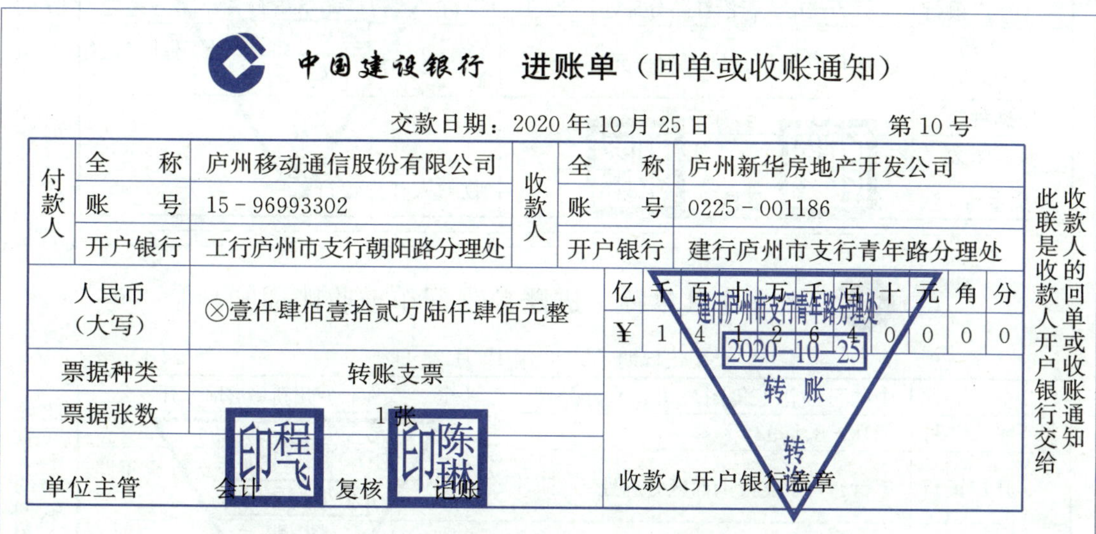

中国建设银行　进账单（回单或收账通知）

交款日期：2020 年 10 月 25 日　　　　第 10 号

付款人	全称	庐州移动通信股份有限公司	收款人	全称	庐州新华房地产开发公司
	账号	15－96993302		账号	0225－001186
	开户银行	工行庐州市支行朝阳路分理处		开户银行	建行庐州市支行青年路分理处

人民币（大写）	⊗壹仟肆佰壹拾贰万陆仟肆佰元整	亿	千	百	十	万	千	百	十	元	角	分
		¥	1	4	1	2	6	4	0	0	0	0
票据种类	转账支票											
票据张数	1 张											
单位主管　会计　复核　记账		收款人开户银行盖章										

建行庐州市支行青年路分理处 2020-10-25 转账 转讫

印 程飞　印 陈琳

此联是收款人开户银行交给收款人的回单或收账通知

中国建设银行　进账单（回单或收账通知）

交款日期：2020 年 11 月 10 日　　　　第 11 号

付款人	全称	庐州电力股份有限公司	收款人	全称	庐州新华房地产开发公司
	账号	0211－834567		账号	0225－001186
	开户银行	工行庐州市支行长江路分理处		开户银行	建行庐州市支行青年路分理处

人民币（大写）	⊗肆仟贰佰叁拾柒万玖仟贰佰元整	亿	千	百	十	万	千	百	十	元	角	分
		¥	4	2	3	7	9	2	0	0	0	0
票据种类	转账支票											
票据张数	1 张											
单位主管　会计　复核　记账		收款人开户银行盖章										

建行庐州市支行青年路分理处 2020-11-10 转账 转讫

印 程飞　印 陈琳

此联是收款人开户银行交给收款人的回单或收账通知

预收账款预征增值税的计算

“营改增”后，房地产开发企业预收房地产销售收入先除以 1 加 5%计算不含税收入，再按 3%计算预缴增值税。如果是一般纳税人，则除以 1 加 9%计算不含税收入，再按 3%计算预缴增值税。

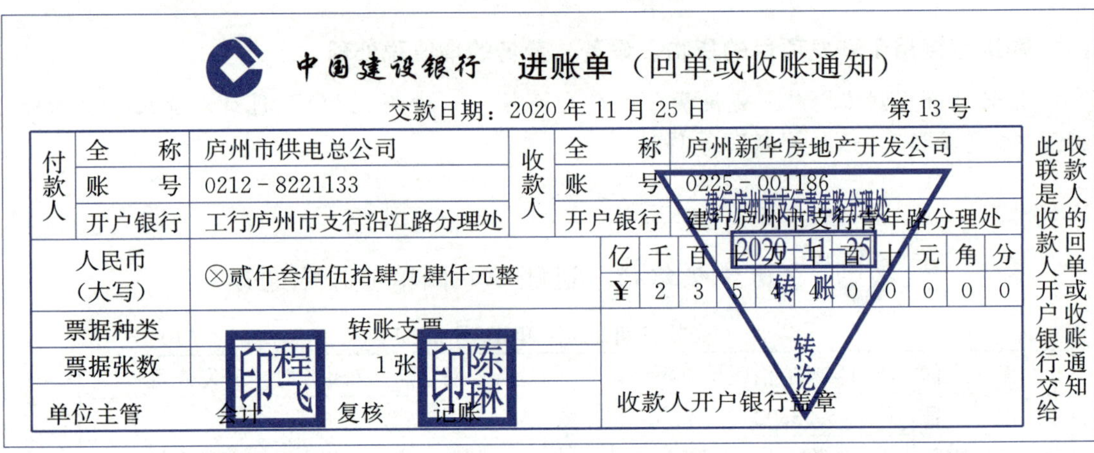

中国建设银行　进账单（回单或收账通知）

交款日期：2020 年 11 月 25 日　　第 13 号

付款人			收款人		
全称	庐州市供电总公司		全称	庐州新华房地产开发公司	
账号	0212－8221133		账号	0225－001186	
开户银行	工行庐州市支行沿江路分理处		开户银行	建行庐州市支行青年路分理处	
人民币（大写）	⊗贰仟叁佰伍拾肆万肆仟元整		亿千百十万千百十元角分	¥ 2 3 5 4 4 0 0 0 0 0	
票据种类	转账支票				
票据张数	1 张				
单位主管　会计　复核　记账			收款人开户银行盖章		

此联是收款人开户银行交给收款人的回单或收账通知

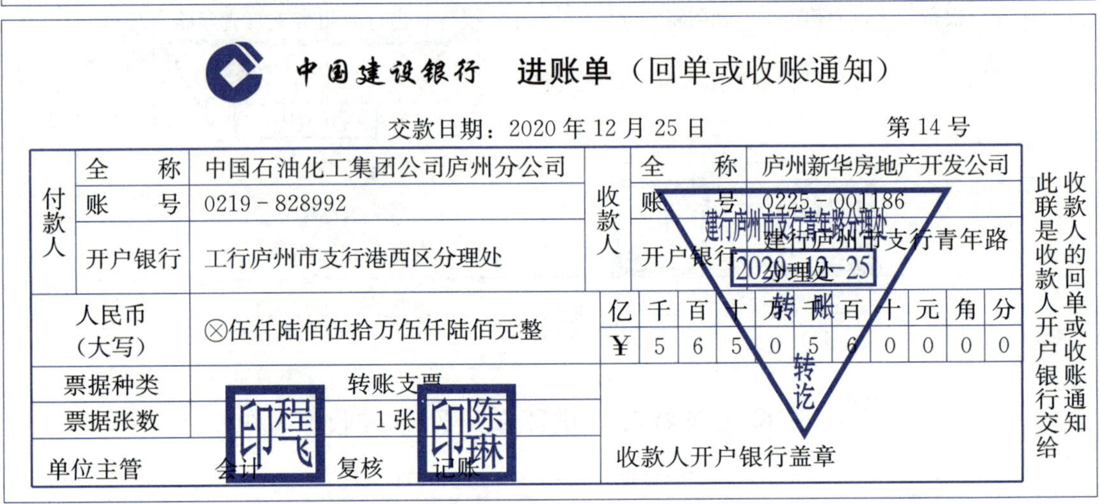

中国建设银行　进账单（回单或收账通知）

交款日期：2020 年 12 月 25 日　　第 14 号

付款人			收款人		
全称	中国石油化工集团公司庐州分公司		全称	庐州新华房地产开发公司	
账号	0219－828992		账号	0225－001186	
开户银行	工行庐州市支行港西区分理处		开户银行	建行庐州市支行青年路分理处	
人民币（大写）	⊗伍仟陆佰伍拾万伍仟陆佰元整		亿千百十万千百十元角分	¥ 5 6 5 0 5 6 0 0 0 0	
票据种类	转账支票				
票据张数	1 张				
单位主管　会计　复核　记账			收款人开户银行盖章		

此联是收款人开户银行交给收款人的回单或收账通知

【业务 6】水木清华住宅小区项目自开工以来，累计发生职工薪酬、折旧费、修理费、办公费、水电费等项目间接费用 763 000 元（假定全部以转账方式支付），具体见下表。

要求：进行一次性间接费用的账务处理，填写 1 张通用记张凭证。同时根据业务 2、业务 3 及下列间接费用，计算水木清华项目的房地产开发成本。

水木清华住宅小区项目开发费用

2020 年 12 月 28 日

序号	费用项目	会计科目	金额	进项税	备注
1	工资薪金	开发间接费用	200 000.00		（1）办公费 3 张专用发票，水电费 2 张专用发票，劳动保护费 2 张专用发票；（2）计算土地增值税扣除项目金额时，进项税不得纳入扣除项目金额。
2	职工福利费	开发间接费用	28 000.00		
3	折旧费	开发间接费用	30 000.00		
4	修理费	开发间接费用	10 000.00		
5	办公费	开发间接费用	55 000.00	7 150.00	
6	水电费	开发间接费用	120 000.00	15 600.00	
7	劳动保护费	开发间接费用	20 000.00	2 600.00	
8	周转房摊销费	开发间接费用	300 000.00		
合计			763 000.00	25 350.00	

购进非直接用于开发项目的货物、设备、劳务的增值税处理

借记“固定资产”“间接开发费用”“管理费用”“销售费用”“应交税费——应交增值税”等科目，贷记“应付账款”“应交票据”“银行存款”等科目。

【业务7】公司于2018年1月10日从建设银行庐州市支行借入资金500万元，年利率为6%，借款期限2年，到期一次还本付息，该借款用于水木清华项目。另外，从2017年至2020年初，公司三项期间费用分摊到水木清华项目的金额合计2 361 000.00元（假定全部以银行存款支付），具体见下表。

要求：为了操作方便，对分摊费用项目进行一次性账务处理，假定还本付息及三项期间费用均为银行存款支付，填制3张通用记账凭证。

长期借款明细分类账

银行名称：建设银行庐州市支行　　　　单位：万元

日期			凭证号码	摘要	借款类别	抵押品内容	约定偿还日期	利率	借款金额	偿还金额	结余金额
年	月	日									
2018	1	10	5	向银行借款	长期	土地使用权	2020.1.10	6%	500		500
2020	1	10	12	偿还本金						500	0

2017—2019年度三项期间费用计算表

2019年12月30日

费用项目	不含税金额	进项税额	金额合计	备注
管理费用	540 000.00	26 000.00	566 000.00	进项税为外购办公用品的进项税
销售费用	1 100 000.00	39 000.00	1 139 000.00	进项税为外购营业用品的进项税
财务费用	600 000.00	32 000.00	632 000.00	进项税为利息的进项税（暂不能抵扣）
合计	2 240 000.00	97 000.00	2 337 000.00	

应注意，土地增值税以转让房地产所取得的收入减除规定的扣除项目金额后的余额（增值额）为计税依据，适用四级超率累进税率，其计税流程如下：

第一步：核定和计算应税收入；

第二步：计算扣除项目金额；

第三步：计算土地增值额；

第四步：计算土地增值率，确定适用税率和速算扣除数；

第五步：计算土地增值税应纳税额。

土地增值税减免规定

（1）建造普通住宅，符合规定标准的，增值额未超过扣除项目金额20%的（增值率≤20%），免征土地增值税；纳税人既开发普通住宅又开发其他房地产的，应分别核算，未分别核算或不能准确核算土地增值额的，其普通住宅不得适用上述免税规定。

（2）因城市实施规划、国家建设需要等而被政府依法征用、收回土地使用权及纳税人自行转让的房地产，免征土地增值税。

房地产开发费用的扣除方法

（1）纳税人能够按转让房地产项目计算分摊利息支出，并能提供金融机构贷款证明的，允许扣除的房地产开发费用为“利息＋（取得土地使用权所支付的金额＋房地产开发成本）×5%”以内。

（2）纳税人不能够按转让房地产项目计算分摊利息支出或不能提供金融机构贷款证明的，允许扣除的房地产开发费用为“（取得土地使用权所支付的金额＋房地产开发成本）×10%”以内。

【业务8】计算结转开发产品销售收入、增值税应税销售额及销项税，并进行相应的账务处理。

要求：（1）汇总预收账款，计算增值税应税销售额。

（2）计算增值税销项税、主营业务收入。

（3）结转主营业务收入，进行销项税的账务处理，填制1张通用记账凭证。

【业务9】编制增值税应税计算表（增值税发票认证结果清单见下表），进行相应的账务处理，登记增值税涉税账户。

要求：（1）汇总计算进项税、预缴增值税额。

（2）计算应交增值税额和应补缴增值税额。

（3）结转未交增值税，进行冲销预缴增值税的账务处理，填制1张通用记账凭证。

（4）登记“应交税费——应交增值税”“应交税费——应交增值税（销项税额）”“应交税费——应交增值税（进项税额）”“应交税费——应交增值税（预缴增值税）”“应交税费——未交增值税”涉税账户。

增值税发票认证结果清单

企业名称：庐州新华房地产开发公司　　　　统一社会信用代码：91360403000042118A

发票份数统计：4 份　　　　金额统计：43 695 000.00　　　　税额统计：3 960 350.00

序号	发票代码	发票号码	开票日期	销货方税号	金额	税额	认证时间
1	3604092140	02482012	2019-6-15	91360403000017888A	10 000 000	900 000	2019-6-30
2	3604092140	02482013	2019-10-5	91360403000017888A	10 000 000	900 000	2019-10-30
3	3604092140	02482014	2020-2-5	91360403000017888A	10 000 000	900 000	2020-2-29
4	3604092140	02482015	2020-6-5	91360403000017888A	13 000 000	1 170 000	2020-6-30
附：	间接费用				195 000	25 350	
	管理费用				200 000	26 000	
	销售费用				300 000	39 000	
	合计				43 695 000	3 960 350	
备注：假定经主管税务机关批准，进项税发票抵扣联可于项目完工销售开发产品后一次性扣除。							

徽州市开发区国家税务局
准予抵扣
2020-6-30

【业务 10】 编制城建税、教育费附加汇总计算表，计提两税种应纳税额，并进行相应的账务处理。

要求：(1) 编制应纳税额汇总计算表，计算城建税、教育费附加应纳税额。

(2) 进行城建税、教育费附加的应税账务处理，填制 1 张通用记账凭证。

【业务 11】 计算土地增值税，并进行相应的账务处理，登记相关涉税账户。

要求：(1) 计算开发产品不含增值税的销售收入，计算土地支付额、开发成本、开发费用、加计扣除费用、转让税费等扣除项目金额。

(2) 计算土地增值额、土地增值率、应纳土地增值税额。

(3) 进行土地增值税应税账务处理，并登记“应交税费——应交土地增值税”“税金及附加”等涉税账户。

【业务 12】 编制纳税申报表，办理纳税申报与缴纳手续。

要求：(1) 填制土地增值税纳税申报表。

(2) 填制增值税纳税申报表及其附列资料表一、表二。

(3) 填制城建税纳税申报表、教育费附加申报表。

(4) 填制国税、地税《电子缴库专用缴款书》各一份。

实训二　建筑工程企业增值税会计核算与纳税申报

一、企业基本资料

庐州星源建筑工程公司，于2003年5月20日经庐州市工商行政管理部门注册登记成立，同年6月10日办理开业税务登记，2016年"营改增"时，确定为增值税一般纳税人，适用按月计税、查账征收的税款征收方式。该公司的基本资料如下：

(1) 公司注册类型：股份有限公司；统一社会信用代码：91360403000055888A；计算机管理代码：03052048；法定代表人：张伟昆；财务负责人：林代岳；办税员：邱小云；开户银行：中国建设银行庐州市支行青年路分理处，账号：0212－598888。

(2) 公司注册地址：庐州市庐城区青年路8号；办公电话：0792－8120056；邮政编码：332000；电子邮箱：Lzxygc2003@163.com；经营范围：房屋建筑、土木工程、道路修建、房屋出租、物业管理、城市绿化等。

(3) 国税主管机关：庐州市庐城区国家税务局；组织机构代码：000540021；办税服务厅电话：0792－8120068。地税主管机关：庐州市庐城区地方税务局；组织机构代码：000552211；办税报务厅电话：0792－8128892。

二、涉税业务资料

2019年8月，该公司主要发生建筑工程、商品房销售、物业管理、出租房地产、建筑工程设计、工程承包分包等经营业务，以此为素材，进行涉税会计核算、纳税申报的实务操作。

【业务1】 8月2日，公司承建的庐州市汽车工业园"三通一平"工程完工，工业园管委会支付工程款1 090万元，取得以下原始凭证。

要求：进行工程建筑业务的账务处理，填制1张通用记账凭证。

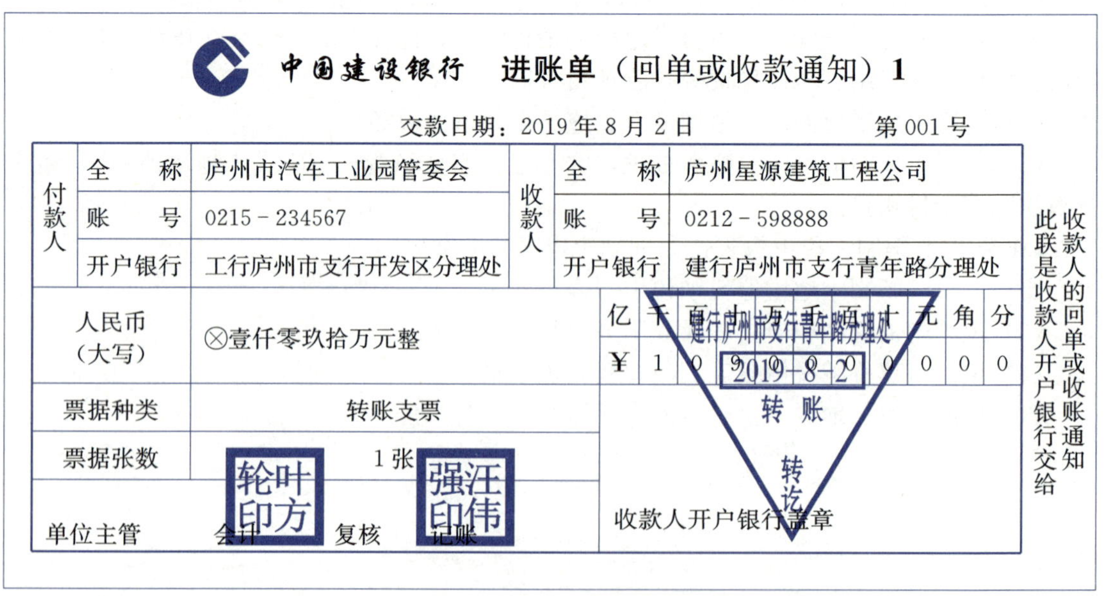

中国建设银行　进账单（回单或收款通知）1

交款日期：2019年8月2日　　第001号

付款人			收款人		
全称	庐州市汽车工业园管委会		全称	庐州星源建筑工程公司	
账号	0215－234567		账号	0212－598888	
开户银行	工行庐州市支行开发区分理处		开户银行	建行庐州市支行青年路分理处	

人民币（大写）	⊗壹仟零玖拾万元整	亿	千	百	十	万	千	百	十	元	角	分
		¥	1	0	9	0	0	0	0	0	0	0
票据种类	转账支票											
票据张数	1张											

单位主管　会计　复核　记账　　收款人开户银行盖章

此联是收款人开户银行交给收款人的回单或收账通知

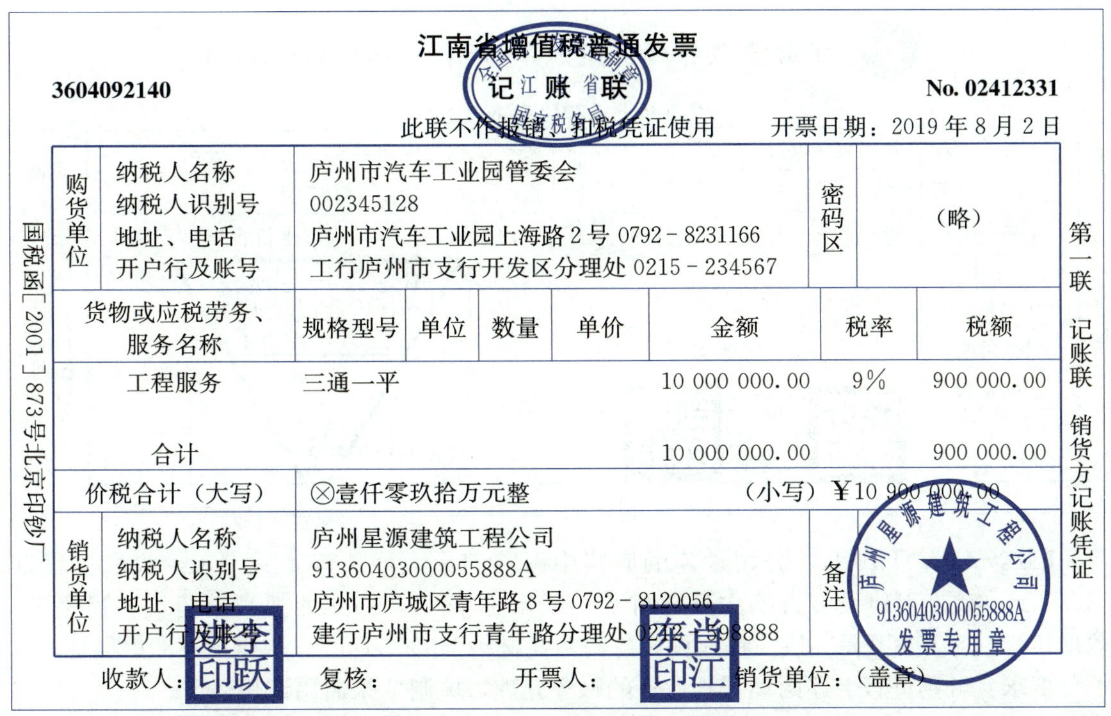

江南省增值税普通发票

3604092140　　记账联　　No. 02412331

此联不作报销、扣税凭证使用　　开票日期：2019年8月2日

购货单位	纳税人名称 纳税人识别号 地址、电话 开户行及账号	庐州市汽车工业园管委会 002345128 庐州市汽车工业园上海路2号 0792－8231166 工行庐州市支行开发区分理处 0215－234567	密码区	（略）

货物或应税劳务、服务名称	规格型号	单位	数量	单价	金额	税率	税额
工程服务	三通一平				10 000 000.00	9%	900 000.00
合计					10 000 000.00		900 000.00
价税合计（大写）	⊗壹仟零玖拾万元整				（小写）￥10 900 000.00		

销货单位	纳税人名称 纳税人识别号 地址、电话 开户行及账号	庐州星源建筑工程公司 91360403000055888A 庐州市庐城区青年路8号 0792－8120056 建行庐州市支行青年路分理处 0212－598888	备注	

收款人：　　复核：　　开票人：　　销货单位：（盖章）

国税函［2001］873号北京印钞厂

第一联　记账联　销货方记账凭证

【业务2】8月6日，公司将临街门面3间出租给庐州市兴华服装厂，双方协议每月租金为10 000元，预收半年，合计60 000元，取得以下原始凭证。

要求：进行出租业务的账务处理，填制1张通用记账凭证。

江南省增值税普通发票

3604092140　　记账联　　No. 02412332

此联不作报销、扣税凭证使用　　开票日期：2019年8月6日

购货单位	纳税人名称 纳税人识别号 地址、电话 开户行及账号	庐州兴华服装厂 91360403000012212A 庐州市庐城区青年路9号 0792－8121235 建行庐州市支行青年路分理处 0212－003451	密码区	（略）

货物或应税劳务、服务名称	规格型号	单位	数量	单价	金额	税率	税额
不动产租赁	经营门面	月	6	10 000.00	60 000.00	9%	5 400.00
合计					60 000.00		5 400.00
价税合计（大写）	⊗陆万伍仟肆佰元整				（小写）￥65 400.00		

销货单位	纳税人名称 纳税人识别号 地址、电话 开户行及账号	庐州星源建筑工程公司 91360403000055888A 庐州市庐城区青年路8号 0792－8120056 建行庐州市支行青年路分理处 0212－598888	备注	庐州星源建筑工程公司 91360403000055888A 发票专用章

收款人：　　复核：　　开票人：　　销货单位：（盖章）

国税函［2001］873号北京印钞厂

第一联　记账联　销货方记账凭证

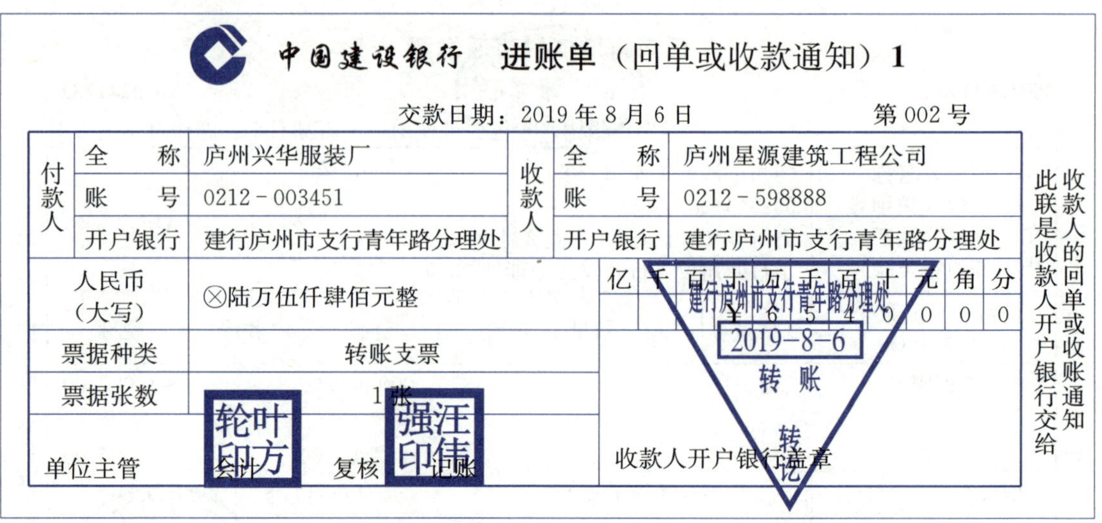

中国建设银行　进账单（回单或收款通知）1

交款日期：2019 年 8 月 6 日　　　　第 002 号

付款人	全　称	庐州兴华服装厂	收款人	全　称	庐州星源建筑工程公司
	账　号	0212－003451		账　号	0212－598888
	开户银行	建行庐州市支行青年路分理处		开户银行	建行庐州市支行青年路分理处
人民币（大写）		⊗陆万伍仟肆佰元整			¥65400.00
票据种类		转账支票			
票据张数		1张			
单位主管　会计　复核　记账				收款人开户银行盖章	

此联是收款人开户银行交给收款人的回单或收账通知

建行庐州市支行青年路分理处　2019-8-6　转账　转讫

【业务 3】8 月 10 日，公司承建的庐州中医院门诊大楼装修工程完工，收取工程款 545 万元（该工程建设方自购主要材料 600 万元）。同日，庐州西海宾馆建筑工程完工，收取工程款 1 199 万元（该工程建设方自购主要材料 1 300 万元）。取得以下原始凭证。

要求：分别进行上述两项工程业务的账务处理，填制 2 张通用记账凭证。

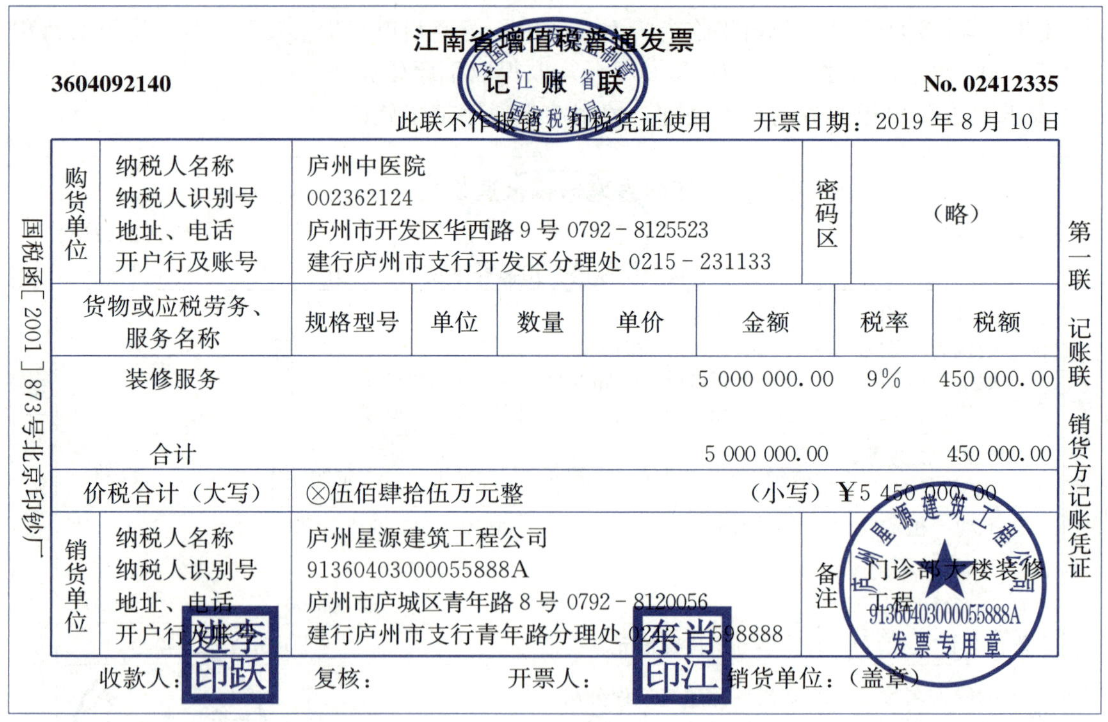

江南省增值税普通发票

记　账　联

3604092140　　　　No. 02412335

此联不作报销、扣税凭证使用　　开票日期：2019 年 8 月 10 日

购货单位	纳税人名称：庐州中医院 纳税人识别号：002362124 地址、电话：庐州市开发区华西路 9 号 0792－8125523 开户行及账号：建行庐州市支行开发区分理处 0215－231133				密码区	（略）	
货物或应税劳务、服务名称	规格型号	单位	数量	单价	金额	税率	税额
装修服务					5 000 000.00	9%	450 000.00
合计					5 000 000.00		450 000.00
价税合计（大写）	⊗伍佰肆拾伍万元整				（小写）¥5 450 000.00		
销货单位	纳税人名称：庐州星源建筑工程公司 纳税人识别号：91360403000055888A 地址、电话：庐州市庐城区青年路 8 号 0792－8120056 开户行及账号：建行庐州市支行青年路分理处 0212－598888				备注	门诊部大楼装修工程	

收款人：李跃　　复核：　　开票人：肖江　　销货单位：（盖章）

第一联　记账联　销货方记账凭证

国税函［2001］873号北京印钞厂

庐州星源建筑工程公司　91360403000055888A　发票专用章

建筑服务适用的增值税税率

建筑服务适用的增值税税率为 9%；小规模纳税人提供建筑服务，以及一般纳税人提供部分建筑服务选择简易计税方法的，增值税征收率为 3%。

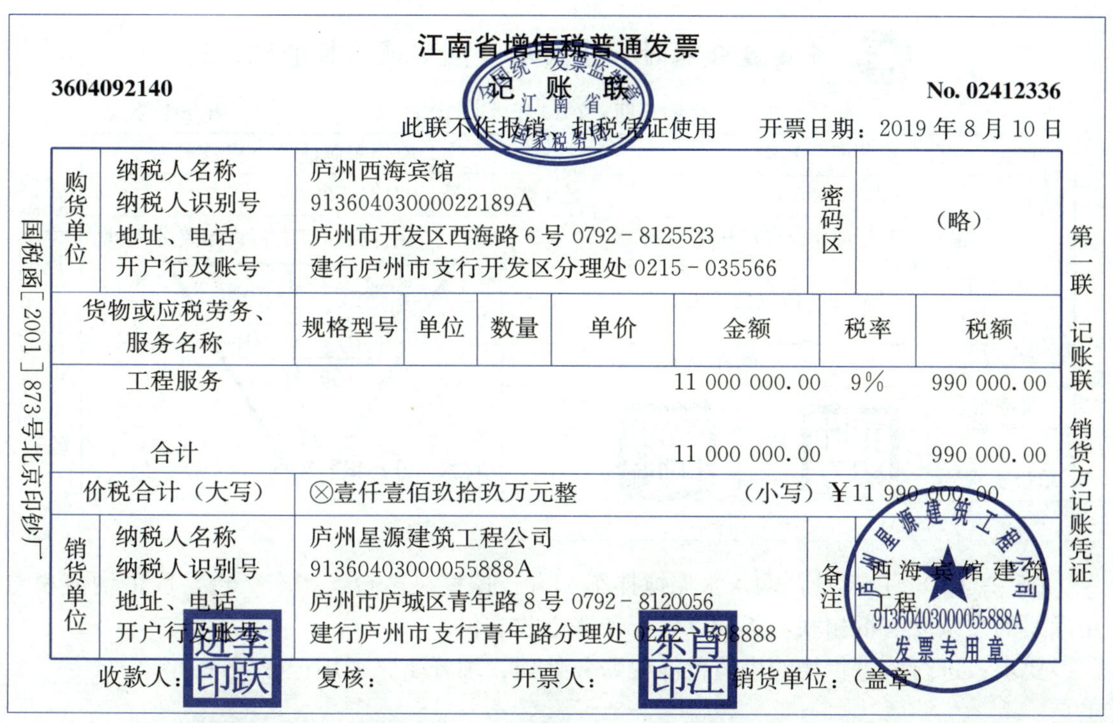

江南省增值税普通发票

3604092140　　记 账 联　　No. 02412336

此联不作报销、扣税凭证使用　　开票日期：2019 年 8 月 10 日

购货单位	纳税人名称 纳税人识别号 地址、电话 开户行及账号	庐州西海宾馆 91360403000022189A 庐州市开发区西海路 6 号 0792－8125523 建行庐州市支行开发区分理处 0215－035566				密码区	（略）
货物或应税劳务、服务名称	规格型号	单位	数量	单价	金额	税率	税额
工程服务					11 000 000.00	9%	990 000.00
合计					11 000 000.00		990 000.00
价税合计（大写）	⊗壹仟壹佰玖拾玖万元整				（小写）￥11 990 000.00		
销货单位	纳税人名称 纳税人识别号 地址、电话 开户行及账号	庐州星源建筑工程公司 91360403000055888A 庐州市庐城区青年路 8 号 0792－8120056 建行庐州市支行青年路分理处 0212－598888				备注	西海宾馆建筑工程

收款人：李进 复核：　开票人：肖东 销货单位：（盖章）

国税函[2001]873号北京印钞厂

第一联 记账联 销货方记账凭证

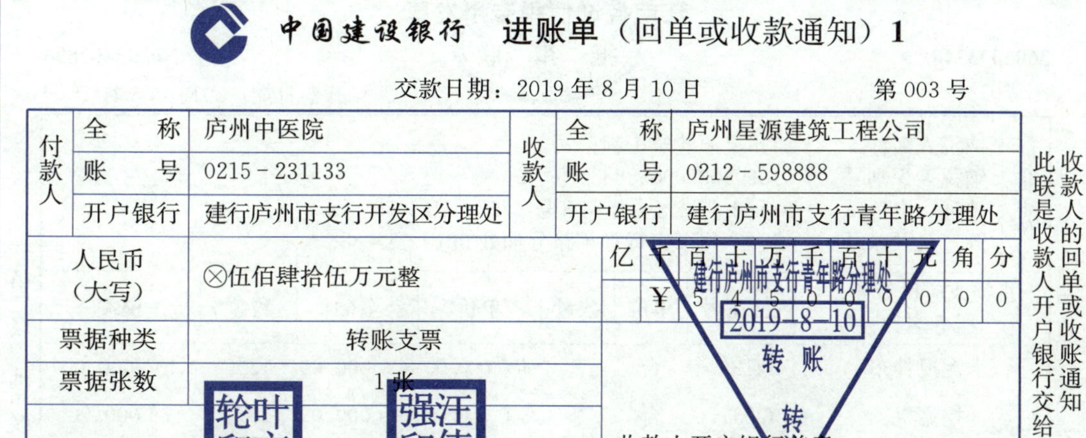

中国建设银行　进账单（回单或收款通知）1

交款日期：2019 年 8 月 10 日　　第 003 号

付款人	全称	庐州中医院	收款人	全称	庐州星源建筑工程公司
	账号	0215－231133		账号	0212－598888
	开户银行	建行庐州市支行开发区分理处		开户银行	建行庐州市支行青年路分理处
人民币（大写）	⊗伍佰肆拾伍万元整			亿 千 百 十 万 千 百 十 元 角 分	￥ 5 4 5 0 0 0 0 0 0
票据种类	转账支票				
票据张数	1 张				
单位主管	会计 叶方	复核	记账 汪强	收款人开户银行盖章	

此联是收款人开户银行交给收款人的回单或收账通知

建行庐州市支行青年路分理处 2019-8-10 转账 转讫

清包工工程及甲供工程的计税方法

（1）清包工工程：以清包工方式提供建筑服务，是指施工方不采购建筑工程所需的材料或只采购辅助材料，并收取人工费、管理费或者其他费用的建筑服务。一般纳税人以清包工方式提供的建筑服务，可以选择适用简易计税方法计税。

（2）甲供工程：是指工程用全部或部分设备、材料、动力由工程发包方自行采购的建筑工程。一般纳税人为甲供工程提供的建筑服务，可以选择适用简易计税方法计税。

采用简易计税方法的，适用的征收率为 3%。

中国建设银行　进账单（回单或收款通知）1

交款日期：2019年8月10日　　　　第004号

付款人	全　称	庐州西海宾馆	收款人	全　称	庐州星源建筑工程公司
	账　号	0215－035566		账　号	0212－598888
	开户银行	建行庐州市支行开发区分理处		开户银行	建行庐州市支行青年路分理处
人民币（大写）		⊗壹仟壹佰玖拾玖万元整		亿千百十万千百十元角分	￥1 1 9 9 0 0 0 0 0 0
票据种类		转账支票			
票据张数		1张			
单位主管　会计　复核　记账				收款人开户银行盖章	

此联是收款人开户银行交给收款人的回单或收账通知

（印章：叶轮印方；汪强印伟；建行庐州市支行青年路分理处 2019－8－10 转账 转讫）

【业务4】8月15日，购入水泥搅拌车2台、挖掘机2台、铲车2台，取得增值税专用发票的发票联与抵扣联，货款以银行转账方式支付。

要求：进行购进货物的增值税涉税账务处理，填开1张通用记账凭证。

江南省增值税专用发票

抵　扣　联

3604093340　　　　No. 02402896

开票日期：2019年8月15日

购货单位	纳税人名称	庐州星源建筑工程公司					密码区	（略）
	纳税人识别号	91360403000055888A						
	地址、电话	庐州市庐城区青年路8号 0792－8120056						
	开户行及账号	建行庐州市支行青年路分理处 0212－598888						
货物或应税劳务、服务名称		规格型号	单位	数量	单价	金额	税率	税额
水泥搅拌车		H123	台	2	400 000.00	800 000.00	13%	104 000.00
挖掘机		Q234	台	2	300 000.00	600 000.00	13%	78 000.00
铲车		Z567	台	2	300 000.00	600 000.00	13%	78 000.00
合计						2 000 000.00		260 000.00
价税合计（大写）		⊗贰佰贰拾陆万元整				（小写）￥2 260 000.00		
销货单位	纳税人名称	庐州隆昌建筑机械制造厂					备注	
	纳税人识别号	91360403000034568A						
	地址、电话	庐州市开发区北海路4号 0792－8123357						
	开户行及账号	建行庐州市支行北海路分理处 0212－59128						

收款人：　复核：　开票人：　销货单位：（盖章）

国税函[2001]873号北京印钞厂

第二联 抵扣联 购货方扣税凭证

（印章：全国统一发票监制章 江南省国家税务局；张华印林；董印英；庐州隆昌建筑机械制造厂 91360403000034568A 发票专用章）

增值税纳税人划分标准

根据财政部和国家税务总局规定的标准，年应征增值税销售额超过500万元的纳税人为一般纳税人，未超过规定标准的纳税人为小规模纳税人。

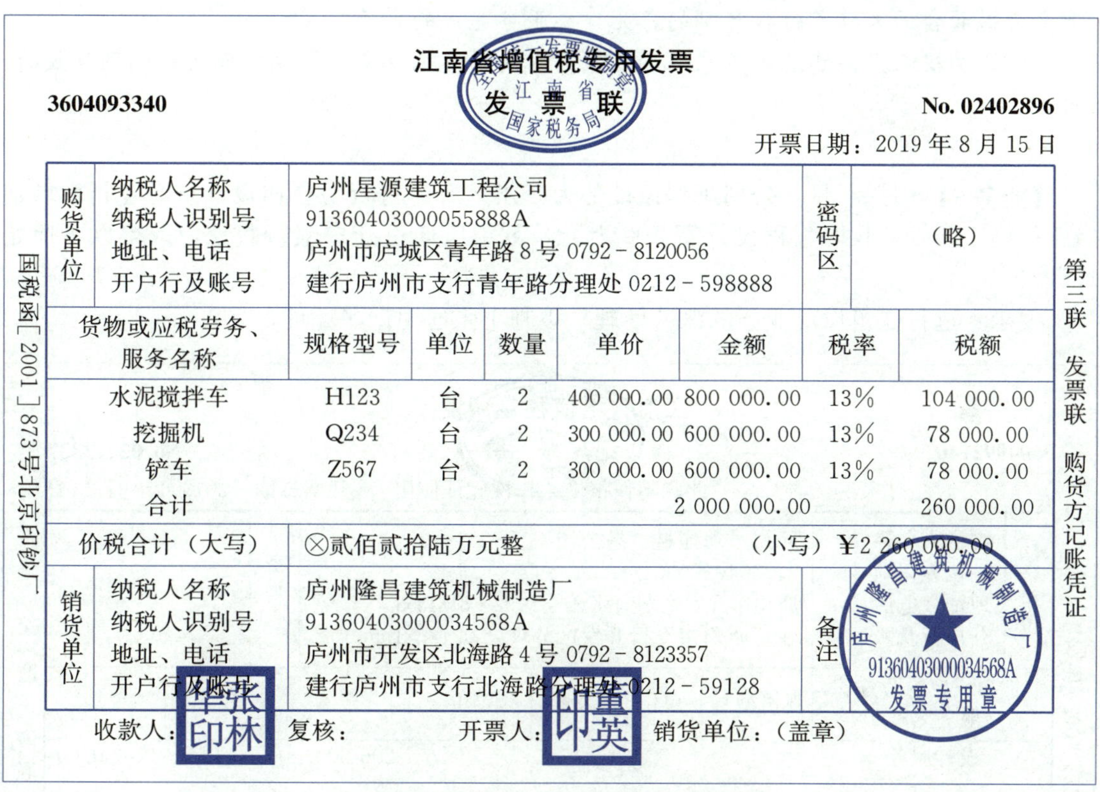

江南省增值税专用发票

发　票　联

3604093340　　No. 02402896

开票日期：2019年8月15日

国税函[2001]873号北京印钞厂

购货单位	纳税人名称 纳税人识别号 地址、电话 开户行及账号	庐州星源建筑工程公司 91360403000055888A 庐州市庐城区青年路8号 0792-8120056 建行庐州市支行青年路分理处 0212-598888					密码区	（略）
货物或应税劳务、服务名称		规格型号	单位	数量	单价	金额	税率	税额
水泥搅拌车		H123	台	2	400 000.00	800 000.00	13%	104 000.00
挖掘机		Q234	台	2	300 000.00	600 000.00	13%	78 000.00
铲车		Z567	台	2	300 000.00	600 000.00	13%	78 000.00
合计						2 000 000.00		260 000.00
价税合计（大写）		⊗贰佰贰拾陆万元整				（小写）¥2 260 000.00		
销货单位	纳税人名称 纳税人识别号 地址、电话 开户行及账号	庐州隆昌建筑机械制造厂 91360403000034568A 庐州市开发区北海路4号 0792-8123357 建行庐州市支行北海路分理处 0212-59128					备注	

收款人：张林　　复核：　　开票人：董英　　销货单位：（盖章）

第三联　发票联　购货方记账凭证

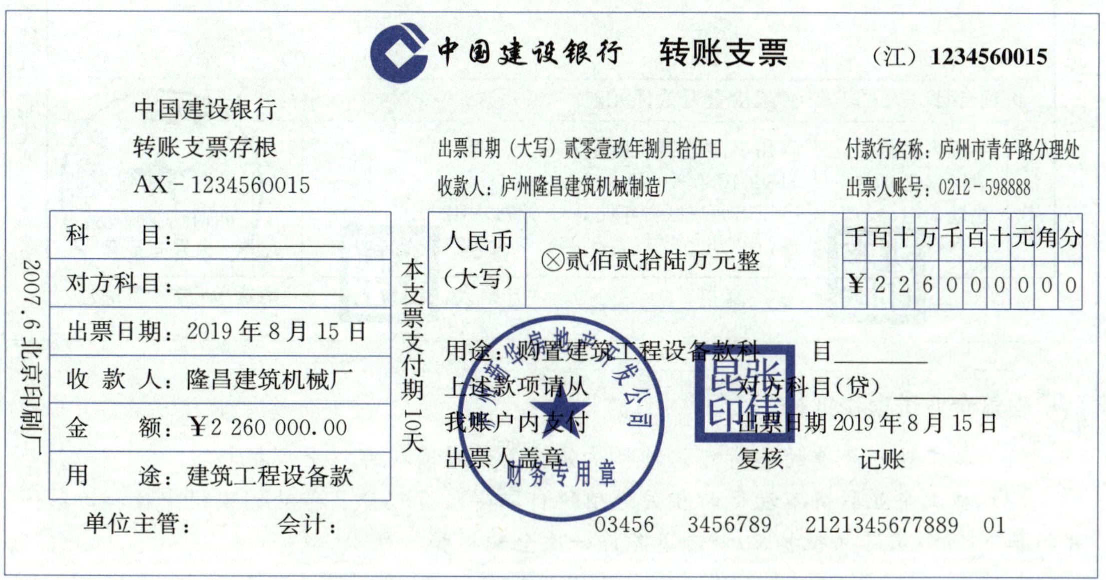

中国建设银行　转账支票　（江）1234560015

中国建设银行
转账支票存根
AX-1234560015

科　目：
对方科目：
出票日期：2019年8月15日
收 款 人：隆昌建筑机械厂
金　额：¥2 260 000.00
用　途：建筑工程设备款

单位主管：　　会计：

2007.6北京印制厂

本支票支付期10天

出票日期（大写）贰零壹玖年捌月拾伍日　　付款行名称：庐州市青年路分理处

收款人：庐州隆昌建筑机械制造厂　　出票人账号：0212-598888

人民币（大写）	⊗贰佰贰拾陆万元整	千	百	十	万	千	百	十	元	角	分
		¥	2	2	6	0	0	0	0	0	0

用途：购置建筑工程设备款　　科　目________

上述款项请从　　对方科目（贷）________

我账户内支付　　出票日期2019年8月15日

出票人盖章　　复核　　记账

03456　3456789　2121345677889　01

"营改增"后，建筑企业纳税人纳税义务发生时间

(1) 提供建筑服务并收讫销售款项或者取得索取销售款项凭据的当天；先开具发票的，为开具发票的当天。

(2) 取得索取销售款项凭据的当天，是指书面合同确定的付款日期；未签订书面合同或者书面合同未确定付款日期的，为建筑服务完成的当天。

(3) 纳税人提供建筑服务采取预收款方式的，其纳税义务发生时间为收到预收款的当天。

【业务5】 8月20日，公司工程设计部为庐州星海建材贸易公司设计星海建材商城建筑工程施工图纸，收取工程设计费100万元，款项已通过开户银行收讫，取得以下原始凭证。

要求：进行建筑设计业务的账务处理，填制1张通用记账凭证。

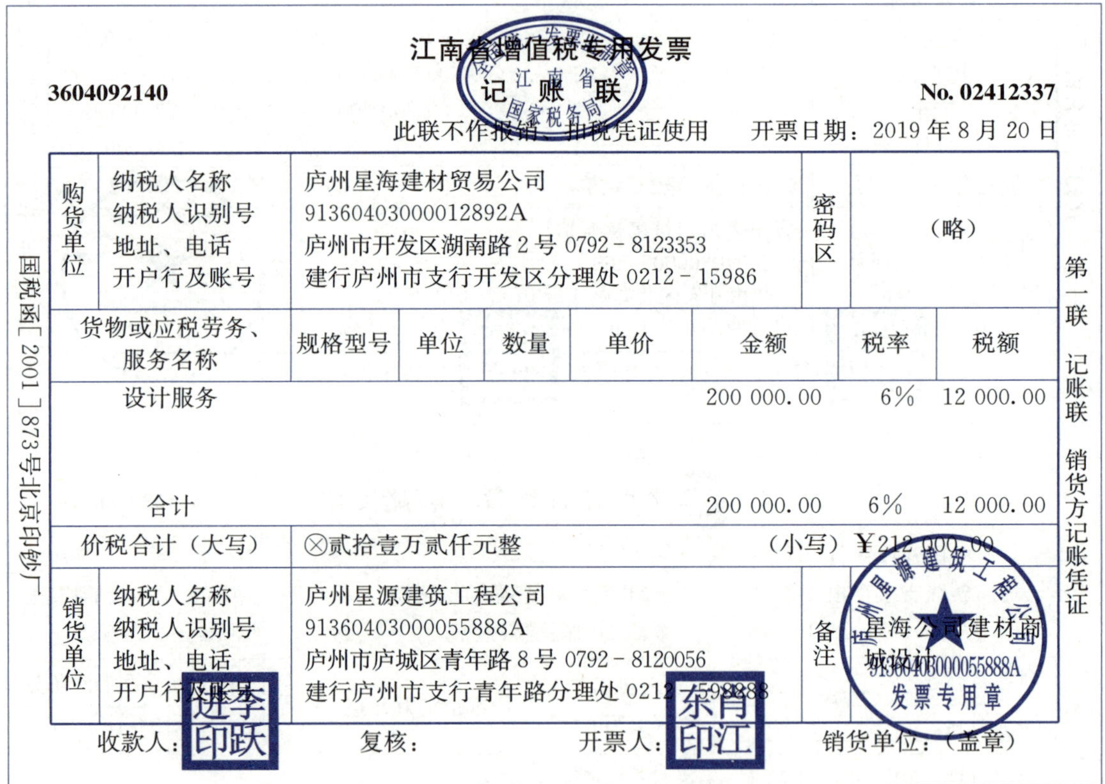

江南省增值税专用发票

记 账 联

3604092140　　　　**No. 02412337**

此联不作报销、扣税凭证使用　　开票日期：2019年8月20日

购货单位	纳税人名称 纳税人识别号 地址、电话 开户行及账号	庐州星海建材贸易公司 913604030000128 92A 庐州市开发区湖南路2号 0792－8123353 建行庐州市支行开发区分理处 0212－15986				密码区	（略）
货物或应税劳务、服务名称	规格型号	单位	数量	单价	金额	税率	税额
设计服务					200 000.00	6%	12 000.00
合计					200 000.00	6%	12 000.00
价税合计（大写）	⊗贰拾壹万贰仟元整				（小写）￥212 000.00		
销货单位	纳税人名称 纳税人识别号 地址、电话 开户行及账号	庐州星源建筑工程公司 91360403000055888A 庐州市庐城区青年路8号 0792－8120056 建行庐州市支行青年路分理处 0212－598888				备注	星海公司建材商城设计

收款人：李跃　　复核：　　开票人：肖江　　销货单位：（盖章）

国税函[2001]873号北京印钞厂

第一联　记账联　销货方记账凭证

建筑企业进项税抵扣

(1) 施工现场修建的临时建筑物、构筑物等的进项税可以全部抵扣。

(2) 施工企业取得不动产时相关进项税自取得之日起分2年从销项税中抵扣，第一年抵扣60%，第二年抵扣40%，不允许一次全额抵扣。

中国建设银行　进账单（回单或收款通知）1

交款日期：2019年8月20日　　　　第008号

付款人	全　称	庐州星海建材贸易公司	收款人	全　称	庐州星源建筑工程公司
	账　号	0212-15968		账　号	0212-598888
	开户银行	建行庐州市支行开发区分理处		开户银行	建行庐州市支行青年路分理处
人民币（大写）		⊗贰拾壹万贰仟元整		亿 千 百 十 万 千 百 十 元 角 分	¥ 2 1 2 0 0 0 0 0
票据种类		转账支票			
票据张数		1张			
单位主管　会计　复核　记账				收款人开户银行盖章	

建行庐州市支行青年路分理处 2019-8-20 转账 转 讫

轮叶印方　强汪印伟

此联是收款人开户银行交给收款人的回单或收账通知

建筑设计服务适用税目

建筑工程设计业务与工业产品设计、城市景观设计、服装设计等均属于现代服务业，“营改增”后按“设计服务”子目计征增值税。

【业务6】8月25日，公司购入建筑工程用模板500张、工程用木料50立方米，款项已通过开户银行收讫，取得以下原始凭证。

要求：进行购进货物的账务处理，填制1张通用记账凭证。

江南省增值税专用发票

抵扣联

全国统一发票监制章 江南省 国家税务局

3604093340　　　　　　　　No. 02402126

开票日期：2019年8月25日

购货单位	纳税人名称：庐州星源建筑工程公司 纳税人识别号：91360403000055888A 地址、电话：庐州市庐城区青年路8号 0792-8120056 开户行及账号：建行庐州市支行青年路分理处 0212-598888				密码区	（略）		
货物或应税劳务、服务名称	规格型号	单位	数量	单价	金额	税率	税额	
建筑工程用模板	240×160	张	500	200.00	100 000.00	13%	13 000.00	
建筑工程用木料	CH300	立方米	50	5 000.00	250 000.00	13%	32 500.00	
合计					350 000.00		45 500.00	
价税合计（大写）	⊗叁拾玖万伍仟伍佰元整					（小写）¥395 500.00		
销货单位	纳税人名称：庐州天天木材制品股份公司 纳税人识别号：91360403000010892A 地址、电话：庐州市开发区北海路1号 0792-8120764 开户行及账号：建行庐州市支行北海路分理处 0212-001209				备注	庐州天天木材制品股份公司 91360403000010892A 发票专用章		

收款人：方张印有　复核：　开票人：宛张印小　销货单位：（盖章）

国税函[2001]873号北京印钞厂

第二联 抵扣联 购货方扣税凭证

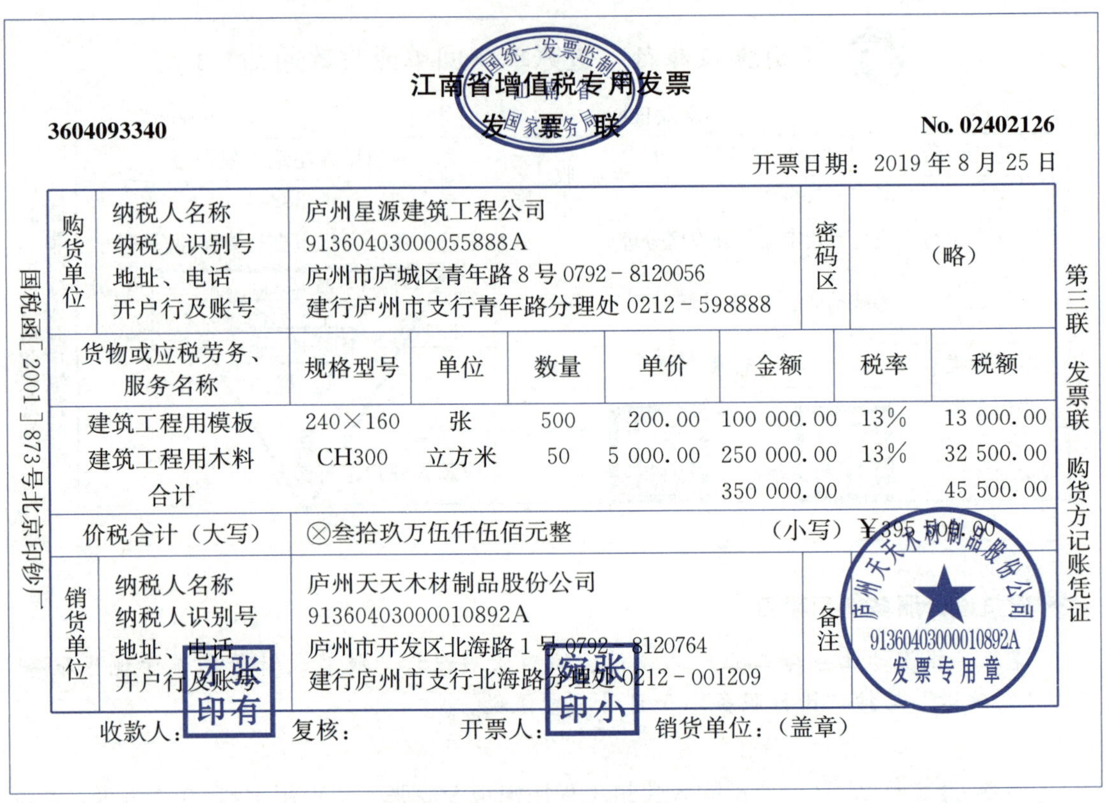

江南省增值税专用发票

发　票　联

3604093340　　　　No. 02402126

开票日期：2019 年 8 月 25 日

购货单位	纳税人名称 纳税人识别号 地址、电话 开户行及账号	庐州星源建筑工程公司 91360403000055888A 庐州市庐城区青年路 8 号 0792－8120056 建行庐州市支行青年路分理处 0212－598888					密码区	（略）
货物或应税劳务、服务名称	规格型号	单位	数量	单价	金额	税率	税额	
建筑工程用模板	240×160	张	500	200.00	100 000.00	13%	13 000.00	
建筑工程用木料	CH300	立方米	50	5 000.00	250 000.00	13%	32 500.00	
合计					350 000.00		45 500.00	
价税合计（大写）	⊗叁拾玖万伍仟伍佰元整				（小写）￥395 500.00			
销货单位	纳税人名称 纳税人识别号 地址、电话 开户行及账号	庐州天天木材制品股份公司 91360403000010892A 庐州市开发区北海路 1 号 0792－8120764 建行庐州市支行北海路分理处 0212－001209					备注	

收款人：　复核：　开票人：　销货单位：（盖章）

国税函[2001]873号北京印钞厂

第三联　发票联　购货方记账凭证

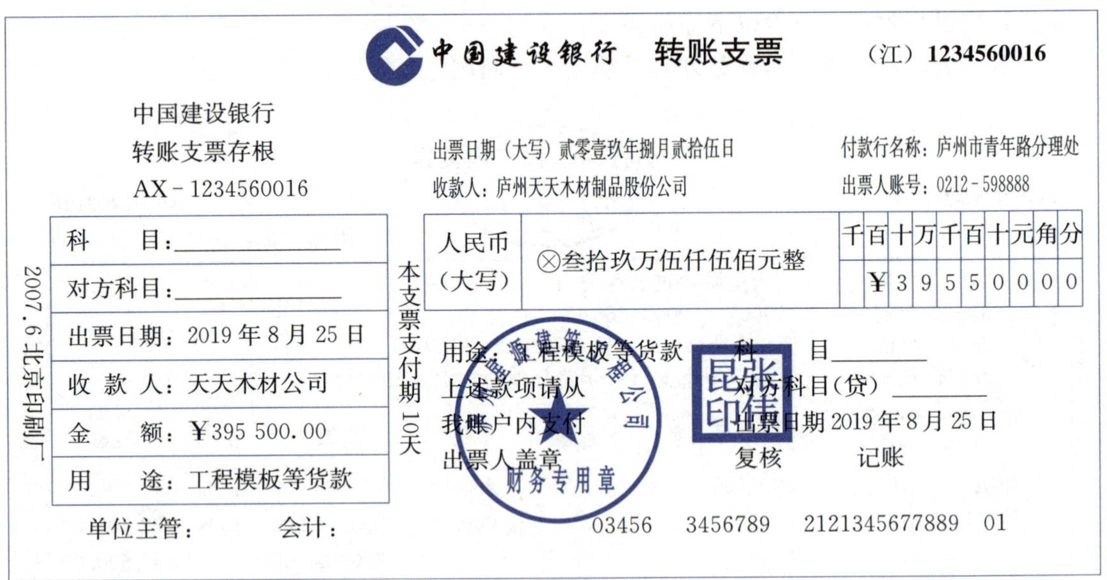

中国建设银行　转账支票　（江）1234560016

中国建设银行
转账支票存根
AX－1234560016

科　　目：	
对方科目：	
出票日期：2019 年 8 月 25 日	
收 款 人：天天木材公司	
金　　额：￥395 500.00	
用　　途：工程模板等货款	

单位主管：　会计：

2007.6 北京印刷厂

本支票支付期 10天

出票日期（大写）贰零壹玖年捌月贰拾伍日　付款行名称：庐州市青年路分理处

收款人：庐州天天木材制品股份公司　出票人账号：0212－598888

人民币（大写）	⊗叁拾玖万伍仟伍佰元整	千	百	十	万	千	百	十	元	角	分
			￥	3	9	5	5	0	0	0	0

用途：工程模板等货款　科　目________

上述款项请从　对方科目(贷)________

我账户内支付　出票日期 2019 年 8 月 25 日

出票人盖章　复核　记账

03456　3456789　2121345677889　01

【业务 7】 8 月 25 日，公司从安福建筑设备租赁公司租用脚手架，用于庐州景秀宾馆股份公司主体馆建筑工程，月租金为 45 200 元，支付租金 361 600 元。款项已通过开户银行收讫，取得以下原始凭证。

要求：进行购入租赁服务的账务处理，填制 1 张通用记账凭证。

江南省增值税专用发票

抵　扣　联

3604093340　　　　　　　　　　**No. 02401236**

开票日期：2019 年 8 月 25 日

购货单位	纳税人名称 纳税人识别号 地址、电话 开户行及账号	庐州星源建筑工程公司 91360403000055888A 庐州市庐城区青年路 8 号 0792－8120056 建行庐州市支行青年路分理处 0212－598888			密码区	（略）	
货物或应税劳务、服务名称	规格型号	单位	数量	单价	金额	税率	税额
动产租赁服务		月	8	40 000.00	320 000.00	13%	41 600.00
合计					320 000.00		41 600.00
价税合计（大写）	⊗叁拾陆万壹仟陆佰元整				（小写）¥361 600.00		
销货单位	纳税人名称 纳税人识别号 地址、电话 开户行及账号	庐州安福建筑设备租赁公司 91360403000001022A 庐州市新城区湖滨路 5 号 0792－8150912 建行庐州市支行湖滨路分理处 0212－005612			备注	租用脚手架	

收款人：傅飞印鹏　　复核：　　开票人：方征印远　　销货单位：（盖章）

国税函［2001］873号北京印钞厂

第二联　抵扣联　购货方扣税凭证

租赁服务适用增值税税率

根据“营改增”的相关规定，不动产的金融租赁及经营租赁适用的增值税税率均为9%，有形动产的金融租赁与经营租赁适用的增值税税率均为13%。

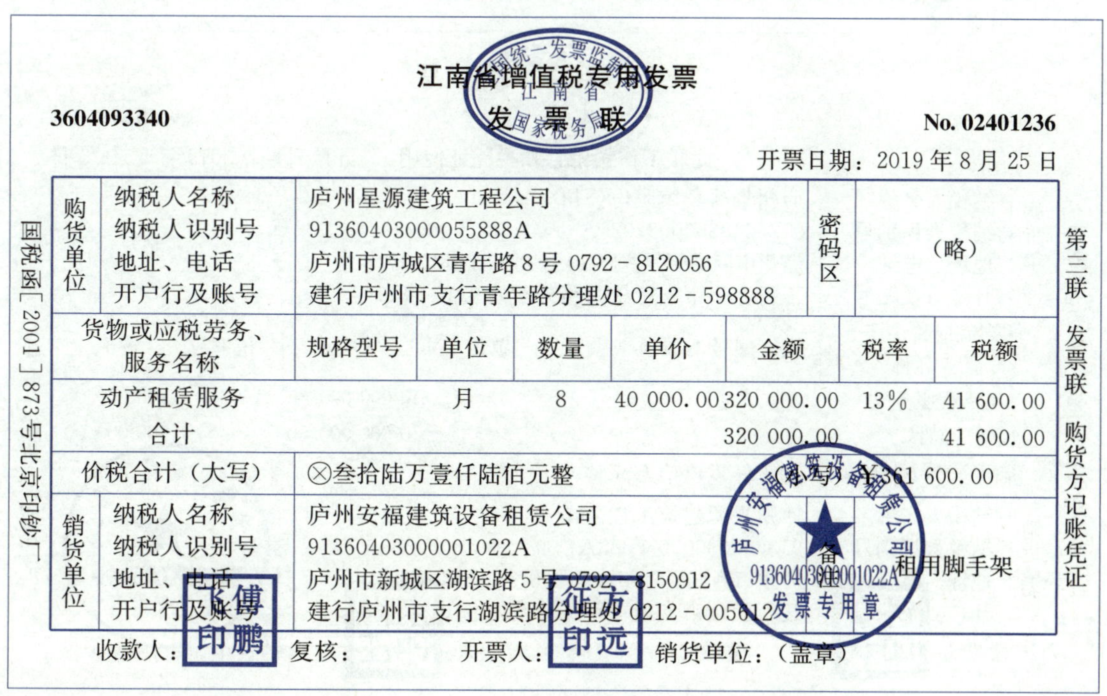

江南省增值税专用发票

发　票　联

3604093340　　　　　　　　　　**No. 02401236**

开票日期：2019 年 8 月 25 日

购货单位	纳税人名称 纳税人识别号 地址、电话 开户行及账号	庐州星源建筑工程公司 91360403000055888A 庐州市庐城区青年路 8 号 0792－8120056 建行庐州市支行青年路分理处 0212－598888			密码区	（略）	
货物或应税劳务、服务名称	规格型号	单位	数量	单价	金额	税率	税额
动产租赁服务		月	8	40 000.00	320 000.00	13%	41 600.00
合计					320 000.00		41 600.00
价税合计（大写）	⊗叁拾陆万壹仟陆佰元整				（小写）¥361 600.00		
销货单位	纳税人名称 纳税人识别号 地址、电话 开户行及账号	庐州安福建筑设备租赁公司 91360403000001022A 庐州市新城区湖滨路 5 号 0792－8150912 建行庐州市支行湖滨路分理处 0212－005612			备注	租用脚手架	

收款人：傅飞印鹏　　复核：　　开票人：方征印远　　销货单位：（盖章）

国税函［2001］873号北京印钞厂

第三联　发票联　购货方记账凭证

中国建设银行 转账支票 (江) 1234560017

中国建设银行
转账支票存根
AX-1234560017

科目:	
对方科目:	
出票日期:	2019年8月25日
收款人:	安福设备租赁公司
金额:	¥361 600.00
用途:	脚手架租赁

单位主管: 会计:

2007.6北京印刷厂

出票日期(大写)贰零壹玖年捌月贰拾伍日 付款行名称:庐州市青年路分理处
收款人:庐州安福建筑设备租赁公司 出票人账号:0212-598888

人民币(大写)	⊗叁拾陆万壹仟陆佰元整	千	百	十	万	千	百	十	元	角	分
			¥	3	6	1	6	0	0	0	0

本支票支付期10天

用途:脚手架租赁 科目
上述款项请从 对方科目(贷)
我账户内支付 出票日期2019年8月25日
出票人盖章 复核 记账

03456 3456789 2121345677889 01

分包工程应税销售额的确定

小规模纳税人与选择简易计税方法的一般纳税人,以取得的全部价款和价外费用扣除支付的分包款后的余额为销售额。采用扣税法计税的一般纳税人的分包工程不存在这个问题。

【业务8】 8月25日,公司承包庐州景秀宾馆股份公司主体馆建筑工程完工,主体馆建筑工程总造价1 090万元,款项已通过开户银行收讫,其中拨付分包人装修工程款545万元,取得以下原始凭证。

要求:进行收取工程款、支付分包工程款的账务处理,填制2张通用记账凭证。

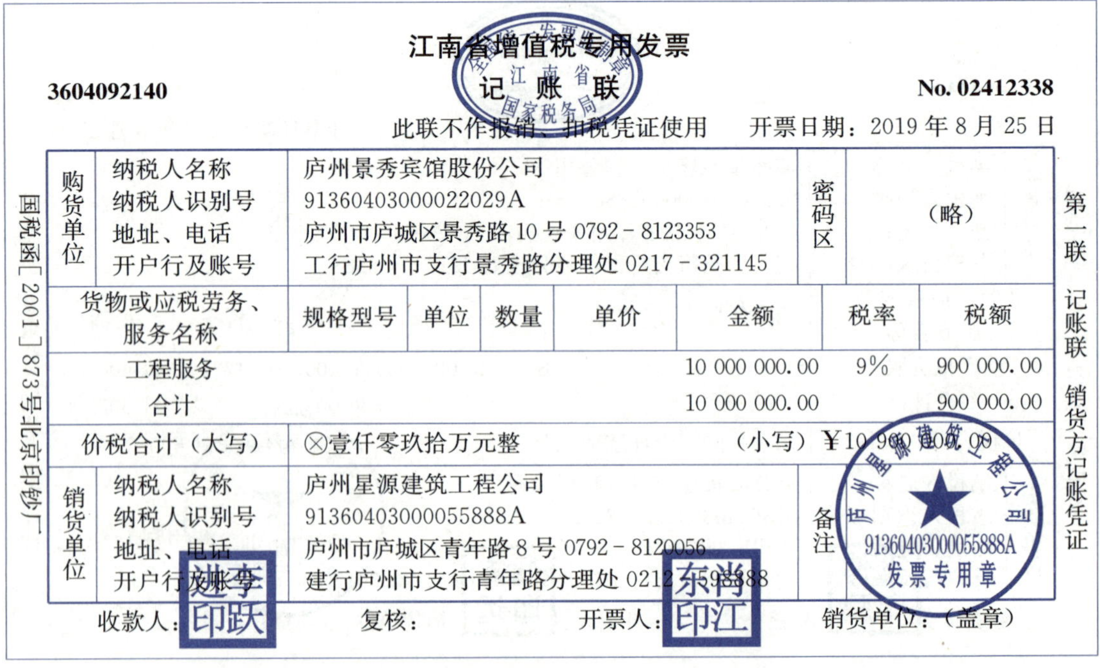
江南省增值税专用发票

3604092140 记账联 No. 02412338

此联不作报销、扣税凭证使用 开票日期:2019年8月25日

购货单位	名称:庐州景秀宾馆股份公司 纳税人识别号:91360403000022029A 地址、电话:庐州市庐城区景秀路10号 0792-8123353 开户行及账号:工行庐州市支行景秀路分理处 0217-321145			密码区	(略)	
货物或应税劳务、服务名称	规格型号	单位	数量	单价	金额	税率	税额
工程服务					10 000 000.00	9%	900 000.00
合计					10 000 000.00		900 000.00
价税合计(大写)	⊗壹仟零玖拾万元整				(小写)¥10 900 000.00		
销货单位	名称:庐州星源建筑工程公司 纳税人识别号:91360403000055888A 地址、电话:庐州市庐城区青年路8号 0792-8120056 开户行及账号:建行庐州市支行青年路分理处 0212-598888			备注		

收款人:李跃 复核: 开票人:尚江 销货单位:(盖章)

国税函[2001]873号北京印钞厂

第一联 记账联 销货方记账凭证

江南省增值税专用发票

抵　扣　联

3604093340　　　　　　　　　　　　No. 02502396

开票日期：2019 年 8 月 25 日

国税函[2001]873号北京印钞厂

购货单位	纳税人名称	庐州星源建筑工程公司	密码区	（略）
	纳税人识别号	91360403000055888A		
	地址、电话	庐州市庐城区青年路 8 号 0792－8120056		
	开户行及账号	建行庐州市支行青年路分理处 0212－598888		

货物或应税劳务、服务名称	规格型号	单位	数量	单价	金额	税率	税额
工程服务					5 000 000.00	9%	450 000.00
合计					5 000 000.00		450 000.00
价税合计（大写）	⊗伍佰肆拾伍万元整				（小写）￥5 450 000.00		

销货单位	纳税人名称	庐州好美装饰股份公司	备注
	纳税人识别号	91360403000055223A	
	地址、电话	庐州市庐城区青年路 15 号 0792－8239966	
	开户行及账号	建行庐州市支行青年路分理处 0212－112233	

收款人：　　复核：　　开票人：　　销货单位：（盖章）

第二联　抵扣联　购货方扣税凭证

工程分包、转包发票开具方法

总承包人向建设方全额开具增值税专用发票，统一向建设方办理结算，分包人按分包金额向总承包人开具增值税专用发票，与总承包人结算分包工程款。

江南省增值税专用发票

发　票　联

3604093340　　　　　　　　　　　　No. 02502396

开票日期：2019 年 8 月 25 日

国税函[2001]873号北京印钞厂

购货单位	纳税人名称	庐州星源建筑工程公司	密码区	（略）
	纳税人识别号	91360403000055888A		
	地址、电话	庐州市庐城区青年路 8 号 0792－8120056		
	开户行及账号	建行庐州市支行青年路分理处 0212－598888		

货物或应税劳务、服务名称	规格型号	单位	数量	单价	金额	税率	税额
工程服务					5 000 000.00	9%	450 000.00
合计					5 000 000.00		450 000.00
价税合计（大写）	⊗伍佰肆拾伍万元整				（小写）￥5 450 000.00		

销货单位	纳税人名称	庐州好美装饰股份公司	备注
	纳税人识别号	91360403000055223A	
	地址、电话	庐州市庐城区青年路 15 号 0792－8239966	
	开户行及账号	建行庐州市支行青年路分理处 0212－112233	

收款人：　　复核：　　开票人：　　销货单位：（盖章）

第三联　发票联　购货方记账凭证

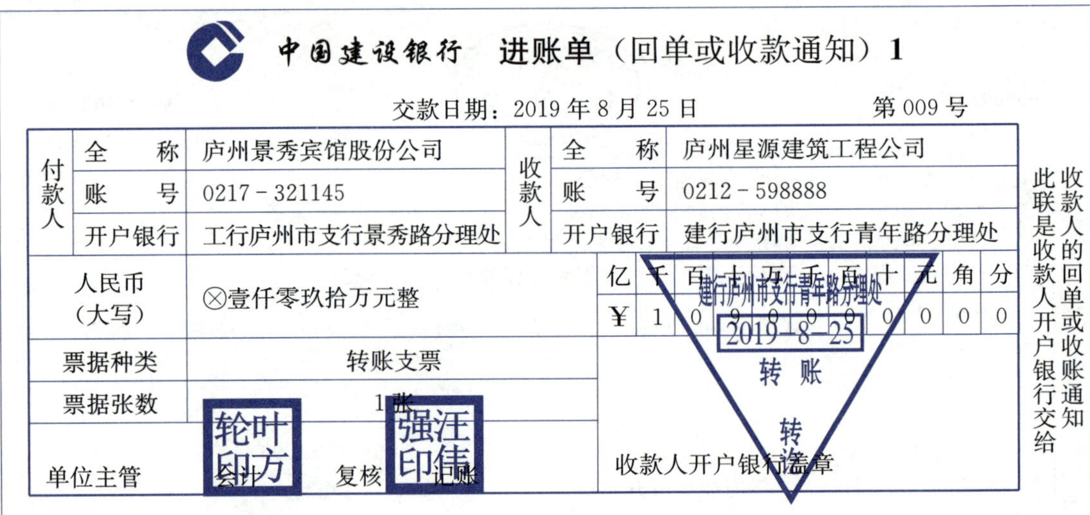

中国建设银行　进账单（回单或收款通知）1

交款日期：2019年8月25日　　第009号

付款人	全称	庐州景秀宾馆股份公司	收款人	全称	庐州星源建筑工程公司
	账号	0217－321145		账号	0212－598888
	开户银行	工行庐州市支行景秀路分理处		开户银行	建行庐州市支行青年路分理处
人民币（大写）	⊗壹仟零玖拾万元整			亿千百十万千百十元角分	￥1 0 9 0 0 0 0 0 0 0
票据种类	转账支票				
票据张数	1张			收款人开户银行盖章	
单位主管	会计	复核	记账		

此联是收款人开户银行交给收款人的回单或收账通知

建行庐州市支行青年路分理处 2019-8-25 转账 转讫

轮叶印方　强汪印佳

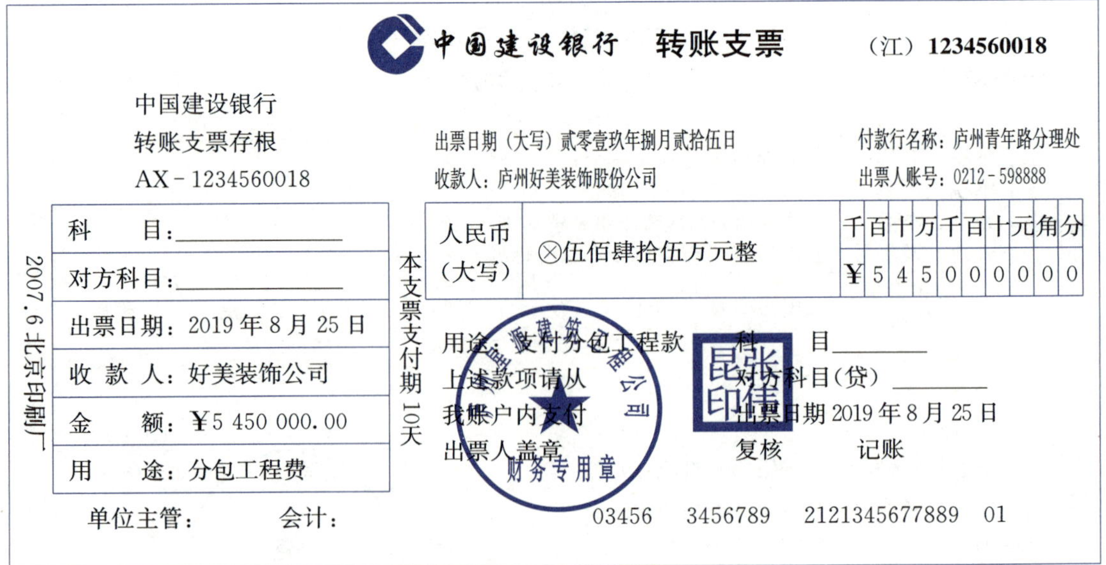

中国建设银行　转账支票　（江）1234560018

中国建设银行
转账支票存根
AX－1234560018

科目：	
对方科目：	
出票日期：2019年8月25日	
收款人：好美装饰公司	
金额：￥5 450 000.00	
用途：分包工程费	

单位主管：　会计：

2007.6北京印刷厂

本支票支付期10天

出票日期（大写）贰零壹玖年捌月贰拾伍日　付款行名称：庐州青年路分理处

收款人：庐州好美装饰股份公司　出票人账号：0212－598888

人民币（大写）	⊗伍佰肆拾伍万元整	千百十万千百十元角分
		￥5 4 5 0 0 0 0 0 0

用途：支付分包工程款　科目________
上述款项请从　对方科目（贷）________
我账户内支付　出票日期2019年8月25日
出票人盖章　复核　记账

财务专用章　昆张印佳

03456　3456789　2121345677889　01

建筑业增值税纳税申报

（1）纳税期限。建筑业小规模纳税人以1个季度为纳税期限，一般纳税人的纳税期限为1个月。纳税人以1个月或者1个季度为1个纳税期的，自期满之日起15日内申报纳税。

（2）发票认证。纳税人取得外购货物及劳务的专用发票抵扣联，需要办理发票认证才能抵扣进项税。纳税信用为A级、B级的纳税人可登录增值税发票查询平台查询、勾选确认增值税发票信息，申报抵扣进项税。

【业务9】 8月28日，公司支付供电公司建筑工地用电费1 130 000元，支付自来水公司建筑工地用水费5 450 000元，款项已通过银行转账支付，取得以下原始凭证。

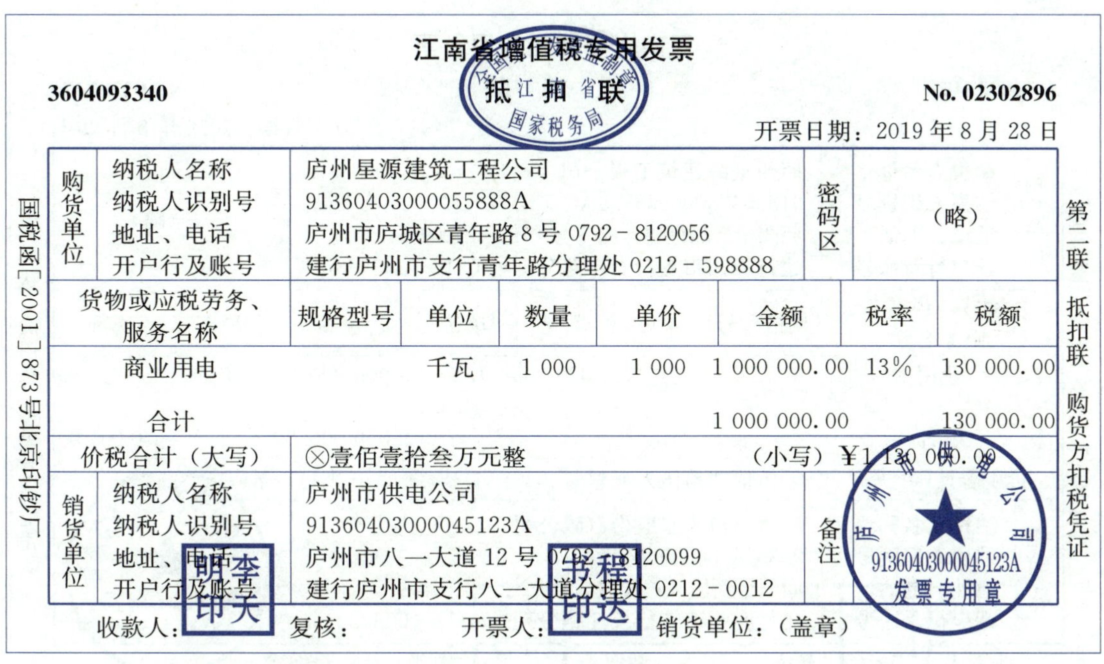

江南省增值税专用发票

抵　扣　联

3604093340　　　　　　　　　　　　　　　　No. 02302896

开票日期：2019 年 8 月 28 日

购货单位	纳税人名称 纳税人识别号 地址、电话 开户行及账号	庐州星源建筑工程公司 91360403000055888A 庐州市庐城区青年路 8 号 0792－8120056 建行庐州市支行青年路分理处 0212－598888				密码区	（略）
货物或应税劳务、服务名称	规格型号	单位	数量	单价	金额	税率	税额
商业用电		千瓦	1 000	1 000	1 000 000.00	13%	130 000.00
合计					1 000 000.00		130 000.00
价税合计（大写）	⊗壹佰壹拾叁万元整				（小写）¥1 130 000.00		
销货单位	纳税人名称 纳税人识别号 地址、电话 开户行及账号	庐州市供电公司 91360403000045123A 庐州市八一大道 12 号 0792－8120099 建行庐州市支行八一大道分理处 0212－0012				备注	

收款人：　　复核：　　开票人：　　销货单位：（盖章）

国税函［2001］873号北京印钞厂

第二联　抵扣联　购货方扣税凭证

建筑业增值税一般纳税人计税方法

计算公式为：

应纳税额＝当期销项税额－当期进项税额

销售额不含销项税，纳税人采用销售额和销项税合并定价的，按下列公式换算为不含税销售额：

应税销售额＝含税销售额÷（1＋税率）

江南省增值税专用发票

发　票　联

3604093340　　　　　　　　　　　　　　　　No. 02302896

开票日期：2019 年 8 月 28 日

购货单位	纳税人名称 纳税人识别号 地址、电话 开户行及账号	庐州星源建筑工程公司 91360403000055888A 庐州市庐城区青年路 8 号 0792－8120056 建行庐州市支行青年路分理处 0212－598888				密码区	（略）
货物或应税劳务、服务名称	规格型号	单位	数量	单价	金额	税率	税额
商业用电		千瓦	1 000	1 000	1 000 000.00	13%	130 000.00
合计					1 000 000.00		130 000.00
价税合计（大写）	⊗壹佰壹拾叁万元整				（小写）¥1 130 000.00		
销货单位	纳税人名称 纳税人识别号 地址、电话 开户行及账号	庐州市供电公司 91360403000045123A 庐州市八一大道 12 号 0792－8120099 建行庐州市支行八一大道分理处 0212－0012				备注	

收款人：　　复核：　　开票人：　　销货单位：（盖章）

国税函［2001］873号北京印钞厂

第三联　发票联　购货方记账凭证

江南省增值税专用发票

抵　扣　联

3604093340　　　　**No. 02302476**

开票日期：2019 年 8 月 28 日

购货单位	纳税人名称 纳税人识别号 地址、电话 开户行及账号	庐州星源建筑工程公司 91360403000055888A 庐州市庐城区青年路 8 号 0792－8120056 建行庐州市支行青年路分理处 0212－598888				密码区	（略）	
货物或应税劳务、服务名称		规格型号	单位	数量	单价	金额	税率	税额
商业用水			立方米	5 000 000	1.00	5 000 000.00	9%	450 000.00
合计						5 000 000.00		450 000.00
价税合计（大写）		⊗伍佰肆拾伍万元整				（小写）￥5 450 000.00		
销货单位	纳税人名称 纳税人识别号 地址、电话 开户行及账号	庐州市自来水股份有限公司 91360403000004455A 庐州市新城区长江路 5 号 0792－8150448 建行庐州市支行长江路分理处 0212－005222				备注		

收款人：　　复核：　　开票人：　　销货单位：（盖章）

国税函[2001]873号北京印钞厂

第二联　抵扣联　购货方扣税凭证

兼营销售适用税率确定

纳税人兼营不同税率或征收率的货物、劳务、服务或者不动产，应当分别核算适用不同税率或者征收率的销售额；未分别核算的，从高适用税率。

江南省增值税专用发票

发　票　联

3604093340　　　　**No. 02302476**

开票日期：2019 年 8 月 28 日

购货单位	纳税人名称 纳税人识别号 地址、电话 开户行及账号	庐州星源建筑工程公司 91360403000055888A 庐州市庐城区青年路 8 号 0792－8120056 建行庐州市支行青年路分理处 0212－598888				密码区	（略）	
货物或应税劳务、服务名称		规格型号	单位	数量	单价	金额	税率	税额
商业用水			立方米	5 000 000	1.00	5 000 000.00	9%	450 000.00
合计						5 000 000.00		450 000.00
价税合计（大写）		⊗伍佰肆拾伍万元整				（小写）￥5 450 000.00		
销货单位	纳税人名称 纳税人识别号 地址、电话 开户行及账号	庐州市自来水股份有限公司 91360403000004455A 庐州市新城区长江路 5 号 0792－8150448 建行庐州市支行长江路分理处 0212－005222				备注		

收款人：　　复核：　　开票人：　　销货单位：（盖章）

国税函[2001]873号北京印钞厂

第三联　发票联　购货方记账凭证

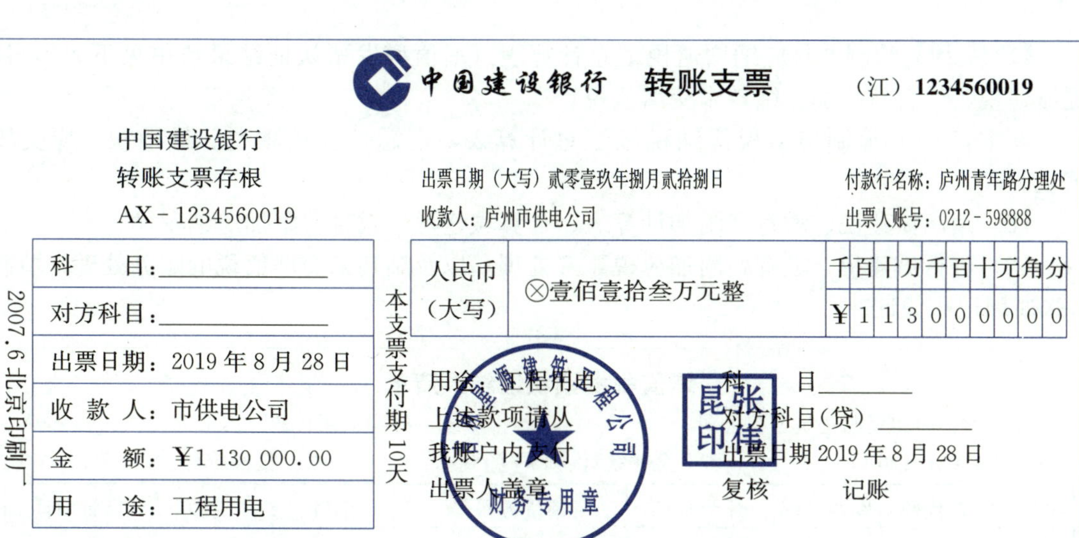

中国建设银行　转账支票　（江）1234560019

中国建设银行
转账支票存根
AX－1234560019

科　　目：
对方科目：
出票日期：2019 年 8 月 28 日
收 款 人：市供电公司
金　　额：￥1 130 000.00
用　　途：工程用电

单位主管：　　会计：

2007.6 北京印刷厂

本支票支付期 10天

出票日期（大写）贰零壹玖年捌月贰拾捌日　　付款行名称：庐州青年路分理处
收款人：庐州市供电公司　　出票人账号：0212－598888

人民币（大写）	⊗壹佰壹拾叁万元整	千	百	十	万	千	百	十	元	角	分
		￥	1	1	3	0	0	0	0	0	0

用途：工程用电　　科　　目
上述款项请从　　对方科目（贷）
我账户内支付　　出票日期 2019 年 8 月 28 日
出票人盖章　　复核　　记账

财务专用章　昆张印伟

03456　3456789　2121345677889　01

建筑业增值税小规模纳税人简易计税方法

应纳税额的计算公式为：

应纳税额＝不含税销售额×征收率

简易计税方法下的销售额不包括应纳税额，纳税人采用销售额和应纳税额合并定价方法的，按照下列公式计算销售额：

应税销售额＝含税销售额÷（1＋征收率）

建筑业增值税一般纳税人采用清包工方式承接建筑服务的，也可选用简易计税方法，但必须与其他业务分开核算。

中国建设银行　转账支票　（江）1234560019

中国建设银行
转账支票存根
AX－1234560019

科　　目：
对方科目：
出票日期：2019 年 8 月 28 日
收 款 人：自来水公司
金　　额：￥5 450 000.00
用　　途：工程用水

单位主管：　　会计：

2007.6 北京印刷厂

本支票支付期 10天

出票日期（大写）贰零壹玖年捌月贰拾捌日　　付款行名称：庐州青年路分理处
收款人：庐州自来水股份有限公司　　出票人账号：0212－598888

人民币（大写）	⊗伍佰肆拾伍万元整	千	百	十	万	千	百	十	元	角	分
		￥	5	4	5	0	0	0	0	0	0

用途：工程用水　　科　　目
上述款项请从　　对方科目（贷）
我账户内支付　　出票日期 2019 年 8 月 28 日
出票人盖章　　复核　　记账

财务专用章　昆张印伟

03456　3456789　2121345677889　01

【业务 10】 编制 8 月应纳增值税汇总计算表（增值税发票认证结果清单见下表），计提城建税、教育费附加，结转未交增值税。

要求：（1）编制增值税应纳税额汇总计算表，汇总计算销项税、进项税、应交增值税。

（2）编制城建税、教育费附加计算表，计算城建税、教育费附加应纳税额。

（3）进行城建税、教育费附加应税账务处理，以及结转未交增值税的账务处理，填制 2 张通用记账凭证。

增值税发票认证结果清单

企业名称：庐州星源建筑工程公司　　统一社会信用代码：91360403000055888A

发票份数统计：6 份　　金额统计：13 670 000.00　　税额统计：1 377 100.00

序号	发票代码	发票号码	开票日期	销货方税号	金额	税额	认证时间
1	3604093340	02402896	2019-8-15	91360403000034568A	2 000 000	260 000	2019-8-30
2	3604093340	02402126	2019-8-25	91360403000010892A	350 000	45 500	2019-8-30
3	3604093340	02401236	2019-8-25	91360403000001022A	320 000	41 600	2019-8-30
4	3604093340	02502396	2019-8-25	91360403000055223A	5 000 000	450 000	2019-8-30
5	3604093340	02302896	2019-8-28	91360403000045123A	1 000 000	130 000	2019-8-30
6	3604093340	02302476	2019-8-28	91360403000004455A	5 000 000	450 000	2019-8-30
	合计				13 670 000	1 377 100	
备注：假定经主管税务机关批准，进项税发票抵扣联可于项目完工销售开发产品后一次性扣除。							

徽州市开发区国家税务局
准 予 抵 扣
2018-8-30

【业务 11】 根据上述原始凭证及所填制的记账凭证，登记增值税、城建税、教育费附加等涉税账户，并进行账证核对。

要求：（1）登记“应交税费——应交增值税”“应交税费——应交增值税（销项税额）”“应交税费——应交增值税（进项税额）”二级及三级明细账户。

（2）登记“应交税费——应交城建税”“应交税费——应交教育费附加”二级明细账户，以及“税金及附加”一级账户。

【业务 12】 填制增值税纳税申报表及其附列资料，以及城建税、教育费附加纳税申报表，填制《电子缴库专用缴款书》。

要求：（1）填制增值税纳税申报表及其附列资料表一、表二。

（2）填制城建税纳税申报表和教育费附加申报表。

（3）按国税、地税分别填制《电子缴库专用缴款书》。

项目三

服务企业增值税会计核算与纳税申报实训

【实训目的】 通过本项目的实训操作，学生应熟练掌握服务业增值税应税计算、涉税账务处理、纳税申报资料填报的基本技能，为从事服务业增值税办税业务奠定良好的技能基础，实现毕业即可就业的目标。

【实训内容】 本项目的实训内容主要包括酒店住宿、出租、娱乐、广告等业务，以及交通运输企业的货物运输、运输辅助等业务的增值税、城建税、教育费附加的应税计算、涉税账务处理、涉税账户录入、纳税申报表的填制与报送等。

【实训方法】 以企业常见经济业务为基础，以仿真发票和税收票证为素材，结合税收实体法、《企业会计准则》，在实训教师的指导下，由学生自己动手进行操作，在操作中深化学习，在学习中不断提高。

【实训要求】 实训前要充分学习增值税、城建税等税收实体法和《企业会计准则》的相关规定，准备好操作用的通用记账凭证，以及相关涉税账页、纳税申报表；实训时务必自己动手，认真、仔细，按照业务流程有序操作。

实训一　旅游服务企业增值税会计核算与纳税申报

服务行业属于第三产业，具有涉及面广、企业类型多、税源分散的特点。服务企业与广大城镇居民日常生活密切相关。

一、企业基本资料

庐州长江集团股份有限公司，于2002年8月8日经庐州市工商行政管理局注册登记成立，同年8月15日办理开业税务登记。经主管税务机关核定，该公司为增值税一般纳税人，按月办理纳税申报。公司的基本资料如下：

(1) 公司注册类型：股份有限公司；统一社会信用代码：91360403000055555A；计算机管理代码：00445566；法定代表人：张明明；财务负责人：盛大明；办税员：林淋；公司电话：0792－8556677。

(2) 公司注册地址：庐州市庐城区滨湖路105号；经营范围：宾馆、饮食、住宿、旅游、出租车经营、歌舞厅、服务性商品销售等；开户银行：中国工商银行庐州市支行滨湖路分理处；账号：0216－34555；网银缴税专用账号：0216－34666。

(3) 国税主管机关：庐州市庐城区国家税务局；组织机构代码：00542233；办税服务厅经办人：陈小明；负责人：张成荣；办公电话：0792－8126677。地税主管机关：庐州市庐城区地方税务局；组织机构代码：00552211；办税服务厅经办人：陈菊；负责人：王成荣；办公电话：0792－8128892。

二、涉税业务资料

庐州长江集团股份有限公司下设长江大酒店、长江歌舞厅、长江旅行社、长江广告服务公司、长江出租车公司等分支机构。假定该公司统一核算、统一办理纳税申报。该公司2019年9月的主要涉税业务如下。

【业务1】 9月8日，公司所属旅行社组团到外省旅游，收取华胜服装厂团体旅游费848 000元。旅游期间，公司支付住宿费、车船费、餐饮费合计425 500元，其中375 500元通过银行转账支付，剩余部分用现金支付。取得下列原始凭证。

要求：进行收费、代付、收入的账务处理，填制5张通用记账凭证。

江南省增值税专用发票

全国统一发票监制章 江南省 国家税务局

3602083530　　　　记　账　联　　　　No. 02482002

此联不作报销、扣税凭证使用　　开票日期：2019年9月8日

购货单位	纳税人名称 纳税人识别号 地址、电话 开户行及账号	庐州华胜服装厂 91360403000011111A 庐州市庐城区三里街15号 0792－8551212 工行庐州市支行三里街分理处 0214－33896				密码区	（略）
货物或应税劳务、服务名称	规格型号	单位	数量	单价	金额	税率	税额
旅游服务		人	100	8 000.00	800 000.00	6%	48 000.00
合计					800 000.00		48 000.00
价税合计（大写）	⊗捌拾肆万捌仟元整				（小写）￥848 000.00		
销货单位	纳税人名称 纳税人识别号 地址、电话 开户行及账号	庐州长江集团股份有限公司 91360403000055555A 庐州市庐城区滨湖路105号 0792－8556677 工行庐州市支行滨湖路分理处 0216－34555				备注	庐州长江集团股份有限公司 91360403000055555A 发票专用章

收款人：印黄辉　　复核：　　开票人：印黄明　　销货单位：（盖章）

国税函[2001]873号北京印钞厂

第一联 记账联 销货方记账凭证

旅游途中代旅客支付相关费用汇总表

2019 年 9 月 8 日

代付费用项目	所附票据	金额	备注
车船费	1 张	163 500.00	增值税专用发票
住宿费	1 张	212 000.00	增值税专用发票
餐饮费	5 张	50 000.00	定额发票（略）
合计		￥425 500.00	
合计人民币（大写）⊗肆拾贰万伍仟伍佰元整			

附单据 7 张

财务主管：　　制表：　　审核：

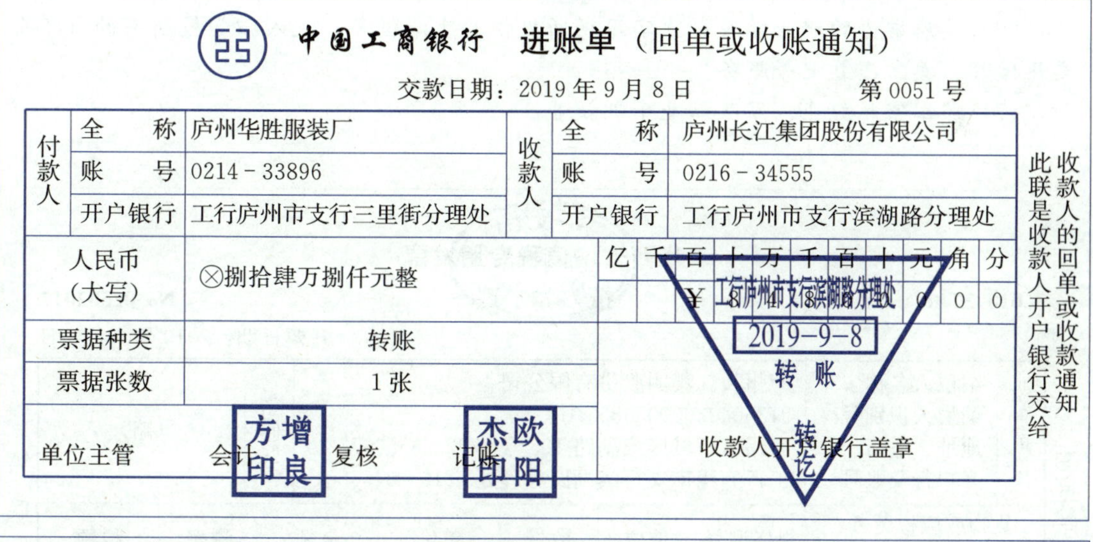

中国工商银行　进账单（回单或收账通知）

交款日期：2019 年 9 月 8 日　　第 0051 号

付款人		收款人	
全　称	庐州华胜服装厂	全　称	庐州长江集团股份有限公司
账　号	0214－33896	账　号	0216－34555
开户银行	工行庐州市支行三里街分理处	开户银行	工行庐州市支行滨湖路分理处

人民币（大写）	⊗捌拾肆万捌仟元整	亿	千	百	十	万	千	百	十	元	角	分
				¥	8	4	8	0	0	0	0	0
票据种类	转账											
票据张数	1 张											

单位主管　会计　复核　记账　　收款人开户银行盖章

此联是收款人开户银行交给收款人的回单或收款通知

付款期限 壹个月

中国工商银行

银　行　汇　票　　2　地名 BA 01　0034150251

出票日期（大写）	贰零壹玖年玖月捌日	代理付款行：工行大理市支行朝阳路分理处　行号：0612	
收款人：高原省大理五丰宾馆		账号：0612－2311	
出票金额	人民币（大写） ⊗贰拾壹万贰仟元整		212 000.00
申请人：庐州长江集团股份有限公司		账号：0216－34555	
出票行：工行庐州市支行滨湖路分理处　行号：0216		密押：	科目（借）
备注：		多余金额	对方科目
凭票付款		十万千百十元角分	兑付日期：2019 年 9 月 8 日
出票行签章		0 0 0 0 0 0 0 0	复核　记账

第一联　存根　付款方记账传票

生活服务业增值税免税项目

(1) 托儿所、幼儿园提供的保育和教育服务,从事学历教育的学校提供的教育服务,学生勤工俭学提供的服务。

(2) 养老机构提供的养老服务,残疾人福利机构提供的育养服务,残疾人员本人为社会提供的服务,医疗机构提供的医疗服务。

(3) 福利彩票、体育彩票发行收入,婚姻介绍服务,殡葬服务,家政服务人员提供的家政服务。

(4) 寺院、道观、教堂举办文化、宗教活动的门票收入,纪念馆、博物馆、文化馆、文物保护单位管理的机构、美术馆、展览馆、书画院、图书馆在自己场所提供文化体育服务的第一道门票收入。

(5) 生活服务企业为政府代收的政府性基金和行政企业性收费。

(6) 政府举办的职业学校设立实习场所提供的生活服务,收入归学校所有的(不含文化体育、桑拿、氧吧等服务)。

(7) 随军家属就业、军队转业干部就业。

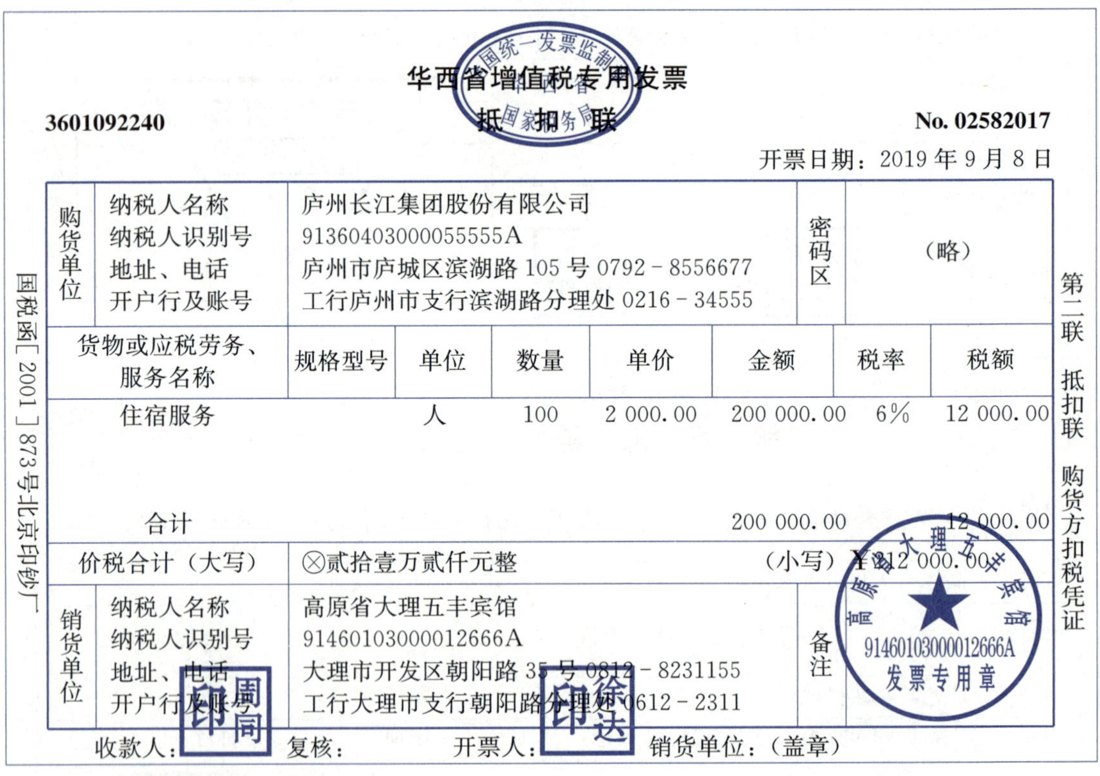

华西省增值税专用发票

抵扣联

3601092240　　No. 02582017

开票日期:2019 年 9 月 8 日

购货单位	纳税人名称 纳税人识别号 地址、电话 开户行及账号	庐州长江集团股份有限公司 913604030000555555A 庐州市庐城区滨湖路 105 号 0792-8556677 工行庐州市支行滨湖路分理处 0216-34555			密码区	(略)	
货物或应税劳务、服务名称		规格型号	单位	数量	单价	金额	税率	税额
住宿服务			人	100	2 000.00	200 000.00	6%	12 000.00
合计						200 000.00		12 000.00
价税合计(大写)		⊗贰拾壹万贰仟元整				(小写)¥212 000.00		
销货单位	纳税人名称 纳税人识别号 地址、电话 开户行及账号	高原省大理五丰宾馆 91460103000012666A 大理市开发区朝阳路 35 号 0812-8231155 工行大理市支行朝阳路分理处 0612-2311			备注		

收款人:　复核:　开票人:　销货单位:(盖章)

第二联 抵扣联 购货方扣税凭证

国税函[2001]873号北京印钞厂

生活服务企业的进项税和销项税

(1) 进项税为购进货物、加工修理服务、无形资产或不动产的进项税。

(2) 销项税为全部价款和价外费用(不含以委托方名义开票的代收款项)的销项税。

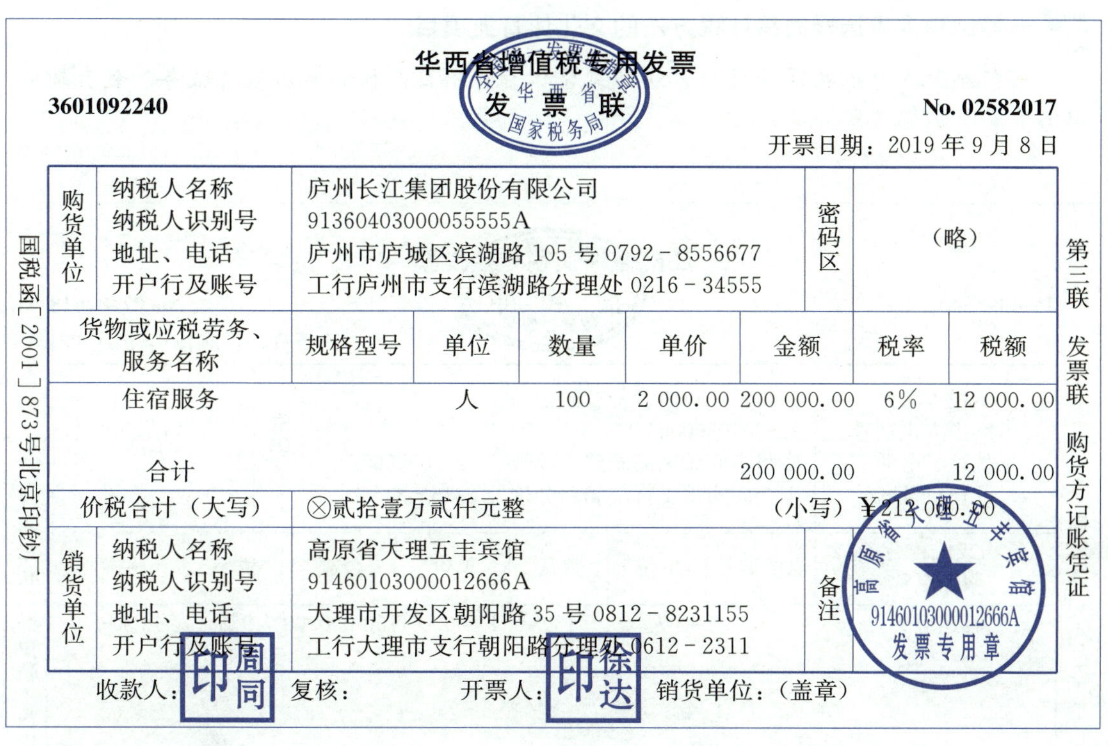

华西省增值税专用发票

发票联

3601092240 No. 02582017

开票日期：2019 年 9 月 8 日

购货单位	纳税人名称 纳税人识别号 地址、电话 开户行及账号	庐州长江集团股份有限公司 91360403000055555A 庐州市庐城区滨湖路 105 号 0792－8556677 工行庐州市支行滨湖路分理处 0216－34555			密码区	（略）	
货物或应税劳务、服务名称	规格型号	单位	数量	单价	金额	税率	税额
住宿服务		人	100	2 000.00	200 000.00	6%	12 000.00
合计					200 000.00		12 000.00
价税合计（大写）	⊗贰拾壹万贰仟元整				（小写）￥212 000.00		
销货单位	纳税人名称 纳税人识别号 地址、电话 开户行及账号	高原省大理五丰宾馆 91460103000012666A 大理市开发区朝阳路 35 号 0812－8231155 工行大理市支行朝阳路分理处 0612－2311			备注		

收款人：周同 复核： 开票人：徐达 销货单位：（盖章）

第三联 发票联 购货方记账凭证

国税函[2001]873号北京印钞厂

组团旅游差额征税的账务处理

（1）收取团体旅游费时，借记“银行存款”或“库存现金”科目，贷记“主营业务收入”“应交税费——应交增值税（销项税额）”科目。

（2）支付代付费用或异地接团费用时，借记“主营业务成本”“应交税费——应交增值税（销项税额抵减）”科目，贷记“银行存款”或“库存现金”科目。

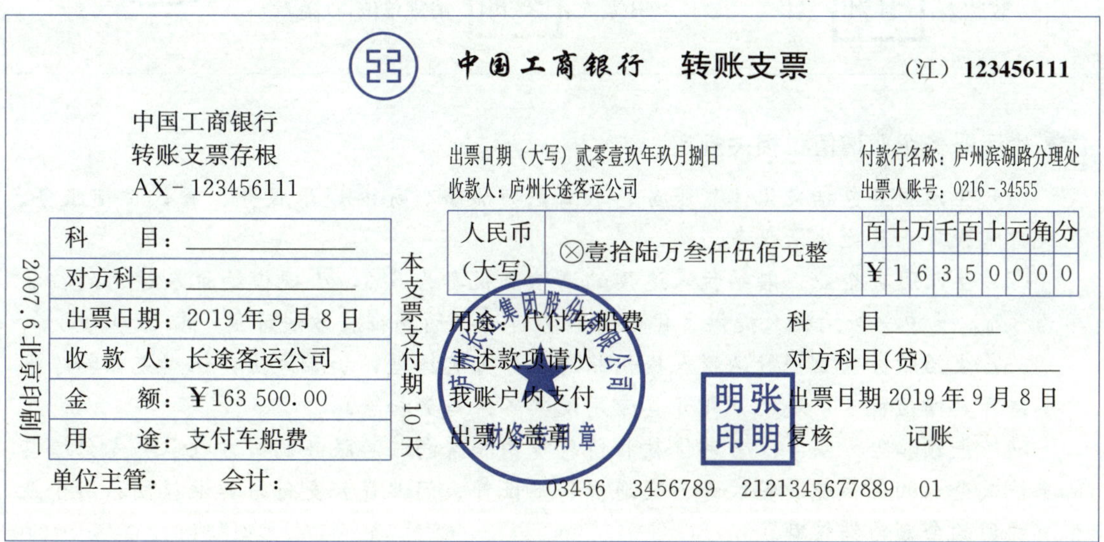

中国工商银行 转账支票 （江）123456111

中国工商银行
转账支票存根
AX－123456111

科目：	
对方科目：	
出票日期：	2019 年 9 月 8 日
收款人：	长途客运公司
金额：	￥163 500.00
用途：	支付车船费

单位主管： 会计：

2007.6 北京印刷厂

本支票支付期 10 天

出票日期（大写）贰零壹玖年玖月捌日 付款行名称：庐州滨湖路分理处

收款人：庐州长途客运公司 出票人账号：0216－34555

人民币（大写）	⊗壹拾陆万叁仟伍佰元整	百	十	万	千	百	十	元	角	分
		￥	1	6	3	5	0	0	0	0

用途：代付车船费 科目

上述款项请从 对方科目（贷）

我账户内支付 出票日期 2019 年 9 月 8 日

出票人签章 复核 记账

03456 3456789 2121345677889 01

一般纳税人可选择简易计税方法的文化体育业项目

一般纳税人可选择简易计税方法的文化体育业项目包括非学历教育服务和教育辅助服务。

江南省增值税专用发票

抵扣联

3604093540　　　　No. 02482018

开票日期：2019 年 9 月 8 日

购货单位	纳税人名称 纳税人识别号 地址、电话 开户行及账号	庐州长江集团股份有限公司 91360403000055555A 庐州市庐城区滨湖路 105 号 0792－8556677 工行庐州市支行滨湖路分理处 0216－34555				密码区	（略）
货物或应税劳务、服务名称	规格型号	单位	数量	单价	金额	税率	税额
客运服务		人	100	1 500.00	150 000.00	9%	13 500.00
合计					150 000.00		13 500.00
价税合计（大写）	⊗壹拾陆万叁仟伍佰元整				（小写）￥163 500.00		
销货单位	纳税人名称 纳税人识别号 地址、电话 开户行及账号	庐州长途客运公司 91360403000012223A 庐州市开发区南海路 10 号 0792－8230045 工行庐州市支行南海路分理处 0211－002356				备注	庐州长途客运公司 91360403000012223A 发票专用章

收款人：白沙印　复核：　开票人：傅明印　销货单位：（盖章）

国税函［2001］873号北京印钞厂

第二联 抵扣联 购货方扣税凭证

全国统一发票监制章 江南省国家税务局

生活服务企业增值税相关规定

（1）生活服务包括文化体育服务、教育医疗服务、旅游娱乐服务、餐饮住宿服务、居民日常服务和其他生活服务。

（2）生活服务企业一般纳税人适用的增值税税率为 6%，小规模纳税人适用的征收率为 3%，其中一般纳税人提供文化体育服务可选择简易征收方法计税，征收率为 3%。

（3）生活服务企业一般纳税人提供旅游服务可选择差额扣除方法，但对差额扣除部分不得开具增值税专用发票（即开具专用发票不得差额扣除）。

（4）差额扣除方法：以全部价款和价外费用扣除向旅游服务购买方收取并支付给其他单位或个人的住宿费、餐饮费、交通费、签证费、门票费和支付给其他接团旅游企业旅游费用的余额为销售额。

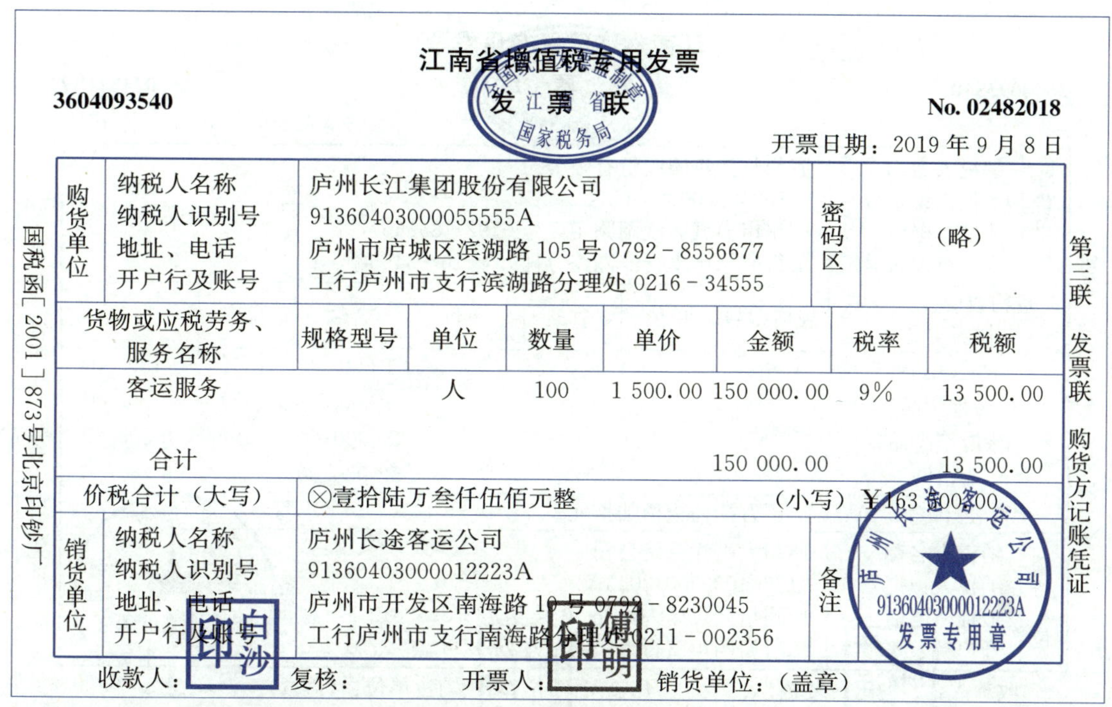

江南省增值税专用发票

发　票　联

3604093540　　　　　　　　　　No. 02482018

开票日期：2019 年 9 月 8 日

购货单位	纳税人名称 纳税人识别号 地址、电话 开户行及账号	庐州长江集团股份有限公司 91360403000055555A 庐州市庐城区滨湖路 105 号 0792－8556677 工行庐州市支行滨湖路分理处 0216－34555				密码区	（略）
货物或应税劳务、服务名称	规格型号	单位	数量	单价	金额	税率	税额
客运服务		人	100	1 500.00	150 000.00	9%	13 500.00
合计					150 000.00		13 500.00
价税合计（大写）	⊗壹拾陆万叁仟伍佰元整				（小写）￥163 500.00		
销货单位	纳税人名称 纳税人识别号 地址、电话 开户行及账号	庐州长途客运公司 91360403000012223A 庐州市开发区南海路 10 号 0792－8230045 工行庐州市支行南海路分理处 0211－002356				备注	91360403000012223A 发票专用章

收款人：白沙　复核：　开票人：傅明　销货单位：（盖章）

国税函［2001］873号北京印钞厂

第三联　发票联　购货方记账凭证

【业务 2】 9 月 10 日，公司所属旅行社购买办公用品合计 58 760 元，款项已通过银行转账支付，取得以下原始凭证。

要求：进行购买办公用品的账务处理，填制 1 张通用记账凭证。

江南省增值税专用发票

抵　扣　联

3604093540　　　　　　　　　　No. 02482189

开票日期：2019 年 9 月 10 日

购货单位	纳税人名称 纳税人识别号 地址、电话 开户行及账号	庐州长江集团股份有限公司 91360403000055555A 庐州市庐城区滨湖路 105 号 0792－8556677 工行庐州市支行滨湖路分理处 0216－34555				密码区	（略）
货物或应税劳务、服务名称	规格型号	单位	数量	单价	金额	税率	税额
办公用品					1 000.00	13%	130.00
劳保用品					1 000.00	13%	130.00
旅游纪念品					50 000.00	13%	6 500.00
合计					52 000.00		6 760.00
价税合计（大写）	⊗伍万捌仟柒佰陆拾元整				（小写）￥58 760.00		
销货单位	纳税人名称 纳税人识别号 地址、电话 开户行及账号	庐州太平洋百货公司 91360403000012003A 庐州市开发区人民路 10 号 0792－8230012 工行庐州市支行人民路分理处 0211－002301				备注	91360403000012003A 发票专用章

收款人：林海　复核：　开票人：杨淘　销货单位：（盖章）

国税函［2001］873号北京印钞厂

第二联　抵扣联　购货方扣税凭证

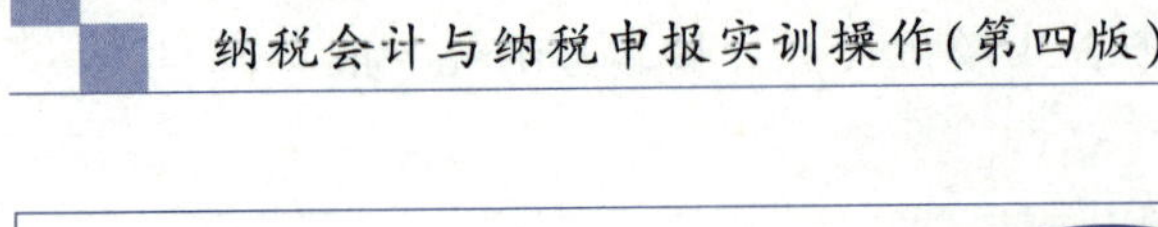

江南省增值税专用发票

发 票 联

3604093540　　　　　　　　　　　　No. 02482189

开票日期：2019 年 9 月 10 日

国税函[2001]873号北京印钞厂

购货单位	纳税人名称：庐州长江集团股份有限公司 纳税人识别号：913604030000555555A 地址、电话：庐州市庐城区滨湖路 105 号 0792－8556677 开户行及账号：工行庐州市支行滨湖路分理处 0216－34555					密码区	（略）
货物或应税劳务、服务名称	规格型号	单位	数量	单价	金额	税率	税额
办公用品					1 000.00	13%	130.00
劳保用品					1 000.00	13%	130.00
旅游纪念品					50 000.00	13%	6 500.00
合计					52 000.00		6 760.00
价税合计（大写）	⊗伍万捌仟柒佰陆拾元整				（小写）￥58 760.00		
销货单位	纳税人名称：庐州太平洋百货公司 纳税人识别号：91360403000012003A 地址、电话：庐州市开发区人民路 10 号 0792－8230012 开户行及账号：工行庐州市支行人民路分理处 0211－002301					备注	

收款人：林海　　复核：　　开票人：扬淘　　销货单位：（盖章）

第三联 发票联 购货方记账凭证

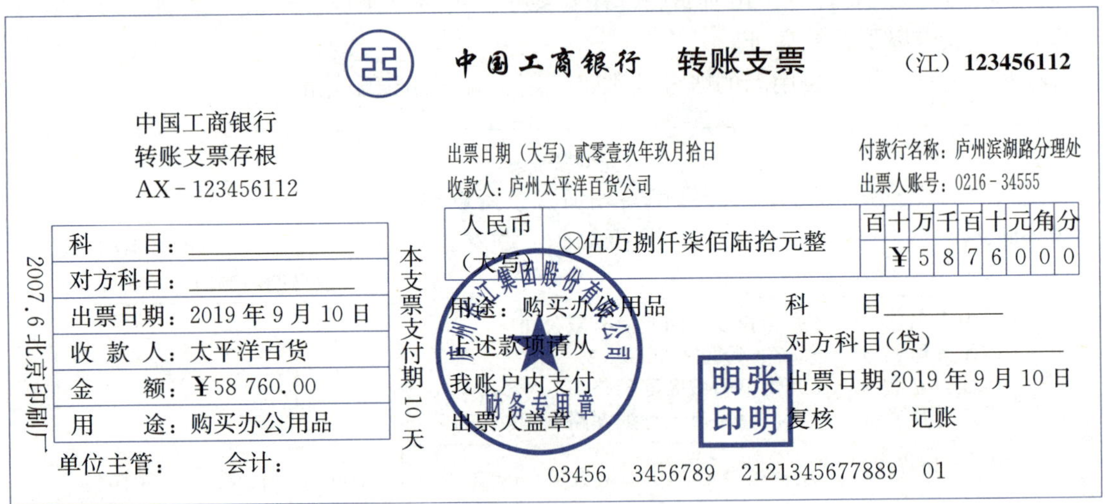

中国工商银行　转账支票　　（江）123456112

中国工商银行
转账支票存根
AX－123456112

科　　目：
对方科目：
出票日期：2019 年 9 月 10 日
收 款 人：太平洋百货
金　　额：￥58 760.00
用　　途：购买办公用品

单位主管：　　会计：

2007.6 北京印刷厂

本支票支付期 10 天

出票日期（大写）贰零壹玖年玖月拾日　　付款行名称：庐州滨湖路分理处
收款人：庐州太平洋百货公司　　出票人账号：0216－34555

人民币（大写）	⊗伍万捌仟柒佰陆拾元整	百	十	万	千	百	十	元	角	分
			￥	5	8	7	6	0	0	0

用途：购买办公用品　　科　　目
上述款项请从　　对方科目（贷）
我账户内支付　　出票日期 2019 年 9 月 10 日
出票人盖章　　复核　　记账

03456　3456789　2121345677889　01

开具增值税发票应注意的问题

（1）购货方或劳务消费者如果不需要抵扣进项税，货物或劳务的提供方不能开具增值税专用发票，只能开具增值税普通发票。

（2）酒店、旅游劳务的消费者主要是个人，与企业生产经营无关，所以一般只开具增值税普通发票。

【业务 3】 9 月，公司所属歌舞厅累计取得收入 157 000 元，分两次报账，取得以下原始凭证。

要求：进行娱乐业务的应税账务处理，填制 2 张通用记账凭证。

长江歌舞厅收入汇总表

2019 年 9 月 15 日

收入项目	金额	说明
门票收入	50 000.00	附收费明细表、每日收入统计表、相关发票记账联 128 张
烟酒饮料费收入	8 000.00	
点歌费收入	20 000.00	
会员费收入	5 000.00	
台位费收入	2 000.00	
其他收入	1 000.00	
合计人民币（大写）⊗捌万陆仟元整		￥86 000.00

负责人：印李季　　核算员：印王勤　　经手

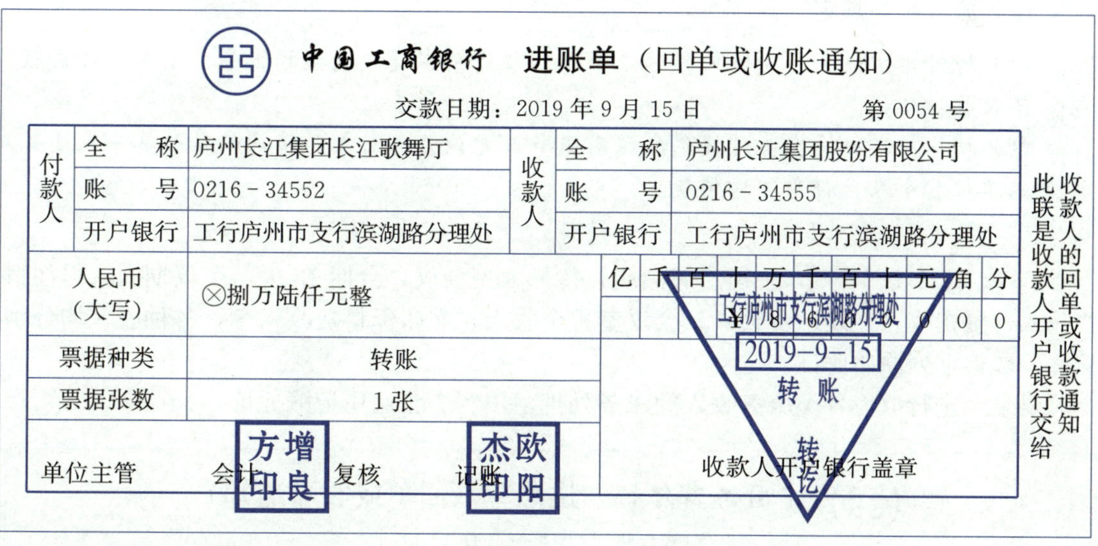

中国工商银行　进账单（回单或收账通知）

交款日期：2019 年 9 月 15 日　　第 0054 号

付款人	全称	庐州长江集团长江歌舞厅	收款人	全称	庐州长江集团股份有限公司
	账号	0216－34552		账号	0216－34555
	开户银行	工行庐州市支行滨湖路分理处		开户银行	工行庐州市支行滨湖路分理处
人民币（大写）	⊗捌万陆仟元整			亿千百十万千百十元角分	￥8 6 0 0 0 0 0
票据种类	转账				
票据张数	1张				
单位主管　会计 印方增良　复核　记账 印欧阳杰				收款人开户银行盖章	

此联是收款人开户银行交给收款人的回单或收款通知

长江歌舞厅收入汇总表

2019 年 9 月 30 日

收入项目	金额	说明
门票收入	45 000.00	附收费明细表、每日收入统计表、相关发票记账联 155 张
烟酒饮料费收入	5 000.00	
点歌费收入	12 000.00	
会员费收入	5 000.00	
台位费收入	3 000.00	
其他收入	1 000.00	
合计人民币（大写）⊗柒万壹仟元整		￥71 000.00

负责人：印李季　　核算员：印王勤　　经手

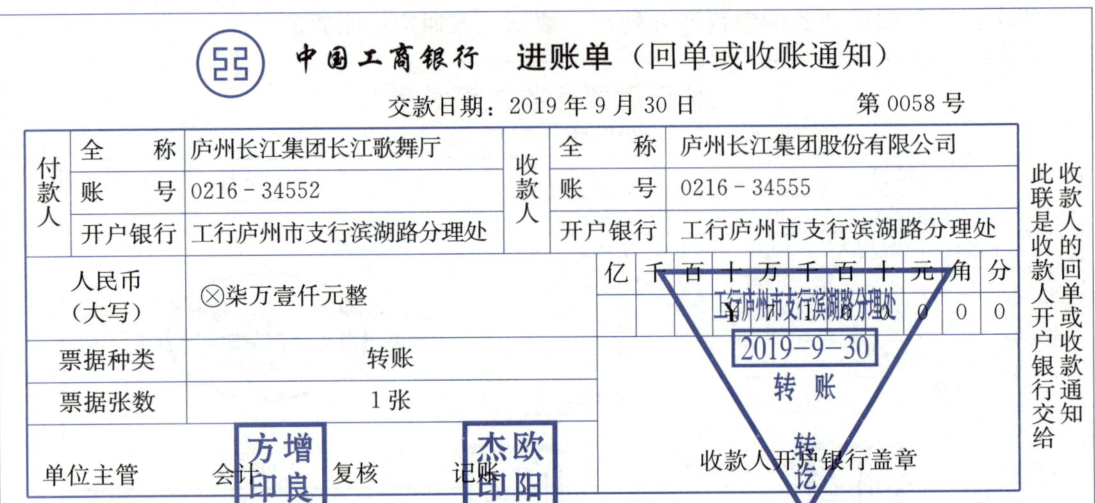

中国工商银行　进账单（回单或收账通知）

交款日期：2019 年 9 月 30 日　　　　第 0058 号

付款人			收款人		
付款人	全　称	庐州长江集团长江歌舞厅	收款人	全　称	庐州长江集团股份有限公司
	账　号	0216－34552		账　号	0216－34555
	开户银行	工行庐州市支行滨湖路分理处		开户银行	工行庐州市支行滨湖路分理处

人民币（大写）		亿	千	百	十	万	千	百	十	元	角	分
	⊗柒万壹仟元整				¥	7	1	0	0	0	0	0
票据种类	转账											
票据张数	1 张											

单位主管　　会计 方增印良　　复核　　记账 杰欧印阳　　　收款人开户银行盖章

工行庐州市支行滨湖路分理处 2019-9-30 转账 转讫

此联是收款人开户银行交给收款人的回单或收款通知

> **境外旅游服务规定**
>
> （1）境外单位或个人向境内单位或个人销售完全在境外发生的服务，不属于境内服务，不征收增值税。
>
> （2）境内旅游公司在境外提供的旅游服务，无论服务对象是境内的单位和个人还是境外的单位和个人，都免征增值税。

【业务 4】 9 月 13 日，公司所属酒店接待一大型会议，会期 12 天，会议期间取得住宿费收入、餐费收入、娱乐费收入、会议室租金收入、文印资料费收入等，各种收入均分别核算，取得下列原始凭证。

要求：进行取得各类服务收入的账务处理，填制 1 张通用记账凭证。

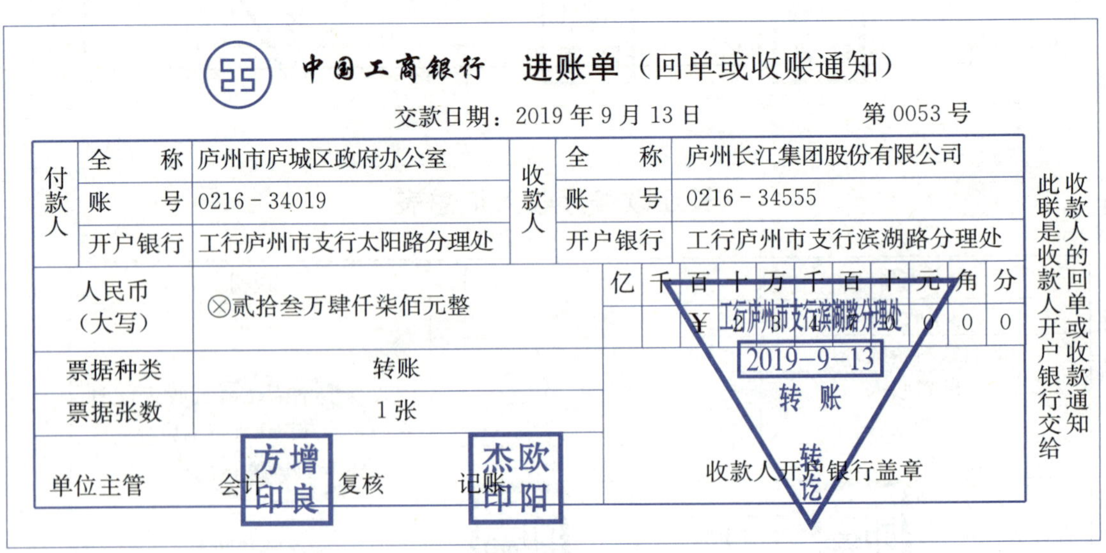

中国工商银行　进账单（回单或收账通知）

交款日期：2019 年 9 月 13 日　　　　第 0053 号

付款人			收款人		
付款人	全　称	庐州市庐城区政府办公室	收款人	全　称	庐州长江集团股份有限公司
	账　号	0216－34019		账　号	0216－34555
	开户银行	工行庐州市支行太阳路分理处		开户银行	工行庐州市支行滨湖路分理处

人民币（大写）		亿	千	百	十	万	千	百	十	元	角	分
	⊗贰拾叁万肆仟柒佰元整			¥	2	3	4	7	0	0	0	0
票据种类	转账											
票据张数	1 张											

单位主管　　会计 方增印良　　复核　　记账 杰欧印阳　　　收款人开户银行盖章

工行庐州市支行滨湖路分理处 2019-9-13 转账 转讫

此联是收款人开户银行交给收款人的回单或收款通知

江南省增值税普通发票

3602083530　　　　**记账联**　　　　No. 02482003

此联不作报销、扣税凭证使用　　开票日期：2019年9月13日

购货单位	纳税人名称 纳税人识别号 地址、电话 开户行及账号	庐州市新城区政府办公室 20360403000050023 庐州市庐城区太阳路35号 0792－8120056 工行庐州市支行太阳路分理处 0216－34019				密码区	（略）
货物或应税劳务、服务名称	规格型号	单位	数量	单价	金额	税率	税额
住宿服务					100 000.00	6%	6 000.00
餐饮服务					50 000.00	6%	3 000.00
合计					150 000.00		9 000.00
价税合计（大写）	⊗壹拾伍万玖仟元整				（小写）￥159 000.00		
销货单位	纳税人名称 纳税人识别号 地址、电话 开户行及账号	庐州长江集团股份有限公司 91360403000055555A 庐州市庐城区滨湖路105号 0792－8556677 工行庐州市支行滨湖路分理处 0216－34555				备注	庐州长江集团股份有限公司 91360403000055555A 发票专用章

收款人：黄辉印　　复核：　　开票人：黄明印　　销货单位：（盖章）

国税函［2001］873号北京印钞厂　　第一联　记账联　销货方记账凭证

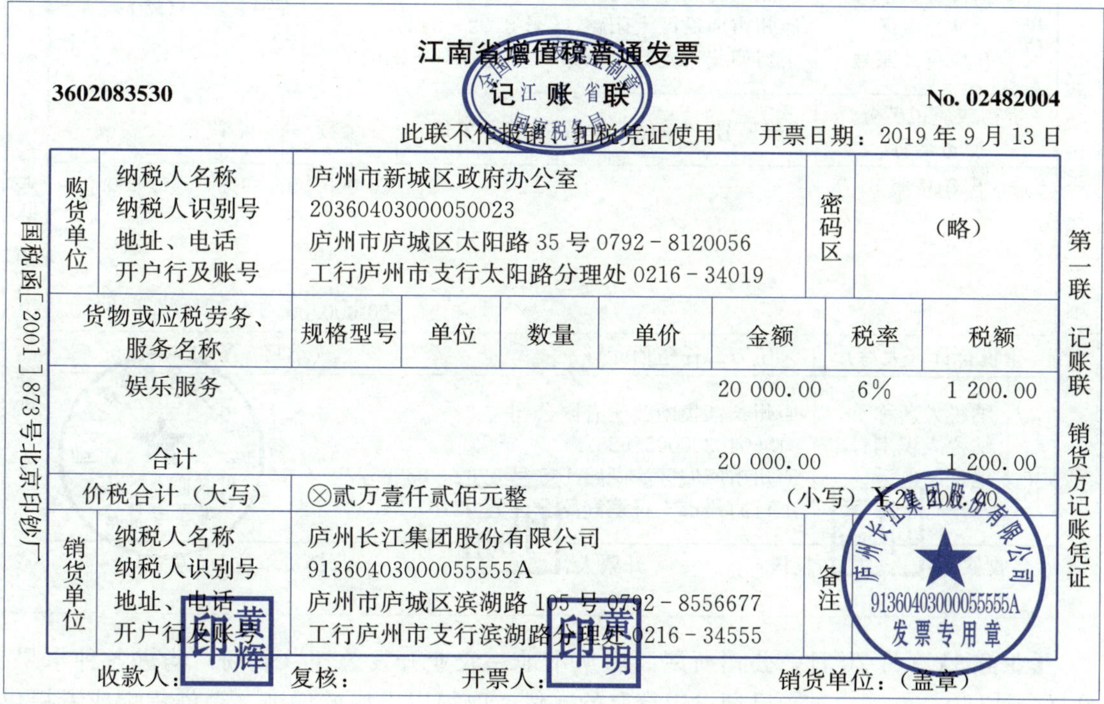

江南省增值税普通发票

3602083530　　　　**记账联**　　　　No. 02482004

此联不作报销、扣税凭证使用　　开票日期：2019年9月13日

购货单位	纳税人名称 纳税人识别号 地址、电话 开户行及账号	庐州市新城区政府办公室 20360403000050023 庐州市庐城区太阳路35号 0792－8120056 工行庐州市支行太阳路分理处 0216－34019				密码区	（略）
货物或应税劳务、服务名称	规格型号	单位	数量	单价	金额	税率	税额
娱乐服务					20 000.00	6%	1 200.00
合计					20 000.00		1 200.00
价税合计（大写）	⊗贰万壹仟贰佰元整				（小写）￥21 200.00		
销货单位	纳税人名称 纳税人识别号 地址、电话 开户行及账号	庐州长江集团股份有限公司 91360403000055555A 庐州市庐城区滨湖路105号 0792－8556677 工行庐州市支行滨湖路分理处 0216－34555				备注	庐州长江集团股份有限公司 91360403000055555A 发票专用章

收款人：黄辉印　　复核：　　开票人：黄明印　　销货单位：（盖章）

国税函［2001］873号北京印钞厂　　第一联　记账联　销货方记账凭证

娱乐服务界定

娱乐服务界定采用项目列举法。未列举的不属于娱乐服务，体育彩票发行、音乐茶座属于其他生活服务。

"营改增"后，酒店业进项税抵扣项目范围

(1)"营改增"后，酒店业发生下列费用，如果取得合法抵扣凭证可以抵扣进项税：办公用品、低耗和电子耗材、广告费、修理费、水电费、租赁费、会议费、差旅费（不含车费和餐费）、过路费和租车费、培训费（包括培训住宿费）等。

(2)下列费用不得抵扣进项税：业务招待费、餐费、用于福利而购买的商品等。

(3)汇总开具增值税专用发票，必须同时取得防伪税控系统开具的《销售货物或者提供应税劳务清单》，否则不可以抵扣进项税。例如办公用品、低耗等，开具"货物一批"的专用发票，如果没有清单是不可以抵扣的，这点需要特别注意。

江南省增值税普通发票

3602083530　　**记账联**　　No. 02482005

此联不作报销、扣税凭证使用　　开票日期：2019年9月13日

购货单位	纳税人名称：庐州市新城区政府办公室 纳税人识别号：20360403000050023 地址、电话：庐州市庐城区太阳路35号 0792－8120056 开户行及账号：工行庐州市支行太阳路分理处 0216－34019				密码区	（略）	
货物或应税劳务、服务名称	规格型号	单位	数量	单价	金额	税率	税额
房屋租赁服务					50 000.00	9%	4 500.00
合计					50 000.00		4 500.00
价税合计（大写）	⊗伍万肆仟伍佰元整				（小写）¥54 500.00		
销货单位	纳税人名称：庐州长江集团股份有限公司 纳税人识别号：91360403000055555A 地址、电话：庐州市庐城区滨湖路105号 0792－8556677 开户行及账号：工行庐州市支行滨湖路分理处 0216－34555				备注	庐州长江集团股份有限公司 91360403000055555A 发票专用章	

收款人：黄辉印　　复核：　　开票人：黄明印　　销货单位：（盖章）

国税函[2001]873号北京印钞厂

第一联 记账联 销货方记账凭证

【业务5】 9月20日，公司所属酒店从本地一农业开发公司（农场）购进各种水果、食材合计120 000元，款项已通过银行存款支付，取得以下原始凭证（销售货物或者提供应税劳务清单略）。

要求：进行购进农产品的账务处理，填制1张通用记账凭证。

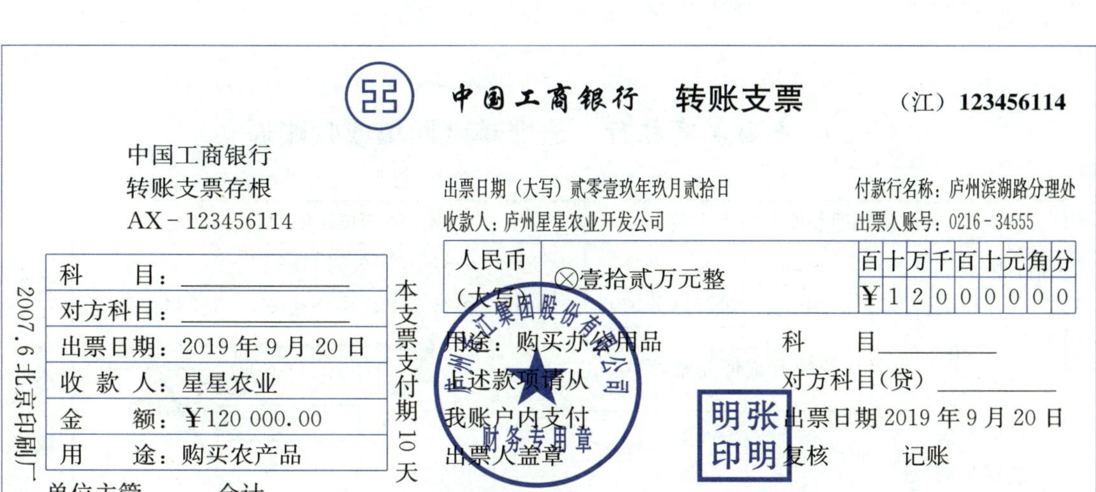

中国工商银行　转账支票　（江）123456114

中国工商银行
转账支票存根
AX-123456114

科　　目：	
对方科目：	
出票日期：	2019年9月20日
收 款 人：	星星农业
金　　额：	￥120 000.00
用　　途：	购买农产品

单位主管：　　会计：

2007.6北京印刷厂

本支票支付期10天

出票日期（大写）贰零壹玖年玖月贰拾日　　付款行名称：庐州滨湖路分理处
收款人：庐州星星农业开发公司　　出票人账号：0216-34555

人民币（大写）	⊗壹拾贰万元整	百	十	万	千	百	十	元	角	分
		￥	1	2	0	0	0	0	0	0

用途：购买办公用品　　科　　目
上述款项请从　　对方科目（贷）
我账户内支付　　出票日期2019年9月20日
出票人盖章　　复核　　记账

03456　3456789　2121345677889　01

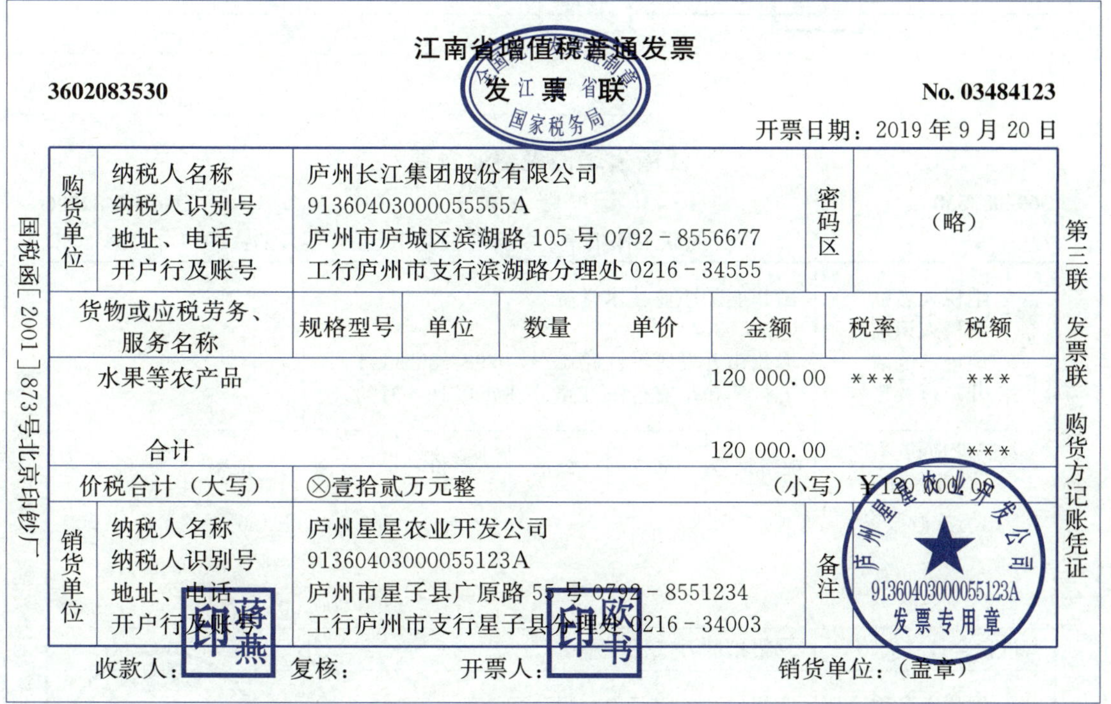

江南省增值税普通发票

3602083530　　发　票　联　　No. 03484123

开票日期：2019年9月20日

购货单位	纳税人名称	庐州长江集团股份有限公司	密码区	（略）
	纳税人识别号	913604030000055555A		
	地址、电话	庐州市庐城区滨湖路105号0792-8556677		
	开户行及账号	工行庐州市支行滨湖路分理处0216-34555		

货物或应税劳务、服务名称	规格型号	单位	数量	单价	金额	税率	税额
水果等农产品					120 000.00	***	***
合计					120 000.00		***
价税合计（大写）	⊗壹拾贰万元整				（小写）￥120 000.00		

销货单位	纳税人名称	庐州星星农业开发公司	备注
	纳税人识别号	913604030000055123A	
	地址、电话	庐州市星子县广原路55号0792-8551234	
	开户行及账号	工行庐州市支行星子县分理处0216-34003	

收款人：　　复核：　　开票人：　　销货单位：（盖章）

国税函[2001]873号北京印钞厂

第三联　发票联　购货方记账凭证

酒店购进食材抵扣进项税时的注意事项

从农业生产者手中收购的初级农产品可按9%扣除率计算抵扣进项税；从商贸超市中购买农产品取得普通发票不得抵扣进项税；购买的经过加工的食材，如取得增值税专用发票，可按13%税率进行抵扣。

【业务6】 9月20日，公司所属旅行社组团出境旅游，取得旅游费742 000元，其中支付给境外服务公司接待费530 000元，取得以下原始凭证。

要求：进行旅游服务的涉税账务处理，填制2张通用记账凭证。

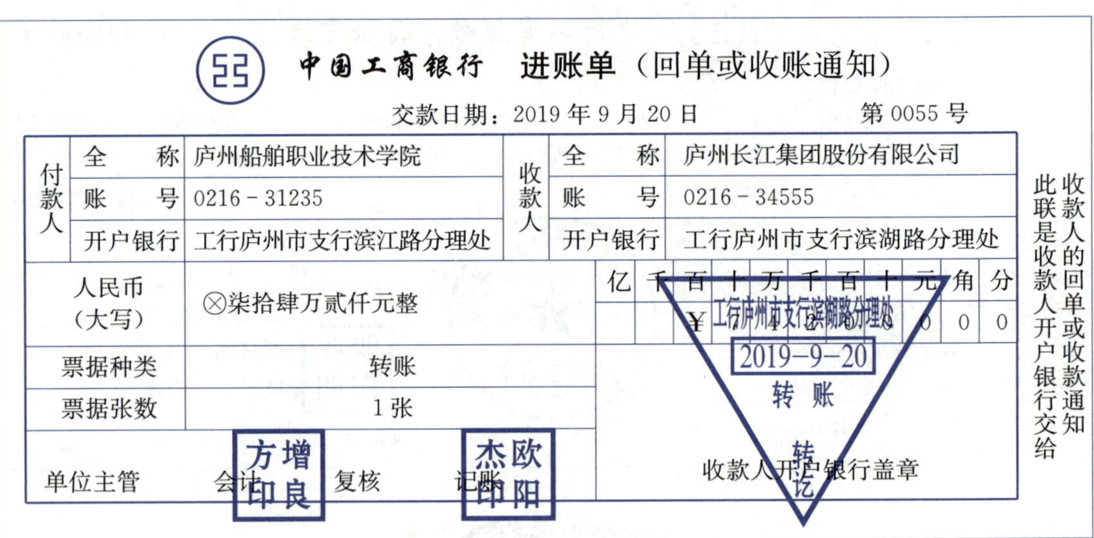

中国工商银行 进账单（回单或收账通知）

交款日期：2019 年 9 月 20 日　　第 0055 号

付款人	全称	庐州船舶职业技术学院	收款人	全称	庐州长江集团股份有限公司
	账号	0216－31235		账号	0216－34555
	开户银行	工行庐州市支行滨江路分理处		开户银行	工行庐州市支行滨湖路分理处
人民币（大写）		⊗柒拾肆万贰仟元整			¥742000.00
票据种类		转账			
票据张数		1 张			

单位主管　会计 方增良印　复核　记账 欧阳杰印　收款人开户银行盖章

工行庐州市支行滨湖路分理处 2019-9-20 转账 转讫

此联是收款人开户银行交给收款人的回单或收款通知

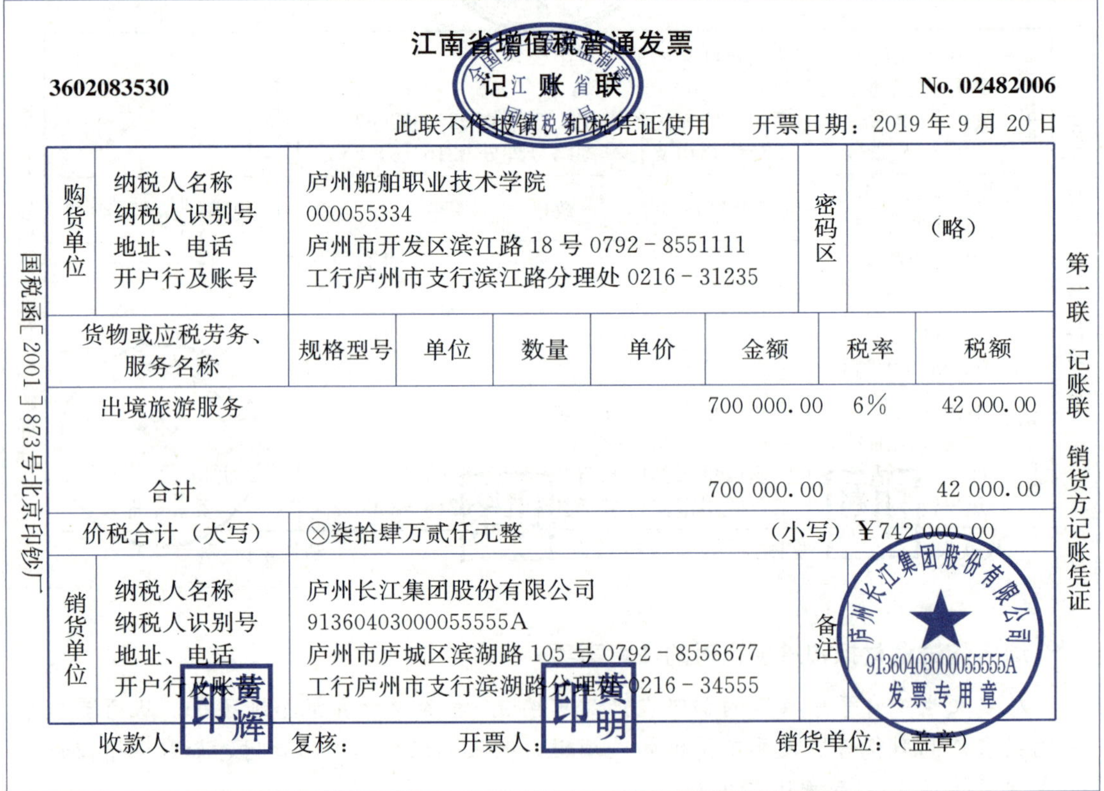

江南省增值税普通发票

3602083530　　记账联　　No. 02482006

此联不作报销、扣税凭证使用　　开票日期：2019 年 9 月 20 日

购货单位	纳税人名称：庐州船舶职业技术学院 纳税人识别号：000055334 地址、电话：庐州市开发区滨江路 18 号 0792－8551111 开户行及账号：工行庐州市支行滨江路分理处 0216－31235				密码区	（略）	
货物或应税劳务、服务名称	规格型号	单位	数量	单价	金额	税率	税额
出境旅游服务					700 000.00	6%	42 000.00
合计					700 000.00		42 000.00
价税合计（大写）	⊗柒拾肆万贰仟元整				（小写）¥742 000.00		
销货单位	纳税人名称：庐州长江集团股份有限公司 纳税人识别号：91360403000055555A 地址、电话：庐州市庐城区滨湖路 105 号 0792－8556677 开户行及账号：工行庐州市支行滨湖路分理处 0216－34555				备注		

收款人：黄辉印　复核：　开票人：黄明印　销货单位：（盖章）庐州长江集团股份有限公司 91360403000055555A 发票专用章

国税函[2001]873号北京印钞厂

第一联 记账联 销货方记账凭证

游览场所服务计征增值税

对过山车、旅游景点索道收入按“文化体育服务”项目计征增值税。

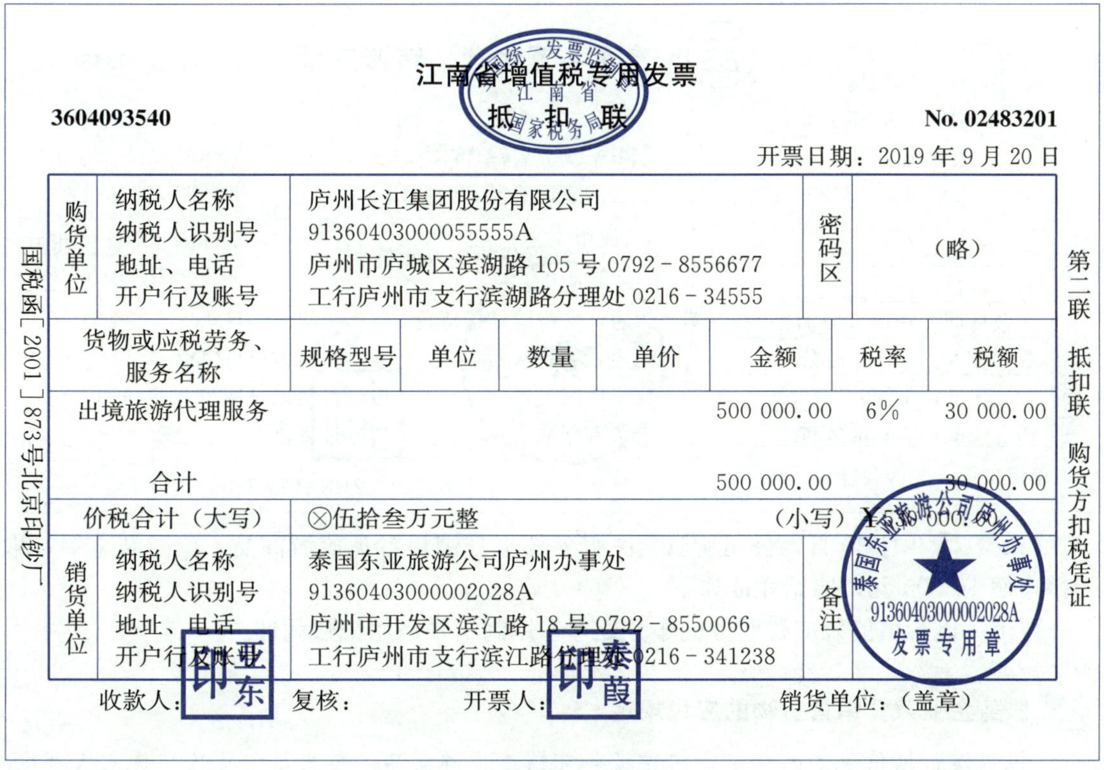

江南省增值税专用发票

抵 扣 联

3604093540　　No. 02483201

开票日期：2019 年 9 月 20 日

购货单位	纳税人名称 纳税人识别号 地址、电话 开户行及账号	庐州长江集团股份有限公司 91360403000055555A 庐州市庐城区滨湖路 105 号 0792－8556677 工行庐州市支行滨湖路分理处 0216－34555				密码区	（略）	
货物或应税劳务、服务名称		规格型号	单位	数量	单价	金额	税率	税额
出境旅游代理服务						500 000.00	6%	30 000.00
合计						500 000.00		30 000.00
价税合计（大写）		⊗伍拾叁万元整				（小写）￥530 000.00		
销货单位	纳税人名称 纳税人识别号 地址、电话 开户行及账号	泰国东亚旅游公司庐州办事处 91360403000002028A 庐州市开发区滨江路 18 号 0792－8550066 工行庐州市支行滨江路分理处 0216－341238				备注		

收款人：印亚东　复核：　开票人：印泰葭　销货单位：（盖章）

第二联　抵扣联　购货方扣税凭证

国税函［2001］873号北京印钞厂

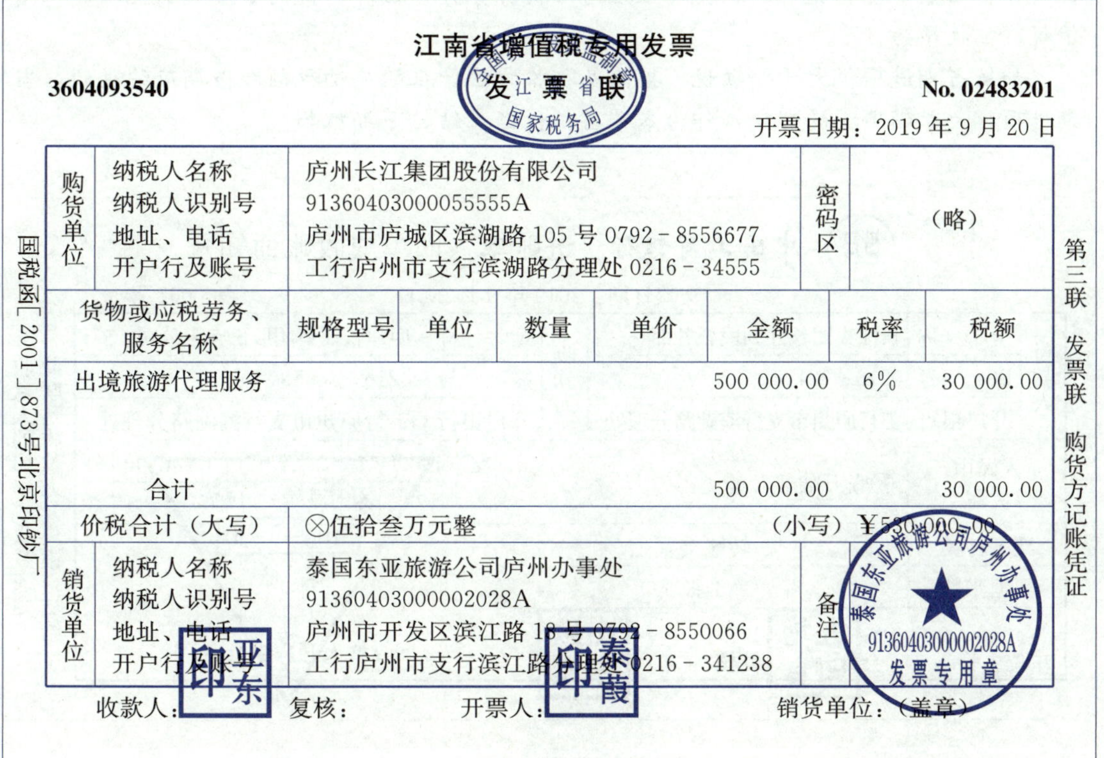

江南省增值税专用发票

发 票 联

3604093540　　No. 02483201

开票日期：2019 年 9 月 20 日

购货单位	纳税人名称 纳税人识别号 地址、电话 开户行及账号	庐州长江集团股份有限公司 91360403000055555A 庐州市庐城区滨湖路 105 号 0792－8556677 工行庐州市支行滨湖路分理处 0216－34555				密码区	（略）	
货物或应税劳务、服务名称		规格型号	单位	数量	单价	金额	税率	税额
出境旅游代理服务						500 000.00	6%	30 000.00
合计						500 000.00		30 000.00
价税合计（大写）		⊗伍拾叁万元整				（小写）￥530 000.00		
销货单位	纳税人名称 纳税人识别号 地址、电话 开户行及账号	泰国东亚旅游公司庐州办事处 91360403000002028A 庐州市开发区滨江路 18 号 0792－8550066 工行庐州市支行滨江路分理处 0216－341238				备注		

收款人：印亚东　复核：　开票人：印泰葭　销货单位：（盖章）

第三联　发票联　购货方记账凭证

国税函［2001］873号北京印钞厂

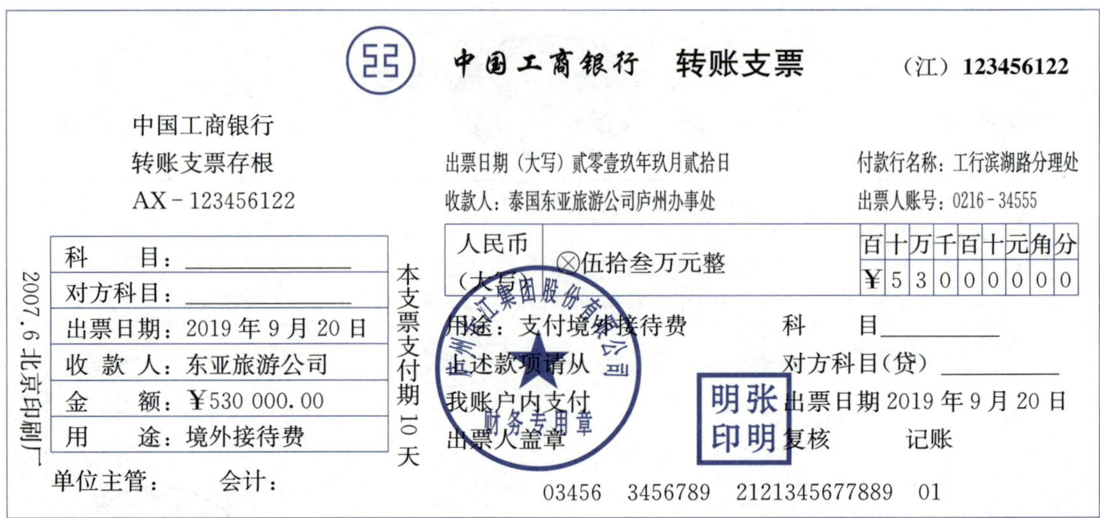

中国工商银行 转账支票 (江) 123456122

中国工商银行
转账支票存根
AX－123456122

科　　目：	
对方科目：	
出票日期：	2019 年 9 月 20 日
收 款 人：	东亚旅游公司
金　　额：	￥530 000.00
用　　途：	境外接待费

单位主管：　　会计：

2007.6 北京印刷厂

本支票支付期 10 天

出票日期（大写）贰零壹玖年玖月贰拾日　付款行名称：工行滨湖路分理处
收款人：泰国东亚旅游公司庐州办事处　出票人账号：0216－34555

人民币（大写）	⊗伍拾叁万元整	百	十	万	千	百	十	元	角	分
		￥	5	3	0	0	0	0	0	0

用途：支付境外接待费　科　　目______
上述款项请从　对方科目(贷) ______
我账户内支付　出票日期 2019 年 9 月 20 日
出票人盖章　复核　记账

03456　3456789　2121345677889　01

【业务 7】 9 月 30 日，公司所属利民服务部本月销售各类旅游商品、旅游杂志等，取得销售额 16 000 元，原始凭证如下。

要求：进行增值税应税业务的账务处理，填制 1 张通用记账凭证。

服务企业兼营销售货物的应税规定

根据现行增值税法的规定，宾馆服务部销售旅游商品、杂志属于货物销售，从事应税服务企业兼营货物销售，在会计上应与应税劳务分开核算，视同小规模纳税人计征增值税，征收率为 3%。

如果当期进项税大于销项税，按简易征收方法计征的应纳税额即当期应纳税额，当期进项税大于销项税的部分，作为本期留抵税额，结转下期抵扣。

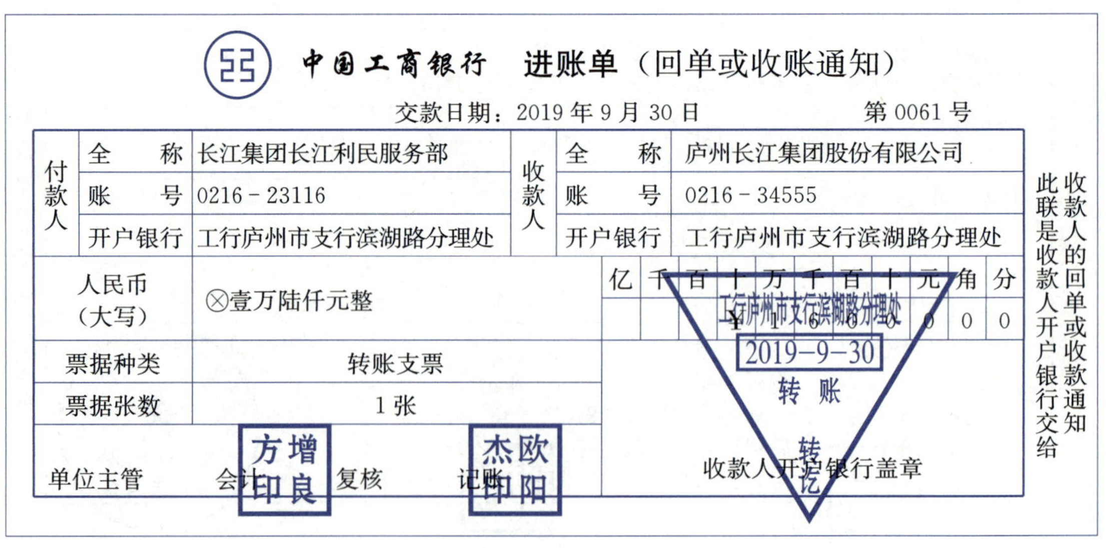

中国工商银行 进账单（回单或收账通知）

交款日期：2019 年 9 月 30 日　　第 0061 号

付款人	全　　称	长江集团长江利民服务部	收款人	全　　称	庐州长江集团股份有限公司
	账　　号	0216－23116		账　　号	0216－34555
	开户银行	工行庐州市支行滨湖路分理处		开户银行	工行庐州市支行滨湖路分理处

人民币（大写）	⊗壹万陆仟元整	亿	千	百	十	万	千	百	十	元	角	分
					￥	1	6	0	0	0	0	0
票据种类	转账支票											
票据张数	1 张											

单位主管　会计　复核　记账　　收款人开户银行盖章

工行庐州市支行滨湖路分理处 2019—9—30 转账

此联是收款人开户银行交给收款人的回单或收款通知

长江集团利民服务部销售收入汇总表

2019 年 9 月 30 日

收入项目	金额	说明
销售集邮商品收入	5 000.00	附每日销售明细表
销售杂志收入	3 000.00	
销售日用商品收入	8 000.00	
合计	16 000.00	
合计人民币（大写）⊗壹万陆仟元整		￥16 000.00

负责人：　　　　核算员：　　　　经手人：

【业务 8】公司广告部 9 月份为庐州闽赣化工股份有限公司提供服务，取得广告费 31.8 万元，支付庐州市电视广告公司制作费、广告发布费合计 21.2 万元，取得如下原始凭证。

要求：进行广告业务收入的增值税账务处理，填制 2 张通用记账凭证。

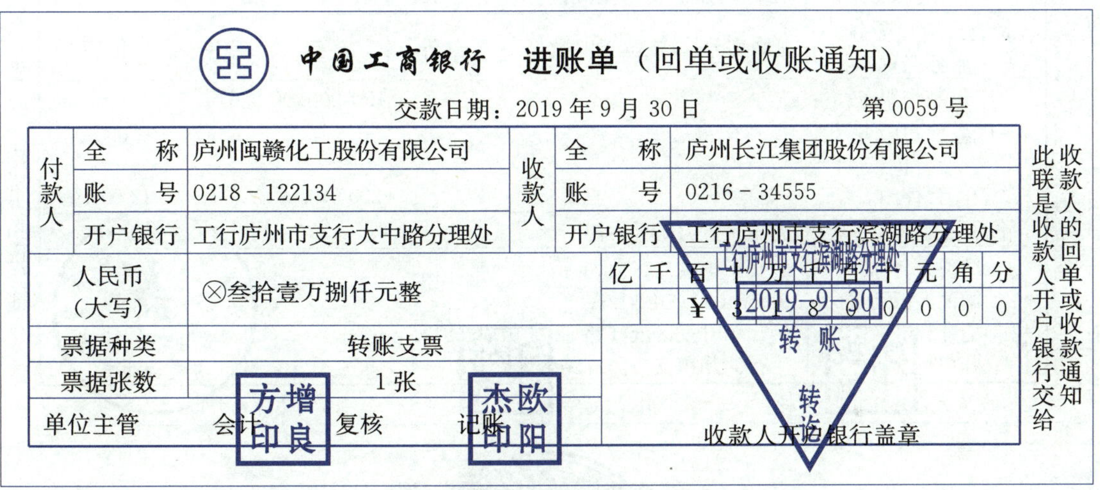

中国工商银行　进账单（回单或收账通知）

交款日期：2019 年 9 月 30 日　　　　第 0059 号

付款人	全　　称	庐州闽赣化工股份有限公司	收款人	全　　称	庐州长江集团股份有限公司
	账　　号	0218－122134		账　　号	0216－34555
	开户银行	工行庐州市支行大中路分理处		开户银行	工行庐州市支行滨湖路分理处
人民币（大写）	⊗叁拾壹万捌仟元整			亿千百十万千百十元角分	￥3 1 8 0 0 0 0 0
票据种类	转账支票				
票据张数	1 张				
单位主管　会计　复核　记账				收款人开户银行盖章	

此联是收款人开户银行交给收款人的回单或收款通知

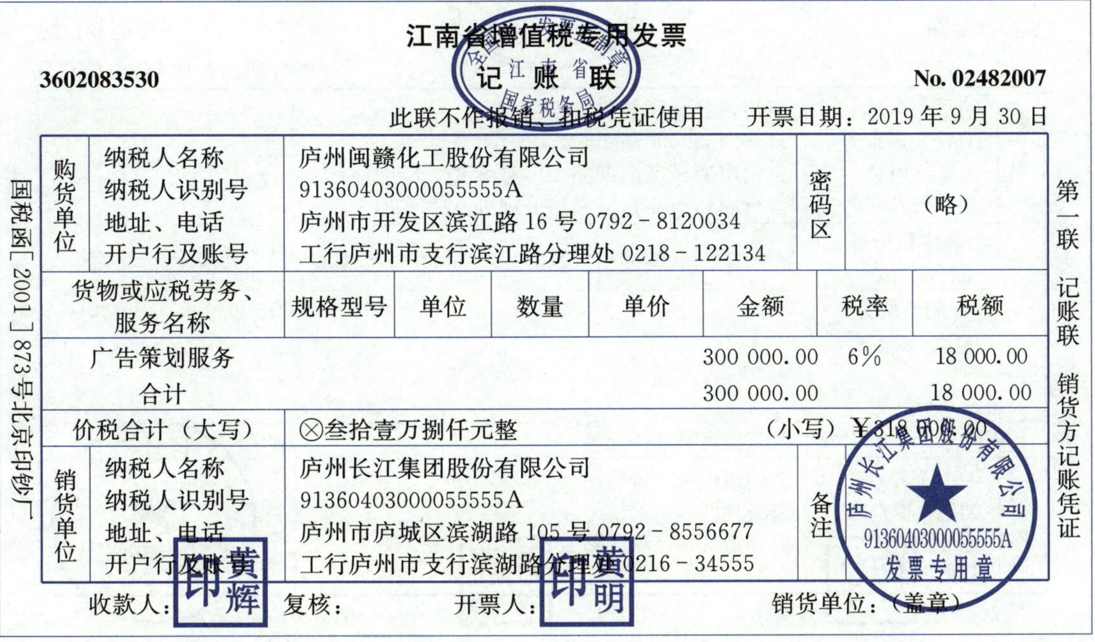

江南省增值税专用发票

3602083530　　记账联　　No. 02482007

此联不作报销、扣税凭证使用　　开票日期：2019 年 9 月 30 日

购货单位	纳税人名称：庐州闽赣化工股份有限公司 纳税人识别号：91360403000055555A 地址、电话：庐州市开发区滨江路 16 号 0792－8120034 开户行及账号：工行庐州市支行滨江路分理处 0218－122134			密码区	（略）		
货物或应税劳务、服务名称	规格型号	单位	数量	单价	金额	税率	税额
广告策划服务					300 000.00	6%	18 000.00
合计					300 000.00		18 000.00
价税合计（大写）	⊗叁拾壹万捌仟元整				（小写）￥318 000.00		
销货单位	纳税人名称：庐州长江集团股份有限公司 纳税人识别号：91360403000055555A 地址、电话：庐州市庐城区滨湖路 105 号 0792－8556677 开户行及账号：工行庐州市支行滨湖路分理处 0216－34555			备注			

收款人：　　复核：　　开票人：　　销货单位：（盖章）

第一联　记账联　销货方记账凭证

国税函［2001］873 号北京印钞厂

“营改增”后，广告业务应税规定

“营改增”后，广告业务按“文化创意服务”项目计征增值税，一般纳税人适用的增值税税率为6%，小规模纳税人适用的征收率为3%。

江南省增值税专用发票

抵　扣　联

3604093540　　　　No. 02481232

开票日期：2019年9月30日

国税函[2001]873号北京印钞厂

购货单位	纳税人名称	庐州长江集团股份有限公司					密码区	（略）
	纳税人识别号	91360403000055555A						
	地址、电话	庐州市庐城区滨湖路105号0792-8556677						
	开户行及账号	工行庐州市支行滨湖路分理处0216-34555						
货物或应税劳务、服务名称		规格型号	单位	数量	单价	金额	税率	税额
广告制作服务						150 000.00	6%	9 000.00
广告发布服务						50 000.00	6%	3 000.00
合计						200 000.00		12 000.00
价税合计（大写）		⊗贰拾壹万贰仟元整				（小写）￥212 000.00		
销货单位	纳税人名称	庐州市电视广告公司					备注	
	纳税人识别号	91360403000012412A						
	地址、电话	庐州市开发区滨江路88号0792-8120088						
	开户行及账号	工行庐州市支行滨江路分理处0216-12168						

收款人：　　复核：　　开票人：　　销货单位：（盖章）

第二联　抵扣联　购货方扣税凭证

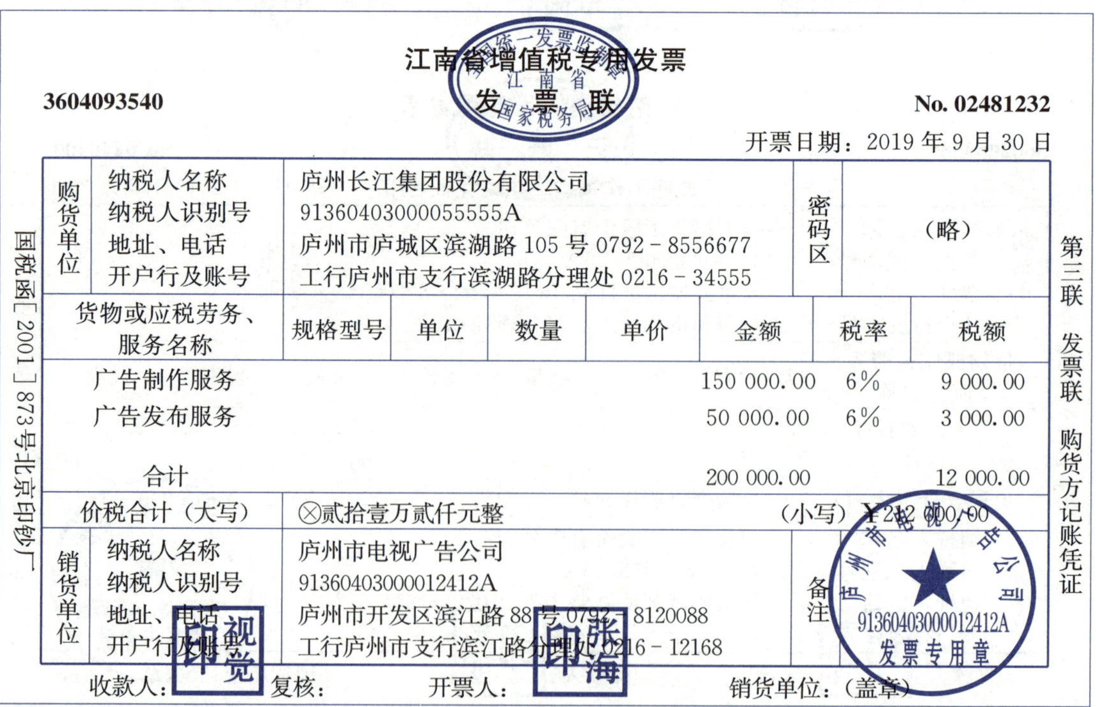

江南省增值税专用发票

发　票　联

3604093540　　　　No. 02481232

开票日期：2019年9月30日

国税函[2001]873号北京印钞厂

购货单位	纳税人名称	庐州长江集团股份有限公司					密码区	（略）
	纳税人识别号	91360403000055555A						
	地址、电话	庐州市庐城区滨湖路105号0792-8556677						
	开户行及账号	工行庐州市支行滨湖路分理处0216-34555						
货物或应税劳务、服务名称		规格型号	单位	数量	单价	金额	税率	税额
广告制作服务						150 000.00	6%	9 000.00
广告发布服务						50 000.00	6%	3 000.00
合计						200 000.00		12 000.00
价税合计（大写）		⊗贰拾壹万贰仟元整				（小写）￥212 000.00		
销货单位	纳税人名称	庐州市电视广告公司					备注	
	纳税人识别号	91360403000012412A						
	地址、电话	庐州市开发区滨江路88号0792-8120088						
	开户行及账号	工行庐州市支行滨江路分理处0216-12168						

收款人：　　复核：　　开票人：　　销货单位：（盖章）

第三联　发票联　购货方记账凭证

增值税小规模纳税人标准

根据财税〔2018〕33号文件的规定，从2018年5月1日起，增值税小规模纳税人的标准统一为年应征增值税销售额500万元及以下，不再区别行业。

中国工商银行　转账支票　（江）123456124

中国工商银行
转账支票存根
AX－123456124

2007.6北京印刷厂

科　　目：	
对方科目：	
出票日期：	2019年9月30日
收　款　人：	电视广告公司
金　　额：	¥212 000.00
用　　途：	广告制作发布
单位主管：	会计：

本支票支付期10天

出票日期（大写）贰零壹玖年玖月叁拾日　　付款行名称：工行滨湖路分理处
收款人：庐州市电视广告公司　　出票人账号：0216－34555

人民币（大写）	⊗贰拾壹万贰仟元整	百	十	万	千	百	十	元	角	分
		¥	2	1	2	0	0	0	0	0

用途：支付广告制作发布费
上述款项请从
我账户内支付
出票人盖章

庐州长江集团股份有限公司 财务专用章
明张印明

科　　目＿＿＿＿＿
对方科目（贷）＿＿＿＿＿
出票日期2019年9月30日
复核　　　记账

03456　3456789　2121345677889　01

【业务9】 编制应纳增值税汇总计算表（增值税发票认证结果清单见下表），计算城建税、教育费附加，进行结转未交增值税及计提城建税、教育费附加的应税账务处理。

要求：（1）编制增值税、城建税、教育费附加汇总计算表。

（2）计提城建税和教育费附加，并进行相应的账务处理。

（3）进行未交增值税的账务处理。

增值税发票认证结果清单

企业名称：庐州长江集团股份有限公司　　统一社会信用代码：91560101000055555A

发票份数统计：6份　　金额统计：1 222 000.00　　税额统计：85 060.00

序号	发票代码	发票号码	开票日期	销货方税号	计税金额	税额	认证时间
1	3601092240	02582017	2019－9－8	91460103000012666A	200 000	12 000	2019－9－30
2	3604093540	02482018	2019－9－8	91360403000012223A	150 000	13 500	2019－9－30
3	3604093540	02482189	2019－9－10	91360403000012003A	52 000	6 760	2019－9－30
4	3604093540	02483201	2019－9－20	91360403000002028A	500 000	30 000	2019－9－30
5	3604093540	02481232	2019－9－20	91360403000012412A	200 000	12 000	2019－9－30
6	3602083530	03484123	2019－9－20	91360403000055123A	120 000	10 800	2019－9－30
	合计				1 222 000	85 060	

庐州市庐城区国家税务局　准予抵扣　2019年9月30日

【业务10】 根据上述原始凭证及所填制的记账凭证，登记增值税、城建税、教育费附加等涉税账户。

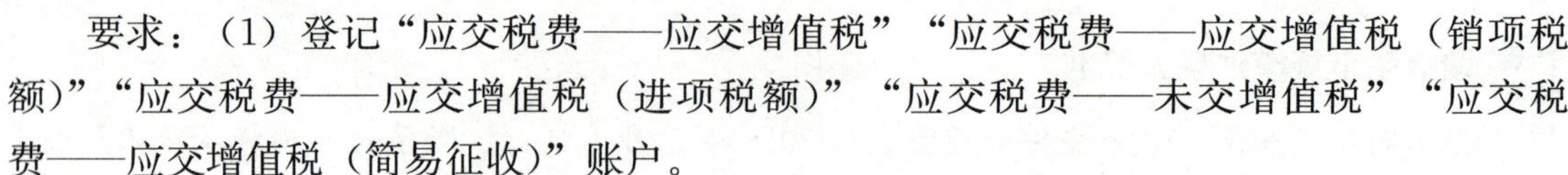

要求：(1) 登记“应交税费——应交增值税”“应交税费——应交增值税（销项税额)”“应交税费——应交增值税（进项税额)”“应交税费——未交增值税”“应交税费——应交增值税（简易征收)”账户。

(2) 登记“应交税费——应交城建税”“应交税费——应交教育费附加”二级明细账户，以及“税金及附加”总分类账户。账户登记完成之后，进行账证核对。

【业务 11】 填制增值税、城建税、教育费附加纳税申报表，同时填制《电子缴库专用缴款书》。

要求：(1) 填制增值税纳税申报表主表及其附列资料表一、表二。

(2) 填制城建税纳税申报表和教育费附加申报表。

(3) 填制两张《电子缴库专用缴款书》。

实训二　交通运输企业增值税会计核算与纳税申报

一、企业基本资料

庐州捷达运输股份有限公司，于 2004 年 3 月 20 日经庐州市工商行政管理部门注册登记成立，同年 4 月 10 日办理开业税务登记，该公司的基本资料如下：

(1) 注册类型：股份有限公司；统一社会信用代码：91360403000011023A；计算机管理代码：00234123；法定代表人：程孝先；财务负责人：徐博来；办税员：李兴国；开户银行：中国工商银行庐州市支行朝阳路分理处，账号：0315－662299。

(2) 注册地址：庐州市庐城区朝阳路 78 号；办公电话：0792－8230123；邮政编码：332000；电子邮箱：Lzjdus2004@163.com；经营范围：公路货物运输、公路客运、铁路托运代理、停车场经营、货物换装、货物仓储等。

(3) 国税主管机关：庐州市庐城区国家税务局；组织机构代码：000552211；办税报务厅电话：0792－8128892；负责人：王成荣；经办人：陈菊。地税主管机关：庐州市庐城区地方税务局；组织机构代码：000553411；办税报务厅电话：0792－8120023；负责人：董小明；经办人：陈三炮。

二、涉税业务资料

庐州捷达运输股份有限公司为增值税一般纳税人，经主管税务机关核定，采用按月纳税、查账征收方式征收增值税。现以公司 2019 年 8 月相关涉税业务为依据，以其原始单证为载体，利用空白账表凭证，进行涉税业务会计核算、纳税申报的实务操作。

【业务 1】 8 月 2 日，公司货物运输部承接一批从庐州到云南的货物运输业务，款项已通过开户银行收讫，取得以下原始凭证（货运清单略)。

要求：进行运输业务的账务处理，填制 1 张通用记账凭证。

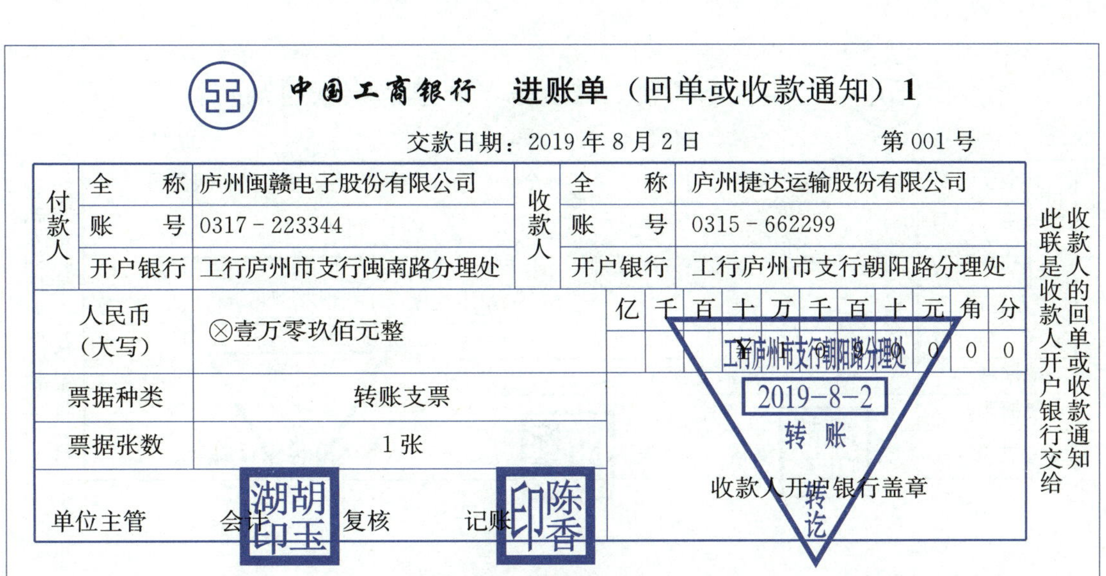

中国工商银行　进账单（回单或收款通知）1

交款日期：2019年8月2日　　第001号

付款人	全　称	庐州闽赣电子股份有限公司	收款人	全　称	庐州捷达运输股份有限公司
	账　号	0317－223344		账　号	0315－662299
	开户银行	工行庐州市支行闽南路分理处		开户银行	工行庐州市支行朝阳路分理处
人民币（大写）	⊗壹万零玖佰元整		亿千百十万千百十元角分	￥10 900 00	
票据种类	转账支票				
票据张数	1张				
单位主管	会计	复核	记账	收款人开户银行盖章	

此联是收款人开户银行交给收款人的回单或收款通知

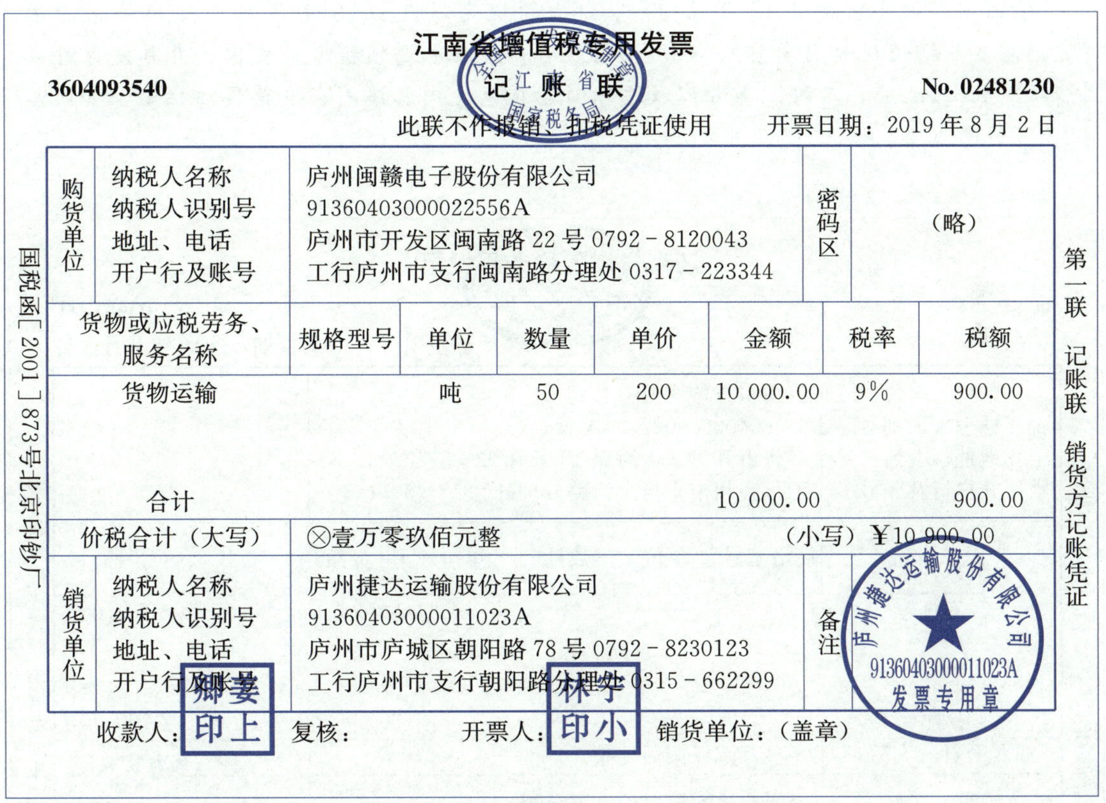

江南省增值税专用发票

3604093540　　记　账　联　　No. 02481230

此联不作报销、扣税凭证使用　　开票日期：2019年8月2日

购货单位	纳税人名称	庐州闽赣电子股份有限公司				密码区	（略）
	纳税人识别号	91360403000022556A					
	地址、电话	庐州市开发区闽南路22号 0792－8120043					
	开户行及账号	工行庐州市支行闽南路分理处 0317－223344					
货物或应税劳务、服务名称	规格型号	单位	数量	单价	金额	税率	税额
货物运输		吨	50	200	10 000.00	9%	900.00
合计					10 000.00		900.00
价税合计（大写）	⊗壹万零玖佰元整				（小写）￥10 900.00		
销货单位	纳税人名称	庐州捷达运输股份有限公司				备注	
	纳税人识别号	91360403000011023A					
	地址、电话	庐州市庐城区朝阳路78号 0792－8230123					
	开户行及账号	工行庐州市支行朝阳路分理处 0315－662299					

收款人：　复核：　开票人：　销货单位：（盖章）

第一联　记账联　销货方记账凭证

国税函［2001］873号北京印钞厂

【业务2】 8月5日，庐州东方旅游服务公司组团到黄山旅游，使用本公司客车两辆，包车费用已通过开户银行收讫，取得以下原始凭证。

要求：进行包车业务的增值税涉税账务处理，填制1张通用记账凭证。

中国工商银行　进账单（回单或收账通知）1

交款日期：2019年8月5日　　　　第002号

付款人	全称	庐州东方旅游服务公司	收款人	全称	庐州捷达运输股份有限公司
	账号	0312－551133		账号	0315－662299
	开户银行	工行庐州市支行上海路分理处		开户银行	工行庐州市支行朝阳路分理处

人民币（大写）	⊗叁万贰仟柒佰元整	亿	千	百	十	万	千	百	十	元	角	分
					¥	3	2	7	0	0	0	0
票据种类	转账支票											
票据张数	1张											
单位主管　会计　复核　记账		收款人开户银行盖章										

此联是收款人开户银行交给收款人的回单或收款通知

工行庐州市支行朝阳路分理处 2019-8-5 转账 转讫

湖胡印玉　陈香印

货物运输增值税专用发票规定

根据国家税务总局2015年第99号公告的规定，自2016年7月1日起停止使用《货物运输业增值税专用发票》，改用增值税专用发票和增值税普通发票，开具发票时应将起运地、到达地、车种、车号以及运输货物信息等内容填写在发票备注栏中，如内容较多可另附清单。

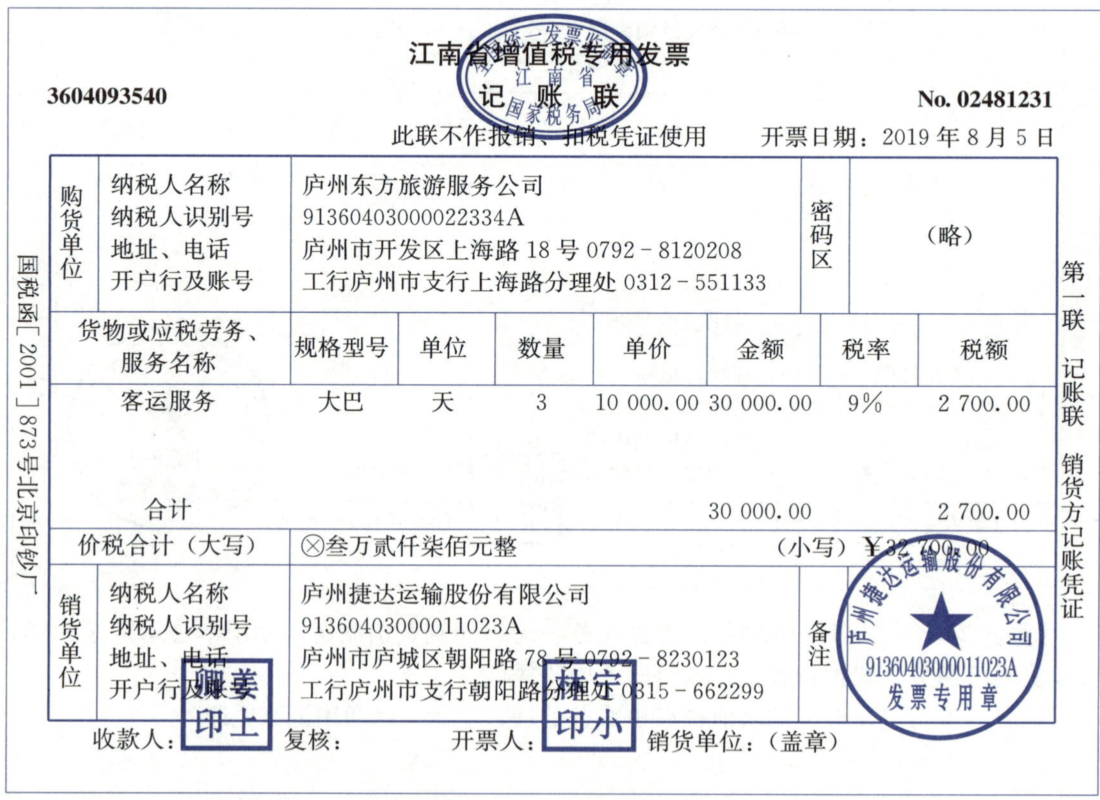

江南省增值税专用发票

记　账　联

3604093540　　　　　　　　　　　　　　　　**No. 02481231**

此联不作报销、扣税凭证使用　　开票日期：2019年8月5日

购货单位	纳税人名称 纳税人识别号 地址、电话 开户行及账号	庐州东方旅游服务公司 91360403000022334A 庐州市开发区上海路18号 0792－8120208 工行庐州市支行上海路分理处 0312－551133	密码区	（略）			
货物或应税劳务、服务名称	规格型号	单位	数量	单价	金额	税率	税额
客运服务	大巴	天	3	10 000.00	30 000.00	9%	2 700.00
合计					30 000.00		2 700.00
价税合计（大写）	⊗叁万贰仟柒佰元整				（小写）¥32 700.00		
销货单位	纳税人名称 纳税人识别号 地址、电话 开户行及账号	庐州捷达运输股份有限公司 91360403000011023A 庐州市庐城区朝阳路78号 0792－8230123 工行庐州市支行朝阳路分理处 0315－662299	备注				

收款人：　　复核：　　开票人：　　销货单位：（盖章）

第一联　记账联　销货方记账凭证

国税函[2001]873号北京印钞厂

全国统一发票监制章 江南省国家税务局

庐州捷达运输股份有限公司 91360403000011023A 发票专用章

姜印上　林宁印小

【业务3】8月10日，公司货物运输部承接一笔大宗货物运输业务，因业务量大，公司运输能力有限，故转让40%运量给庐州兴阳货物运输公司，取得以下原始凭证（货物运输清单略）。

要求：进行合作运输业务的增值税涉税账务处理，填制2张通用记账凭证。

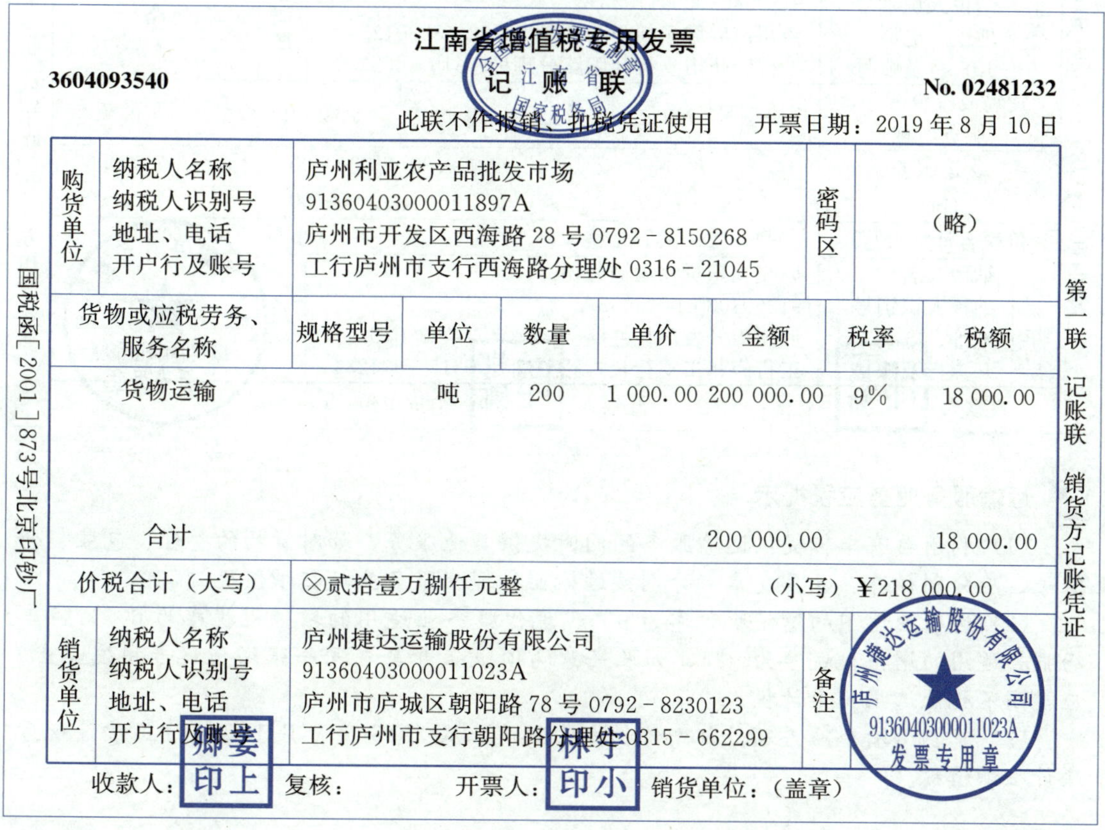

江南省增值税专用发票

记 账 联

3604093540　　No. 02481232

此联不作报销、扣税凭证使用　　开票日期：2019年8月10日

购货单位	纳税人名称 纳税人识别号 地址、电话 开户行及账号	庐州利亚农产品批发市场 91360403000011897A 庐州市开发区西海路28号 0792－8150268 工行庐州市支行西海路分理处 0316－21045			密码区	（略）	
货物或应税劳务、服务名称		规格型号	单位	数量	单价	金额	税率	税额
货物运输			吨	200	1 000.00	200 000.00	9%	18 000.00
合计						200 000.00		18 000.00
价税合计（大写）		⊗贰拾壹万捌仟元整				（小写）￥218 000.00		
销货单位	纳税人名称 纳税人识别号 地址、电话 开户行及账号	庐州捷达运输股份有限公司 91360403000011023A 庐州市庐城区朝阳路78号 0792－8230123 工行庐州市支行朝阳路分理处 0315－662299			备注	庐州捷达运输股份有限公司 91360403000011023A 发票专用章	

收款人：姜上　复核：　开票人：林小　销货单位：（盖章）

国税函［2001］873号北京印钞厂

第一联 记账联 销货方记账凭证

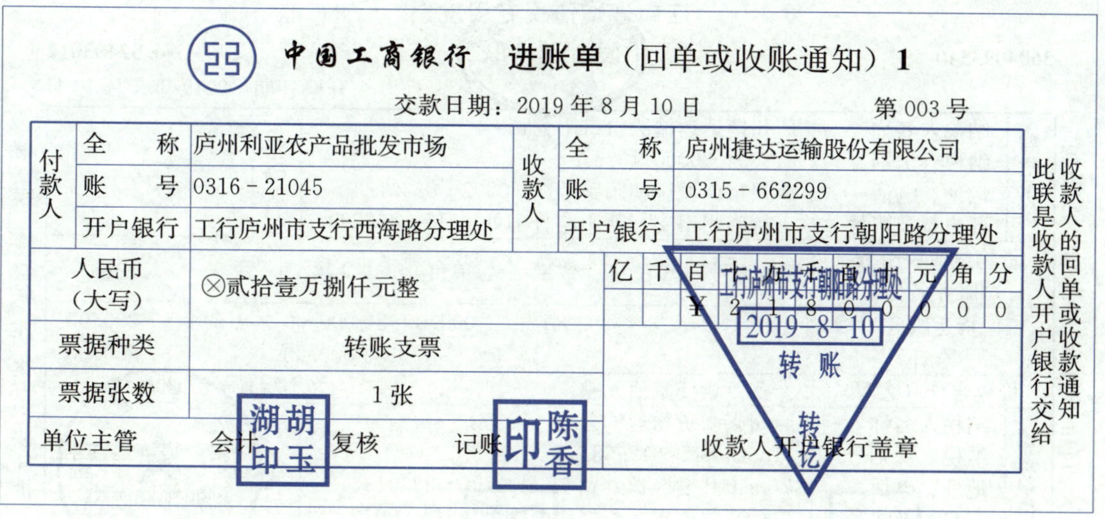

中国工商银行　进账单（回单或收账通知）1

交款日期：2019年8月10日　　第003号

付款人	全称	庐州利亚农产品批发市场	收款人	全称	庐州捷达运输股份有限公司
	账号	0316－21045		账号	0315－662299
	开户银行	工行庐州市支行西海路分理处		开户银行	工行庐州市支行朝阳路分理处
人民币（大写）		⊗贰拾壹万捌仟元整		亿千百十万千百十元角分	￥21800000
票据种类		转账支票		收款人开户银行盖章 工行庐州市支行朝阳路分理处 2019-8-10 转账 转讫	
票据张数		1张			
单位主管	会计 胡玉	复核	记账 陈香		

此联是收款人开户银行交给收款人的回单或收款通知

江南省增值税专用发票

抵 扣 联

3604093540　　　　**No. 02483012**

开票日期：2019 年 8 月 10 日

购货单位	纳税人名称	庐州捷达运输股份有限公司					密码区	(略)
	纳税人识别号	91360403000011023A						
	地址、电话	庐州市庐城区朝阳路 78 号 0792－8230123						
	开户行及账号	工行庐州市支行朝阳路分理处 0315－662299						
货物或应税劳务、服务名称		规格型号	单位	数量	单价	金额	税率	税额
货运服务			吨	80	1 000.00	80 000.00	9%	7 200.00
合计						80 000.00		7 200.00
价税合计（大写）		⊗捌万柒仟贰佰元整				（小写）￥87 200.00		
销货单位	纳税人名称	庐州兴阳货物运输公司					备注	
	纳税人识别号	91360403000012558A						
	地址、电话	庐州市开发区长虹路 78 号 0792－8230184						
	开户行及账号	工行庐州市支行长虹路分理处 0315－001234						

收款人：印董骄　　复核：　　开票人：印郑娜　　销货单位：（盖章）

国税函[2001]873号北京印钞厂

第二联 抵扣联 购货方扣税凭证

运输服务业务应税提示

(1) 利用自有车辆提供运输服务的同时提供其他服务，如对货物的整理、包装、仓储等，应分别核算、开具发票，分别按运输业和现代服务业计征增值税。

(2) 运输业适用的增值税税率为 9%，现代服务业适用的增值税税率为 6%，停车场服务适用的增值税税率为 9%，如果任意两项服务开具在同一张增值税专用发票上，应就高不就低选用税率计税。

(3) 货物运输企业差额计征增值税办法取消，从 2016 年 8 月 1 日起按正常计税方法计征增值税。

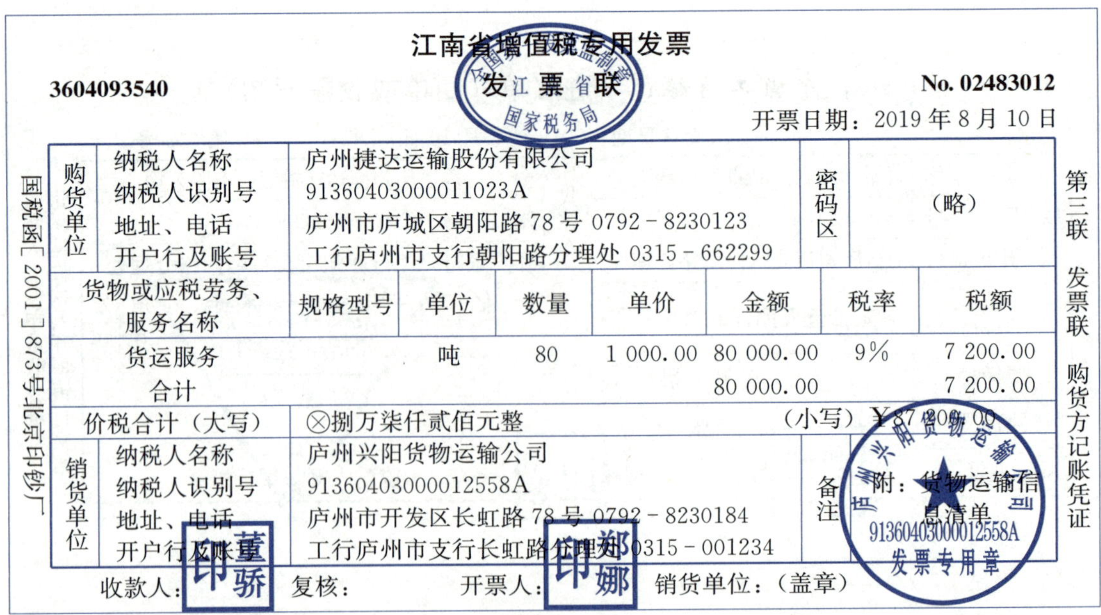

江南省增值税专用发票

发 票 联

3604093540　　　　**No. 02483012**

开票日期：2019 年 8 月 10 日

购货单位	纳税人名称	庐州捷达运输股份有限公司					密码区	(略)
	纳税人识别号	91360403000011023A						
	地址、电话	庐州市庐城区朝阳路 78 号 0792－8230123						
	开户行及账号	工行庐州市支行朝阳路分理处 0315－662299						
货物或应税劳务、服务名称		规格型号	单位	数量	单价	金额	税率	税额
货运服务			吨	80	1 000.00	80 000.00	9%	7 200.00
合计						80 000.00		7 200.00
价税合计（大写）		⊗捌万柒仟贰佰元整				（小写）￥87 200.00		
销货单位	纳税人名称	庐州兴阳货物运输公司					备注	附：货物运输信息清单
	纳税人识别号	91360403000012558A						
	地址、电话	庐州市开发区长虹路 78 号 0792－8230184						
	开户行及账号	工行庐州市支行长虹路分理处 0315－001234						

收款人：印董骄　　复核：　　开票人：印郑娜　　销货单位：（盖章）

国税函[2001]873号北京印钞厂

第三联 发票联 购货方记账凭证

中国工商银行　转账支票　（江）123453324

中国工商银行
转账支票存根
AX－123453324

科　　目：	
对方科目：	
出票日期：	2019 年 8 月 10 日
收 款 人：	兴阳运输公司
金　　额：	￥87 200.00
用　　途：	合作运输费
单位主管：	会计：

2007.6 北京印刷厂

本支票支付期 10 天

出票日期（大写）贰零壹玖年捌月壹拾日　　付款行名称：庐州兴阳货物运输公司
收款人：庐州兴阳货物运输公司　　出票人账号：0315－662299

人民币（大写）	⊗捌万柒仟贰佰元整	千	百	十	万	千	百	十	元	角	分
				￥	8	7	2	0	0	0	0

用途：支付合作运输费　　科　　目＿＿＿＿
上述款项请从　　对方科目（贷）＿＿＿＿
我账户内支付　　出票日期 2019 年 8 月 10 日
出票人盖章　　复核　　记账

03456　3456789　2121345677889　01

委托运输业务的账务处理

运输公司委托其他运输公司运送货物，收到其他运输公司开具的增值税专用发票时做如下账务处理：借记“主营业务成本”“应交税费——应交增值税（进项税额）”科目，贷记“银行存款”等科目。

运输公司购入油料时，借记“原材料”“应交税费——应交增值税（进项税额）”科目，贷记“银行存款”等科目。

【业务 4】8 月 15 日，公司运输服务部为西州运昌货物运输公司运输车队提供洗车、货物换装等服务，取得以下原始凭证。

要求：进行洗车、换装等业务的增值税涉税账务处理，填制 2 张通用记账凭证。

江南省增值税专用发票

3604093540　　　记 账 联　　　No. 02481234

此联不作报销、扣税凭证使用　　开票日期：2019 年 8 月 15 日

购货单位	纳税人名称 纳税人识别号 地址、电话 开户行及账号	西州运昌货物运输公司 91260103000022312A 西州市上海路 18 号 0991－8120218 工行西州市支行上海路分理处 0312－55113				密码区	（略）
货物或应税劳务、服务名称	规格型号	单位	数量	单价	金额	税率	税额
洗车、换装服务					5 000.00	6%	300.00
合计					5 000.00		300.00
价税合计（大写）	⊗伍仟叁佰元整				（小写）￥5 300.00		
销货单位	纳税人名称 纳税人识别号 地址、电话 开户行及账号	庐州捷达运输股份有限公司 91360403000011023A 庐州市庐城区朝阳路 78 号 0792－8230123 工行庐州市支行朝阳路分理处 0315－662299				备注	

收款人：　　复核：　　开票人：　　销货单位：（盖章）

第一联　记账联　销货方记账凭证

国税函［2001］873 号北京印钞厂

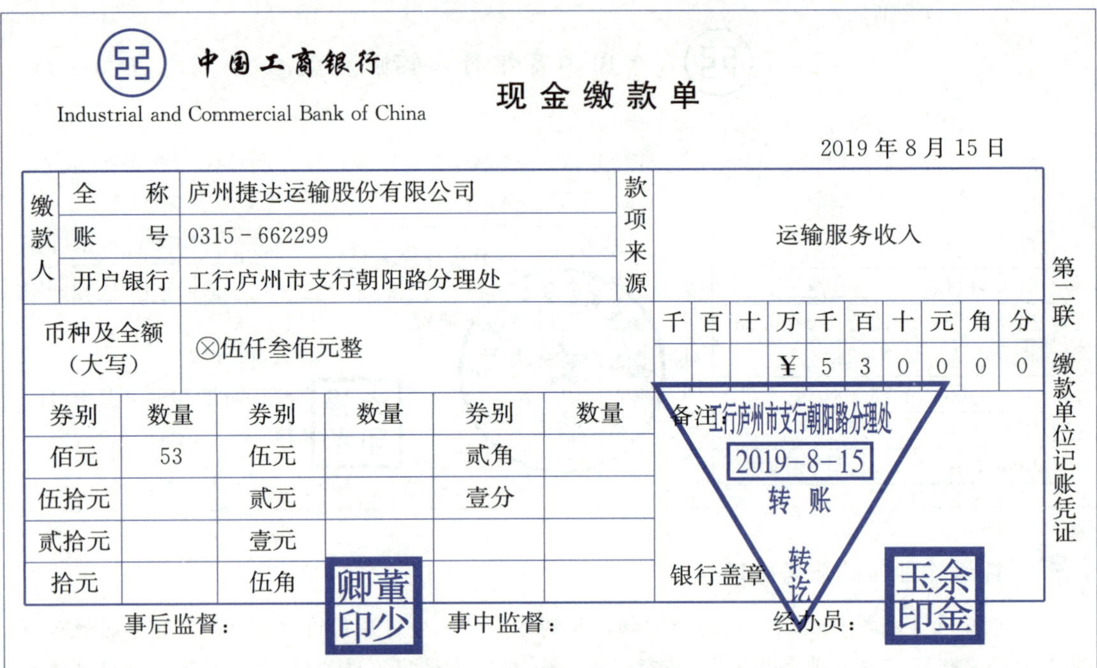

中国工商银行
Industrial and Commercial Bank of China

现金缴款单

2019年8月15日

缴款人	全称	庐州捷达运输股份有限公司	款项来源	运输服务收入
	账号	0315-662299		
	开户银行	工行庐州市支行朝阳路分理处		
币种及全额（大写）		⊗伍仟叁佰元整		¥5300.00

券别	数量	券别	数量	券别	数量
佰元	53	伍元		贰角	
伍拾元		贰元		壹分	
贰拾元		壹元			
拾元		伍角			

备注：工行庐州市支行朝阳路分理处 2019-8-15 转账 转讫
银行盖章

事后监督：董少卿印 事中监督： 经办员：余金玉印

第二联 缴款单位记账凭证

【业务5】8月20日，公司汽车维修部为庐州景泰化工股份有限公司车队修理货车1辆，款项已通过开户银行收讫，取得以下原始凭证。

要求：进行车辆修理业务的账务处理，填制1张通用记账凭证。

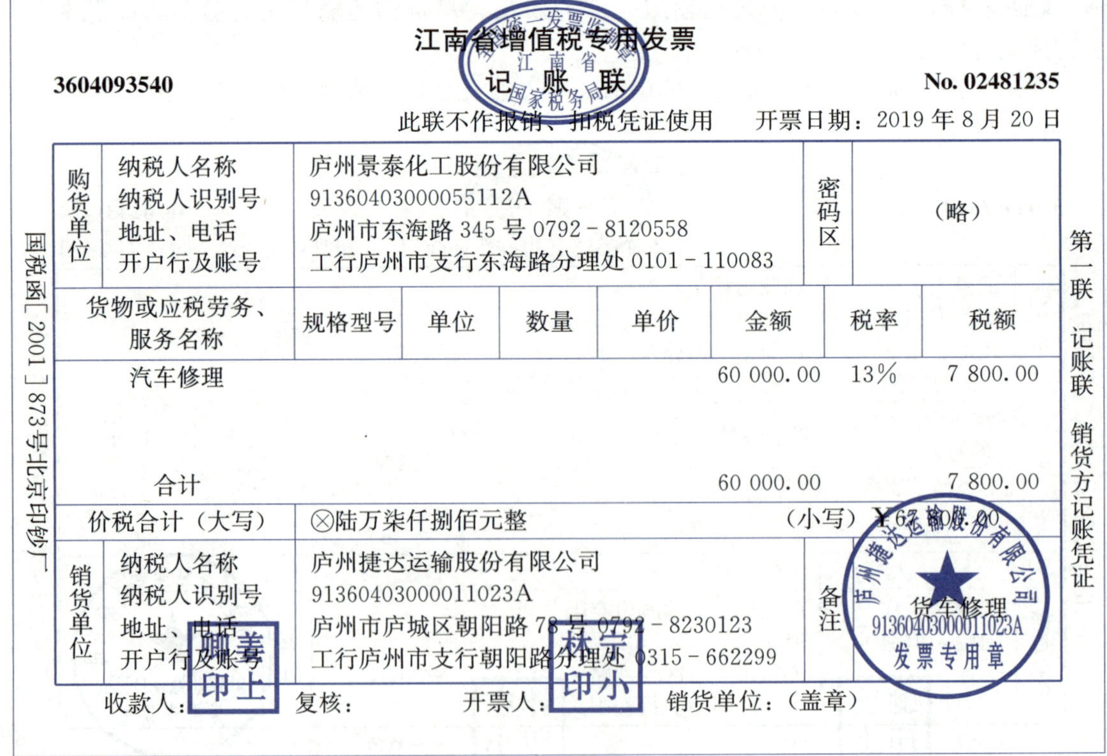

江南省增值税专用发票

记账联

3604093540 No. 02481235

此联不作报销、扣税凭证使用 开票日期：2019年8月20日

购货单位	纳税人名称 纳税人识别号 地址、电话 开户行及账号	庐州景泰化工股份有限公司 91360403000055112A 庐州市东海路345号0792-8120558 工行庐州市支行东海路分理处0101-110083			密码区	（略）	
货物或应税劳务、服务名称	规格型号	单位	数量	单价	金额	税率	税额
汽车修理					60 000.00	13%	7 800.00
合计					60 000.00		7 800.00
价税合计（大写）	⊗陆万柒仟捌佰元整				（小写）¥67 800.00		
销货单位	纳税人名称 纳税人识别号 地址、电话 开户行及账号	庐州捷达运输股份有限公司 91360403000011023A 庐州市庐城区朝阳路78号0792-8230123 工行庐州市支行朝阳路分理处0315-662299			备注	货车修理	

收款人：姜卿印上 复核： 开票人：林宗印小 销货单位：（盖章）

国税函[2001]873号北京印钞厂

第一联 记账联 销货方记账凭证

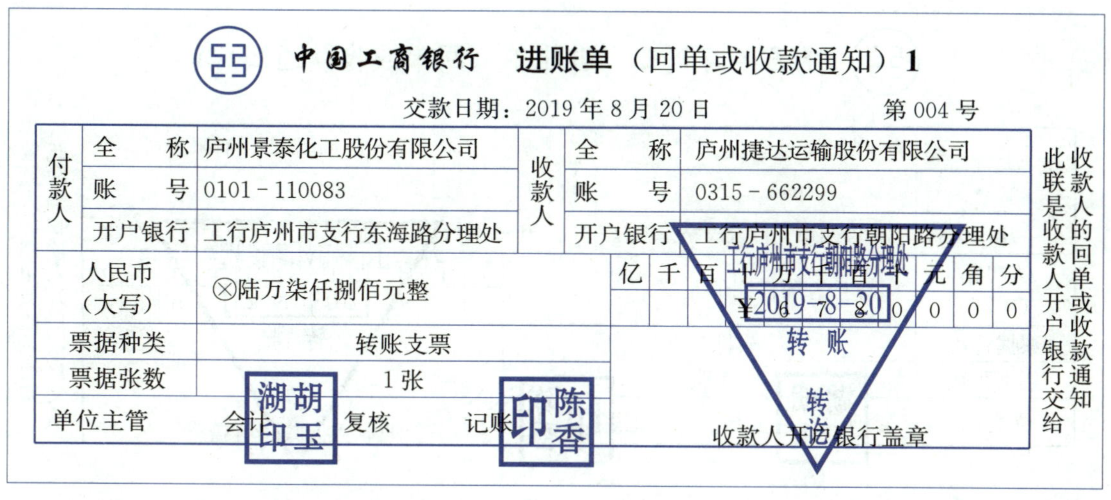

中国工商银行　进账单（回单或收款通知）1

交款日期：2019年8月20日　　第004号

付款人	全称	庐州景泰化工股份有限公司	收款人	全称	庐州捷达运输股份有限公司
	账号	0101－110083		账号	0315－662299
	开户银行	工行庐州市支行东海路分理处		开户银行	工行庐州市支行朝阳路分理处
人民币（大写）	⊗陆万柒仟捌佰元整		亿千百十万千百十元角分	¥67800.00	
票据种类	转账支票				
票据张数	1张				
单位主管　会计　复核　记账			收款人开户银行盖章		

此联是收款人开户银行交给收款人的回单或收款通知

工行庐州市支行朝阳路分理处 2019－8－20 转账 转讫

湖胡印玉　陈印香

纳税人五证合一代码构成

五证合一代码又称统一社会信用代码，合计18位，第1位为管理机关代码，如工商管理机关为9，第2位为单位类别，如企业为1，第3～8位为区位码，第9～17为组织机构代码，第18位为计算机随机编码。

【业务6】8月25日，公司汽车租赁服务部出租2辆大型客车给庐州财经职业学院作为班车，每辆每月租金为3万元，预收半年租金40.68万元，款项已通过开户银行收讫，取得以下原始凭证。

要求：进行车辆出租的增值税涉税账务处理，填制1张通用记账凭证。

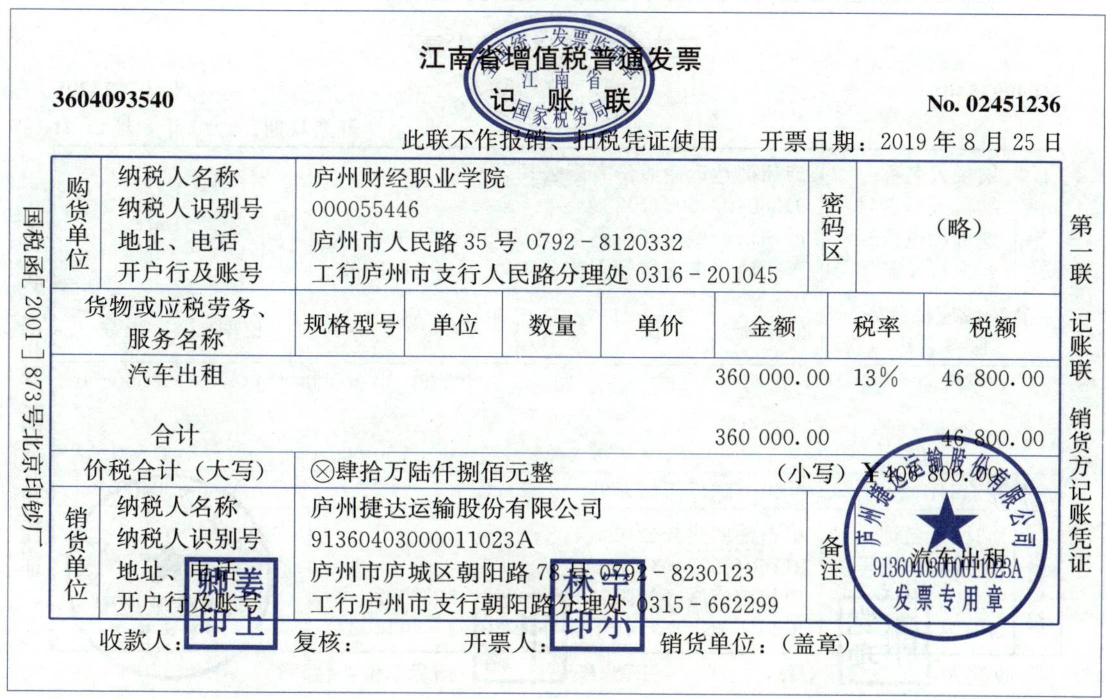

江南省增值税普通发票

记账联

3604093540　　No. 02451236

此联不作报销、扣税凭证使用　　开票日期：2019年8月25日

购货单位	纳税人名称	庐州财经职业学院				密码区	（略）
	纳税人识别号	000055446					
	地址、电话	庐州市人民路35号 0792－8120332					
	开户行及账号	工行庐州市支行人民路分理处 0316－201045					
货物或应税劳务、服务名称	规格型号	单位	数量	单价	金额	税率	税额
汽车出租					360 000.00	13%	46 800.00
合计					360 000.00		46 800.00
价税合计（大写）	⊗肆拾万陆仟捌佰元整				（小写）¥406 800.00		
销货单位	纳税人名称	庐州捷达运输股份有限公司				备注	汽车出租
	纳税人识别号	91360403000011023A					
	地址、电话	庐州市庐城区朝阳路78号 0792－8230123					
	开户行及账号	工行庐州市支行朝阳路分理处 0315－662299					

收款人：　　复核：　　开票人：　　销货单位：（盖章）

第一联　记账联　销货方记账凭证

国税函[2001]873号北京印钞厂

庐州捷达运输股份有限公司 91360403000011023A 发票专用章

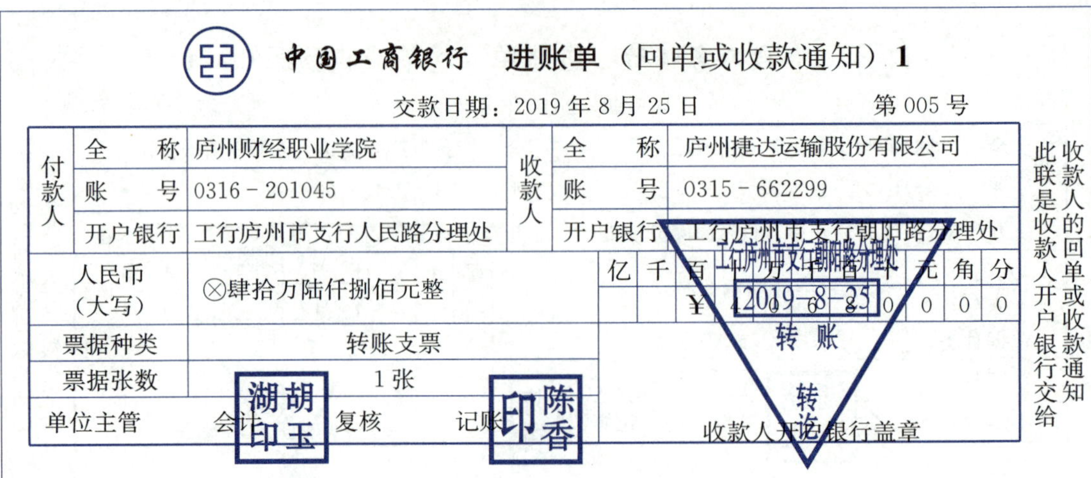

中国工商银行　进账单（回单或收款通知）1

交款日期：2019年8月25日　　第005号

付款人			收款人		
付款人	全　称	庐州财经职业学院	收款人	全　称	庐州捷达运输股份有限公司
	账　号	0316－201045		账　号	0315－662299
	开户银行	工行庐州市支行人民路分理处		开户银行	工行庐州市支行朝阳路分理处

人民币（大写）	亿	千	百	十	万	千	百	十	元	角	分
⊗肆拾万陆仟捌佰元整			¥	4	0	6	8	0	0	0	0

票据种类	转账支票
票据张数	1张

单位主管　会计　复核　记账　　收款人开户银行盖章

此联是收款人开户银行交给收款人的回单或收款通知

有形动产租赁计征增值税规定

“营改增”后，汽车出租属于增值税有形动产租赁税目，适用的增值税税率为13%。如果承租方不需要抵扣进项税，则出租方应开具增值税普通发票；如果承租方需要抵扣进项税，则出租方应开具增值税专用发票。如果承租方是包车，则应按运输业计征增值税。

【业务7】 8月28日，公司购入93号汽油10吨，每吨5 000元，款项已通过银行转账支付，取得以下原始凭证。

要求：进行购入汽油的账务处理，填制1张通用记账凭证。

江南省增值税专用发票

抵　扣　联

3604093540　　　　No. 02453205

开票日期：2019年8月28日

购货单位	纳税人名称 纳税人识别号 地址、电话 开户行及账号	庐州捷达运输股份有限公司 91360403000011023A 庐州市庐城区朝阳路78号 0792－8230123 工行庐州市支行朝阳路分理处 0315－662299	密码区	（略）			
货物或应税劳务、服务名称	规格型号	单位	数量	单价	金额	税率	税额
汽油	93号	吨	10	5 000.00	50 000.00	13%	6 500.00
合计					50 000.00		6 500.00
价税合计（大写）	⊗伍万陆仟伍佰元整			（小写）¥56 500.00			
销货单位	纳税人名称 纳税人识别号 地址、电话 开户行及账号	中石油庐州分公司 91360403000033221A 庐州市庐城区朝阳路8号 0792－8230012 工行庐州市支行朝阳路分理处 0315－110022	备注				

收款人：　复核：　开票人：　销货单位：（盖章）

第二联　抵扣联　购货方扣税凭证

国税函〔2001〕873号北京印钞厂

江南省国家税务局全国统一发票监制章；中石油庐州分公司 91360403000033221A 发票专用章；常项印；郑露印

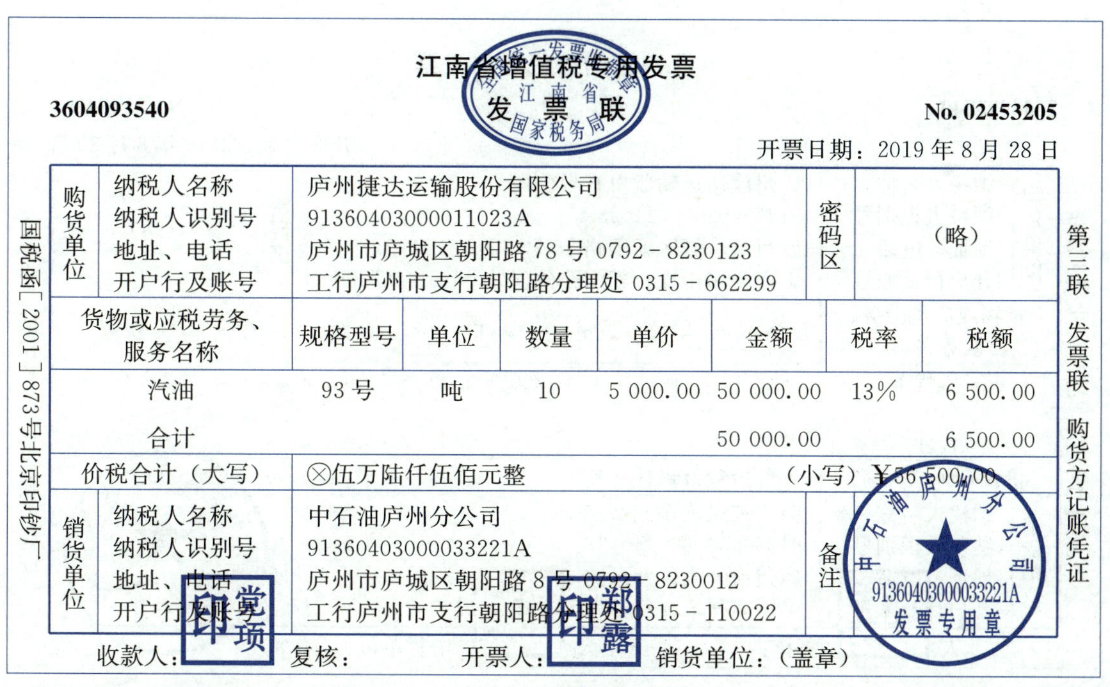

江南省增值税专用发票

发　票　联

3604093540　　No. 02453205

开票日期：2019年8月28日

购货单位	纳税人名称	庐州捷达运输股份有限公司					密码区	（略）
	纳税人识别号	91360403000011023A						
	地址、电话	庐州市庐城区朝阳路78号 0792－8230123						
	开户行及账号	工行庐州市支行朝阳路分理处 0315－662299						
货物或应税劳务、服务名称	规格型号	单位	数量	单价	金额	税率	税额	
汽油	93号	吨	10	5 000.00	50 000.00	13%	6 500.00	
合计					50 000.00		6 500.00	
价税合计（大写）	⊗伍万陆仟伍佰元整				（小写）¥56 500.00			
销货单位	纳税人名称	中石油庐州分公司					备注	
	纳税人识别号	91360403000033221A						
	地址、电话	庐州市庐城区朝阳路8号 0792－8230012						
	开户行及账号	工行庐州市支行朝阳路分理处 0315－110022						

收款人：　复核：　开票人：　销货单位：（盖章）

国税函[2001]873号北京印钞厂

第三联　发票联　购货方记账凭证

交通运输业开具发票规定

铁路运输企业提供交通运输业务，应开具增值税专用发票或增值税普通发票，原运输单证包括铁路运单均作为增值税发票附件——货物运输信息清单附于增值税发票之后。

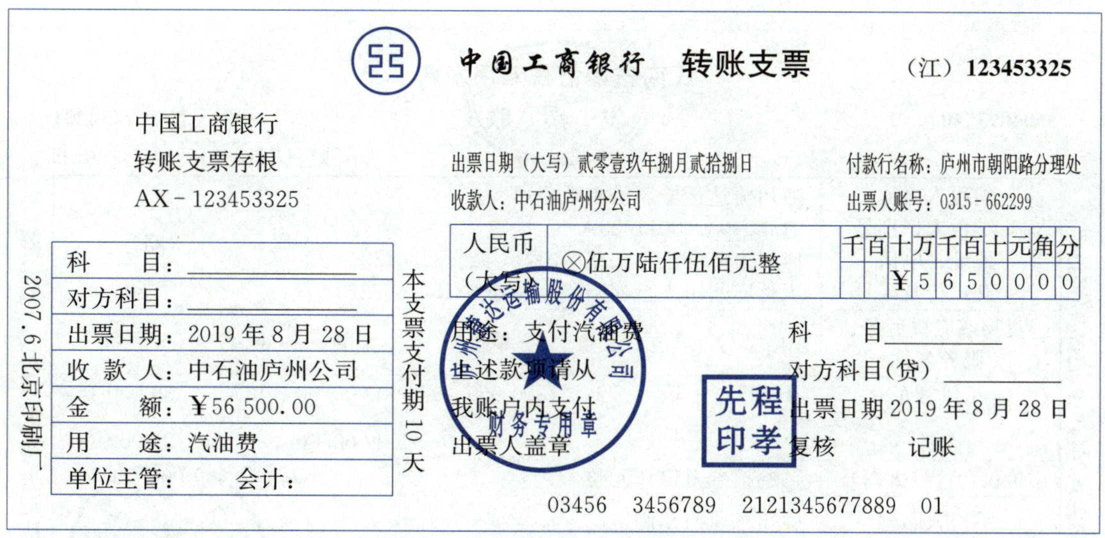

中国工商银行　转账支票　（江）123453325

中国工商银行
转账支票存根
AX－123453325

科　　目：	
对方科目：	
出票日期：	2019年8月28日
收 款 人：	中石油庐州公司
金　　额：	¥56 500.00
用　　途：	汽油费
单位主管：	会计：

2007.6北京印刷厂

本支票支付期10天

出票日期（大写）贰零壹玖年捌月贰拾捌日　付款行名称：庐州市朝阳路分理处

收款人：中石油庐州分公司　出票人账号：0315－662299

人民币（大写）	⊗伍万陆仟伍佰元整	千	百	十	万	千	百	十	元	角	分
				¥	5	6	5	0	0	0	0

用途：支付汽油费　科　　目________

上述款项请从　对方科目（贷）________

我账户内支付　出票日期2019年8月28日

出票人盖章　复核　记账

03456　3456789　2121345677889　01

【业务8】 8月30日，公司购入一台东风货车，不含税价款为30万元，款项已通过银行转账支付，取得以下原始凭证。

要求：进行购车的涉税账务处理，填制1张通用记账凭证。

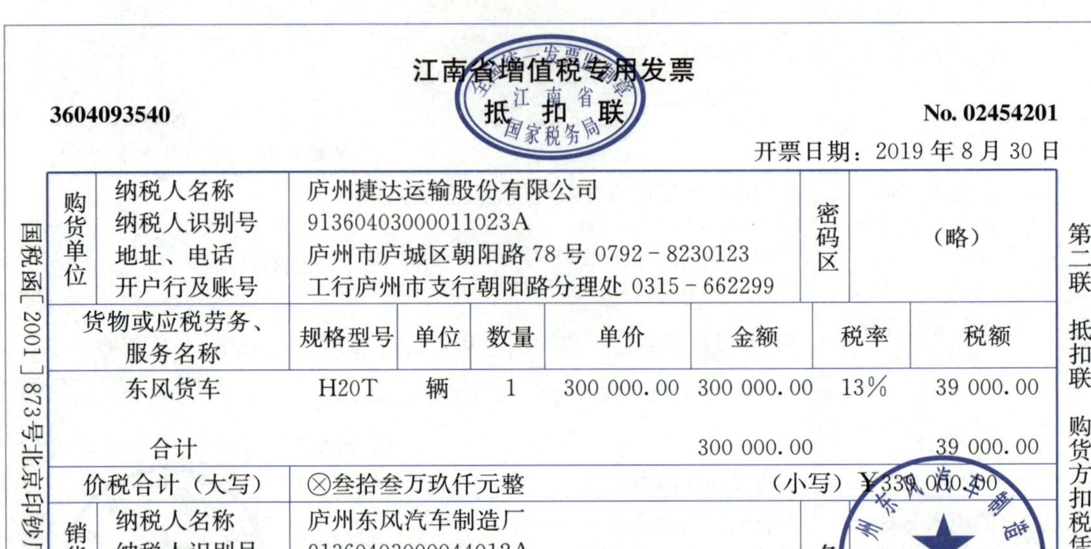

江南省增值税专用发票

抵扣联

3604093540　　No. 02454201

开票日期：2019年8月30日

购货单位	纳税人名称：庐州捷达运输股份有限公司 纳税人识别号：91360403000011023A 地址、电话：庐州市庐城区朝阳路78号 0792－8230123 开户行及账号：工行庐州市支行朝阳路分理处 0315－662299				密码区	（略）	
货物或应税劳务、服务名称	规格型号	单位	数量	单价	金额	税率	税额
东风货车	H20T	辆	1	300 000.00	300 000.00	13%	39 000.00
合计					300 000.00		39 000.00
价税合计（大写）	⊗叁拾叁万玖仟元整				（小写）￥339 000.00		
销货单位	纳税人名称：庐州东风汽车制造厂 纳税人识别号：91360403000044012A 地址、电话：庐州市开发区西昌路5号 0792－8230123 开户行及账号：工行庐州市支行开发区分理处 0315－110055				备注		

收款人：　复核：　开票人：　销货单位：（盖章）

国税函[2001]873号北京印钞厂

第二联　抵扣联　购货方扣税凭证

“营改增”后，交通运输企业的主要优惠政策

（1）纳税人提供的直接或者间接国际货物运输代理服务，免税。

（2）台湾航运公司、航空公司从事海峡两岸海上直航、空中直航业务，在大陆取得的运输收入免税。

（3）国际运输和港澳台运输适用增值税零税率。

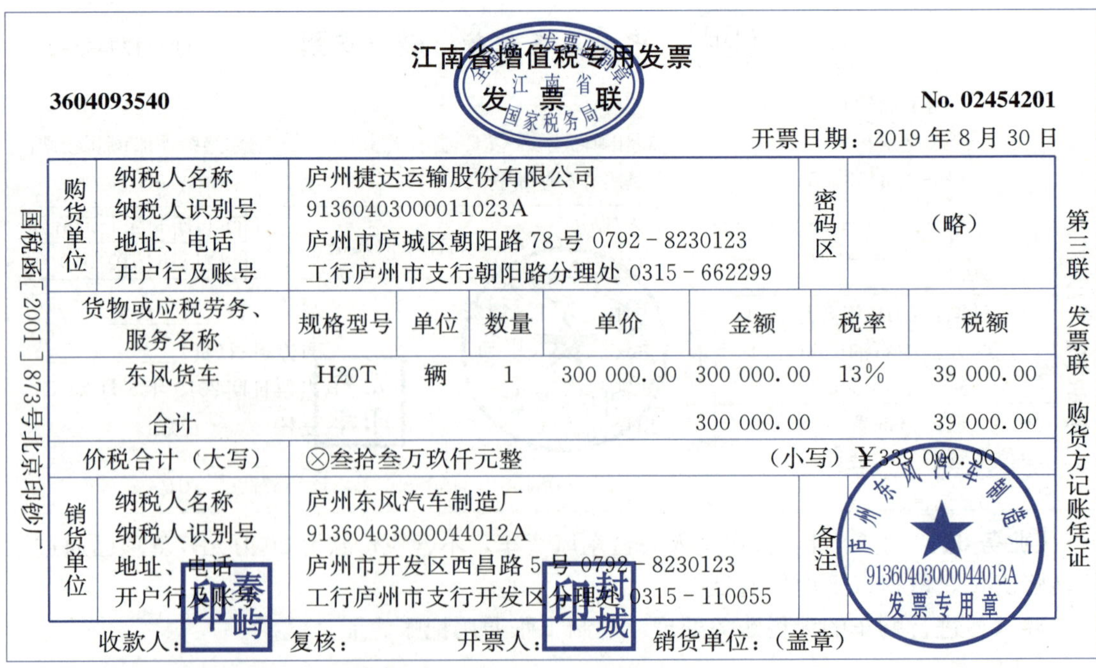

江南省增值税专用发票

发票联

3604093540　　No. 02454201

开票日期：2019年8月30日

购货单位	纳税人名称：庐州捷达运输股份有限公司 纳税人识别号：91360403000011023A 地址、电话：庐州市庐城区朝阳路78号 0792－8230123 开户行及账号：工行庐州市支行朝阳路分理处 0315－662299				密码区	（略）	
货物或应税劳务、服务名称	规格型号	单位	数量	单价	金额	税率	税额
东风货车	H20T	辆	1	300 000.00	300 000.00	13%	39 000.00
合计					300 000.00		39 000.00
价税合计（大写）	⊗叁拾叁万玖仟元整				（小写）￥339 000.00		
销货单位	纳税人名称：庐州东风汽车制造厂 纳税人识别号：91360403000044012A 地址、电话：庐州市开发区西昌路5号 0792－8230123 开户行及账号：工行庐州市支行开发区分理处 0315－110055				备注		

收款人：　复核：　开票人：　销货单位：（盖章）

国税函[2001]873号北京印钞厂

第三联　发票联　购货方记账凭证

中国工商银行 转账支票 （江）123453326

中国工商银行
转账支票存根
AX－123453326

科目：	
对方科目：	
出票日期：2019 年 8 月 30 日	
收款人：庐州东风汽车厂	
金额：￥339 000.00	
用途：购置货车	
单位主管：	会计：

2007.6 北京印刷厂

本支票支付期 10 天

出票日期（大写）贰零壹玖年捌月叁拾日　付款行名称：庐州市朝阳路分理处

收款人：庐州东风汽车制造厂　出票人账号：0315－662299

人民币（大写）	⊗叁拾叁万玖仟元整	千	百	十	万	千	百	十	元	角	分
			￥	3	3	9	0	0	0	0	0

用途：支付购车费　科目＿＿＿＿

上述款项请从　对方科目（贷）＿＿＿＿

我账户内支付　出票日期 2019 年 8 月 30 日

出票人盖章　复核　记账

庐州捷达运输股份有限公司 财务专用章　先程印孝

03456　3456789　2121345677889　01

【业务 9】 编制 8 月份应纳增值税、城建税、教育费附加汇总计算表，同时进行相应的应税账务处理。增值税发票认证结果清单见下表。

要求：(1) 编制增值税应纳税额汇总计算表，城建税、教育费附加计算表。

(2) 进行计提城建税、教育费附加的账务处理，结转未交增值税的账务处理，填制 2 张通用记账凭证。

增值税发票认证结果清单

企业名称：庐州捷达运输股份公司　统一社会信用代码：91560403000011023A

发票份数统计：3 份　金额统计：430 000.00　税额统计：52 700.00

序号	发票代码	发票号码	开票日期	销货方税号	计税金额	税额	认证时间
1	3604093540	02483012	2019－8－10	91360403000012558A	80 000.00	7 200.00	2019－8－30
2	3604093540	02453205	2019－8－28	91360403000033221A	50 000.00	6 500.00	2019－8－30
3	3604093540	02454201	2019－8－30	91360403000044012A	300 000.00	39 000.00	2019－8－30
	合计				430 000.00	52 700.00	

庐州市城区国家税务局 准予抵扣 2019年8月30日

【业务 10】 根据上述原始凭证及所填制的记账凭证，登记相关涉税账户。

要求：(1) 登记"应交税费——应交增值税""应交税费——应交增值税（进项税额）""应交税费——应交增值税（销项税额）""应交税费——未交增值税"账户。

(2) 登记"应交税费——应交城建税""应交税费——应交教育费附加"二级明细账户，以及"税金及附加"总分类账户。账户登记完成后，进行账证核对。

【业务 11】 填制增值税、城建税、教育费附加纳税申报表。

要求：(1) 填制增值税纳税申报表及其附列资料表一、表二。

(2) 填制城建税纳税申报表、教育费附加申报表。

(3) 填制两张《电子缴库专用缴款书》，通过网银缴税专用账户缴纳税款。

项目四 酒类产品及化妆品生产企业消费税会计核算与纳税申报实训

【实训目的】 通过本项目的实训操作，学生应熟练掌握消费税的应税计算、涉税账务处理、纳税申报资料填报的基本技能，为学生从事消费税办税业务奠定良好的技能基础，实现快速上岗的目标。

【实训内容】 对外销售应税消费品、自产自用应税消费品、委托加工应税消费品、应税消费品已纳消费税额扣除、查补消费税等涉税业务的账务处理，消费税涉税账户录入，消费税纳税申报资料填制等。

【实训方法】 以企业常见经济业务为基础，以仿真发票和税收票证为素材，按照《消费税暂行条例》《企业会计准则》等法规制度的规定，在实训教师的指导下，由学生自己动手进行操作，在操作中深化学习，在学习中不断提高。

【实训要求】 实训前要充分学习《消费税暂行条例》和《企业会计准则》，准备好操作用通用记账凭证、涉税账页、消费税纳税申报表及其附列资料；实训时务必自己动手，认真、仔细，按照业务流程有序操作。

实训一　酒类产品生产企业消费税会计核算与纳税申报

根据现行《增值税暂行条例》和《消费税暂行条例》的规定，消费税应税消费品也是增值税应税货物，一般情况下，各种应税消费品在计算征收消费税的同时，也应计算征收增值税。

一、企业基本资料

信州东亚酒业股份有限公司，于 2001 年 4 月 8 日经信州市工商行政管理局注册登记成立，同年 4 月 15 日办理开业税务登记和增值税一般纳税人认定。经主管税务机关核定，该公司采用查账征收方式，按月申报缴纳增值税、消费税。其基本资料如下：

（1）注册类型：股份有限公司；统一社会信用代码：91360404000045678A；计算机管理代码：00012345；法定代表人：程素素；财务负责人：汪涛涛；办税员：李仁杰；公司电话：0721－6560228。

（2）注册地址：信州市开发区星火工业园 124 号；生产经营范围：粮食白酒、薯类白酒、啤酒、药酒、酒精、饮料等产品的生产与销售；开户银行：中国工商银行信州市支行星火工业园分理处，账号：1234－212155；网银缴税专用账号：1234－212166。

(3) 国税主管机关：信州市开发区国家税务局；组织机构代码：000321812；办税服务厅经办人：董菊；电话：0721－6230089。地税主管机关：信州市开发区地方税务局；组织机构代码：000251112；办税服务厅经办人：陈天放；电话：0721－6231228。

二、涉税业务资料

以信州东亚酒业股份有限公司2019年8月消费税涉税业务为例，进行消费税的涉税会计核算与纳税申报。为了熟悉应税操作，要求按业务分笔计提消费税。

【业务1】 8月1日，销售自产A型啤酒20吨，每吨收取包装物押金300元，供消费者免费品尝1吨。销售自产A型白酒2吨，每吨收取包装物押金4 000元。取得以下原始凭证。

要求：进行销售业务及计提税费的账务处理，填制5张通用记账凭证（应税计算写在记账凭证背面）。

江南省增值税专用发票

记 账 联

3604092143　　　　　　　　　　　　　　　　　　No. 02480032

此联不作报销、扣税凭证使用　　开票日期：2019年8月1日

购货单位	纳税人名称	信州太平洋百货商场				密码区	（略）
	纳税人识别号	91360404000022334A					
	地址、电话	信州市洪山区万寿路94号 0721－6046206					
	开户行及账号	工行信州市支行万寿路分理处 0215－334411					
货物或应税劳务、服务名称	规格型号	单位	数量	单价	金额	税率	税额
啤酒	A型	吨	20	2 800.00	56 000.00	13%	7 280.00
白酒	A型	吨	2	240 000.00	480 000.00	13%	62 400.00
合计					536 000.00		69 680.00
价税合计（大写）	⊗陆拾万伍仟陆佰捌拾元整				（小写）¥605 680.00		
销货单位	纳税人名称	信州东亚酒业股份有限公司				备注	
	纳税人识别号	91360404000045678A					
	地址、电话	信州市开发区星火工业园124号 0721－6560228					
	开户行及账号	工行信州市支行星火工业园分理处 1234－212155					

收款人：印潜　　复核：　　开票人：印非　　销货单位：（盖章）

国税函[2001]873号北京印钞厂

第一联 记账联 销货方记账凭证

（印章：江南省国家税务局全国统一发票监制章；信州东亚酒业股份有限公司 91360404000045678A 发票专用章）

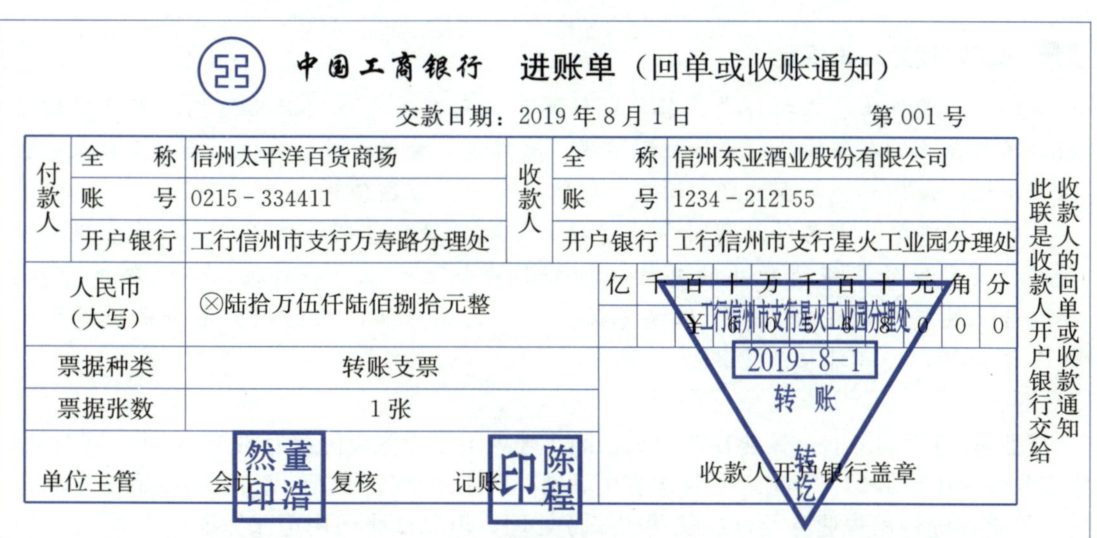

中国工商银行　进账单（回单或收账通知）

交款日期：2019 年 8 月 1 日　　　　第 001 号

付款人			收款人		
全　称	信州太平洋百货商场		全　称	信州东亚酒业股份有限公司	
账　号	0215－334411		账　号	1234－212155	
开户银行	工行信州市支行万寿路分理处		开户银行	工行信州市支行星火工业园分理处	

人民币（大写）	⊗陆拾万伍仟陆佰捌拾元整	亿	千	百	十	万	千	百	十	元	角	分
				¥	6	0	5	6	8	0	0	0
票据种类	转账支票											
票据张数	1 张											

单位主管　　会计 董浩印　　复核　　记账 陈程印　　收款人开户银行盖章

工行信州市支行星火工业园分理处 2019-8-1 转账 转讫

此联是收款人开户银行交给收款人的回单或收款通知

收款收据

No. 00123456

交款单位：信州太平洋百货商场　　　　开票日期：2019 年 8 月 1 日

款项内容	单位	数量	单价	金额 万	千	百	十	元	角	分	备注 押金期
啤酒包装物押金	吨	20	300.00		6	0	0	0	0	0	限 3 个月
白酒包装物押金	吨	2	4 000.00		8	0	0	0	0	0	限 6 个月
金额合计（大写）⊗壹万肆仟元整				（小写）¥14 000.00							

单位盖章　　　　收款人 程龙印潜　　　　开票人 米非印

第二联　记账联

库存产品出库单

科目：　　　　填开日期：2019 年 8 月 1 日　　　　对方科目：

商品名称	计量单位	数量	单位成本	金额	用途
A 型啤酒	吨	20	2 000.00	40 000.00	销售
A 型啤酒	吨	1	2 000.00	2 000.00	免费品尝
A 型白酒	吨	2	100 000.00	200 000.00	销售
合计				242 000.00	

主管：　　记账：肖兵印兵　　仓库负责人：龙达印　　部门负责人：

包装物押金应税规定

（1）一般货物包装物押金，若单独核算，押期在一年以内且不过期，不计征增值税。不符合此三个条件的，应计征增值税。除啤酒、黄酒以外的其他酒类产品包装物押金，不论如何核算、是否过期，均应于收取押金时计征增值税。

（2）对啤酒、黄酒等从量计征消费税的应税消费品包装物押金不计征消费税。从价计征消费税的应税消费品的包装物押金，符合上述三个条件的，不计征消费税；不符合上述三个条件的，应计征消费税。其他酒类产品包装物押金不论是否符合上述三个条件，一律计征消费税。

【业务 2】 8 月 4 日，销售自产 B 型白酒 1 吨，不含增值税价款为 300 000 元，同时从购货方取得价外补贴 24 000 元。另销售食用酒精、药用酒精各 100 千克。取得原始凭证如下。

要求：进行销售业务及计提税费的账务处理，填制 2 张通用记账凭证。

江南省增值税专用发票

记 账 联

3604092143　　No. 02480033

此联不作报销、扣税凭证使用　　开票日期：2019 年 8 月 4 日

购货单位	纳税人名称 纳税人识别号 地址、电话 开户行及账号	庐州派拉蒙百货商场 91360403000011552A 庐州市新城区景秀路 94 号 0791－8236206 工行庐州市支行景秀路分理处 0212－332213			密码区	（略）	
货物或应税劳务、服务名称	规格型号	单位	数量	单价	金额	税率	税额
白酒	B 型	吨	1	300 000.00	300 000.00	13%	39 000.00
食用酒精	60°	千克	100	100.00	10 000.00	13%	1 300.00
药用酒精	90°	千克	100	120.00	12 000.00	13%	1 560.00
合计					322 000.00		41 860.00
价税合计（大写）	⊗叁拾陆万叁仟捌佰陆拾元整				（小写）¥363 860.00		
销货单位	纳税人名称 纳税人识别号 地址、电话 开户行及账号	信州东亚酒业股份有限公司 91360404000045678A 信州市开发区星火工业园 124 号 0721－6560228 工行信州市支行星火工业园分理处 1234－212155			备注		

收款人：　　复核：　　开票人：　　销货单位：（盖章）

第一联 记账联 销货方记账凭证

国税函［2001］873 号北京印钞厂

酒精等应税消费品政策调整

（1）自 2016 年 10 月 1 日起，高档化妆品进口消费税税率由 30%下降为 15%。

（2）自 2014 年 12 月 1 日起，取消酒精、汽车轮胎、含铅汽油和小排量摩托车（小于 250 毫升）消费税。

收款收据

No. 00123457

交款单位：庐州派拉蒙百货商场　　　　开票日期：2019年8月4日

款项内容	单位	数量	单价	金额							备注
				万	千	百	十	元	角	分	
B型白酒价外补贴	吨	1	24 000.00	2	4	0	0	0	0	0	
合计金额（大写）⊗贰万肆仟元整				（小写）￥24 000.00							

单位盖章　　收款人　龙程印潜　　开票人　印米非

第二联　记账联

实务操作技巧

（1）为了防止实训操作时计算错误，计税时应分项进行，先计算增值税的销项税，再计算应纳消费税，将计算过程详细列示在记账凭证的背面。

（2）销售价格补贴、包装物押金等价外费用收入均是含税的，计税时应换算成不含增值税的价格计算增值税和消费税。

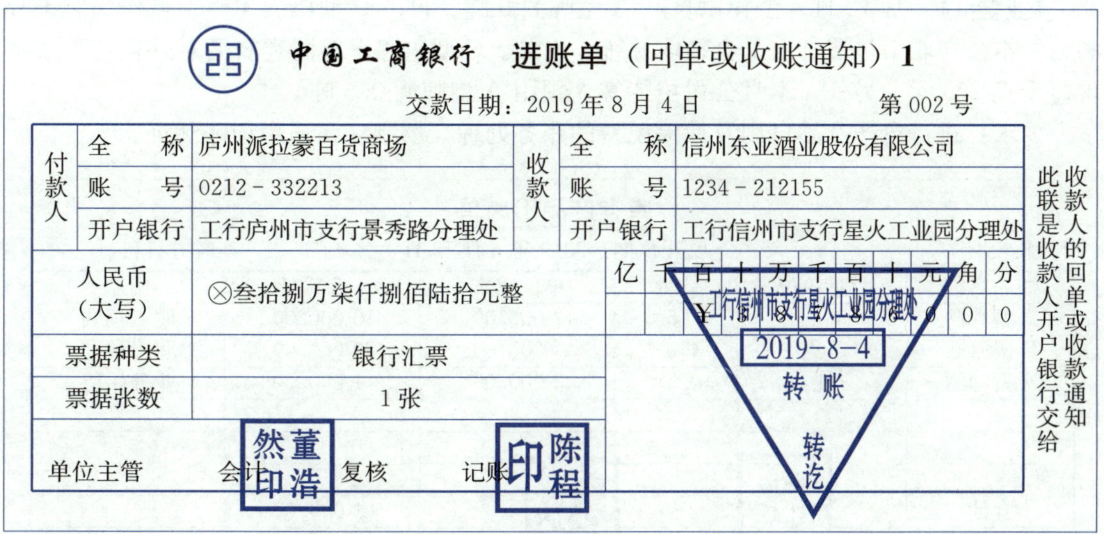

中国工商银行　进账单（回单或收账通知）1

交款日期：2019年8月4日　　第002号

付款人	全称	庐州派拉蒙百货商场	收款人	全称	信州东亚酒业股份有限公司
	账号	0212-332213		账号	1234-212155
	开户银行	工行庐州市支行景秀路分理处		开户银行	工行信州市支行星火工业园分理处

人民币（大写）	⊗叁拾捌万柒仟捌佰陆拾元整	亿	千	百	十	万	千	百	十	元	角	分
				￥	3	8	7	8	6	0	0	0
票据种类	银行汇票											
票据张数	1张											

单位主管　会计　然董印浩　复核　记账　印陈程

工行信州市支行星火工业园分理处　2019-8-4　转账　转讫

此联是收款人开户银行交给收款人的回单或收款通知

【业务3】8月6日，以自产B型白酒1吨抵偿白水湖农场晚稻货款360 000元，不足或多余部分不再结算。B型白酒当月平均不含税售价为300 000元，最高售价为310 000元。取得如下原始凭证。

要求：进行抵偿债务及计提税费的账务处理，填制2张通用记账凭证。

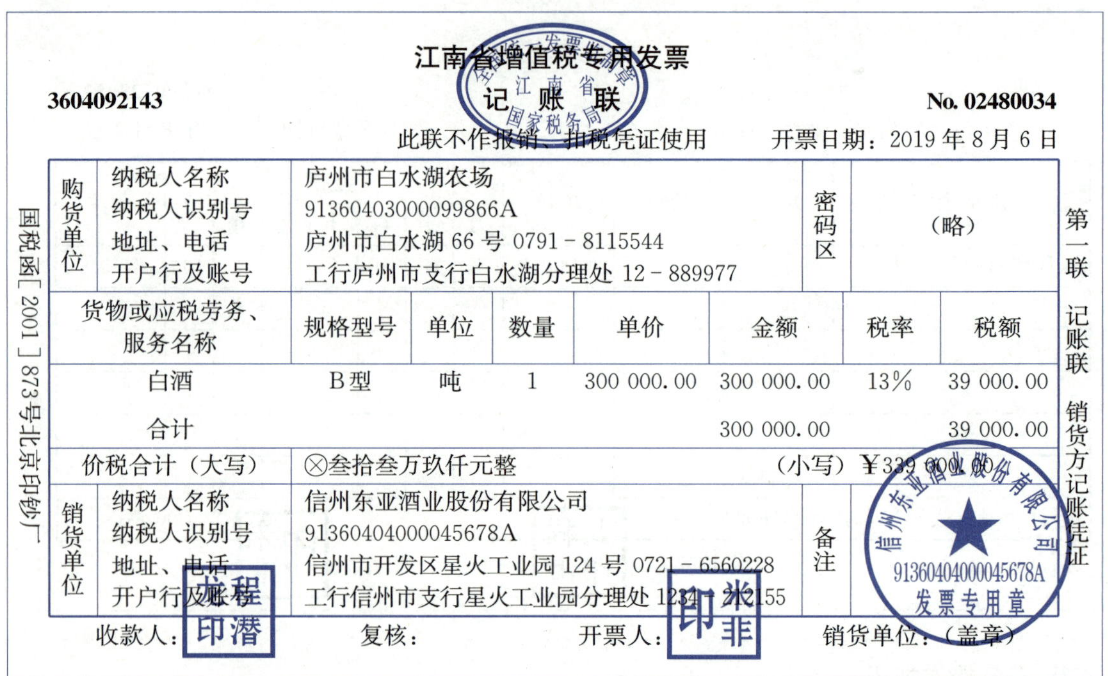

江南省增值税专用发票

记 账 联

3604092143　　No. 02480034

此联不作报销、扣税凭证使用　　开票日期：2019 年 8 月 6 日

购货单位	纳税人名称	庐州市白水湖农场					密码区	（略）
	纳税人识别号	91360403000099866A						
	地址、电话	庐州市白水湖 66 号 0791－8115544						
	开户行及账号	工行庐州市支行白水湖分理处 12－889977						

货物或应税劳务、服务名称	规格型号	单位	数量	单价	金额	税率	税额
白酒	B 型	吨	1	300 000.00	300 000.00	13%	39 000.00
合计					300 000.00		39 000.00
价税合计（大写）	⊗叁拾叁万玖仟元整				（小写）￥339 000.00		

销货单位	纳税人名称	信州东亚酒业股份有限公司	备注
	纳税人识别号	91360404000045678A	
	地址、电话	信州市开发区星火工业园 124 号 0721－6560228	
	开户行及账号	工行信州市支行星火工业园分理处 1234－282155	

收款人：程潜　　复核：　　开票人：米非　　销货单位：（盖章）

国税函[2001]873号北京印钞厂

第一联 记账联 销货方记账凭证

应税消费品按最高售价计税适用范围

用自产应税消费品换取生产生活资料、抵偿债务、对外投资，有同类产品对外销售的，按同类产品对外销售最高价计征消费税。

【业务 4】 8 月 12 日，公司以自产 A 型啤酒 5 吨、自产 C 型白酒 400 千克作为职工福利分给本公司职工过节，由工会领取并统一发放。C 型白酒没有同类产品对外销售，成本价每千克 200 元。另外，本月公司招待客人领用 A 型啤酒 0.5 吨。

要求：进行自产产品自用及计提税费的账务处理，填制 3 张通用记账凭证。

库存产品出库单

科目：　　填开日期：2019 年 8 月 12 日　　对方科目：

商品名称	计量单位	数量	单位成本	金额	用途
A 型啤酒	吨	5	2 000.00	10 000.00	职工福利
C 型白酒	千克	400	200.00	80 000.00	职工福利
A 型啤酒	吨	0.5	2 000.00	1 000.00	业务招待
合计				91 000.00	

主管：　　记账：肖兵　　仓库负责人：龙达　　部门负责人：

【业务 5】 8 月 18 日，销售 B 型啤酒 10 吨，使用公司车队送货上门，收取运输费 1 000 元。另外，每吨收取包装物押金 300 元。取得以下原始凭证。

要求：进行销售业务及计提税费的账务处理，填制 2 张通用记账凭证（注意啤酒适用税率的确定）。

江南省增值税专用发票

记　账　联

3604092143　　　　No. 02480038

此联不作报销、扣税凭证使用　　开票日期：2019 年 8 月 18 日

国税函[2001]873号北京印钞厂

购货单位	纳税人名称 纳税人识别号 地址、电话 开户行及账号	吉州福特化纤股份有限公司 91360408000011223A 吉州市福山区广州路 284 号 0653－6034123 工行吉州市支行广州路分理处 0315－331101				密码区	（略）
货物或应税劳务、服务名称	规格型号	单位	数量	单价	金额	税率	税额
啤酒	B型	吨	10	2 700.00	27 000.00	13%	3 510.00
合计					27 000.00		3 510.00
价税合计（大写）	⊗叁万零伍佰壹拾元整				（小写）¥30 510.00		
销货单位	纳税人名称 纳税人识别号 地址、电话 开户行及账号	信州东亚酒业股份有限公司 91360404000045678A 信州市开发区星火工业园 124 号 0721－6560228 工行信州市支行星火工业园分理处 1234－242155				备注	信州东亚酒业股份有限公司 91360404000045678A 发票专用章

收款人：程潜印　　复核：　　开票人：米非印　　销货单位：（盖章）

第一联　记账联　销货方记账凭证

江南省增值税专用发票

记　账　联

3604092143　　　　No. 02480039

此联不作报销、扣税凭证使用　　开票日期：2019 年 8 月 18 日

国税函[2001]873号北京印钞厂

购货单位	纳税人名称 纳税人识别号 地址、电话 开户行及账号	吉州福特化纤股份有限公司 91360408000011223A 吉州市福山区广州路 284 号 0653－6034123 工行吉州市支行广州路分理处 0315－331101				密码区	（略）
货物或应税劳务、服务名称	规格型号	单位	数量	单价	金额	税率	税额
货物运输					1 000.00	9%	90.00
合计					1 000.00		90.00
价税合计（大写）	⊗壹仟零玖拾元整				（小写）¥1 090.00		
销货单位	纳税人名称 纳税人识别号 地址、电话 开户行及账号	信州东亚酒业股份有限公司 91360404000045678A 信州市开发区星火工业园 124 号 0721－6560228 工行信州市支行星火工业园分理处 1234－242155				备注	信州东亚酒业股份有限公司 91360404000045678A 发票专用章

收款人：程潜印　　复核：　　开票人：米非印　　销货单位：（盖章）

第一联　记账联　销货方记账凭证

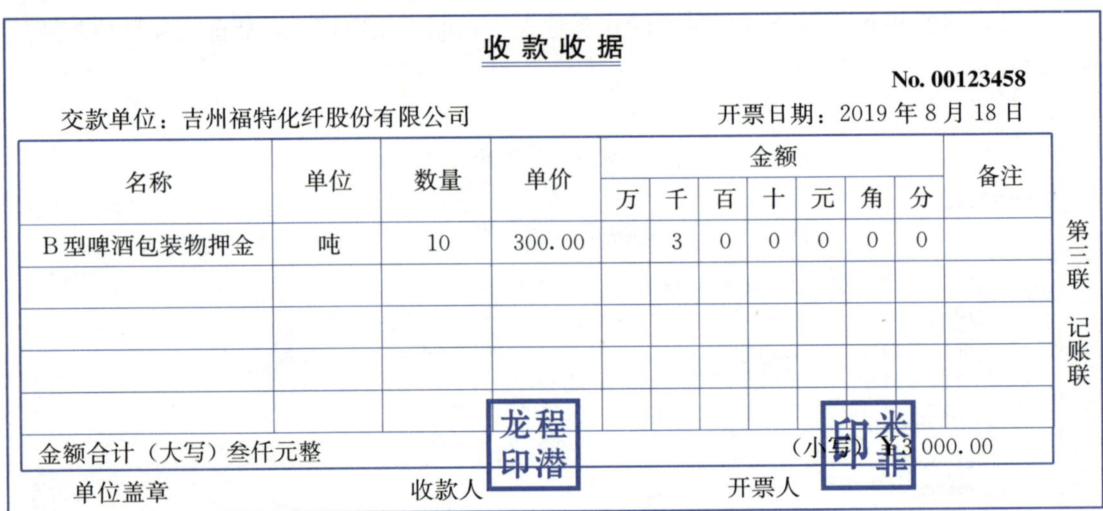

收款收据

No. 00123458

交款单位：吉州福特化纤股份有限公司　　开票日期：2019 年 8 月 18 日

名称	单位	数量	单价	金额							备注
				万	千	百	十	元	角	分	
B 型啤酒包装物押金	吨	10	300.00		3	0	0	0	0	0	
金额合计（大写）叁仟元整				(小写) ¥3 000.00							

单位盖章　　收款人　　开票人

第三联　记账联

啤酒消费税应税规定

（1）计算啤酒应纳消费税时，应先计算啤酒出厂价，进而确定啤酒适用税率。每吨出厂价 3 000 元以上（含）的，适用税率为 250 元/吨；每吨出厂价 3 000 元以下的，适用税率为 220 元/吨。啤酒出厂价包括售价、包装物租金、押金和其他价外费用，但不含增值税。

（2）啤酒包装物押金符合三个条件的不计征增值税，不符合三个条件的要计征增值税；啤酒包装物租金或押金不计征消费税。三个条件为：单独核算，押期在一年以内且不过期。

（3）娱乐业、饮食业、商业自制啤酒销售，不论售价高低，均按每吨 250 元征收消费税。

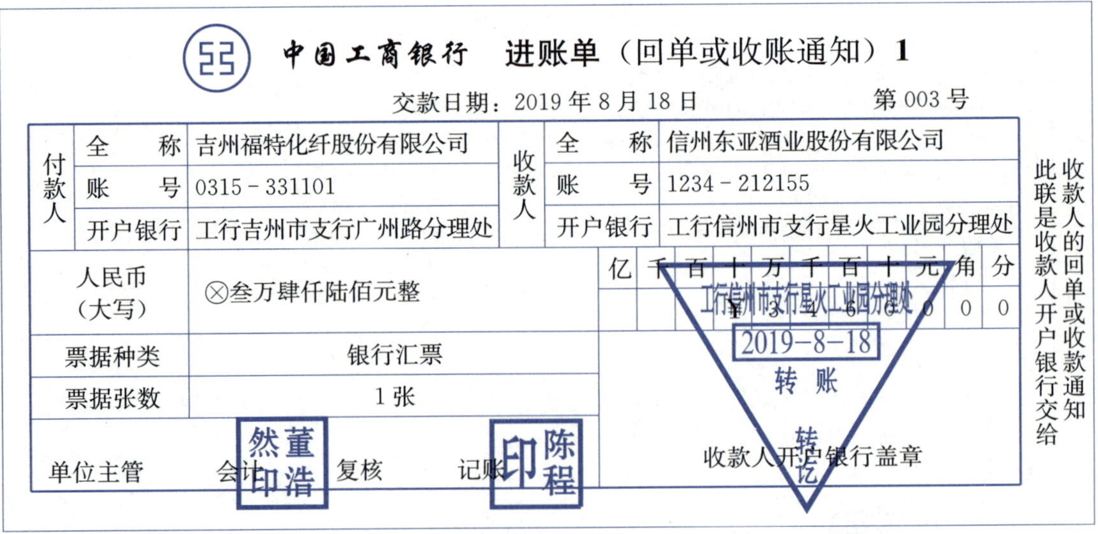

中国工商银行　进账单（回单或收账通知）1

交款日期：2019 年 8 月 18 日　　第 003 号

付款人	全称	吉州福特化纤股份有限公司	收款人	全称	信州东亚酒业股份有限公司
	账号	0315－331101		账号	1234－212155
	开户银行	工行吉州市支行广州路分理处		开户银行	工行信州市支行星火工业园分理处

人民币（大写）	⊗叁万肆仟陆佰元整	亿	千	百	十	万	千	百	十	元	角	分
					¥	3	4	6	0	0	0	0
票据种类	银行汇票											
票据张数	1 张											

单位主管　会计　复核　记账　　收款人开户银行盖章

此联是收款人开户银行交给收款人的回单或收款通知

【业务 6】8 月 31 日，本月初调拨给非独立核算门市部 A 型啤酒 2 吨，A 型白酒 1 000 千克，B 型白酒 400 千克。门市部当月销售 80%，取得以下原始凭证。

要求：进行销售业务及计提税费的账务处理，填制 2 张通用记账凭证（注意独立门市部与非独立门市部销售的区别）。

产品调拨单

科目：　　　　填开日期：2019 年 8 月 2 日　　　　对方科目：

商品名称	计量单位	数量	单位成本	内部核算价	小计	用途
A 型啤酒	吨	2	2 000.00	2 400.00	4 800.00	东亚酒业门市部
A 型白酒	千克	1 000	50.00	80.00	80 000.00	东亚酒业门市部
B 型白酒	千克	400	80.00	120.00	48 000.00	东亚酒业门市部
金额合计	⊗壹拾叁万贰仟捌佰元整			￥132 800.00		

主管：　　记账：龙达印　　仓库负责人：肖兵印　　部门负责人：

应用提示

通过非独立核算门市部销售应税消费品的，按门市部销售价格计征增值税和消费税，公司调拨给门市部时不计征增值税和消费税。通过独立核算门市部销售应税消费品的，应按公司调拨给门市部的价格计征增值税和消费税，门市部再销售时只计征增值税，不再计征消费税。

东亚酒业门市部商品销售统计表

2019 年 8 月 31 日

商品名称	计量单位	销售数量	销售单价	销售金额	库存数量
A 型啤酒	瓶	3 200	3.00	9 600.00	800
A 型白酒	千克	800	150.00	120 000.00	200
B 型白酒	千克	320	180.00	57 600.00	80
合计	⊗壹拾捌万柒仟贰佰元整			￥187 200.00	

会计：龙达印　　出纳：龙潜印　　门市部负责人：李君印　　门市部盖章：（信州东亚酒业股份有限公司 信阳路门市部 信州市信阳路168号）

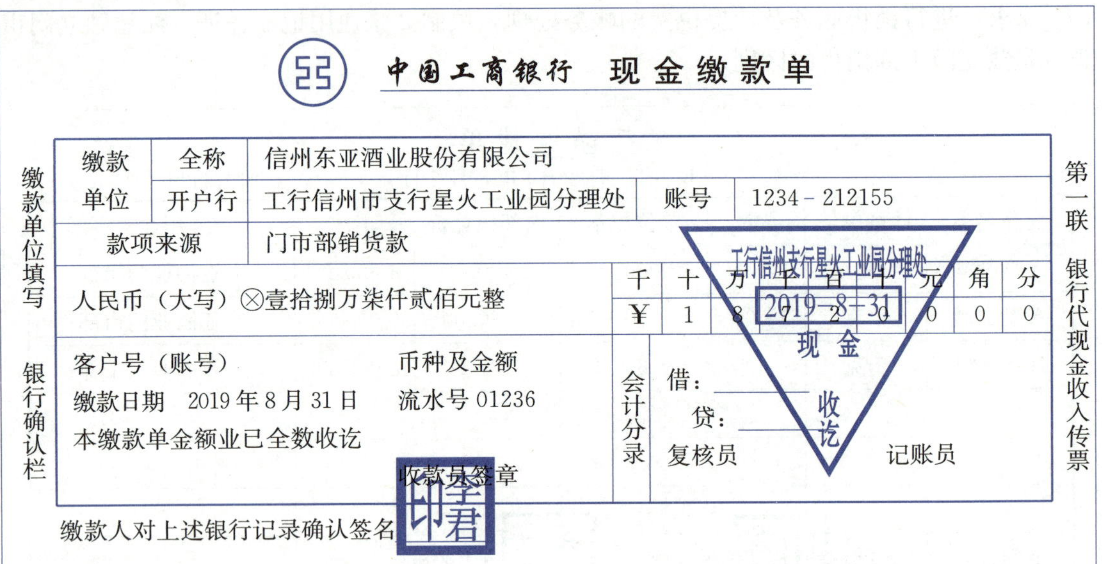

中国工商银行　现金缴款单

缴款单位	全称	信州东亚酒业股份有限公司												
	开户行	工行信州市支行星火工业园分理处	账号	1234-212155										
款项来源		门市部销货款												
人民币（大写）⊗壹拾捌万柒仟贰佰元整				千	十	万	千	百	十	元	角	分		
				¥	1	8	7	2	0	0	0	0		
客户号（账号） 缴款日期　2019年8月31日 本缴款单金额业已全数收讫		币种及金额 流水号 01236 收款员签章		会计分录	借： 贷： 复核员				记账员					

缴款单位填写　银行确认栏

第一联　银行代现金收入传票

工行信州支行星火工业园分理处　2019-8-31　现金　收讫

李君印

缴款人对上述银行记录确认签名

【业务7】编制应纳税额汇总计算表，汇总计提消费税、城建税、教育费附加，并进行相应的应税账务处理。

要求：(1) 编制消费税汇总计算表以及城建税、教育费附加计算表。

(2) 进行城建税、教育费附加的应税账务处理，填制1张通用记账凭证。

【业务8】根据1～6笔业务的原始凭证和记账凭证，登记消费税、城建税、教育费附加、税金及附加涉税账户。

要求：(1) 登记“应交税费——应交消费税”“应交税费——应交城建税”“应交税费——应交教育费附加”明细账户，以及“税金及附加”总分类账户。

(2) 账户登记完成之后，进行账账核对。

【业务9】填制纳税申报表及其附列资料，填制《电子缴库专用缴款书》，为按期缴纳应纳税款做好准备。

要求：(1) 填制酒类产品消费税纳税申报表及其附列资料。

(2) 填制城建税纳税申报表、教育费附加申报表。

(3) 填制两份《电子缴库专用缴款书》。

实训二　化妆品生产企业消费税会计核算与纳税申报

一、企业基本资料

庐州保洁化妆品股份有限公司，于2004年4月8日经庐州市工商行政管理局注册登记成立，同年4月15日办理开业税务登记和增值税一般纳税人认定。采用查账征收方式，按月申报缴纳增值税、消费税。其基本资料如下：

（1）注册类型：股份有限公司；统一社会信用代码：91360403000022555A；计算机管理代码：00121212；法定代表人：罗肖英；财务负责人：扬大力；办税员：米高扬；公司电话：0792－7348822。

（2）注册地址：庐州市开发区化工园88号；生产经营范围：眉笔、唇膏、指甲油、粉底霜、香水等化妆品的生产与销售；开户银行：中国工商银行庐州市支行开发区分理处，账号：0234－110055；网银缴税专用账号：0234－110066。

（3）国税主管机关：庐州市开发区国家税务局；组织机构代码：000321812；办税服务厅经办人：董菊；电话：0792－6230089。地税主管机关：庐州市开发区地方税务局；组织机构代码：000320114；办税服务厅经办人：李明；电话：0792－2234568。

二、涉税业务资料

以庐州保洁化妆品股份有限公司2019年7月消费税涉税业务为例，以仿真票据单证为载体进行列示，学生按照业务发生顺序逐笔填制记账凭证，进行账务处理，月末登记消费税涉税账户，编制消费税纳税申报资料。

【业务1】7月2日，从庐州景泰日用化工厂采购一批香料，送往南昌利娜化妆品股份有限公司加工香精，购货款已通过开户银行付讫，取得以下原始凭证。

要求：进行采购业务、委托加工物资的账务处理，填制2张通用记账凭证。

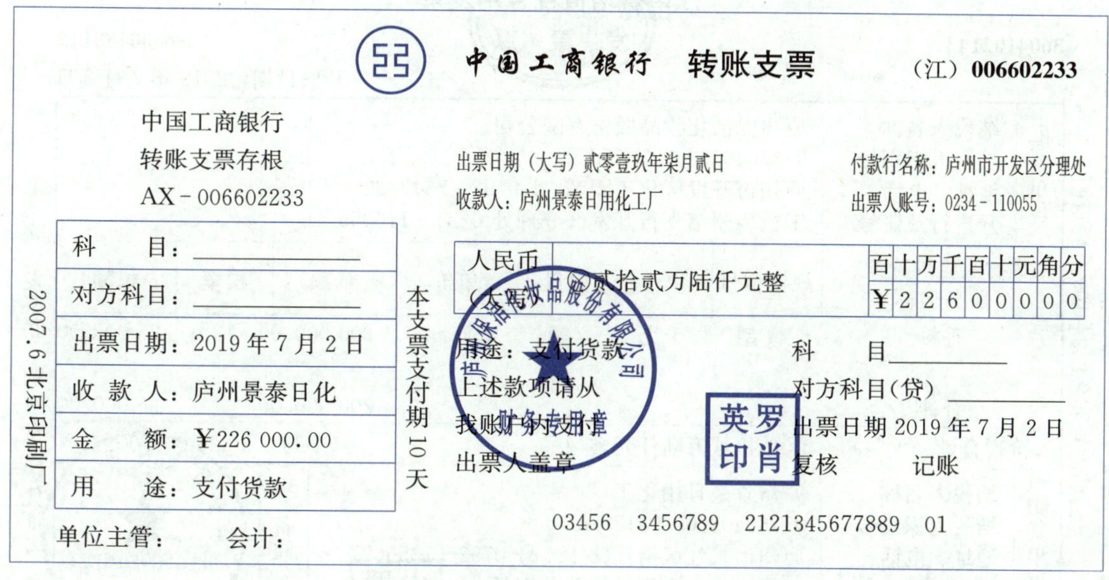

中国工商银行　转账支票　（江）006602233

中国工商银行
转账支票存根
AX－006602233

科　　目：	
对方科目：	
出票日期：	2019年7月2日
收 款 人：	庐州景泰日化
金　　额：	￥226 000.00
用　　途：	支付货款

单位主管：　　会计：

2007.6北京印刷厂

本支票支付期10天

出票日期（大写）贰零壹玖年柒月贰日　　付款行名称：庐州市开发区分理处
收款人：庐州景泰日用化工厂　　出票人账号：0234－110055

人民币（大写）	⊗贰拾贰万陆仟元整	百	十	万	千	百	十	元	角	分
		￥	2	2	6	0	0	0	0	0

用途：支付货款　　科　　目
上述款项请从　　对方科目（贷）
我账户内支付　　出票日期2019年7月2日
出票人盖章　　复核　　记账

（印章：庐州保洁化妆品股份有限公司 财务专用章；罗肖英印）

03456　3456789　2121345677889　01

成套化妆品应税账务处理提示

销售成套化妆品时，成套化妆品中的非应税消费品不论其价格是否分开核算，均应一并征收化妆品消费税。

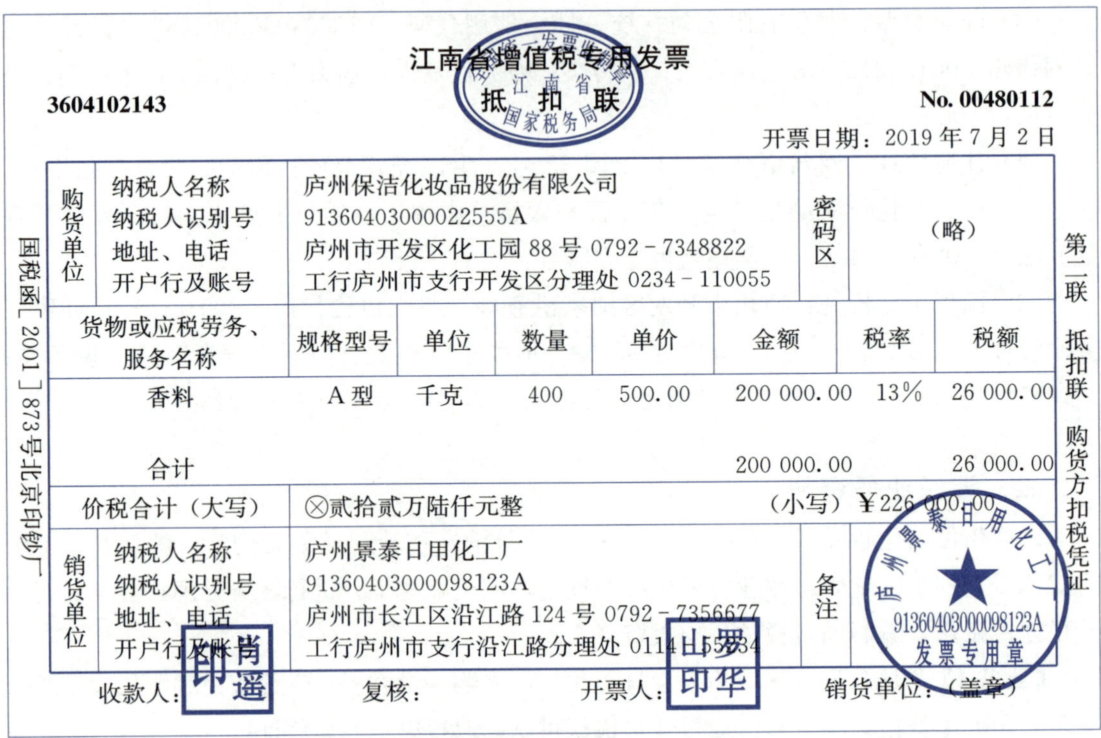

江南省增值税专用发票

抵扣联

3604102143 No. 00480112

开票日期：2019 年 7 月 2 日

购货单位	纳税人名称 纳税人识别号 地址、电话 开户行及账号	庐州保洁化妆品股份有限公司 91360403000022555A 庐州市开发区化工园 88 号 0792－7348822 工行庐州市支行开发区分理处 0234－110055				密码区	（略）
货物或应税劳务、服务名称	规格型号	单位	数量	单价	金额	税率	税额
香料	A 型	千克	400	500.00	200 000.00	13%	26 000.00
合计					200 000.00		26 000.00
价税合计（大写）	⊗贰拾贰万陆仟元整				（小写）￥226 000.00		
销货单位	纳税人名称 纳税人识别号 地址、电话 开户行及账号	庐州景泰日用化工厂 91360403000098123A 庐州市长江区沿江路 124 号 0792－7356677 工行庐州市支行沿江路分理处 0114－55834				备注	

收款人：肖遥 复核： 开票人：罗华 销货单位：（盖章）

国税函[2001]873号北京印钞厂

第二联 抵扣联 购货方扣税凭证

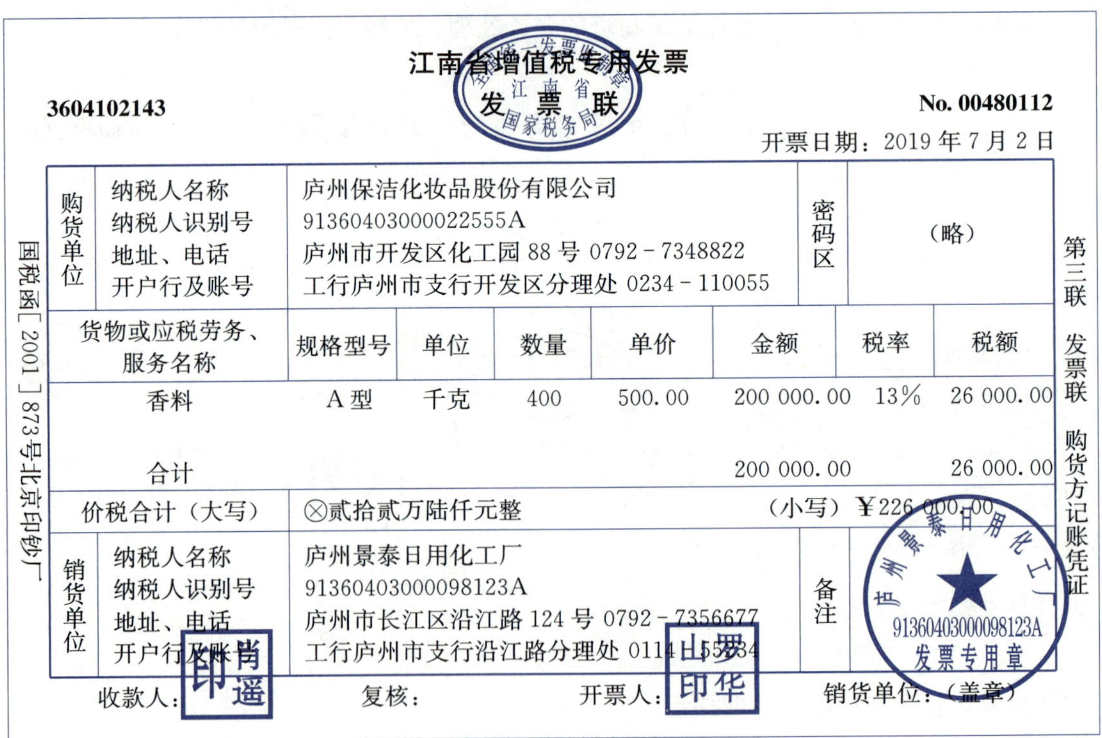

江南省增值税专用发票

发票联

3604102143 No. 00480112

开票日期：2019 年 7 月 2 日

购货单位	纳税人名称 纳税人识别号 地址、电话 开户行及账号	庐州保洁化妆品股份有限公司 91360403000022555A 庐州市开发区化工园 88 号 0792－7348822 工行庐州市支行开发区分理处 0234－110055				密码区	（略）
货物或应税劳务、服务名称	规格型号	单位	数量	单价	金额	税率	税额
香料	A 型	千克	400	500.00	200 000.00	13%	26 000.00
合计					200 000.00		26 000.00
价税合计（大写）	⊗贰拾贰万陆仟元整				（小写）￥226 000.00		
销货单位	纳税人名称 纳税人识别号 地址、电话 开户行及账号	庐州景泰日用化工厂 91360403000098123A 庐州市长江区沿江路 124 号 0792－7356677 工行庐州市支行沿江路分理处 0114－55834				备注	

收款人：肖遥 复核： 开票人：罗华 销货单位：（盖章）

国税函[2001]873号北京印钞厂

第三联 发票联 购货方记账凭证

【业务 2】 7 月 10 日，公司收回南昌利娜化妆品股份有限公司加工的香精，支付加工费、加工费增值税、加工环节消费税，取得以下原始凭证。

要求：进行开具汇票，支付加工费、加工环节消费税和增值税、运费，收回委托加工物资，余款转回的账务处理，填制 6 张通用记账凭证（将消费税计算过程列在记账凭证后面）。

付款期限 壹个月

中国工商银行
银行汇票　　2　地名 BA 01　0034156891

出票日期（大写）	贰零壹玖年柒月陆日	代理付款行：工行南昌市开发区分理处　行号：0214		
收款人：南昌利娜化妆品股份有限公司		账号：0214－89765		
出票金额	人民币（大写）	⊗贰拾肆万陆仟元整		246 000.00
申请人：庐州保洁化妆品股份有限公司		账号：0234－110055		
出票行：工行庐州市支行开发区分理处　行号：0234		密押：		科目（借）____ 对方科目______ 兑付日期：2019 年 7 月 10 日 复核　记账
备注：		多余金额		
凭票付款		十 万 千 百 十 元 角 分		
出票行签章		0 0 1 6 7 0 5 9		

第一联 存根 付款方记账传票

中国工商银行庐州市支行 汇票专用章 0234-01

江南省增值税专用发票
抵扣联

3604092143　　No. 00340267

开票日期：2019 年 7 月 10 日

购货单位	纳税人名称 纳税人识别号 地址、电话 开户行及账号	庐州保洁化妆品股份有限公司 91360403000022555A 庐州市开发区化工园 88 号 0792－7348822 工行庐州市支行开发区分理处 0234－110055			密码区	（略）	
货物或应税劳务、服务名称	规格型号	单位	数量	单价	金额	税率	税额
香精加工费		千克	100	1 600.00	160 000.00	13%	20 800.00
合计					160 000.00		20 800.00
价税合计（大写）	⊗壹拾捌万零捌佰元整				（小写）¥180 800.00		
销货单位	纳税人名称 纳税人识别号 地址、电话 开户行及账号	南昌利娜化妆品股份有限公司 91360401000066223A 南昌市开发区赣江路 108 号 0792－6623553 工行南昌市支行开发区分理处 0214－89765			备注	南昌利娜化妆品股份有限公司 91360401000066223A 发票专用章	

收款人：何伟印　　复核：　　开票人：陈卫印　　销货单位：（盖章）

国税函[2001]873号北京印钞厂

第二联 抵扣联 购货方扣税凭证

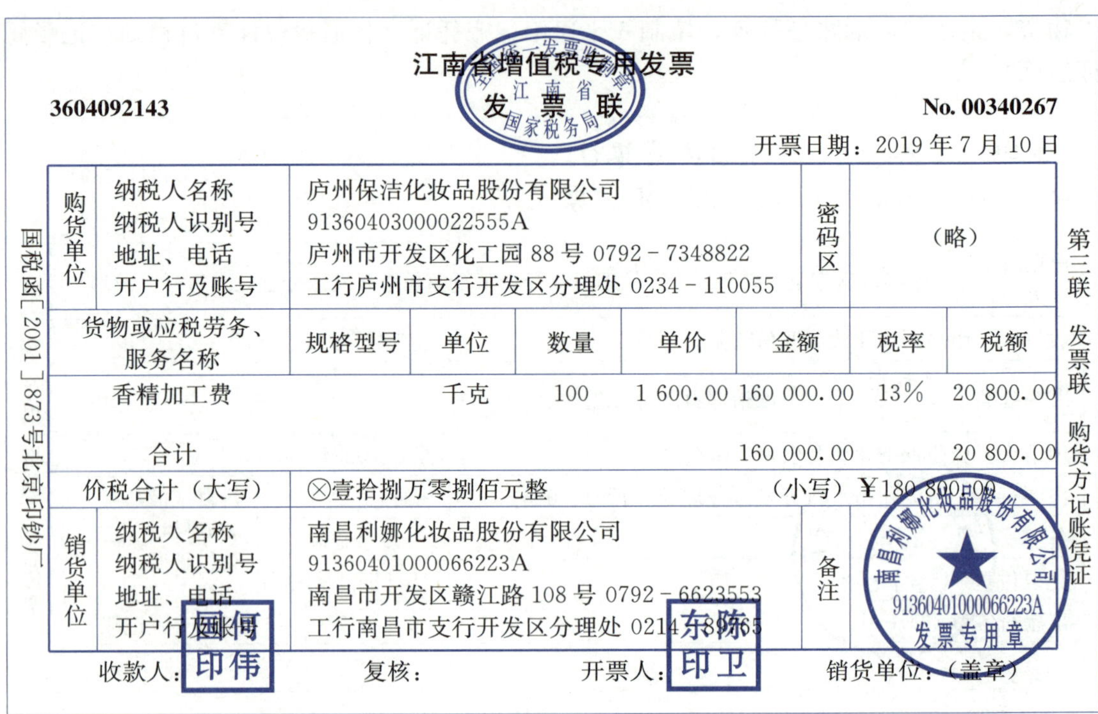

江南省增值税专用发票

发票联

3604092143 No. 00340267

开票日期：2019年7月10日

购货单位	纳税人名称 纳税人识别号 地址、电话 开户行及账号	庐州保洁化妆品股份有限公司 91360403000022555A 庐州市开发区化工园88号 0792－7348822 工行庐州市支行开发区分理处 0234－110055				密码区	（略）
货物或应税劳务、服务名称	规格型号	单位	数量	单价	金额	税率	税额
香精加工费		千克	100	1 600.00	160 000.00	13%	20 800.00
合计					160 000.00		20 800.00
价税合计（大写）	⊗壹拾捌万零捌佰元整				（小写）¥180 800.00		
销货单位	纳税人名称 纳税人识别号 地址、电话 开户行及账号	南昌利娜化妆品股份有限公司 91360401000066223A 南昌市开发区赣江路108号 0792－6623553 工行南昌市支行开发区分理处 0214－389565				备注	

收款人：何伟　　复核：　　开票人：陈卫　　销货单位：（盖章）

国税函[2001]873号北京印钞厂

第三联 发票联 购货方记账凭证

中华人民共和国

代扣代收税款凭证

99江国代 No. 000234568

填发日期：2019年7月10日

主管税务机关：南昌市开发区国家税务局

纳税人	代码	91360403000022555A	扣缴义务人	代码	91360401000066223A
	全称	庐州保洁化妆品股份有限公司		全称	南昌利娜化妆品股份有限公司
	地址	庐州市开发区化工园88号		地址	南昌市开发区赣江路108号
注册类型		股份有限公司	税款所属时间		2019年7月10日

税种	征税项目	课税数量	计税金额	税率或单位税额	扣除额	十	万	千	百	十	元	角	分
消费税	化妆品	100千克	423 529.41	15%		¥	6	3	5	2	9	4	1
金额合计（大写）陆万叁仟伍佰贰拾玖元肆角壹分						¥	6	3	5	2	9	4	1
主管税务机关（盖章）		扣缴义务人（盖章）		填票人（盖章）		备注							

江南省国家税务局[2011]

第二联 扣税后交纳税人作记账凭证

委托加工应税消费品组成计税价格

委托加工应税消费品的消费税由受托方代扣代缴。如果受托方没有同类产品对外销售，按组成计税价格计税，公式为：组成计税价格＝（原料成本＋加工费）÷（1－消费税比例税率）。如果是适用复合税率的应税消费品，在公式分子中还应再加上定额税。

江南省增值税专用发票

抵扣联

3604092143　　　　**No. 00340286**

开票日期：2019 年 7 月 10 日

购货单位	纳税人名称 纳税人识别号 地址、电话 开户行及账号	庐州保洁化妆品股份有限公司 91360403000022555A 庐州市开发区化工园 88 号 0792－7348822 工行庐州市支行开发区分理处 0234－110055			密码区	（略）	
货物或应税劳务、服务名称	规格型号	单位	数量	单价	金额	税率	税额
货物运输					2 000.00	9%	180.00
合计					2 000.00		180.00
价税合计（大写）	⊗贰仟壹佰捌拾元整				（小写）￥2 180.00		
销货单位	纳税人名称 纳税人识别号 地址、电话 开户行及账号	庐州信捷货物运输公司 91360403000066552A 庐州市开发区沿江路 18 号 0792－6623553 工行庐州市支行开发区分理处 0214－89265			备注		

收款人：何易印加　　复核：　　开票人：肖邦印　　销货单位：（盖章）

第二联　抵扣联　购货方扣税凭证

国税函［2001］873号北京印钞厂

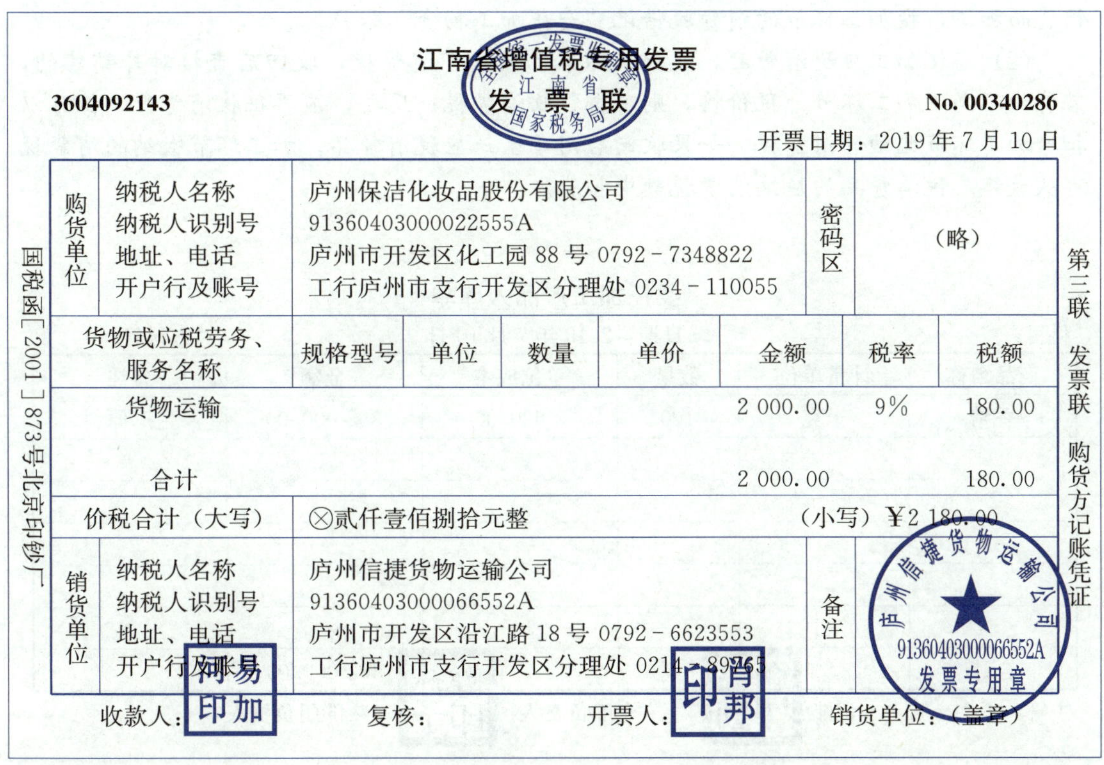

江南省增值税专用发票

发票联

3604092143　　　　**No. 00340286**

开票日期：2019 年 7 月 10 日

购货单位	纳税人名称 纳税人识别号 地址、电话 开户行及账号	庐州保洁化妆品股份有限公司 91360403000022555A 庐州市开发区化工园 88 号 0792－7348822 工行庐州市支行开发区分理处 0234－110055			密码区	（略）	
货物或应税劳务、服务名称	规格型号	单位	数量	单价	金额	税率	税额
货物运输					2 000.00	9%	180.00
合计					2 000.00		180.00
价税合计（大写）	⊗贰仟壹佰捌拾元整				（小写）￥2 180.00		
销货单位	纳税人名称 纳税人识别号 地址、电话 开户行及账号	庐州信捷货物运输公司 91360403000066552A 庐州市开发区沿江路 18 号 0792－6623553 工行庐州市支行开发区分理处 0214－89265			备注		

收款人：何易印加　　复核：　　开票人：肖邦印　　销货单位：（盖章）

第三联　发票联　购货方记账凭证

国税函［2001］873号北京印钞厂

加工香精成本＝原料＋加工费＋运输费＝200 000＋160 000＋2 000＝362 000（元）

每千克单位成本＝ 362 000÷100＝3 620（元）

中国工商银行 转账支票 (江) 006602234

中国工商银行
转账支票存根
AX-006602234

科　　目:	
对方科目:	
出票日期:	2019年7月10日
收 款 人:	庐州信捷货运
金　　额:	¥2 180.00
用　　途:	支付运费

单位主管:　　会计:

2007.6 北京印刷厂

本支票支付期10天

出票日期(大写)贰零壹玖年柒月拾日　付款行名称:庐州市开发区分理处
收款人:庐州信捷货物运输公司　出票人账号:0234-110055

人民币(大写)	⊗贰仟壹佰捌拾元整	百	十	万	千	百	十	元	角	分
				¥	2	1	8	0	0	0

用途:支付运费　科　　目
上述款项请从　对方科目(贷)
我账户内支付　出票日期2019年7月10日
出票人盖章　复核　　记账

庐州丽洁化妆品股份有限公司 财务专用章　罗英 肖印

03456　3456789　2121345677889　01

委托加工业务账务处理与应税提示

(1) 委托加工应税消费品应通过"委托加工物资"账户进行会计核算,如果为连续生产而加工,按加工环节的消费税借记"应交税费"账户,进行已纳税额扣除;如果为销售而加工,按加工环节的消费税借记"委托加工物资"账户。

(2) 委托加工应税消费品,在加工环节已缴纳了消费税,收回后直接对外销售的,若售价不高于加工环节计税价格,则不再征收消费税;反之,应再征收消费税,但可以扣除加工环节已纳的消费税。如果收回后用于生产应税消费品,加工环节缴纳的消费税可从最终应税消费品的应纳消费税额中扣除。

委托加工产品入库单

科目:　　日期:2019年7月10日　　对方科目:

商品名称	计量单位	数量	单位成本	金额	备注
香精	千克	100	3 620.00	362 000.00	生产原料
合计				362 000.00	

主管:　　记账:翁勤印　　仓库负责人:林健子印　　部门负责人:

【业务3】7月20日,公司将上述加工收回香精的80%用于生产香水及其他化妆品,剩余20%对外销售,取得以下原始凭证。

要求：进行销售香精、计提消费税、领用香精的账务处理，填制 3 张通用记账凭证。

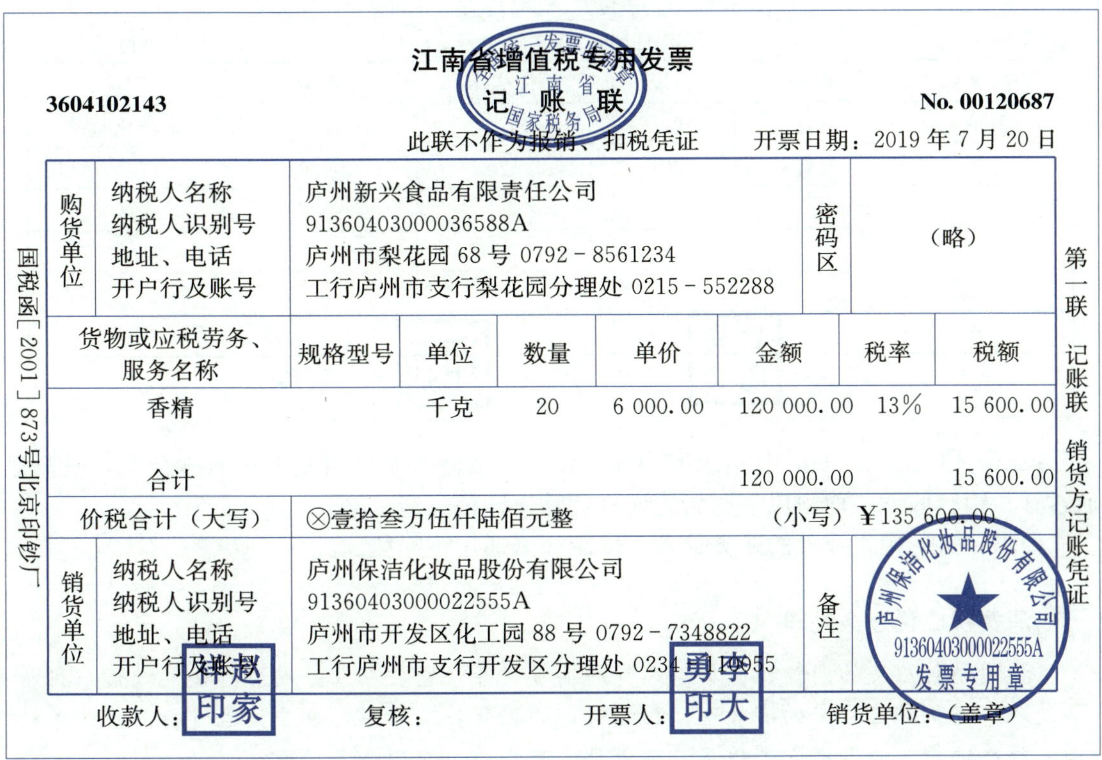

江南省增值税专用发票

记 账 联

3604102143　　　　No. 00120687

此联不作为报销、扣税凭证　　开票日期：2019 年 7 月 20 日

购货单位	纳税人名称：庐州新兴食品有限责任公司 纳税人识别号：91360403000036588A 地址、电话：庐州市梨花园 68 号 0792－8561234 开户行及账号：工行庐州市支行梨花园分理处 0215－552288			密码区	（略）		
货物或应税劳务、服务名称	规格型号	单位	数量	单价	金额	税率	税额
香精		千克	20	6 000.00	120 000.00	13%	15 600.00
合计					120 000.00		15 600.00
价税合计（大写）	⊗壹拾叁万伍仟陆佰元整				（小写）¥135 600.00		
销货单位	纳税人名称：庐州保洁化妆品股份有限公司 纳税人识别号：91360403000022555A 地址、电话：庐州市开发区化工园 88 号 0792－7348822 开户行及账号：工行庐州市支行开发区分理处 0234－110055			备注			

收款人：许家　　复核：　　开票人：李勇　　销货单位：（盖章）

国税函［2001］873号北京印钞厂

第一联　记账联　销货方记账凭证

应税消费品已纳税额扣除

外购或委托加工收回已税消费品在下列情况下不得扣除已纳税额：用于连续生产非应税消费品、不同税目的应税消费品、在零售环节计征消费税的应税消费品；直接用于消费或存于仓库未用；已税小汽车、游艇、高档手表、部分酒、部分成品油等。

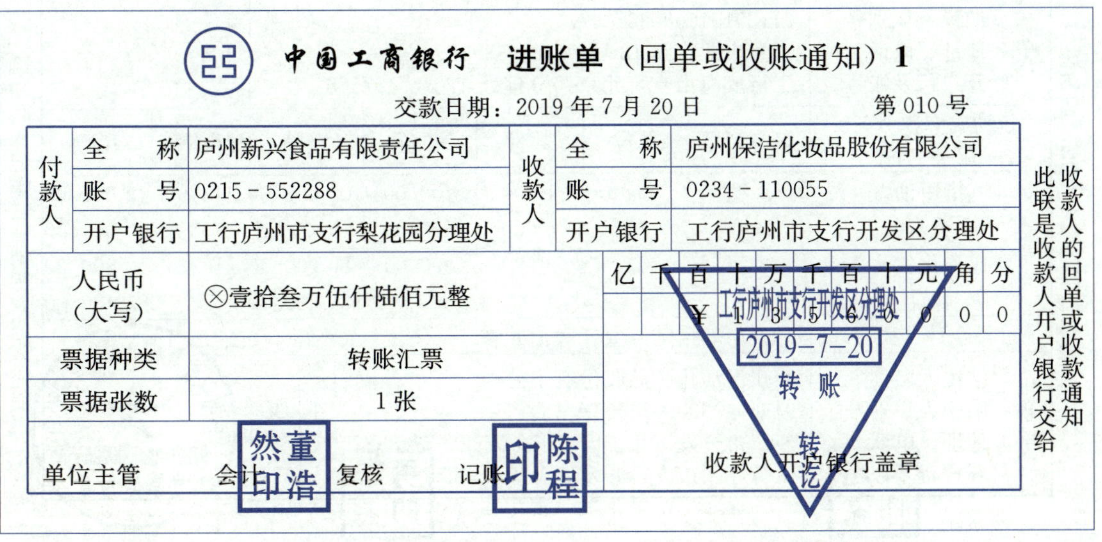

中国工商银行　进账单（回单或收账通知）1

交款日期：2019 年 7 月 20 日　　第 010 号

付款人	全称	庐州新兴食品有限责任公司	收款人	全称	庐州保洁化妆品股份有限公司
	账号	0215－552288		账号	0234－110055
	开户银行	工行庐州市支行梨花园分理处		开户银行	工行庐州市支行开发区分理处
人民币（大写）		⊗壹拾叁万伍仟陆佰元整		亿千百十万千百十元角分	¥13560000
票据种类		转账汇票			
票据张数		1 张			

单位主管　　会计：董浩然　　复核　　记账：陈程　　收款人开户银行盖章

此联是收款人开户银行交给收款人的回单或收款通知

库存产品出库单

科目：　　　　填开日期：2019 年 7 月 20 日　　　　对方科目：

商品名称	计量单位	数量	单位成本	金额	用途
香精	千克	80	3 620	289 600.00	生产化妆品
香精	千克	20	3 620	72 400.00	销售
合计				362 000.00	

主管：　　记账：肖兵印　　仓库负责人：龙达印　　部门负责人：

【业务 4】 7 月 25 日，公司销售一批化妆品给滨海太平洋百货股份有限公司，货款已通过开户银行收讫，取得以下原始凭证（货物运输信息清单略）。

要求：进行销售业务的账务处理，填制 3 张通用记账凭证。

消费税应税账务处理

视同销售应交的消费税、加工环节的消费税等，需要在业务发生时按笔进行应税账务处理。正常销售应交的消费税，初学时，为强化技能学习，也应按笔进行应税账务处理，待熟练后，为了减少工作量，可于月末集中进行应税账务处理。

江南省增值税专用发票

记 账 联

3604092143　　　　**No. 00120688**

此联不作为报销、扣税凭证使用　　开票日期：2019 年 7 月 25 日

购货单位	纳税人名称	滨海太平洋百货股份有限公司				密码区	（略）	
	纳税人识别号	91120101000033224A						
	地址、电话	滨海市北京路 12 号 0786－8899666						
	开户行及账号	工行滨海市支行北京路分理处 1201－457568						
货物或应税劳务、服务名称		规格型号	单位	数量	单价	金额	税率	税额
指甲油		A 型	瓶	1 000	100.00	100 000.00	13%	13 000.00
香水		B 型	瓶	4 000	500.00	2 000 000.00	13%	260 000.00
成套化妆品		A 型	盒	100	800.00	80 000.00	13%	10 400.00
合计						2 180 000.00		283 400.00
价税合计（大写）		⊗贰佰肆拾陆万叁仟肆佰元整				（小写）￥2 463 400.00		
销货单位	纳税人名称	庐州保洁化妆品股份有限公司				备注		
	纳税人识别号	91360403000022555A						
	地址、电话	庐州市开发区化工园 88 号 0792－7348822						
	开户行及账号	工行庐州市支行开发区分理处 0234－119055						

收款人：赵家祥印　　复核：　　开票人：李大勇印　　销货单位：（盖章）

第一联　记账联　销货方记账凭证

国税函[2001]873号北京印钞厂

江南省增值税专用发票

抵 扣 联

3604092143　　　　No：00120673

开票日期：2019 年 7 月 25 日

国税函[2001]873号北京印钞厂

购货单位	纳税人名称：庐州保洁化妆品股份有限公司 纳税人识别号：91360403000022555A 地址、电话：庐州市开发区化工园 88 号 0792－7348822 开户行及账号：工行庐州市支行开发区分理处 0234－110055					密码区	（略）
货物或应税劳务、服务名称	规格型号	单位	数量	单价	金额	税率	税额
货物运输					1 200.00	9%	108.00
合计					1 200.00		108.00
价税合计（大写）	⊗壹仟叁佰零捌元整				（小写）¥1 308.00		
销货单位	纳税人名称：庐州顺达货物运输公司 纳税人识别号：91360403000088555A 地址、电话：庐州市开发区南明路 18 号 0792－1732089 开户行及账号：工行庐州市支行开发区分理处 0234－100234					备注	

收款人：郑非　　复核：　　开票人：燕英　　销货单位：（盖章）

第二联 抵扣联 购货方扣税凭证

卷烟适用消费税税率

卷烟批发环节适用消费税比例税率 11%，定额税率 0.005 元/支。纳税人兼营卷烟批发和零售业务的，应当分别核算批发和零售环节的销售额、销售数量；未分别核算批发和零售环节的销售额、销售数量的，按照全部销售额、销售数量计征批发环节消费税。

江南省增值税专用发票

发 票 联

360409143　　　　No. 00120673

开票日期：2019 年 7 月 25 日

国税函[2001]873号北京印钞厂

购货单位	纳税人名称：庐州保洁化妆品股份有限公司 纳税人识别号：91360403000022555A 地址、电话：庐州市开发区化工园 88 号 0792－7348822 开户行及账号：工行庐州市支行开发区分理处 0234－110055					密码区	（略）
货物或应税劳务、服务名称	规格型号	单位	数量	单价	金额	税率	税额
货物运输					1 200.00	9%	108.00
合计					1 200.00		108.00
价税合计（大写）	⊗壹仟叁佰零捌元整				（小写）¥1 308.00		
销货单位	纳税人名称：庐州顺达货物运输公司 纳税人识别号：91360403000088555A 地址、电话：庐州市开发区南明路 18 号 0792－1732089 开户行及账号：工行庐州市支行开发区分理处 0234－100234					备注	

收款人：郑非　　复核：　　开票人：燕英　　销货单位：（盖章）

第三联 发票联 购货方记账凭证

库存产品出库单

科目：　　　　　　　　填开日期：2019 年 7 月 25 日　　　　　　　　对方科目：

商品名称	计量单位	数量	单位成本	金额	用途
指甲油	瓶	1 000	50.00	50 000.00	销售
香水	瓶	4 000	250.00	1 000 000.00	销售
成套化妆品	盒	100	400.00	40 000.00	销售
合计				1 090 000.00	

主管：　　　记账：　　　仓库负责人：　　　部门负责人：

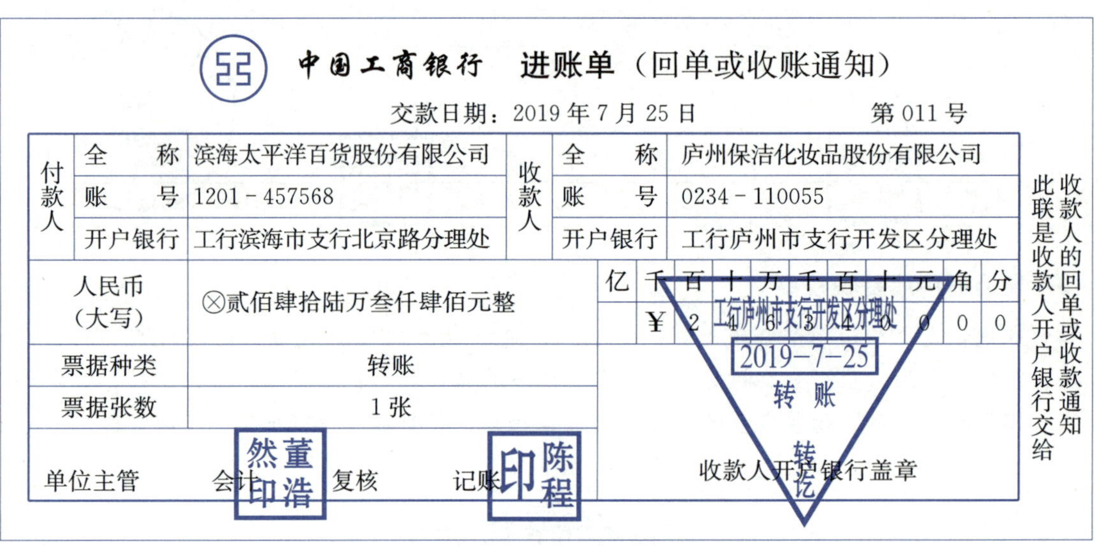

中国工商银行　进账单（回单或收账通知）

交款日期：2019 年 7 月 25 日　　　　第 011 号

付款人	全　称	滨海太平洋百货股份有限公司	收款人	全　称	庐州保洁化妆品股份有限公司
	账　号	1201－457568		账　号	0234－110055
	开户银行	工行滨海市支行北京路分理处		开户银行	工行庐州市支行开发区分理处

人民币（大写）	⊗贰佰肆拾陆万叁仟肆佰元整	亿	千	百	十	万	千	百	十	元	角	分
			¥	2	4	6	3	4	0	0	0	0
票据种类	转账											
票据张数	1 张											

单位主管　　会计　　复核　　记账　　　　收款人开户银行盖章

此联是收款人开户银行交给收款人的回单或收款通知

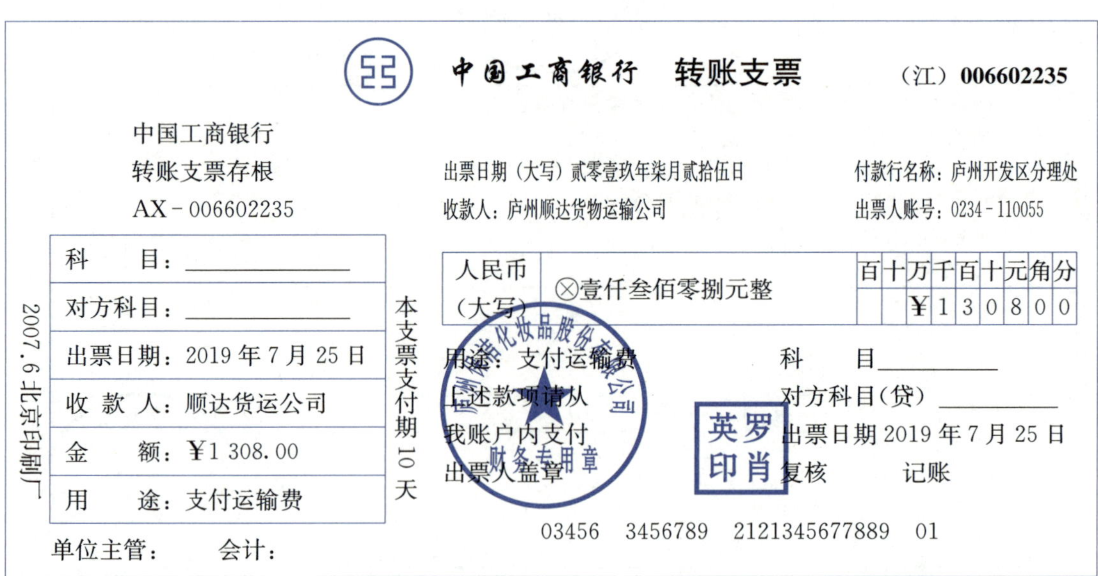

中国工商银行　转账支票　　（江）006602235

中国工商银行
转账支票存根
AX－006602235

科　　目：	
对方科目：	
出票日期：	2019 年 7 月 25 日
收 款 人：	顺达货运公司
金　　额：	¥1 308.00
用　　途：	支付运输费

单位主管：　　会计：

2007.6 北京印刷厂

本支票支付期 10 天

出票日期（大写）贰零壹玖年柒月贰拾伍日　　付款行名称：庐州开发区分理处
收款人：庐州顺达货物运输公司　　出票人账号：0234－110055

人民币（大写）	⊗壹仟叁佰零捌元整	百	十	万	千	百	十	元	角	分
				¥	1	3	0	8	0	0

用途：支付运输费　　　　科　目＿＿＿＿
上述款项请从　　　　　　对方科目(贷)＿＿＿＿
我账户内支付　　　　　　出票日期 2019 年 7 月 25 日
出票人盖章　　　　　　　复核　　记账

03456　3456789　2121345677889　01

【业务5】 7月26日，主管税务机关查出该公司对6月一笔化妆品销货款45 000元（不含增值税）未确认收入，税务机关责令其补交所偷漏的税款，按规定处罚偷漏税款的50%并加收滞纳金，公司当日办理了补税及缴纳罚款手续，取得以下完税凭证（本例中补交的企业所得税略）。

要求：进行损益调整，填制5张通用记账凭证。

电子缴库专用缴款书

2019 庐国电库：No. 00234568

□已申报　申报序号：　　　　□未申报

纳税人计算机代码	00121212	征收机关代码	000321812
纳税人名称	庐州保洁化妆品股份有限公司	征收机关名称	庐州市开发区国家税务局
付款人名称	庐州保洁化妆品股份有限公司	收款国库名称	庐州市中心支库
付款人开户银行名称	工行庐州市支行开发区分理处	国库清算行号	0234
付款人账号	0234－110055		

纳税项目代码	课税数量	计税金额	实缴金额
101010103 股份制企业增值税		45 000.00	5 850.00
101020103 股份制企业消费税		45 000.00	6 750.00
101010120 增值税税款滞纳金、罚款收入		5 850.00	2 954.25
101020120 消费税税款滞纳金、罚款收入		6 750.00	3 408.75
金额合计（大写）⊗壹万捌仟玖佰陆拾叁元整		金额合计（小写）18 963.00	
付款人（盖章）经办人（签章）	税务机关（盖章）	银行 记账员（签章）	备注：

查补上年度偷漏流转税的账务处理

（1）查出隐瞒收入时：

借：应收账款

　贷：以前年度损益调整

　　应交税费——应交增值税

（2）计提偷漏税款时：

借：以前年度损益调整

　贷：应交税费——应交消费税

　　——应交教育费附加

　　——应交城建税

（3）结转以前年度损益：

借：以前年度损益调整

　贷：利润分配——未分配利润

工商银行电子缴税付款凭证

转账日期：2019 年 7 月 26 日　　　　凭证字号：12080500234512

付款人全称	庐州保洁化妆品股份有限公司	征收机关名称	庐州市开发区国家税务局
付款人账号	0234－110055	收款国库名称	庐州市中心支库
付款人开户银行	工行庐州市支行开发区分理处	小写（合计）金额	18 963.00
缴款书交易流水号	2012012600234568	大写（合计）金额	⊗壹万捌仟玖佰陆拾叁元整

税（费）名称	所属日期	实缴金额
增值税	2019 年 6 月 1 日至 2019 年 6 月 30 日	5 850.00
消费税	2019 年 6 月 1 日至 2019 年 6 月 30 日	6 750.00
增值税滞纳金及罚款	2019 年 7 月 16 日至 2019 年 7 月 25 日	2 954.25
消费税滞纳金及罚款	2019 年 7 月 16 日至 2019 年 7 月 25 日	3 408.75

第　次打印　作付款回单　无银行收讫章无效　记账　　复核　　打印日期：2019 年 7 月 26 日

（印章：工行庐州市支行开发区分理处 2019-7-26 转账 转讫）

查补税款基本规定

（1）纳税人被查补“三税”和被处以罚款时，应同时对其偷漏的城建税、教育费附加进行补缴并缴纳滞纳金和罚款。处罚比例与“三税”相同。

（2）纳税人发生税务违章行为，由税务机关依法处以罚款，并当场以现金方式向税务机关执法人员缴纳罚款时，执法人员应开具“当场处罚罚款收据”。

电子缴库专用缴款书

2019 庐国电库：No. 00431712

□已申报　申报序号：　　　　□未申报

纳税人计算机代码	00121212	征收机关代码	000320114
纳税人名称	庐州保洁化妆品股份有限公司	征收机关名称	庐州市开发区地方税务局
付款人名称	庐州保洁化妆品股份有限公司	收款国库名称	庐州市开发区国库
付款人开户银行名称	工行庐州市支行开发区分理处	国库清算行号	0234
付款人账号	0234－110055		

纳税项目代码	课税数量	计税金额	实缴金额
1010903 股份制企业城市维护建设税		12 600.00	882
1030127 股份制企业教育费附加		12 600.00	378
1010920 城市维护建设税税款滞纳金、罚款收入		882	445.41
1030127 教育费附加滞纳金、罚款收入		378	190.89
金额合计（大写）⊗壹仟捌佰玖拾陆元叁角		金额合计（小写）1 896.30	
付款人（盖章）经办人（签章）	税务机关（盖章）	银行 记账员（签章）	备注：

（印章：庐州保洁化妆品股份有限公司 财务专用章；庐州市开发区地方税务局 (04) 征收专用章；陈程印）

工商银行电子缴税付款凭证

转账日期：2019 年 7 月 26 日　　　　凭证字号：12080500234512

付款人全称	庐州保洁化妆品股份有限公司	征收机关名称	庐州市开发区地方税务局
付款人账号	0234－110055	收款国库名称	庐州市开发区国库
付款人开户银行	工行庐州市支行开发区分理处	小写（合计）金额	1 896.30
缴款书交易流水号	2012012600431712	大写（合计）金额	⊗壹仟捌佰玖拾陆元叁角

税（费）名称	所属日期	实缴金额
城市维护建设税	2019 年 6 月 1 日至 2019 年 6 月 30 日	882
教育费附加	2019 年 6 月 1 日至 2019 年 6 月 30 日	378
城市维护建设税滞纳金及罚款	2019 年 7 月 16 日至 2019 年 7 月 25 日	445.41
教育费附加滞纳金及罚款	2019 年 7 月 16 日至 2019 年 7 月 25 日	190.89

第　次打印　作付款回单　无银行收讫章无效　记账　　复核　　打印日期：2019 年 7 月 26 日

（印章：工行庐州市支行开发区分理处 2019-7-26 转账 转讫）

【业务 6】 7 月 28 日，公司从法国 BBB 进出口贸易公司进口 4 箱（每箱 10 千克）茉莉花香型香精，当月生产领用 20%，取得以下原始凭证。

要求：进行进口应税消费品，缴纳进口关税、进口增值税、进口消费税的账务处理，填制 6 张通用记账凭证。

海关 进口关税 专用缴款书

收入系统：海关系统　　填发日期：2019 年 7 月 28 日　　No. 234356011

收款单位	收入机关	中央金库		缴款单位	名　称	庐州保洁化妆品股份有限公司
	科　目	进口关税	预算级次 中央		账　号	0234－110055
	收缴国库	庐州市中心支库			开户银行	工行庐州市支行开发区分理处

税号	货物名称	数量	单位	完税价格（¥）	税率（%）	税款金额
0234	茉莉花香型香精	4	箱	492 000.00	10	49 200.00

金额人民币（大写）⊗肆万玖仟贰佰元整		合计（小写）	¥49 200.00
申请单位编号	报关单编号	填制单位	收缴国库（银行）业务公章
合同（批文）号	运输工具（号）	制单人	
交款期限	2019 年 8 月 12 日前　提/装货单号		
备注	一般征税 USD 1∶6 国际代码：	复核人 单位盖章	

第一联（收据）国库（银行）收款盖章后退缴库单位作完税凭证

从填发缴款书之日起限 15 日内缴纳（期末遇法定假日顺延），逾期按日征收税款总额万分之五的滞纳金。

（印章：庐州保洁化妆品股份有限公司 财务专用章；中华人民共和国庐州海关 征收专用章；中华人民共和国国家金库 庐州市中心支库）

海关 进口增值税 专用缴款书

收入系统：海关系统　　　　填发日期：2019 年 7 月 28 日　　　　No. 234356012

收款单位	收入机关	中央金库		缴款单位	名　　称	庐州保洁化妆品股份有限公司
	科　　目	进口增值税	预算级次　中央		账　　号	0234－110055
	收缴国库	庐州市中心支库			开户银行	工行庐州市支行开发区分理处
税号	货物名称	数量	单位	完税价格（￥）	税率（%）	税款金额
0234	茉莉花香型香精	4	箱	636 705.88	13	82 771.76
金额人民币（大写）⊗捌万贰仟柒佰柒拾壹元柒角陆分					合计（小写）	￥82 771.76
申请单位编号		报关单编号		填制单位 制单人 复核人 单位盖章	收缴国库（银行） 业务公章	
合同（批文）号		运输工具（号）				
交款期限	2019 年 8 月 12 日前	提/装货单号				
备注	一般征税 USD 1∶6 国际代码：					

从填发缴款书之日起限 15 日内缴纳（期末遇法定假日顺延），逾期按日征收税款总额万分之五的滞纳金。

第一联（收据）国库（银行）收款盖章后退缴库单位作完税凭证

海关 进口消费税 专用缴款书

收入系统：海关系统　　　　填发日期：2019 年 7 月 28 日　　　　No. 234356013

收款单位	收入机关	中央金库		缴款单位	名　　称	庐州保洁化妆品股份有限公司
	科　　目	进口消费税	预算级次　中央		账　　号	0234－110055
	收缴国库	庐州市中心支库			开户银行	工行庐州市支行开发区分理处
税号	货物名称	数量	单位	完税价格（￥）	税率（%）	税款金额
0234	茉莉花香型香精	4	箱	636 705.88	15	95 505.88
金额人民币（大写）⊗玖万伍仟伍佰零伍元捌角捌分					合计（小写）	￥95 505.88
申请单位编号		报关单编号		填制单位 制单人 复核人 单位盖章	收缴国库（银行） 业务公章	
合同（批文）号		运输工具（号）				
交款期限	2019 年 8 月 12 日前	提/装货单号				
备注	一般征税 USD 1∶6 国际代码：					

从填发缴款书之日起限 15 日内缴纳（期末遇法定假日顺延），逾期按日征收税款总额万分之五的滞纳金。

第一联（收据）国库（银行）收款盖章后退缴库单位作完税凭证

PARIS ESSENCE BBB IMPORT AND EXPORT TRADE CO. LTD

No. 105，CHINATOWN ROAD，PARIS，FRANCE

TEL：001－002－12345678　FAX：001－002－12345678　E-MAIL：pranceBBB@163. com

PROFORMA INVOICE

TO：LUZHOU BAOJIE COSMETICS CO. LTD　　INV No. 2019013012

No. 105，CHEMICAL INDUSTUIAL LUZHOU，JIANGNAN，CHINA　　DATE：2019－07－28

ITEM No.	COMMODITY & DESCRIPTION	QUANTITY	PRICE	AMOUNT
			CIF	
WE－003	ESSENCE	4 BOXES	USD 20 500. 00	USD 82 000. 00
MORE OR LESS：%	ARE ALLOWED	LESS COMMISSION %		USD 0. 00
SAY USD SIXTY THOUSAND	ONLY	TOTAL：4 BOXES		USD 82 000. 00

SHIPMENT：　BEFORE 28 JULY 2019

DESTINATION：LUZHOU，CHINA　　LOAD PORT：PARIS

PAYMENT：　L/C

INSURANCE：　CIF TO BE EFFECTED BY THE BUYERS；FOR CIF OR CIP TO BE EFFECTED BY THE SELLER AT 110% OF INVOICE VALUE COVERING ALL RISK AND WAR RISK AS PER C. L. C.

BANK A/C：　PAYMENT TO：PARIS ESSENCE BBB IMPORT AND EXPORT TRADE CO.，LTD
BANK：FRANCE PARIS BRANCH OF COMMERCIAL BANKS
A/C：985－201－8083257－48
ADD：No. 105，CHINATOWN ROAD，PARIS，FRANCE

REMARK：　REMARKS：

MARKS：　MADE IN FRANCE

中国工商银行　电汇凭证（回单）

委托日期 2019 年 7 月 28 日　　No. 200312458

汇款人	全　称	庐州保洁化妆品股份有限公司	收款人	全　称	法国 BBB 进出口贸易公司
	汇出行名称及账号	工行庐州市支行开发区分理处 账号：0234－110055		汇出行名称及账号	法国商业银行巴黎分行 账号：LX－009－63－156
	汇出地点	中国庐州		汇入地点	法国巴黎

金额	人民币（大写）	⊗肆拾玖万贰仟元整	千	百	十	万	千	百	十	元	角	分
				¥	4	9	2	0	0	0	0	0

汇款用途：支付法国 BBB 进出口贸易公司茉莉花香型香精货款，供货方电话：0810－001－002－12345678；买方电话：0102－0792－3548222。

汇出行盖章　2019 年 7 月 28 日

单位主管　会计　复核　记账

此联为汇出行开给汇款人的回单

进口产品入库单

科目：　　　　　　　　　　填开日期：2019 年 7 月 28 日　　　　　　　　　对方科目：

商品名称	计量单位	数量	单位成本	金额	备注
茉莉花香型香精	千克	40	15 917.65	636 705.88	2 号仓库
合计				636 705.88	

主管：　　　　　记账：翁勤印　　　　　仓库负责人：林健印子　　　　　部门负责人：

库存原料出库单

科目：　　　　　　　　　　填开日期：2019 年 7 月 28 日　　　　　　　　　对方科目：

商品名称	计量单位	数量	单位成本	金额	用途
茉莉花香型香精	千克	8	15 917.65	127 341.20	生产领用
合计				127 341.20	

主管：　　　　　记账：肖兵印兵　　　　　仓库负责人：龙达印　　　　　部门负责人：

【业务 7】根据 1～6 笔业务编制应纳税额汇总计算表，进行计提税款的账务处理。

要求：(1) 编制消费税、城建税、教育费附加汇总计算表。

(2) 进行计提消费税、城建税、教育费附加的账务处理。

注意：查补的消费税属于上期应纳税额，本期消费税应纳税额中不包括查补的消费税，但可以在备注栏中注明查补的消费税。

【业务 8】根据 1～7 笔业务的原始凭证和记账凭证，进行涉税账务处理。

要求：(1) 登记“应交税费——应交消费税”“应交税费——应交城建税”“应交税费——应交教育费附加”明细账户，以及“税金及附加”总分类账户。

(2) 账户登记完成之后，进行账账核对。

【业务 9】根据消费税涉税账户和应纳消费税额汇总计算表，填制纳税申报资料。

要求：(1) 填制其他应税消费品消费税纳税申报表及其附列资料、城建税纳税申报表、教育费附加申报表。

(2) 纳税申报表填制完成之后，进行账表核对。

(3) 填制国税、地税《电子缴库专用缴款书》。

项目五 工商企业进出口增值税、消费税会计核算与退免税申报实训

【实训目的】 通过本项目的实训操作，学生应熟练掌握进口应税计算及账务处理、出口退免税计算及账务处理，以及涉税申报资料的填报，为从事进出口涉税业务奠定良好的技能基础，实现快速上岗的目标。

【实训内容】 进口关税、进口增值税、进口消费税、出口退免税的计算，进出口涉税账户录入，生产性企业出口免抵退税申报汇总表及其申报明细表的填报，外贸企业出口退免税申报汇总表及其申报明细表的填报。

【实训方法】 以企业常见进出口业务为基础，以仿真发票和税收票证为素材，按照《出口货物退（免）税管理办法》《企业会计准则》等法规制度规范，在实训教师的指导下，由学生自己动手进行操作，在操作中深化学习，在学习中不断提高。

【实训要求】 实训前要充分学习《出口货物退（免）税管理办法》和《企业会计准则》等法规制度规范，准备好通用记账凭证、涉税账页、进出口纳税申报资料表单；实训时务必自己动手，认真、仔细，注意每一项涉税业务、每一步操作。

实训一 生产性企业进出口增值税会计核算与退免税申报

依据现行关税、增值税实体法，结合《出口货物退（免）税管理办法》和《企业会计准则》的有关规定，以生产性企业进出口业务为基础，进行进出口应税计算、账务处理、纳税申报资料填报等模拟实务操作。

一、企业基本资料

庐州杰华科技有限责任公司，于 2005 年 4 月 8 日经庐州市工商行政管理局注册登记成立，2010 年 3 月 5 日向庐州市外贸管理部门办理备案登记，同年 3 月 15 日，向国税主管税务机关办理出口退免税资格认定。

（1）公司注册类型：有限责任公司；统一社会信用代码：9136040300002200６X；计算机管理代码：00225612；法定代表人：李明洪；财务负责人：陈小涛；办税员：李勇；公司电话：0792－8558899。

（2）公司注册地址：庐州市开发区沿江路 15 号；生产经营范围：西服、职业装、特种服装、男女 T 恤衫等产品的生产与销售；开户银行：中国工商银行庐州市支行沿江路分理处，账号：ZX－6654433；网上缴税专用账号：ZX－6657755。

（3）国税主管机关：庐州市国家税务局直属分局；组织机构代码：000230112；办税

服务厅经办人：应天祥；电话：0791－8564466。

二、涉税业务资料

该公司为外向型企业，为增值税一般纳税人，具有进出口经营权，出口货物实行免、抵、退税办法。假定服装出口退税率为11%。2019年12月该公司进出口涉税业务如下。

【业务1】 12月1日，购进一批布料，运费由销货方代垫，款项已通过开户银行支付，材料已验收入库，取得以下原始凭证。

要求：进行材料采购的账务处理，填制5张通用记账凭证。

付款期限 壹个月

中国工商银行 银行汇票　2　地名 BA 01　0024154861

第一联 存根 付款方记账传票

出票日期（大写）	贰零壹玖年拾贰月壹日	代理付款行：工行上海市支行九江路分理处 行号：0212	
收款人：上海光明化纤股份有限公司		账号：0212－012348	
出票金额	人民币（大写） ⊗陆拾玖万元整		690 000.00
申请人：庐州杰华科技有限责任公司		账号：ZX－6654433	
出票行：工行庐州市支行沿江路分理处 行号：0834		密押：	科目（借）______ 对方科目______ 兑付日期 2019年12月1日 复核 记账
备注：		多余金额 十万千百十元角分 0 0 9 8 2 0 0 0	
凭票付款			
出票行签章			

上海市增值税专用发票

抵扣联

1201091221　No. 00123412

开票日期：2019年12月1日

第二联 抵扣联 购货方扣税凭证

购货单位	纳税人名称：庐州杰华科技有限责任公司 纳税人识别号：91360403000022006X 地址、电话：庐州市开发区沿江路15号 0792－8558899 开户行及账号：工行庐州市支行沿江路分理处 ZX－6654433					密码区	（略）
货物或应税劳务、服务名称	规格型号	单位	数量	单价	金额	税率	税额
BX西服面料		匹	300	1 500.00	450 000.00	13%	58 500.00
特种服装面料		匹	100	1 500.00	150 000.00	13%	19 500.00
合计					600 000.00		78 000.00
价税合计（大写）	⊗陆拾柒万捌仟元整				（小写）￥678 000.00		
销货单位	纳税人名称：上海光明化纤股份有限公司 纳税人识别号：9112010100000123B 地址、电话：上海市九江路051号 021－68436525 开户行及账号：工行上海市支行九江路分理处 0212－012348					备注	

收款人：　复核：　开票人：　销货单位：（盖章）

国税函[2001]873号北京印钞厂

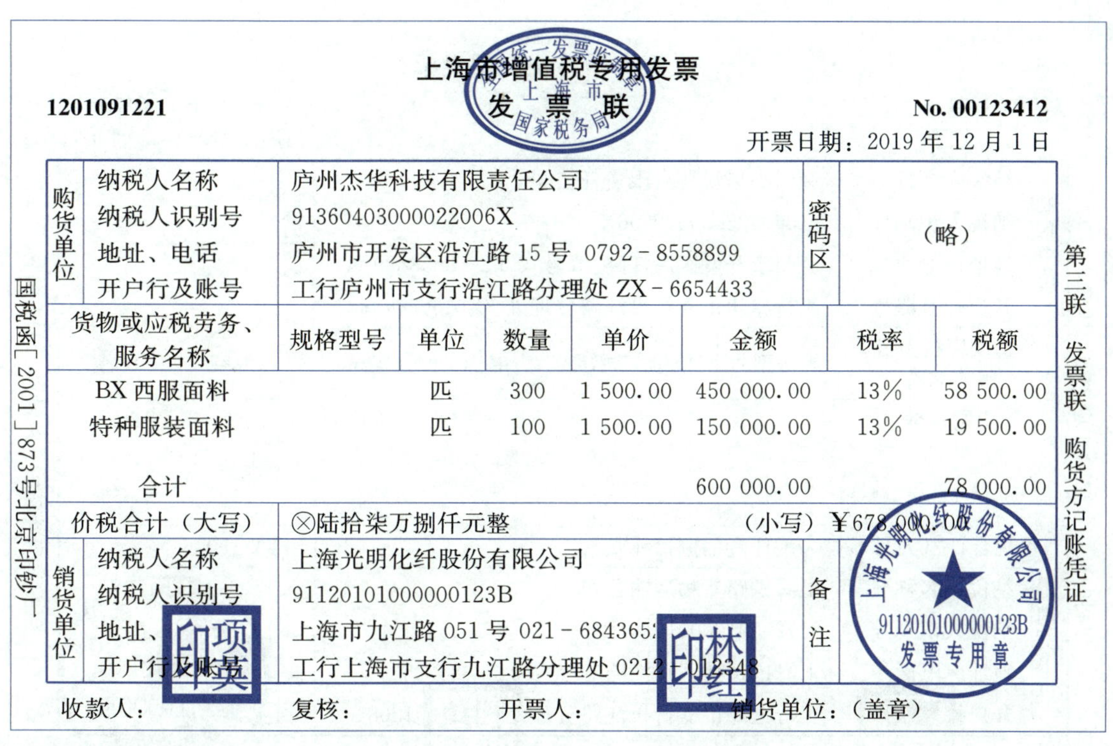

上海市增值税专用发票

发 票 联

1201091221　　　　　　　　　　　　　　　　No. 00123412

开票日期：2019年12月1日

购货单位			密码区
	纳税人名称	庐州杰华科技有限责任公司	（略）
	纳税人识别号	91360403000022006X	
	地址、电话	庐州市开发区沿江路15号 0792-8558899	
	开户行及账号	工行庐州市支行沿江路分理处 ZX-6654433	

货物或应税劳务、服务名称	规格型号	单位	数量	单价	金额	税率	税额
BX 西服面料		匹	300	1 500.00	450 000.00	13%	58 500.00
特种服装面料		匹	100	1 500.00	150 000.00	13%	19 500.00
合计					600 000.00		78 000.00
价税合计（大写）	⊗陆拾柒万捌仟元整				（小写）￥678 000.00		

销货单位			备注
	纳税人名称	上海光明化纤股份有限公司	上海光明化纤股份有限公司 91120101000000123B 发票专用章
	纳税人识别号	91120101000000123B	
	地址、电话	上海市九江路051号 021-684365	
	开户行及账号	工行上海市支行九江路分理处 0212-012348	

收款人：　　复核：　　开票人：　　销货单位：（盖章）

第三联　发票联　购货方记账凭证

国税函[2001]873号北京印钞厂

出口免、抵退税办法适用对象

免、抵、退税办法主要适用于自营和委托出口自产货物的生产性企业，免、退税办法主要适用于收购货物出口的外贸企业。

上海市增值税专用发票

抵 扣 联

1201091221　　　　　　　　　　　　　　　　No. 00123523

开票日期：2019年12月1日

购货单位			密码区
	纳税人名称	庐州杰华科技有限责任公司	（略）
	纳税人识别号	91360403000022006X	
	地址、电话	庐州市开发区沿江路15号 0792-8558899	
	开户行及账号	工行庐州市支行沿江路分理处 ZX-6654433	

货物或应税劳务、服务名称	规格型号	单位	数量	单价	金额	税率	税额
货物运输					2 000.00	9%	180.00
合计					2 000.00		180.00
价税合计（大写）	⊗贰仟壹佰捌拾元整				（小写）￥2 180.00		

销货单位			备注
	纳税人名称	上海铁路货物运输公司	服装面料400匹，从上海运往庐州
	纳税人识别号	91120101000010501B	
	地址、电话	上海市黄浦区长江路05号 021-68436525	
	开户行及账号	工行上海市支行长江路分理处 01208	

收款人：　　复核：　　开票人：　　销货单位：（盖章）

第二联　抵扣联　购货方扣税凭证

国税函[2001]873号北京印钞厂

上海市增值税专用发票

发　票　联

1201091221　　　　**No. 00123523**

开票日期：2019 年 12 月 1 日

购货单位	纳税人名称	庐州杰华科技有限责任公司					密码区	（略）
	纳税人识别号	91360403000022006X						
	地址、电话	庐州市开发区沿江路 15 号 0792－8558899						
	开户行及账号	工行庐州市支行沿江路分理处 ZX－6654433						
货物或应税劳务、服务名称		规格型号	单位	数量	单价	金额	税率	税额
货物运输						2 000.00	9%	180.00
合计						2 000.00		180.00
价税合计（大写）		⊗贰仟壹佰捌拾元整				（小写）￥2 180.00		
销货单位	纳税人名称	上海铁路货物运输公司					备注	服装面料 400 匹，从上海运往庐州
	纳税人识别号	91120101000010501B						
	地址、电话	上海市黄浦区长江路 05 号 021－68436525						
	开户行及账号	工行上海市支行长江路分理处 0212－01208						

收款人：　复核：　开票人：　销货单位：（盖章）

国税函［2001］873号北京印钞厂

第三联　发票联　购货方记账凭证

材料入库单

No. 0050986

材料类别：服装面料　　2019 年 12 月 1 日　　连续号：

交货部门	公司供销科	发票号码或生产单号码		02483221	验收仓库	1 号库	入库日期	2019－12－01
编号	名称及规格	单位	数量		实际价格		计划价格		价格差异
			交库	实收	单价	金额	单价	金额	
008	BX 西服面料	匹	300	300	1 505.00	451 500.00			
009	特种服装面料	匹	100	100	1 505.00	150 500.00			
	合计					602 000.00			

财会部门主管：　记账：　保管部门主管：　验收：

单位部门主管：　缴库：

上海大众印刷厂 2006.12

第一联　存根联

【业务 2】12 月 2 日，与澳大利亚 BBB 公司签订购货合同，进口一批服装面料，开出信用证 1 张。12 月 5 日，开出银行承兑汇票 1 张。取得如下原始凭证。

要求：开出信用证和银行承兑汇票，在银行正式付款前，可不进行账务处理，但要备查登记。本例要求进行账务处理，填制 1 张通用记账凭证。

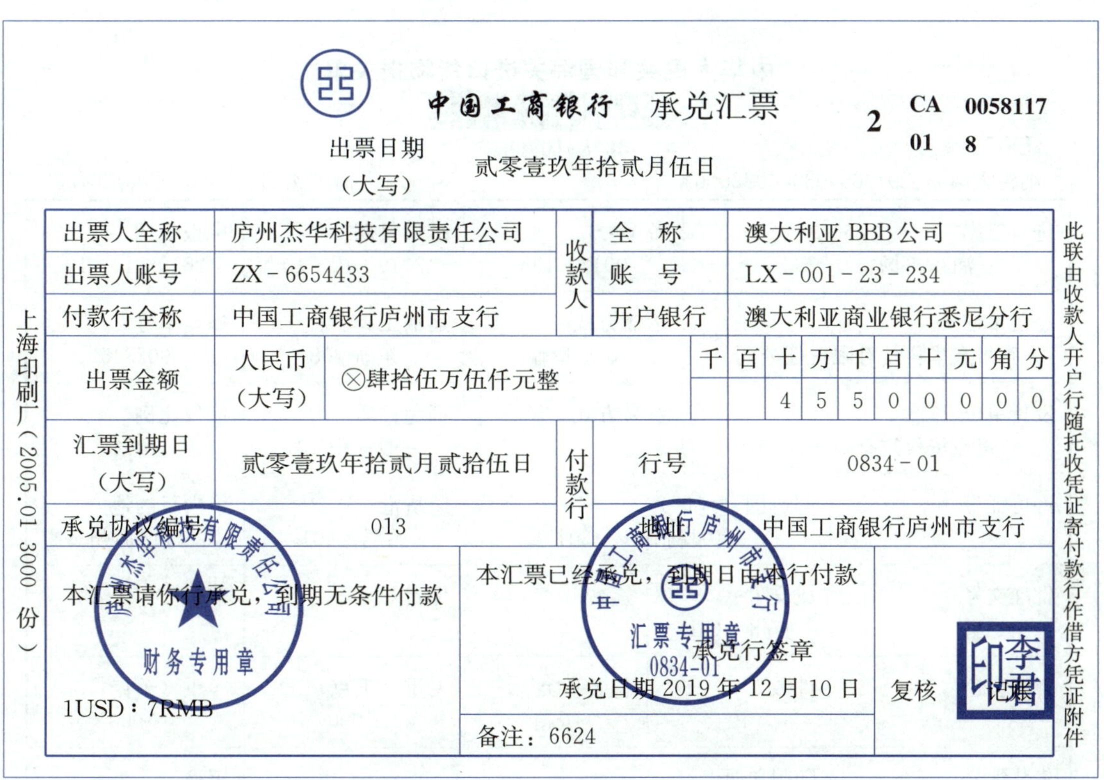
中国工商银行　承兑汇票　2　CA 01　00581178

出票日期（大写）　贰零壹玖年拾贰月伍日

出票人全称	庐州杰华科技有限责任公司	收款人	全　称	澳大利亚 BBB 公司
出票人账号	ZX-6654433		账　号	LX-001-23-234
付款行全称	中国工商银行庐州市支行		开户银行	澳大利亚商业银行悉尼分行
出票金额	人民币（大写）⊗肆拾伍万伍仟元整		千百十万千百十元角分	4 5 5 0 0 0 0 0
汇票到期日（大写）	贰零壹玖年拾贰月贰拾伍日	付款行	行号	0834-01
承兑协议编号	013		地址	中国工商银行庐州市支行
本汇票请你行承兑，到期无条件付款 1USD：7RMB	本汇票已经承兑，到期日由本行付款 承兑行签章 承兑日期 2019 年 12 月 10 日		复核	记账
	备注：6624			

上海印刷厂（2005.01 3000 份）

此联由收款人开户行随托收凭证寄付款行作借方凭证附件

【业务 3】12 月 10 日，从澳大利亚 BBB 公司购入的服装面料到港，到岸价格 65 000 美元，汇率为 1∶7，关税税率为 10%。当天缴纳了进口关税、进口增值税，取得以下原始凭证。

要求：进行应付外汇账款、支付进口环节税款的账务处理，填制 3 张通用记账凭证。

海关　进口关税　专用缴款书

收入系统：海关系统　　填发日期：2019 年 12 月 10 日　　号码：012234569

收款单位	收入机关	中央金库			缴款单位（人）	名　称	庐州杰华科技有限责任公司
	科　目	进口关税	预算级次	中央		账　号	ZX-654433
	收款国库	浦东区中心支库				开户银行	工行庐州市支行沿江路分理处

税号	货物名称	数量	单位	完税价格	税率	税款金额
0023	AX 纤维面料	1 000	千克	315 000.00	10%	31 500.00
0024	AJ 纯棉面料	1 000	千克	140 000.00	10%	14 000.00
金额人民币（大写）⊗肆万伍仟伍佰元整					合计（小写）	￥45 500.00
申请单位编号		报关单编号	00789189612		填制单位 制单人 复核人 单位盖章	收款国库（银行） 业务公章
合同（批文）号		运输工具号				
交缴期限	2019 年 12 月 25 日前	提/装货单号				
备注	一般征税 USD：7.0 国际代码：					

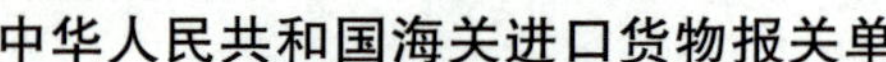

中华人民共和国海关进口货物报关单

007891089012

INC

纳税人编号：913604030000022006X　　　　海关编号：000000206126123

进口口岸 浦东机场　2233		备案号 001230155	进口日期 2019－12－10	申报日期 2019－12－10
经营单位 庐州杰华科技有限责任公司		运输方式 航空运输	运输工具名称 东航 208	提运单号 002345
发货单位 庐州杰华科技有限责任公司		贸易方式	征免性质 一般征税 101	征税比例 10%
许可证号	起运国（地区） 澳大利亚　301		装货港 悉尼　401	境内目的地 江南庐州
批准文号	成交方式 庐州　CIF	运费	保费	杂费
合同协议号	件数 40	包装种类 纸箱	毛重（千克） 2 000	净重（千克） 2 000
集装编号 0312	随附单据 A			用途 服装面料

标记唛码及备注

随附单证号：310300106005485

项号	商品编号	商品名称、规格型号	数量及单位	原产地(地区)	单价	总价	币制	征免
5021		AX 纤维面料	1 000 千克	悉尼	45.00	45 000.00	USD	照章
5022		AJ 纯棉面料	1 000 千克	悉尼	20.00	20 000.00	USD	照章

（印章：庐州杰华科技有限责任公司 中国·江南 进出口专用章）

税费征收情况

进口关税税率 10%

录入员　　录入单位 （印：1201010023456 报关员　张大明）	兹声明以上申报无讹并承担法律责任	海关审单批注及放行记录（盖章）	
报关员	（印章：上海永正报关服务有限公司 报关专用章）	审单　沪关1105	审价　沪关1106
单位地址	申报单位（盖章） 浦东机场（进口）	征税	统计
邮编　　　　电话	（填制日期）	查验	放行

进口货物完税价格确定

通过海关进口一般货物，进口关税以海关核定的货物到岸价格为计税价格；进口增值税以关税完税价格加关税为计税价格，如果进口的货物是应税消费品，进口增值税和进口消费税均以关税完税价格加关税、消费税为计税价格。

海关 代征增值税 专用缴款书

收入系统：海关系统　　填发日期：2019 年 12 月 10 日　　号码：012234570

收款单位	收入机关	中央金库		缴款单位（人）	名　称	庐州杰华科技有限责任公司
收款单位	科　目	进口增值税	预算级次　中央	缴款单位（人）	账　号	ZX－654433
收款单位	收款国库	浦东区中心支库		缴款单位（人）	开户银行	工行庐州市支行沿江路分理处

税号	货物名称	数量	单位	完税价格	税率	税款金额
0023	AX 纤维面料	1 000	千克	346 500.00	13%	45 045.00
0024	AJ 纯棉面料	1 000	千克	154 000.00	13%	20 020.00
金额人民币（大写）⊗陆万伍仟零陆拾伍元整					合计（小写）	¥65 065.00

申请单位编号		报关单编号	007891089012	填制单位	收款国库（银行）
合同（批文）号		运输工具号		制单人	
交缴期限	2019 年 12 月 25 日前	提/装货单号		复核人	
				单位盖章	业务公章
备注	一般征税 USD 7.0 国际代码：				

（印章：庐州杰华科技有限责任公司 财务专用章；中华人民共和国浦东海关 (01) 单证专用章；中华人民共和国国家金库 浦东区中心支库）

进口货物到岸价格

进口货物到岸价格由海关以该货物的成交价格为基础审查确定，包括境外采购价、境外出口税费及运抵我国境内输入地海关起卸前的各种合理费用。

【业务 4】 12 月 12 日，通过银行汇票支付上海铁路货物运输公司运输费 3 270 元，取得货运公司开具的增值税专用发票。

要求：进行支付运费、结转进口原料成本的账务处理，填制 3 张通用记账凭证。

上海市增值税专用发票

抵扣联

1201091221　　No. 00123525

开票日期：2019年12月12日

购货单位	纳税人名称	庐州杰华科技有限责任公司				密码区	（略）	
	纳税人识别号	91360403000022006X						
	地址、电话	庐州市开发区沿江路15号 0792－8558899						
	开户行及账号	工行庐州市支行沿江路分理处 ZX－6654433						
货物或应税劳务、服务名称	规格型号	单位	数量	单价	金额	税率	税额	
货物运输					3 000.00	9%	270.00	
合计					3 000.00		270.00	
价税合计（大写）	⊗叁仟贰佰柒拾元整				（小写）￥3 270.00			
销货单位	纳税人名称	上海铁路货物运输公司				备注	服装面料2 000千克，从上海运往庐州	
	纳税人识别号	91120101000010501B						
	地址、电话	上海市黄浦区长江路05号 021－68436525						
	开户行及账号	工行上海市支行长江路分理处 0212－01208						

收款人：　　复核：　　开票人：　　销货单位：（盖章）

国税函[2001]873号北京印钞厂

第二联 抵扣联 购货方扣税凭证

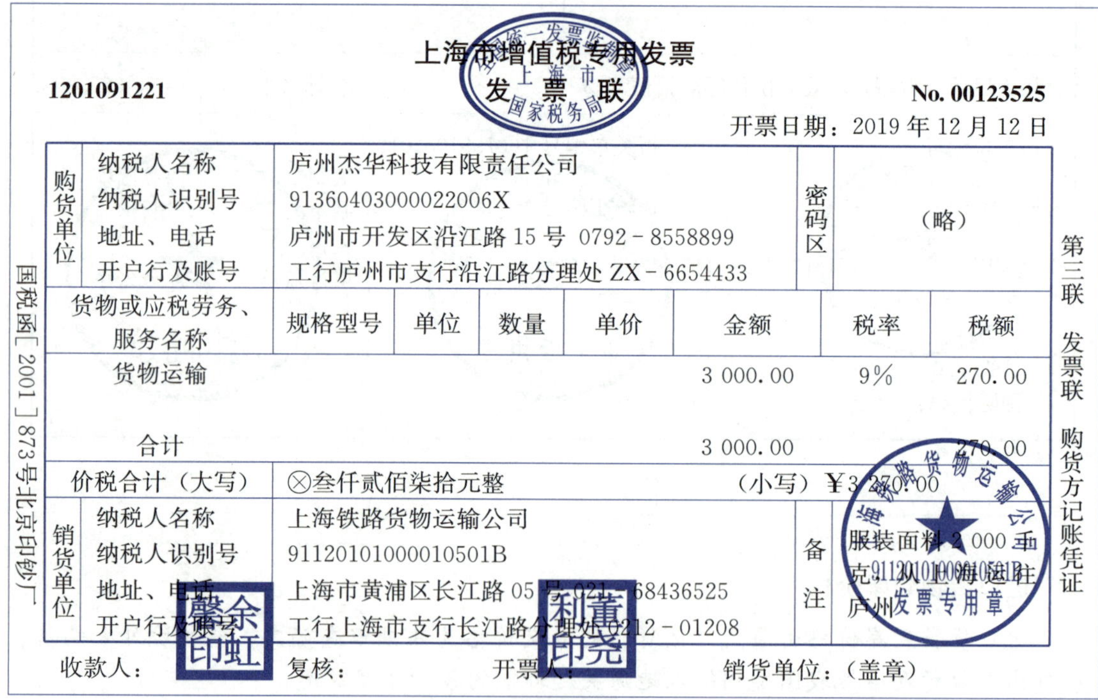

上海市增值税专用发票

发票联

1201091221　　No. 00123525

开票日期：2019年12月12日

购货单位	纳税人名称	庐州杰华科技有限责任公司				密码区	（略）	
	纳税人识别号	91360403000022006X						
	地址、电话	庐州市开发区沿江路15号 0792－8558899						
	开户行及账号	工行庐州市支行沿江路分理处 ZX－6654433						
货物或应税劳务、服务名称	规格型号	单位	数量	单价	金额	税率	税额	
货物运输					3 000.00	9%	270.00	
合计					3 000.00		270.00	
价税合计（大写）	⊗叁仟贰佰柒拾元整				（小写）￥3 270.00			
销货单位	纳税人名称	上海铁路货物运输公司				备注	服装面料2 000千克，从上海运往庐州	
	纳税人识别号	91120101000010501B						
	地址、电话	上海市黄浦区长江路05号 021－68436525						
	开户行及账号	工行上海市支行长江路分理处 0212－01208						

收款人：　　复核：　　开票人：　　销货单位：（盖章）

国税函[2001]873号北京印钞厂

第三联 发票联 购货方记账凭证

关税完税价格中的运输费

进口货物到达我国入境海关起卸前的合理运输费可计入进口货物的关税完税价格，而货物运抵输入地点后的运输费等费用，不得计入进口货物的关税完税价格。

材料入库单　　No. 00509235

材料类别：服装面料　　2019 年 12 月 13 日　　连续号：

交货部门	公司供销科	发票号码或生产单号码		1216－101		验收仓库	1 号库	入库日期	2019－12－13
编号	名称及规格	单位	数量		实际价格		计划价格		价格差异
			交库	实收	单价	金额	单价	金额	
010	AX 纤维面料	千克	1 000	1 000	348.00	348 000.00			
011	AJ 纯棉面料	千克	1 000	1 000	155.50	155 500.00			
	合计					503 500.00			

财会部门主管：　记账：　保管部门主管：　验收：

单位部门主管：　缴库：

上海大众印刷厂 2006.12

第一联　存根联

进口货物账务处理步骤

(1) 取得发票之前，根据货物入库单，进行进口货物和应付外汇账款的账务处理。

(2) 取得海关开具的完税凭证，支付关税和进口增值税前，进行应税的账务处理。

(3) 向银行支付关税和进口增值税，取得缴款书回执联后，进行完税的账务处理。

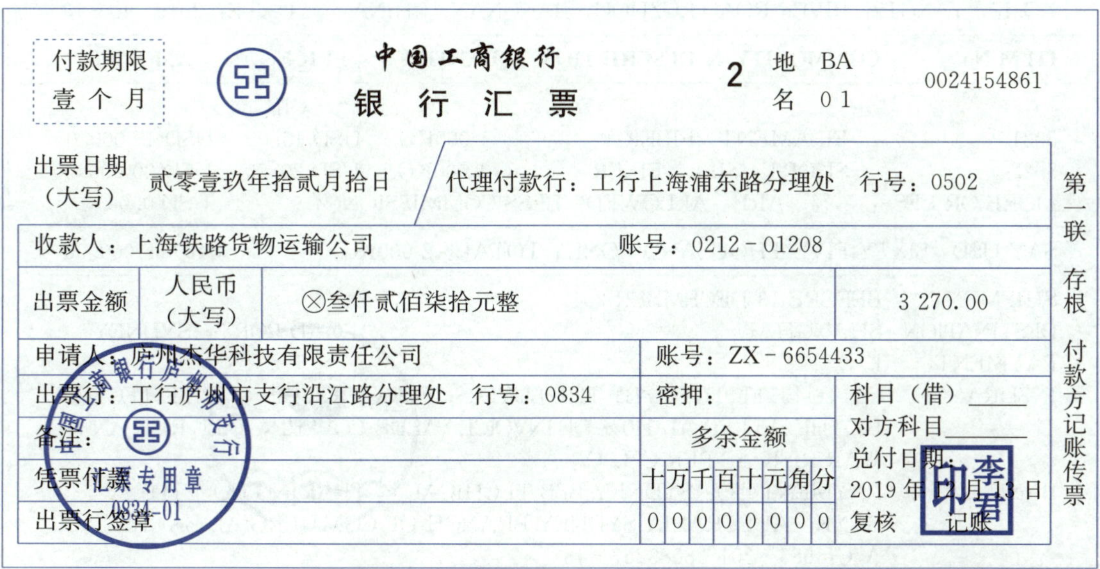

付款期限 壹个月

中国工商银行

银行汇票　　2　　地名 BA 01　　0024154861

出票日期（大写）：贰零壹玖年拾贰月拾日　　代理付款行：工行上海浦东路分理处　　行号：0502

收款人：上海铁路货物运输公司　　账号：0212－01208

出票金额　人民币（大写）　⊗叁仟贰佰柒拾元整　　3 270.00

申请人：广州杰华科技有限责任公司　　账号：ZX－6654433

出票行：工行广州市支行沿江路分理处　　行号：0834　　密押：

备注：

凭票付款

出票行签章

多余金额

十万	千	百	十	元	角	分
0	0	0	0	0	0	0

科目（借）______

对方科目______

兑付日期：2019 年 12 月 13 日

复核　　记账

第二联　存根　付款方记账传票

【业务 5】12 月 13 日，接到开户银行通知，澳大利亚 BBB 公司开出的货物发票已到达，货款已承付，开户行转来开出的电汇回单。

要求：进行外汇账款支付业务的账务处理，填制 1 张通用记账凭证。

中国工商银行 电汇凭证(回单)

委托日期 2019年12月13日 No. 20039321

汇款人	全　称	庐州杰华科技有限责任公司	收款人	全　称	澳大利亚BBB公司
	汇出行名称及账号	工行庐州市支行沿江路分理处 账号：ZX-6654433		汇出行名称及账号	澳大利亚商业银行悉尼分行 账号：LX-01-23-234
	汇出地点	中国庐州		汇入地点	澳大利亚悉尼
金额	人民币(大写)	⊗肆拾伍万伍仟元整		千百十万千百十元角分	¥455000 00
汇款用途：支付澳大利亚BBB公司AX纤维面料、AJ纯棉面料货款，供货方电话：0210-001-002-12345678；买方电话：0102-0792-8558899。			汇出行盖章		2019年12月13日
单位主管　会计　复核 印周莫　记账 印李君					

此联是汇出行开给汇款人的回单

中国工商银行庐州市支行 汇票专用章 0834-01

SYDNEY BBB TECHICAL & TRADING CO. LTD

NO128，CHINATOWN ROAD，SYDNEY，AUSTRALIA

TEL：001-002-12345678　FAX：001-002-12345678　EMAL SY-BBB@163.com

PROFORMA INVOICE

TO：LUZHOU XIND EXTERNAL TRADING LTD.　　INV No. 1212-101

NO. 15，YANGTZE RIVER ROAD LUZHOU，JIANGNAN，CHINA　　DATE：2019-12-13

ITEM No.	COMMODITY & DESCRIPTION	QUANTITY	PRICE	AMOUNT
			CIF	
5021	FILAMENT FIBER	1 000KG	USD 45.00	USD 45 000.00
5022	SHORT SILL FIBER	1 000KG	USD 20.00	USD 20 000.00
MORE OR LESS：	% ARE ALLOWED LESS COMMISSION %			USD 0.00
SAY USD SIXTY FIVE THOUSAND ONLY		TOTAL：2 000KG		USD 65 000.00

SHIPMENT：　BEFORE 13 DECEMBER 2019

DESTINATION：SHANGHAI　　LOAD PORT：SYDNEY

PAYMENT：　L/C

INSURANCE：　CIF TO BE EFFECTED BY THE BUYERS；FOR CIF OR CIP TO BE EFFECTED BY THE SELLER AT 110% OF INVOICE VALUE COVERING ALL RISK AND WAR RISK AS PER C. L. C.

BANK A/C：　PAYMENT TO：SYDNEY BBB TECHICAL & TRADING CO. LTD
BANK：AUSTRALIA SYDNEY BRANCH OF COMMERCIAL BANKS
A/C：985-201-8083257-48
ADD：No. 128 CHINATOWN，SYDNEY，AUSTRALIA

MARKS：　MADE IN AUSTRALIA

【业务 6】 12 月 20 日，根据美国 AAA 公司的订货单，该公司将订购的 T 恤衫运往上海浦东机场海关，支付运输费用 1 200 元，取得如下原始凭证。

要求：进行支付运输费业务的账务处理，填制 1 张通用记账凭证。

中国工商银行　转账支票　（江）**006601512**

中国工商银行
转账支票存根
AX－006601512

科　　目：	
对方科目：	
出票日期：	2019 年 12 月 20 日
收 款 人：	庐铁货运公司
金　　额：	￥1 320.00
用　　途：	支付运输费

单位主管：　　会计：

2007.6 北京印制厂

本支票支付期 10 天

出票日期（大写）贰零壹玖年拾贰月贰拾日　　付款行名称：庐州市沿江路分理处
收款人：庐州铁路货物运输公司　　出票人账号：ZX－6654433

人民币（大写）	⊗壹仟叁佰贰拾元整	百	十	万	千	百	十	元	角	分
				￥	1	3	2	0	0	0

用途：支付运输费　　科　　目＿＿＿＿＿
上述款项请从　　对方科目（贷）＿＿＿＿＿
我账户内支付　　出票日期 2019 年 12 月 20 日
出票人盖章　　复核　　记账

03456　3456789　2121345677889　01

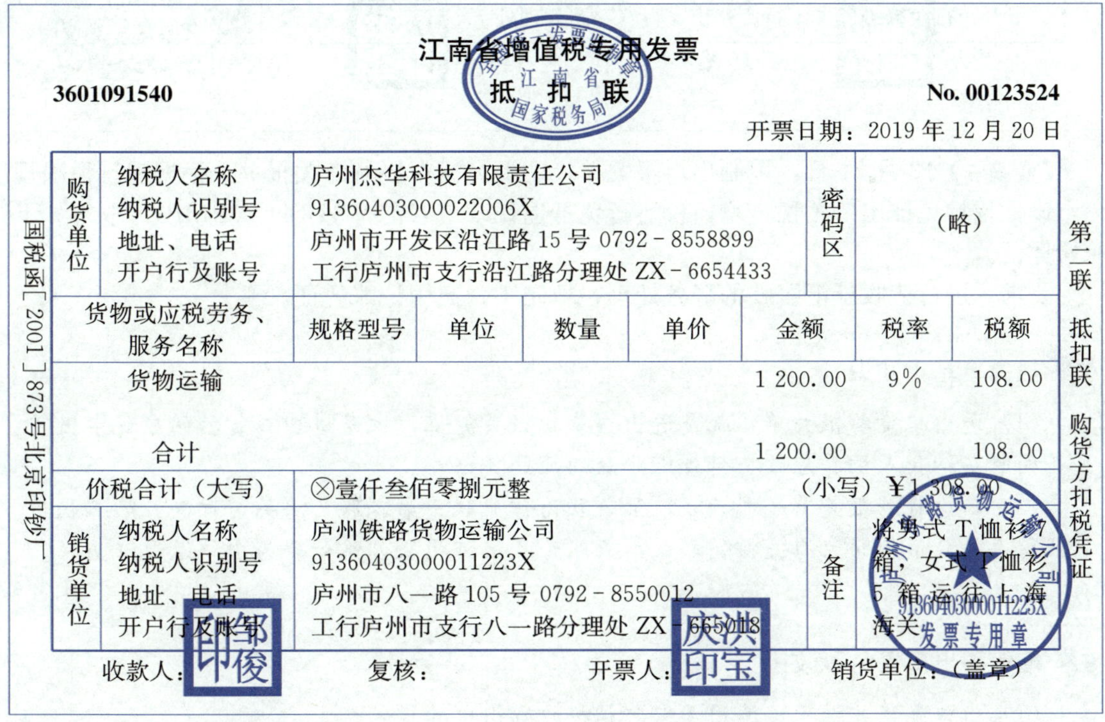

江南省增值税专用发票

抵　扣　联

3601091540　　**No. 00123524**

开票日期：2019 年 12 月 20 日

购货单位	纳税人名称	庐州杰华科技有限责任公司				密码区	（略）	
	纳税人识别号	91360403000022006X						
	地址、电话	庐州市开发区沿江路 15 号 0792－8558899						
	开户行及账号	工行庐州市支行沿江路分理处 ZX－6654433						
货物或应税劳务、服务名称		规格型号	单位	数量	单价	金额	税率	税额
货物运输						1 200.00	9%	108.00
合计						1 200.00		108.00
价税合计（大写）		⊗壹仟叁佰零捌元整				（小写）￥1 308.00		
销货单位	纳税人名称	庐州铁路货物运输公司				备注	将男式 T 恤衫 7 箱，女式 T 恤衫 5 箱运往上海海关	
	纳税人识别号	91360403000011223X						
	地址、电话	庐州市八一路 105 号 0792－8550012						
	开户行及账号	工行庐州市支行八一路分理处 ZX－6655018						

收款人：　　复核：　　开票人：　　销货单位：（盖章）

第二联　抵扣联　购货方扣税凭证

国税函［2001］873 号北京印钞厂

出口货物运输费的处理

出口货物关税完税价为：境内口岸的离岸价格÷（1＋出口关税税率），即离岸价格减去关税，不包括境内的运输费。

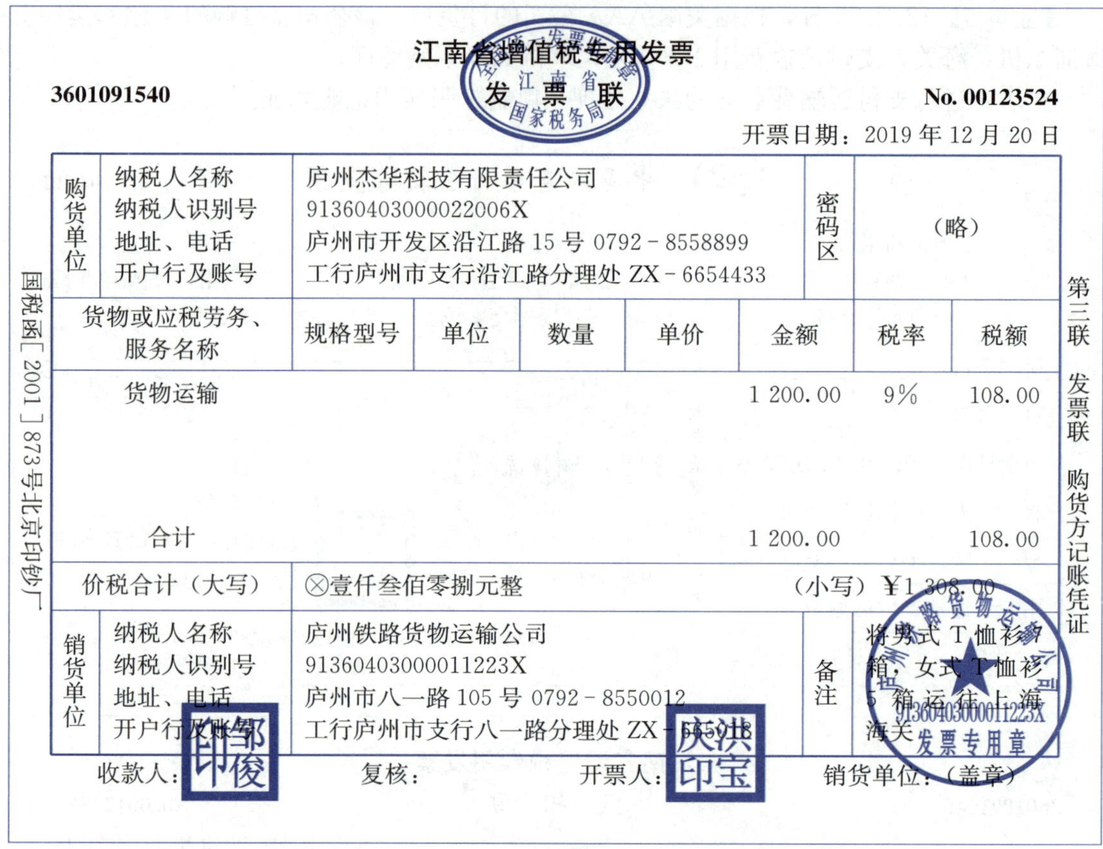

江南省增值税专用发票

发 票 联

3601091540 No. 00123524

开票日期：2019 年 12 月 20 日

购货单位	纳税人名称	庐州杰华科技有限责任公司					密码区	（略）	
	纳税人识别号	91360403000022006X							
	地址、电话	庐州市开发区沿江路 15 号 0792－8558899							
	开户行及账号	工行庐州市支行沿江路分理处 ZX－6654433							
货物或应税劳务、服务名称		规格型号	单位	数量	单价	金额	税率	税额	
货物运输						1 200.00	9%	108.00	
合计						1 200.00		108.00	
价税合计（大写）		⊗壹仟叁佰零捌元整				（小写）¥1 308.00			
销货单位	纳税人名称	庐州铁路货物运输公司					备注	将男式 T 恤衫 7 箱，女式 T 恤衫 5 箱运往上海海关	
	纳税人识别号	91360403000011223X							
	地址、电话	庐州市八一路 105 号 0792－8550012							
	开户行及账号	工行庐州市支行八一路分理处 ZX－655018							

收款人：邹俊 复核： 开票人：洪庆宝 销货单位：（盖章）

国税函[2001]873号北京印钞厂

第三联 发票联 购货方记账凭证

【业务 7】 12 月 21 日，填制出口报关单，向上海浦东机场海关报关，根据现行税法规定，该批货物免征出口关税，增值税实行免抵退税政策（汇率 1USD：7RMB）。取得如下原始凭证。

要求：进行应收外汇账款的账务处理，填制 1 张通用记账凭证。

报关单基本知识

（1）进出口货物报关单，既是进出口货物报关凭证，也是进出口货物的应税申报凭证，同时是纳税人核算应收应付外汇账款的原始凭证。

（2）出口货物报关单一式六联，第一联为作业联，第二联为海关留存联，第三联为企业留存联，第四联为海关核销联，第五联为收汇证明联，第六联为出口退税证明联。

增值税出口退免税政策

（1）出口免税并退税：适用于需要积极鼓励出口的货物。

（2）出口免税不退税：适用于已免税（无进项税）或不需要积极鼓励出口的货物。

（3）不免税也不退税：适用于出口行为不规范、单证不合法或需要限制出口的货物。

中华人民共和国海关出口货物报关单

001234567801

出口退税专用

纳税人编号：91360403000022006X　　　　海关编号：000206126875

出口口岸 浦东机场　2233	备案号 0012345678012	出口日期 2019-12-21	申报日期 2019-12-21
经营单位 庐州杰华科技有限责任公司	运输方式 航空运输	运输工具名称 东航 023	提运单号 002345023
发货单位 庐州杰华科技有限责任公司	贸易方式	征免性质 一般征税 101	结汇方式 信用证

许可证号	运抵国（地区） 美国　201		接运港 纽约　101	境内货源地 中国庐州
批准文号	成交方式 FOB	运费	保费	杂费
合同协议号	件数 12	包装种类 纸箱	毛重（千克） 200	净重（千克） 200
集装编号 0034	随附单据 A		生产厂家 庐州杰华科技有限责任公司	

标记唛码及备注

随附单证号：310300203001234

项号	商品编号	商品名称、规格型号	数量及单位	最终目的国（地区）	单价	总价	币制	征免
	001230356091	男式T恤衫	7箱	美国纽约	5 000.00	35 000.00	USD	照章
	001230356092	女式T恤衫	5箱	美国纽约	4 000.00	20 000.00	USD	照章

（印章：庐州杰华科技有限责任公司　中国·江南　进出口专用章）

税费征收情况：免征出口增值税

录入员　录入单位 12010100234568 报关员　张大明	兹声明以上申报无讹并承担法律责任	海关审单批注及放行记录（盖章）	
报关员	（印章：上海东征报关服务有限公司　报关专用章　浦东机场（出口））	审单　沪关1106	审价　沪关1107
单位地址	申报单位（盖章）	征税	统计
邮编　　电话	填制日期	查验	放行

出口退税离岸价的确定

计算免、抵、退税的出口货物离岸价，以出口发票计算的离岸价为准。出口发票不能如实反映实际离岸价的，企业必须按照实际离岸价向主管税务机关申报，同时主管税务机关有权依照《中华人民共和国税收征收管理法》《中华人民共和国增值税暂行条例》等有关规定予以核定。

【业务 8】 12 月 26 日，收到美国 AAA 公司汇来货款 55 000 美元，汇率为 1USD∶7RMB，已通过开户银行收讫，并报经外汇管理局收汇核销，开出出口商业发票。

要求：进行收取外汇账款的账务处理，填制 2 张通用记账凭证。

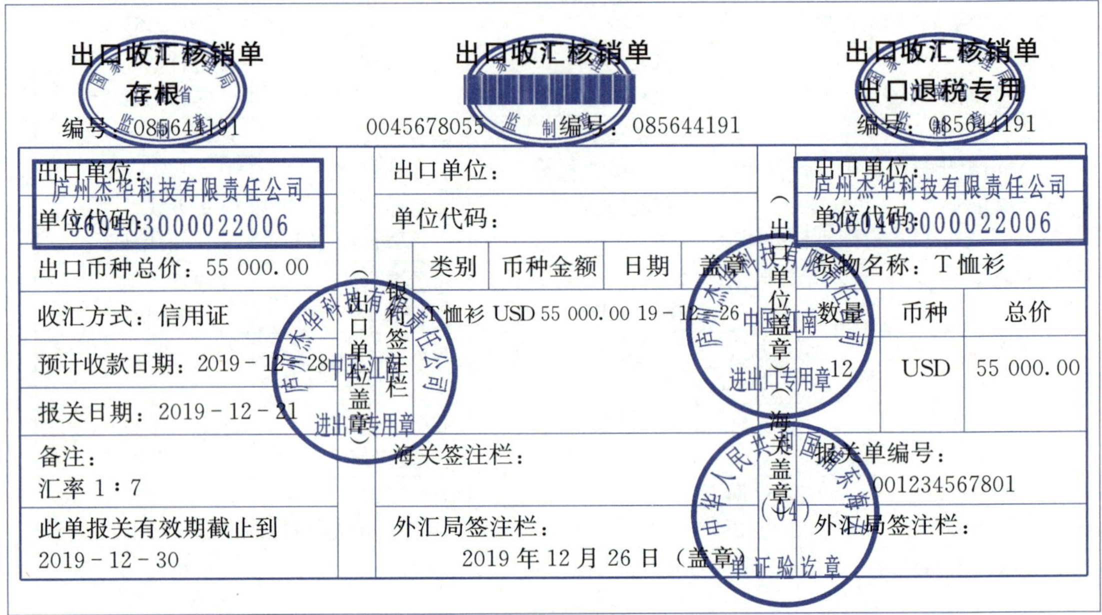

出口收汇核销单 存根

编号：085644191

出口单位：庐州杰华科技有限责任公司
单位代码：360103000022006
出口币种总价：55 000.00
收汇方式：信用证
预计收款日期：2019-12-28
报关日期：2019-12-21
备注：汇率 1∶7
此单报关有效期截止到 2019-12-30

（出口单位盖章）

出口收汇核销单

0045678055　编号：085644191

出口单位：

单位代码：

银行签注栏

类别	币种金额	日期	盖章
T恤衫	USD 55 000.00	19-12-26	

海关签注栏：

外汇局签注栏：

2019 年 12 月 26 日（盖章）

（出口单位盖章）

出口收汇核销单 出口退税专用

编号：085644191

出口单位：庐州杰华科技有限责任公司

单位代码：360103000022006

货物名称：T 恤衫

数量	币种	总价
12	USD	55 000.00

（海关盖章）

报关单编号：001234567801

外汇局签注栏：

庐州杰华科技有限责任公司

LUZOU JAHASOFT CO. LTD

出口商业发票

COMMERCIAL INVOICE

致 TO:	AAA COMPANY OF AMERICA	信用证号 L/C NO.	2019XXZ001
		发票号码 INVOCE NO.	2019XD0058
		日期 DATE	December 26，2019
		合同号 CONTRACE NO.	101-12-2019
唛头及号码 Marks & numbers	数量及品名规格 Quantities and descriptions	单价 Unit price	总价 Amount
MADE IN CHINA			FOB SHANGHAI
	WOMAN SHIRT 50DZ	USD400.00/DZ	USD20 000.00
	MAN SHIRT 70DZ	USD500.00/DZ	USD35 000.00
	100% COTTON		
		FOB	USD 55 000.00
	LESS	COMMISION	USD 0.00
	PLUS	SAMPLE FEE	USD 0.00
		TOTAL	USD 55 000.00
	TOTAL QUANTITY：1 200PIECES IN 12BOXS.		
	TOTAL AMOUNT：U. S DOLLARS FIFTY FIVE THOUSAND ONLY.		

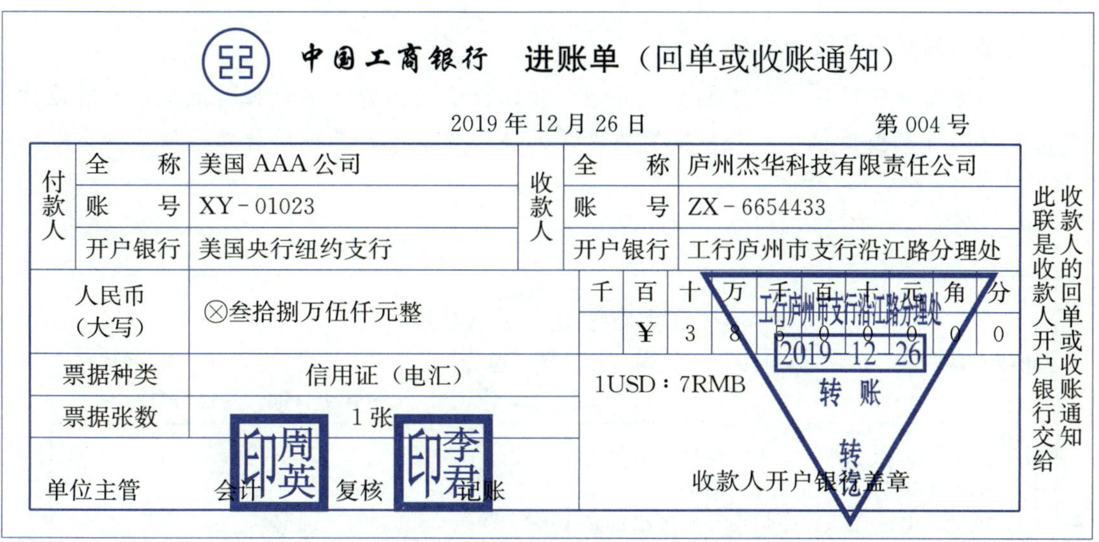

中国工商银行　进账单（回单或收账通知）

2019年12月26日　　第004号

付款人	全　称	美国AAA公司	收款人	全　称	庐州杰华科技有限责任公司
	账　号	XY－01023		账　号	ZX－6654433
	开户银行	美国央行纽约支行		开户银行	工行庐州市支行沿江路分理处
人民币（大写）		⊗叁拾捌万伍仟元整		千 百 十 万 千 百 十 元 角 分	¥ 3 8 5 0 0 0 0 0
票据种类		信用证（电汇）		1USD：7RMB	
票据张数		1张			
单位主管　会计　复核　记账				收款人开户银行盖章	

此联是收款人开户银行交给收款人的回单或收账通知

【业务9】12月29日，根据当月签订的购销合同，内销男式T恤衫500件、女式T恤衫500件，款项已收存银行，开出增值税专用发票。

要求：进行销售业务的账务处理，填制2张通用记账凭证。

江南省增值税专用发票

抵扣联

3601091540　　No. 00123526

开票日期：2019年12月29日

购货单位	纳税人名称：庐州杰华科技有限责任公司 纳税人识别号：91360403000022006X 地址、电话：庐州市开发区沿江路15号 0792－8558899 开户行及账号：工行庐州市支行沿江路分理处 ZX－6654433				密码区	（略）	
货物或应税劳务、服务名称	规格型号	单位	数量	单价	金额	税率	税额
货物运输					1 400.00	9%	126.00
合计					1 400.00		126.00
价税合计（大写）	⊗壹仟伍佰贰拾陆元整					（小写）¥1 526.00	
销货单位	纳税人名称：庐州铁路货物运输公司 纳税人识别号：91360403000011223X 地址、电话：庐州市八一路105号 0792－8550012 开户行及账号：工行庐州市支行八一路分理处 ZX－665018				备注	运输男式T恤衫500件、女式T恤衫	

收款人：　　复核：　　开票人：　　销货单位：（盖章）

国税函[2001]873号北京印钞厂

第二联　抵扣联　购货方扣税凭证

代垫运输费应税账务处理

代垫运输费同时符合以下两个条件的，收回代垫运输费时不计征增值税，否则应作为价外费用计征增值税：一是以购货方名义开具运费发票；二是运费发票原票转交给购货方。

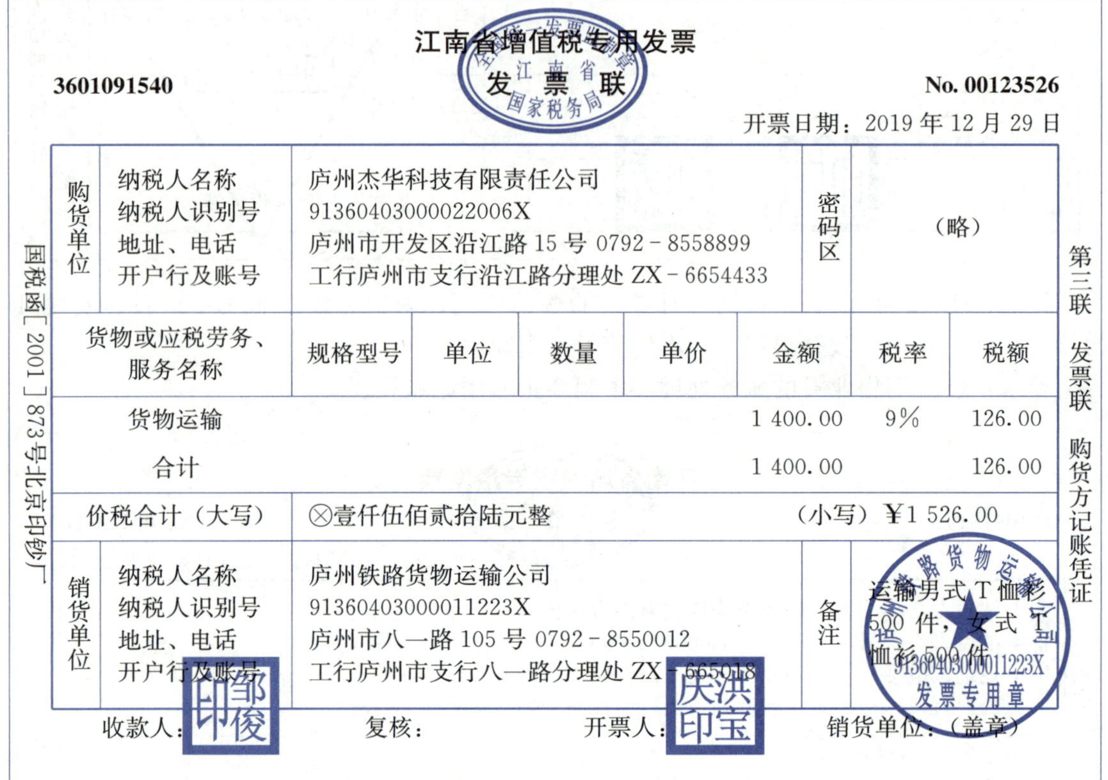

江南省增值税专用发票

发票联

3601091540　　　　No. 00123526

开票日期：2019 年 12 月 29 日

购货单位	纳税人名称 纳税人识别号 地址、电话 开户行及账号	庐州杰华科技有限责任公司 91360403000022006X 庐州市开发区沿江路 15 号 0792－8558899 工行庐州市支行沿江路分理处 ZX－6654433				密码区	（略）	
货物或应税劳务、服务名称		规格型号	单位	数量	单价	金额	税率	税额
货物运输						1 400.00	9%	126.00
合计						1 400.00		126.00
价税合计（大写）		⊗壹仟伍佰贰拾陆元整				（小写）￥1 526.00		
销货单位	纳税人名称 纳税人识别号 地址、电话 开户行及账号	庐州铁路货物运输公司 91360403000011223X 庐州市八一路 105 号 0792－8550012 工行庐州市支行八一路分理处 ZX－665018				备注	运输男式 T 恤衫 500 件，女式 T 恤衫 500 件	

收款人：邹俊　　复核：　　开票人：洪宝　　销货单位：（盖章）

国税函[2001]873号北京印钞厂

第三联　发票联　购货方记账凭证

出口退税率选用方法

（1）列举出口退税率：财政部、税务总局明确规定了出口退税率的，按出口退税率计算退税，其他货物按征税率退税。

（2）以征收率为退税率：外贸企业购进按简易计税方法征税的货物出口，从小规模纳税人处购进的货物出口，按征收率计算退税。

（3）按孰低原则确定退税率：规定有退税率的，如果出口货物的征税率与退税率不同，按其中较低的税率计算退税。

江南省增值税专用发票

记　账　联

此联不作报销、扣税凭证

3604101223　　　　No. 02480021

开票日期：2019 年 12 月 29 日

购货单位	纳税人名称 纳税人识别号 地址、电话 开户行及账号	山东济南长青百货商场 913053100000002211S 济南市北京中路 342 号 0531－88647668 工行济南市支行北京中路分理处 3－875632			密码区	（略）	
货物或应税劳务、服务名称		规格型号	单位	数量	单价	金额	税率	税额
男式 T 恤衫		全棉	件	500	300.00	150 000.00	13%	19 500.00
女式 T 恤衫		全棉	件	500	200.00	100 000.00	13%	13 000.00
合计						250 000.00		32 500.00
价税合计（大写）		⊗贰拾捌万贰仟伍佰元整				（小写）￥282 500.00		
销货单位	纳税人名称 纳税人识别号 地址、电话 开户行及账号	庐州杰华科技有限责任公司 91360403000022006X 庐州市开发区沿江路 15 号 0792－8558899 工行庐州市支行沿江路分理处 ZX－6654433			备注	庐州杰华科技有限责任公司 91360403000022006X 发票专用章	

收款人：董杰印　　复核：　　开票人：黄馨印　　销货单位：（盖章）

国税函[2001]873号北京印钞厂

第一联　记账联　销货方记账凭证

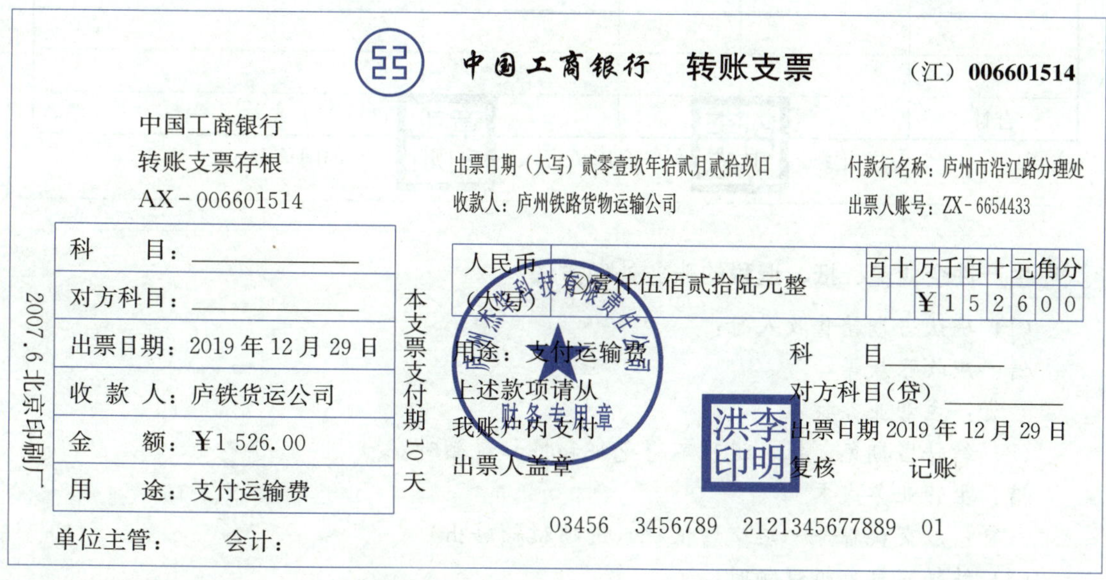

中国工商银行　转账支票　（江）006601514

中国工商银行
转账支票存根
AX－006601514

科　　目：	
对方科目：	
出票日期：2019 年 12 月 29 日	
收 款 人：庐铁货运公司	
金　　额：￥1 526.00	
用　　途：支付运输费	

单位主管：　　会计：

2007.6 北京印刷厂

本支票支付期 10 天

出票日期（大写）贰零壹玖年拾贰月贰拾玖日　　付款行名称：庐州市沿江路分理处

收款人：庐州铁路货物运输公司　　出票人账号：ZX－6654433

人民币（大写）	⊗壹仟伍佰贰拾陆元整	百	十	万	千	百	十	元	角	分
				￥	1	5	2	6	0	0

用途：支付运输费　　科　　目______

上述款项请从　　对方科目(贷)______

我账户内支付　　出票日期 2019 年 12 月 29 日

出票人盖章　　复核　　记账

庐州杰华科技有限责任公司 财务专用章　　洪李印明

03456　3456789　2121345677889　01

办理出口退税申报应注意的问题

先到征管部门办理纳税申报，再到退税部门办理退免税申报。办理退免税申报时应准备好出口单证、生成的出口货物电子数据和退免税申报表单。

中国工商银行　进账单（回单或收账通知）

2019年12月29日　　第005号

付款人	全称	山东济南长青百货商场	收款人	全称	庐州杰华科技有限责任公司
	账号	3-875632		账号	ZX-6654433
	开户银行	工行济南市支行北京中路分理处		开户银行	工行庐州市支行沿江路分理处
人民币（大写）		⊗贰拾捌万贰仟伍佰元整	亿千百十万千百十元角分		¥28250000
票据种类		银行汇票			
票据张数		1张			
单位主管　会计　复核　记账			收款人开户银行盖章		

此联是收款人开户银行交给收款人的回单或收账通知

工行庐州市支行沿江路分理处 2019.12.29 转账 转讫

库存产品出库单

科目：　　填开日期：2019年12月29日　　对方科目：

商品名称	计量单位	数量	单位成本	金额	用途
男式T恤衫	箱	5	25 000.00	125 000.00	销售
女式T恤衫	箱	5	15 000.00	75 000.00	销售
合计				200 000.00	

主管：　　记账：李志印　　仓库负责人：王明章印　　部门负责人：

生产性企业免、抵、退税的账务处理方法

(1) 确认当期销售收入时：

借：应收账款等

　贷：主营业务收入

(2) 结转当期免、抵、退税不得免征和抵扣税额时：

借：主营业务成本

　贷：应交税费——应交增值税（进项税额转出）

(3) 结转当期免抵税额时：

借：应交税费——应交增值税（出口抵减内销产品应纳税额）

　贷：应交税费——应交增值税（出口退税）

(4) 结转当期应退税额：

借：应收出口退税款

　贷：应交税费——应交增值税（出口退税）

【业务 10】月末，编制增值税免、抵、退税计算表，计算不得免抵税额、应纳税额、免抵退税额、应退税额、免抵税额、留于下期续抵税额。

要求：(1) 编制增值税免、抵、退税计算表。

(1) 进行当期不得免抵税额、应退税额的账务处理，填制 2 张通用记账凭证。

【业务 11】填制生产性企业出口货物免、抵、退税申报资料，办理出口退税申报（出口退税申报前应进行纳税申报）。

要求：(1) 填制生产性企业出口货物免、抵、退税申报汇总表。

(2) 填制生产性企业出口货物免、抵、退税申报明细表。

(3) 准备出口货物报关单（出口退税联）、出口货物收汇核销单（出口退税联）、出口货物外销发票等退税凭证，到主管税务机关办理出口退税手续。

【业务 12】填写出口退税申请书，报请主管税务机关审批，下月 15 日出口退税批准，所退税款已转入本公司账户。

要求：(1) 以纳税人的身份填写出口退税申请书。

(2) 以公司会计人员的身份进行账务处理，填制 1 张通用记账凭证。

【业务 13】根据业务 1～10 的会计分录，登记相关涉税账户。

要求：(1) 登记“应交税费——应交增值税”“应交税费——应交增值税（销项税额）”“应交税费——应交增值税（进项税额）”明细账户。

(2) 登记“应交税费——应交增值税（出口退税）”“应收出口退税款”等增值税出口退税涉税账户。

实训二　外贸企业进出口增值税、消费税会计核算与退免税申报

以庐州新达外贸股份有限公司为模型，以该公司 2019 年 10 月进出口涉税业务为依据，结合关税税则、《增值税暂行条例》和《消费税暂行条例》的相关规定，进行进出口涉税业务的应税计算、账务处理及退免税申报实训。

一、企业基本资料

庐州新达外贸股份有限公司，于 2005 年 4 月 8 日经庐州市工商行政管理局注册登记成立，同年 4 月 15 日办理开业税务登记和增值税一般纳税人认定，具有自营进出口经营权和出口退免税资格。其基本资料如下：

(1) 公司注册类型：股份有限公司；统一社会信用代码：91360403000033333X；计算机管理代码：00034123；公司注册地址：庐州市港西区湖滨路 128 号；经营范围：化妆品、护肤护发品收购出口、进料加工复出口。

(2) 法定代表人：王宝山；财务负责人：王少华；办税员：徐三泰；会计：肖婷婷；出纳：王文英；发票管理员：李纳；仓库保管员：熊建华；公司电话：0792－8556666；传真：0792－8557899；电子邮箱：lzxd2005@163.com。

(3) 开户银行：中国银行庐州市支行湖滨路分理处，账号：XJ－222333，网银缴税专用账号：XJ－223344。国税主管机关：庐州市港西区国家税务局，组织机构代码：000234516，办税服务厅经办人：郑三炮，电话：0792－8450123。

二、涉税业务资料

该公司为增值税一般纳税人，专营化妆品、护肤护发品及其生产原料的进出口。出口货物实行免退税办法。假定增值税出口退税率为11%。2019年10月，该公司进出口涉税业务如下。

【业务1】10月5日，从庐州宝洁化妆品股份有限公司购进A型香粉100箱，B型护肤霜50箱，取得增值税专用发票，货款已通过银行转账支付，商品已入库，取得原始凭证如下。

要求：进行商品采购的账务处理，填制1张通用记账凭证。

免、抵、退税办法

生产性企业出口货物实行免、抵、退税办法，该办法包括“免”“抵”“剔”“退”四个部分。“免”是免征出口销售环节的销项税；“抵”是用出口货物的进项税抵顶内销货物的应纳税额；“剔”是剔除退税率与征税率之差的部分，即不得免抵的进项税；“退”是指将经过“免”“抵”“剔”之后剩余的进项税退还给纳税人。

免、抵、退税办法适用于既有货物内销又有货物出口的生产性企业，外贸企业出口货物则采用免退税办法。

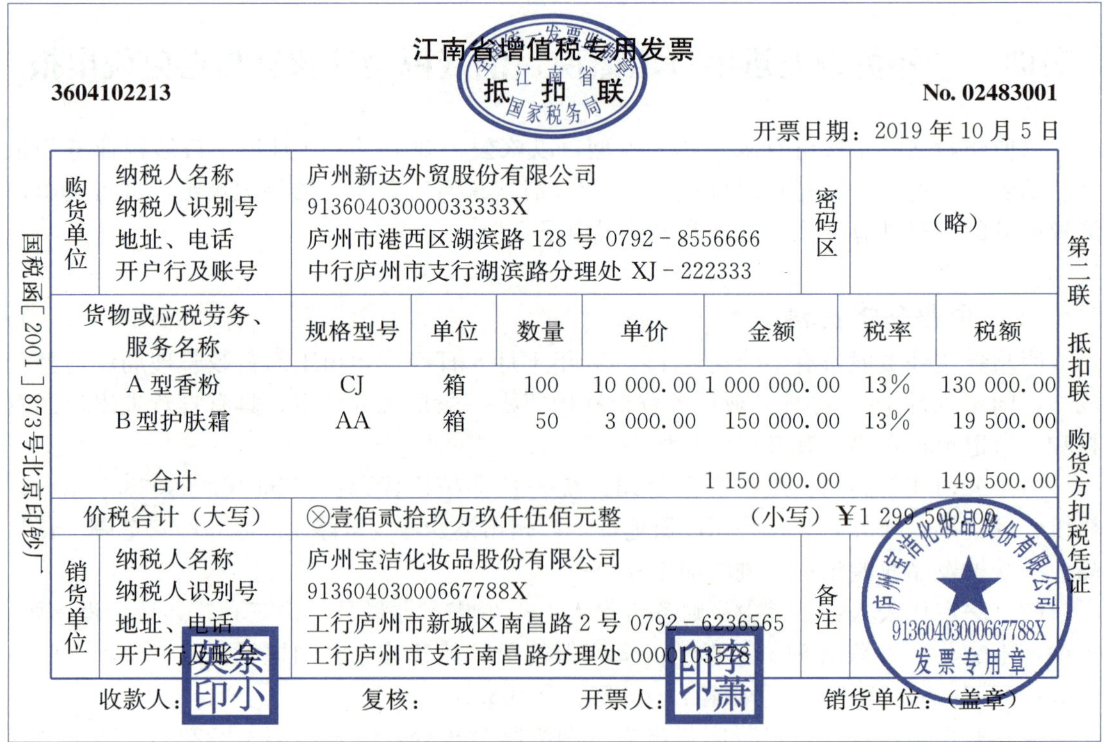

江南省增值税专用发票

抵扣联

3604102213　　　　No. 02483001

开票日期：2019年10月5日

购货单位	纳税人名称	庐州新达外贸股份有限公司			密码区	（略）		
	纳税人识别号	91360403000033333X						
	地址、电话	庐州市港西区湖滨路128号 0792－8556666						
	开户行及账号	中行庐州市支行湖滨路分理处 XJ－222333						
货物或应税劳务、服务名称	规格型号	单位	数量	单价	金额	税率	税额	
A型香粉	CJ	箱	100	10 000.00	1 000 000.00	13%	130 000.00	
B型护肤霜	AA	箱	50	3 000.00	150 000.00	13%	19 500.00	
合计					1 150 000.00		149 500.00	
价税合计（大写）	⊗壹佰贰拾玖万玖仟伍佰元整				（小写）￥1 299 500.00			
销货单位	纳税人名称	庐州宝洁化妆品股份有限公司			备注			
	纳税人识别号	91360403000667788X						
	地址、电话	工行庐州市新城区南昌路2号 0792－6236565						
	开户行及账号	工行庐州市支行南昌路分理处 000103578						

收款人：吴余　　复核：　　开票人：李萧　　销货单位：（盖章）

国税函[2001]873号北京印钞厂

第二联 抵扣联 购货方扣税凭证

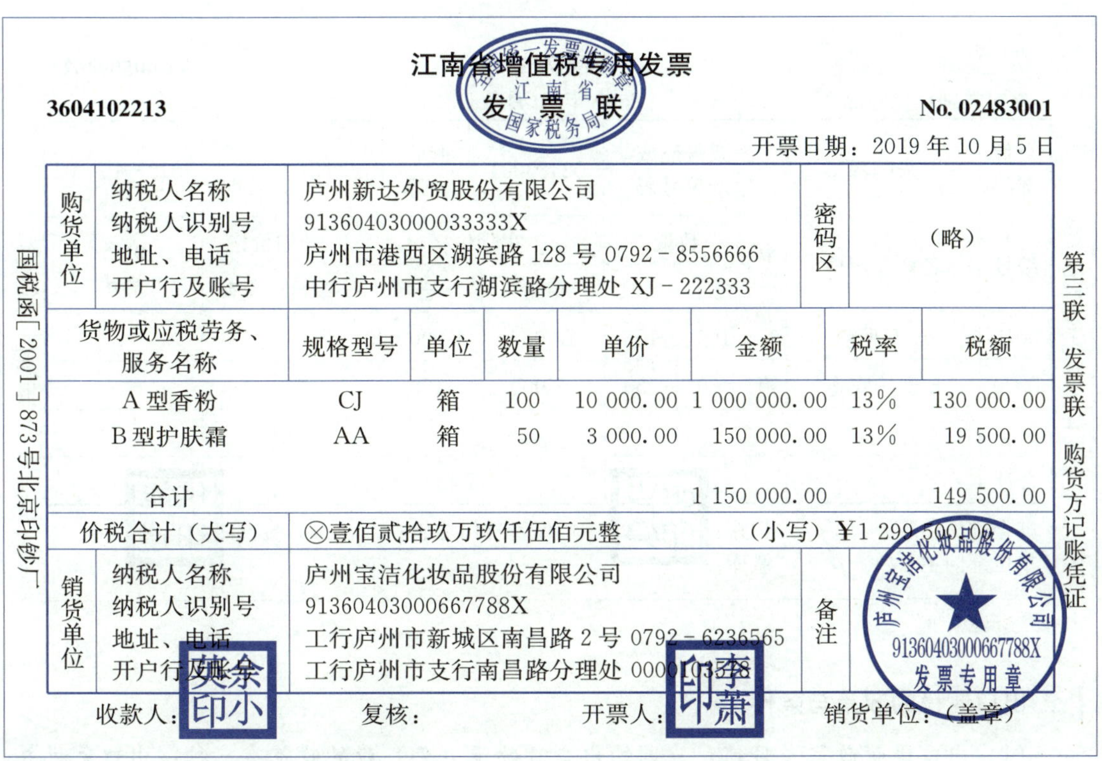

江南省增值税专用发票

发　票　联

3604102213　　　　No. 02483001

开票日期：2019 年 10 月 5 日

购货单位	纳税人名称 纳税人识别号 地址、电话 开户行及账号	庐州新达外贸股份有限公司 91360403000033333X 庐州市港西区湖滨路 128 号 0792－8556666 中行庐州市支行湖滨路分理处 XJ－222333				密码区	（略）
货物或应税劳务、服务名称	规格型号	单位	数量	单价	金额	税率	税额
A 型香粉	CJ	箱	100	10 000.00	1 000 000.00	13%	130 000.00
B 型护肤霜	AA	箱	50	3 000.00	150 000.00	13%	19 500.00
合计					1 150 000.00		149 500.00
价税合计（大写）	⊗壹佰贰拾玖万玖仟伍佰元整				（小写）¥1 299 500.00		
销货单位	纳税人名称 纳税人识别号 地址、电话 开户行及账号	庐州宝洁化妆品股份有限公司 91360403000667788X 工行庐州市新城区南昌路 2 号 0792－6236565 工行庐州市支行南昌路分理处 000103528				备注	

收款人：　　复核：　　开票人：　　销货单位：（盖章）

国税函[2001]873号北京印钞厂

第三联　发票联　购货方记账凭证

应用提示

外贸企业计算出口退税时，以购进出口货物增值税专用发票上所注明的不含增值税的购进金额为依据计算退税额，不包括价外费用。非增值税专用发票、假发票、无发票的，不得计算出口退税。

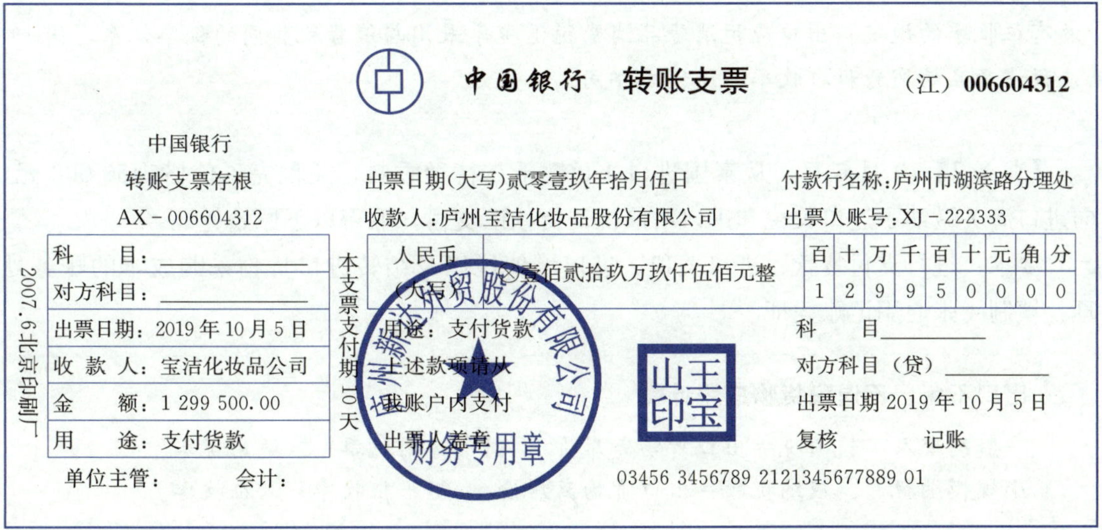

中国银行　转账支票　（江）006604312

中国银行
转账支票存根
AX－006604312

科　　目：
对方科目：
出票日期：2019 年 10 月 5 日
收 款 人：宝洁化妆品公司
金　　额：1 299 500.00
用　　途：支付货款

单位主管：　　会计：

出票日期(大写)贰零壹玖年拾月伍日　　付款行名称：庐州市湖滨路分理处

收款人：庐州宝洁化妆品股份有限公司　　出票人账号：XJ－222333

人民币（大写）	⊗壹佰贰拾玖万玖仟伍佰元整	百	十	万	千	百	十	元	角	分
		1	2	9	9	5	0	0	0	0

本支票付款期限10天

用途：支付货款

上述款项请从

我账户内支付

出票人签章

科　　目________

对方科目（贷）________

出票日期 2019 年 10 月 5 日

复核　　记账

03456 3456789 2121345677889 01

2007.6北京印刷厂

商品入库单　　No. 00509462

材料类别：化妆品　　2019 年 10 月 5 日　　连续号：

交货部门	采购部	发票号码或生产单号码		02483001		验收仓库	出口库	入库日期	2019－10－05	
编号	名称及规格	单位	数量		实际价格		计划价格		价格差异	
			交库	实收	单价	金额	单价	金额		
0019	A 型香粉	箱	100	100	10 000	1 000 000				
0020	B 型护肤霜	箱	50	50	3 000	150 000				
合计						1 150 000.00				

财会部门主管：　记账：婷肖印婷　保管部门主管：　验收：华熊印建

单位部门主管：　缴库：

上海大众印刷厂 2006.12

第三联　记账联

出口退税的政策与条件

（1）出口退税政策。目前，我国的出口货物退（免）税的政策有三种：出口免税并退税；出口免税不退税；出口不免税也不退税。对不同货物采取不同的鼓励与限制政策。

（2）出口退税条件。除特殊情况外，出口货物退（免）税应具备四个条件：必须是增值税、消费税征税范围内的货物；必须是报关并离境的货物；必须是在财务上做销售处理的货物；必须是收汇并核销的货物。

（3）出口退税率。出口货物增值税退税率采用与增值税征税率不同的税率体系，且没有征收率的规定。出口应税消费品消费税退税率采用与消费税相同的税率体系，同一应税消费品的消费税征收率与退税率相同。

【业务 2】 10 月 6 日，从泰国进口 1 000 千克特种香料，关税完税价格为50 000 元，向进口海关缴纳了进口关税和进口增值税，货款已支付，取得以下原始凭证。

要求：进行支付货款、进口关税、进口增值税以及结转进口货物采购成本的账务处理，填制 4 张通用记账凭证。

出口不免、不退税货物应税计算

一般纳税人：销项税＝出口货物离岸价÷（1＋适用税率）×适用税率。

小规模纳税人：应纳税额＝出口货物离岸价÷（1＋征收率）×征收率。

海关　进口关税　专用缴款书

收入系统：海关系统　　填发日期：2019年10月6日　　号码：00023126

<table>
<tr><td rowspan="3">收款单位</td><td>收入机关</td><td colspan="3">中央金库</td><td rowspan="3">缴款单位（人）</td><td>名　　称</td><td colspan="2">庐州新达外贸股份有限公司</td></tr>
<tr><td>科　　目</td><td>进口关税</td><td>预算级次</td><td>中央</td><td>账　　号</td><td colspan="2">XJ－222333</td></tr>
<tr><td>收款国库</td><td colspan="3">浦东区中心支库</td><td>开户银行</td><td colspan="2">中行庐州市支行湖滨路分理处</td></tr>
<tr><td>税号</td><td>货物名称</td><td>数量</td><td>单位</td><td colspan="2">完税价格</td><td>税率</td><td colspan="2">税款金额</td></tr>
<tr><td>0023</td><td>特种香料</td><td>1 000</td><td>千克</td><td colspan="2">50 000.00</td><td>5%</td><td colspan="2">2 500.00</td></tr>
<tr><td></td><td></td><td></td><td></td><td colspan="2"></td><td></td><td colspan="2"></td></tr>
<tr><td></td><td></td><td></td><td></td><td colspan="2"></td><td></td><td colspan="2"></td></tr>
<tr><td colspan="6">金额人民币（大写）⊗贰仟伍佰元整</td><td>合计（小写）</td><td colspan="2">￥2 500.00</td></tr>
<tr><td colspan="3">申请单位编号</td><td colspan="3">报关单编号　002012030612</td><td colspan="3" rowspan="4">填制单位　　收款国库
制单人　　（银行）
复核人
单位盖章　　业务公章</td></tr>
<tr><td colspan="3">合同（批文）号</td><td colspan="3">运输工具号</td></tr>
<tr><td colspan="6">交缴期限　2019年10月20日前　提/装货单号</td></tr>
<tr><td>备注</td><td colspan="5">一般征税
国际代码：</td></tr>
</table>

海关　进口增值税　专用缴款书

收入系统：海关系统　　填发日期：2019年10月6日　　号码：00023127

<table>
<tr><td rowspan="3">收款单位</td><td>收入机关</td><td colspan="3">中央金库</td><td rowspan="3">缴款单位（人）</td><td>名　　称</td><td colspan="2">庐州新达外贸股份有限公司</td></tr>
<tr><td>科　　目</td><td>进口增值税</td><td>预算级次</td><td>中央</td><td>账　　号</td><td colspan="2">XJ－222333</td></tr>
<tr><td>收款国库</td><td colspan="3">浦东区中心支库</td><td>开户银行</td><td colspan="2">中行庐州市支行湖滨路分理处</td></tr>
<tr><td>税号</td><td>货物名称</td><td>数量</td><td>单位</td><td colspan="2">完税价格</td><td>税率</td><td colspan="2">税款金额</td></tr>
<tr><td>0023</td><td>特种香料</td><td>1 000</td><td>千克</td><td colspan="2">52 500.00</td><td>13%</td><td colspan="2">6 825.00</td></tr>
<tr><td></td><td></td><td></td><td></td><td colspan="2"></td><td></td><td colspan="2"></td></tr>
<tr><td></td><td></td><td></td><td></td><td colspan="2"></td><td></td><td colspan="2"></td></tr>
<tr><td colspan="6">金额人民币（大写）⊗陆仟捌佰贰拾伍元整</td><td>合计（小写）</td><td colspan="2">￥6 825.00</td></tr>
<tr><td colspan="3">申请单位编号</td><td colspan="3">报关单编号　002012030612</td><td colspan="3" rowspan="4">填制单位　　收款国库
制单人　　（银行）
复核人
单位盖章　　业务公章</td></tr>
<tr><td colspan="3">合同（批文）号</td><td colspan="3">运输工具号</td></tr>
<tr><td colspan="6">交缴期限　2019年10月20日前　提/装货单号</td></tr>
<tr><td>备注</td><td colspan="5">一般征税
国际代码：</td></tr>
</table>

中国银行 电汇凭证（回单） No. 20039321

委托日期 2019 年 10 月 6 日

汇款人	全　称	庐州新达外贸股份有限公司	收款人	全　称	泰国曼谷 CCC 公司
	汇出行名称及账号	中行庐州市支行湖滨路分理处 账号：XJ－222333		汇出行名称及账号	泰国商业银行曼谷分行 账号：LX－010－83－221
	汇出地点	中国庐州		汇入地点	泰国曼谷
金额	人民币（大写）	⊗伍万元整		千百十万千百十元角分	¥ 5 0 0 0 0 0 0
汇款用途：支付泰国曼谷 CCC 公司特种香料货款，供货方电话：040－010－0213447；买方电话：0102－0792－8556666。				汇出行盖章	中国银行庐州市支行（01）汇票专用章 2222-018 2019 年 10 月 6 日
单位主管　会计 周英　复核　记账 李君					

此联是汇出行开给汇款人的回单

BANGKOK THAILAND CCC COMPANY

NO. 128, CHINATOWN ROAD, BANGKOK, THAILAND

TEL：040－010－0213447 FAX：040－010－0213447 E-MAIL TB－CCC@163. com

PROFORMA INVOICE

TO：LUZHOU THE NEW FOREIGN TRADE LTD. INV No. 00345678

No. 128 HONG KONG WEST LAKE ROAD，LUZHOU，JIANGNAN，CHINA DATE：2019－10－06

ITEM No.	COMMODITY & DESCRIPTION	QUANTITY	PRICE	AMOUNT
			CIF	
0021	SPECIAL SPICES	1 000KG	RMB 50. 00	RMB 50 000. 00
MORE OR LESS: %	ARE ALLOWED	LESS COMMISSION %	RMB 0. 00	

SAY RMB FIFTY THOUSAND ONLY TOTAL：1 000KG RMB 50 000. 00

SHIPMENT： PRIORTO 6 OCTOBER 2019

DESTINATION：SHENHAI LOAD PORT：BANGKOK

PAYMENT： L/C

INSURANCE： CIF TO BE EFFECTED BY THE BUYERS；FOR CIF OR CIP TO BE EFFECTED BY THE SELLER AT 110% OF INVOICE VALUE COVERING ALL RISK AND WAR RISK AS PER C. L. C.

BANK A/C：AYMENT TO：BANGKOK THAILAND CCC COMPANY

BANK：THAILAND BANGKOK BRANCH OF COMMERCIAL BANKS

A/C：985－201－8083257－48

ADD：No. 18，CHINATOWN ROAD，BANGKOK，THAILAND

MARKS： MADE IN THAILAND

（Thailand Bangkok CCC Trading Company）

【业务 3】2019 年 10 月 8 日，公司将从泰国进口的 1 000 千克特种香料以 80 000 元不

含税价格出售给庐州美好化妆品股份有限公司，双方约定由美好公司加工香水，加工完后由新达公司以 140 000 元不含税价格全部回购。公司开出增值税专用发票，款项已通过开户银行收讫，取得以下原始凭证。

要求：进行货物销售及其销项税的账务处理，填制 1 张通用记账凭证。

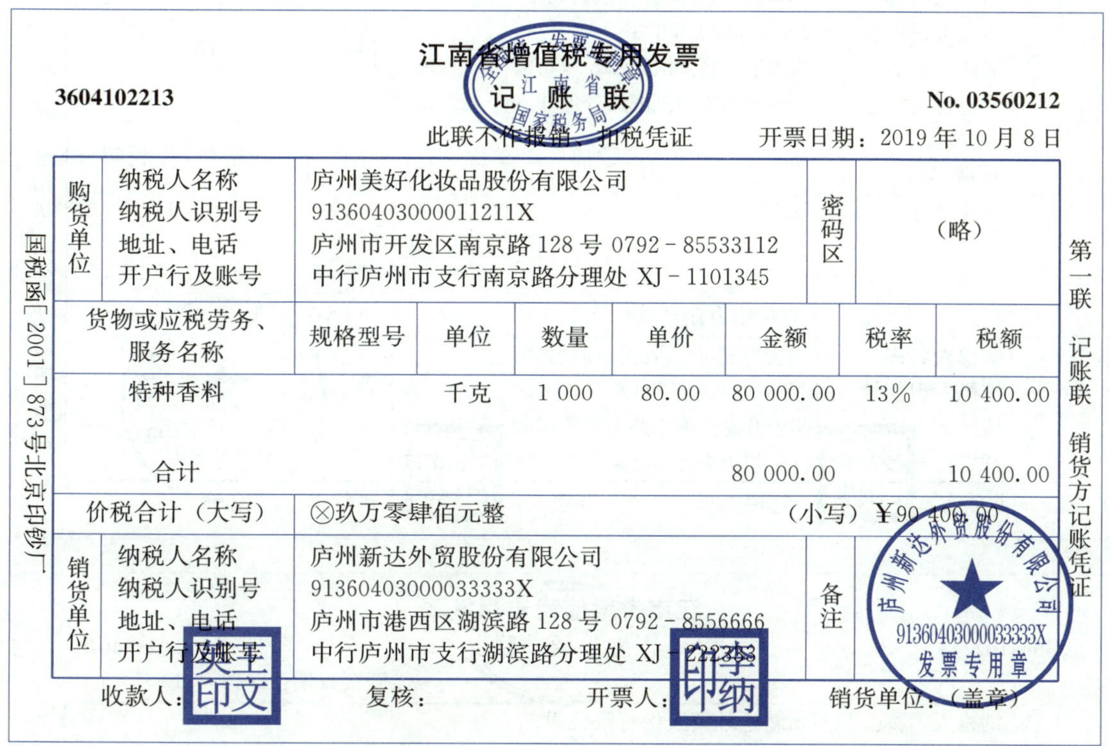

江南省增值税专用发票

记　账　联

3604102213　　　　No. 03560212

此联不作报销、扣税凭证　　开票日期：2019 年 10 月 8 日

购货单位	纳税人名称 纳税人识别号 地址、电话 开户行及账号	庐州美好化妆品股份有限公司 91360403000011211X 庐州市开发区南京路 128 号 0792－85533112 中行庐州市支行南京路分理处 XJ－1101345			密码区	（略）	
货物或应税劳务、服务名称	规格型号	单位	数量	单价	金额	税率	税额
特种香料		千克	1 000	80.00	80 000.00	13%	10 400.00
合计					80 000.00		10 400.00
价税合计（大写）	⊗玖万零肆佰元整				（小写）¥90 400.00		
销货单位	纳税人名称 纳税人识别号 地址、电话 开户行及账号	庐州新达外贸股份有限公司 91360403000033333X 庐州市港西区湖滨路 128 号 0792－8556666 中行庐州市支行湖滨路分理处 XJ－222333			备注	庐州新达外贸股份有限公司 91360403000033333X 发票专用章	

收款人：吴文　　复核：　　开票人：李纳　　销货单位：（盖章）

国税函［2001］873号北京印钞厂

第一联　记账联　销货方记账凭证

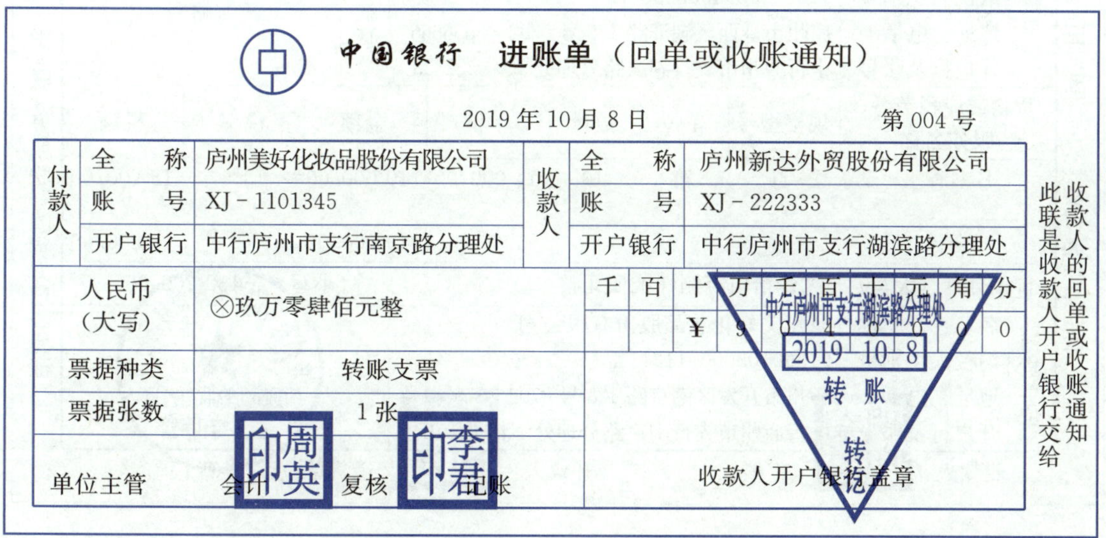

中国银行　进账单（回单或收账通知）

2019 年 10 月 8 日　　第 004 号

付款人	全称	庐州美好化妆品股份有限公司	收款人	全称	庐州新达外贸股份有限公司
	账号	XJ－1101345		账号	XJ－222333
	开户银行	中行庐州市支行南京路分理处		开户银行	中行庐州市支行湖滨路分理处
人民币（大写）	⊗玖万零肆佰元整		千 百 十 万 千 百 十 元 角 分	¥ 9 0 4 0 0 0 0	
票据种类	转账支票		收款人开户银行盖章		
票据张数	1 张				
单位主管	会计 周英	复核	记账 李君		

中行庐州市支行湖滨路分理处 2019－10－8 转账 转讫

此联是收款人开户银行交给收款人的回单或收账通知

【业务 4】 10 月 15 日，公司收回庐州美好化妆品股份有限公司加工的香水，合计 10 箱，每箱 100 瓶，款项已通过转账支票支付，取得以下原始凭证。

要求：进行回购产品的账务处理，填制 1 张通用记账凭证。

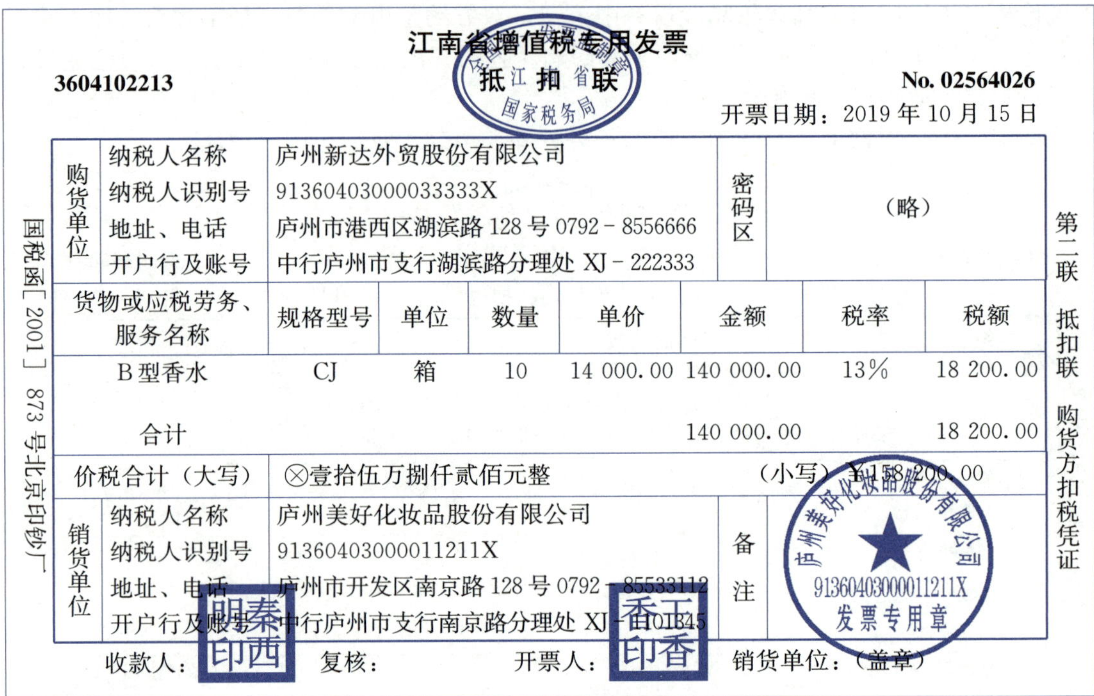

江南省增值税专用发票

抵扣联

3604102213　　No. 02564026

开票日期：2019 年 10 月 15 日

购货单位	纳税人名称	庐州新达外贸股份有限公司				密码区	（略）	
	纳税人识别号	913604030000033333X						
	地址、电话	庐州市港西区湖滨路 128 号 0792 - 8556666						
	开户行及账号	中行庐州市支行湖滨路分理处 XJ - 222333						
货物或应税劳务、服务名称	规格型号	单位	数量	单价	金额	税率	税额	
B 型香水	CJ	箱	10	14 000.00	140 000.00	13%	18 200.00	
合计					140 000.00		18 200.00	
价税合计（大写）	⊗壹拾伍万捌仟贰佰元整				（小写）￥158 200.00			
销货单位	纳税人名称	庐州美好化妆品股份有限公司				备注		
	纳税人识别号	913604030000011211X						
	地址、电话	庐州市开发区南京路 128 号 0792 - 85533112						
	开户行及账号	中行庐州市支行南京路分理处 XJ - 101345						

收款人：　复核：　开票人：　销货单位：（盖章）

国税函[2001] 873 号北京印钞厂

第二联 抵扣联 购货方扣税凭证

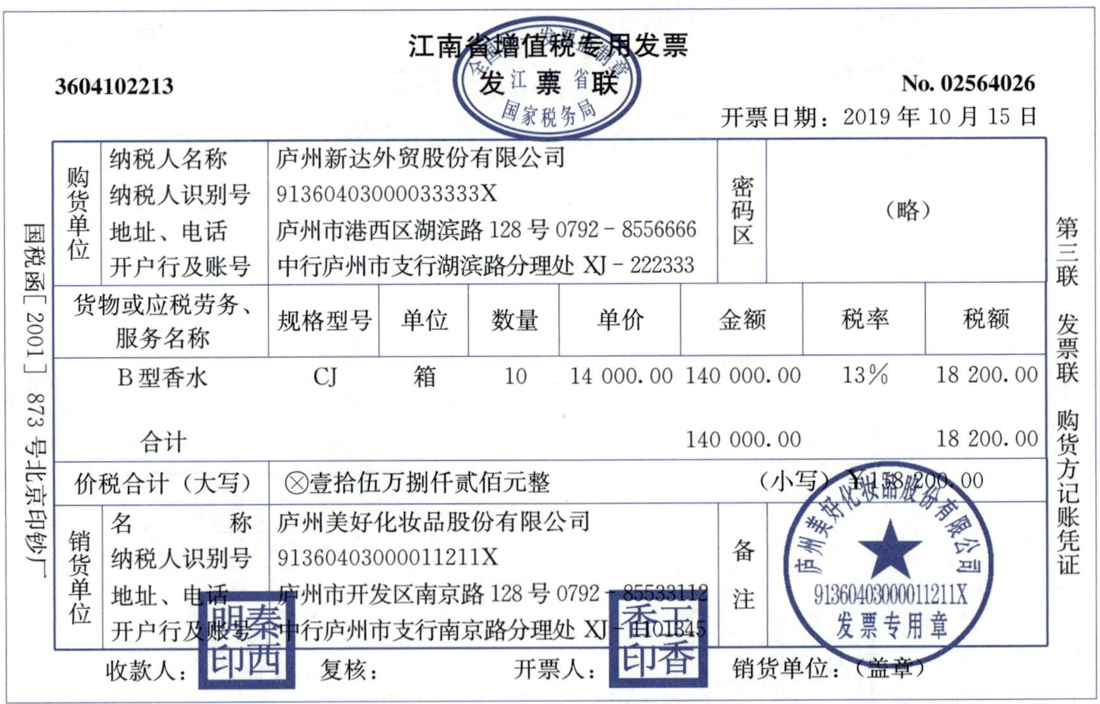

江南省增值税专用发票

发票联

3604102213　　No. 02564026

开票日期：2019 年 10 月 15 日

购货单位	纳税人名称	庐州新达外贸股份有限公司				密码区	（略）	
	纳税人识别号	913604030000033333X						
	地址、电话	庐州市港西区湖滨路 128 号 0792 - 8556666						
	开户行及账号	中行庐州市支行湖滨路分理处 XJ - 222333						
货物或应税劳务、服务名称	规格型号	单位	数量	单价	金额	税率	税额	
B 型香水	CJ	箱	10	14 000.00	140 000.00	13%	18 200.00	
合计					140 000.00		18 200.00	
价税合计（大写）	⊗壹拾伍万捌仟贰佰元整				（小写）￥158 200.00			
销货单位	名　　称	庐州美好化妆品股份有限公司				备注		
	纳税人识别号	913604030000011211X						
	地址、电话	庐州市开发区南京路 128 号 0792 - 85533112						
	开户行及账号	中行庐州市支行南京路分理处 XJ - 101345						

收款人：　复核：　开票人：　销货单位：（盖章）

国税函[2001] 873 号北京印钞厂

第三联 发票联 购货方记账凭证

办理退税应注意的问题

（1）发生不应退税或免税，但已实际退免税的，出口企业应补缴已退免税额。

（2）企业骗取出口退税的，经省级以上税务机关批准可取消其退免税资格。

应用提示

外贸企业出口应税消费品既退增值税又退消费税，生产性企业出口应税消费品只退增值税，不退消费税。

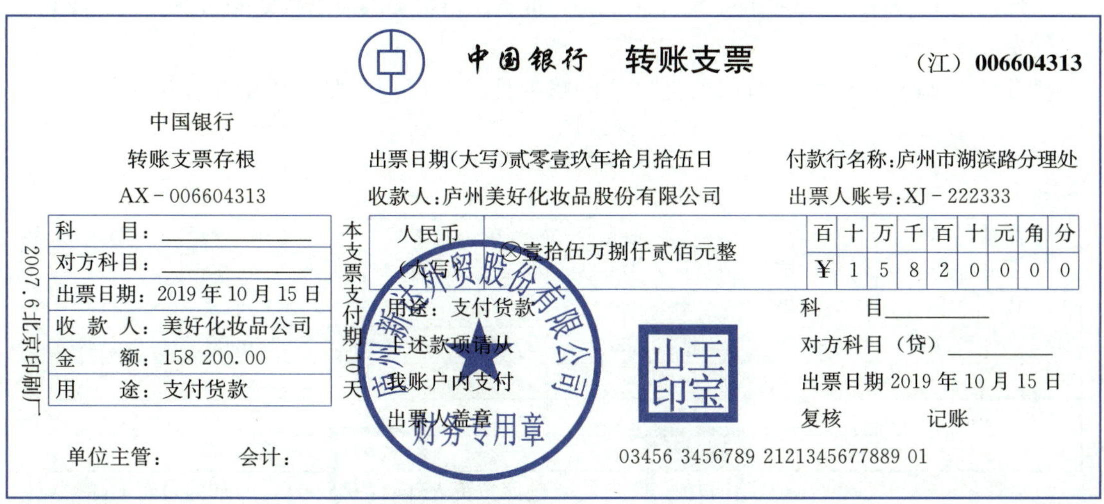

中国银行　转账支票　（江）006604313

中国银行
转账支票存根
AX－006604313

科　　目：
对方科目：
出票日期：2019年10月15日
收 款 人：美好化妆品公司
金　　额：158 200.00
用　　途：支付货款

单位主管：　　会计：

2007.6北京印刷厂

出票日期(大写)贰零壹玖年拾月拾伍日　付款行名称：庐州市湖滨路分理处
收款人：庐州美好化妆品股份有限公司　出票人账号：XJ－222333

本支票支付期限10天

人民币（大写）	⊗壹拾伍万捌仟贰佰元整	百	十	万	千	百	十	元	角	分
		¥	1	5	8	2	0	0	0	0

用途：支付货款
上述款项请从
我账户内支付
出票人签章

科　　目
对方科目（贷）
出票日期 2019年10月15日
复核　　记账

03456 3456789 2121345677889 01

庐州新达外贸股份有限公司 财务专用章　王山宝印

商品入库单　No. 00509463

材料类别：化妆品　2019年10月15日　连续号：

交货部门	采购部	发票号码或生产单号码		02564026		验收仓库	出口库	入库日期	2019－10－15
编号	名称及规格	单位	数量		实际价格		计划价格		价格差异
			交库	实收	单价	金额	单价	金额	
0021	B型香水	箱	10	10	14 000.00	140 000.00			
合计						140 000.00			

财会部门主管：　记账：肖婷婷印　保管部门主管：　验收：熊建华印
单位部门主管：　缴库：

上海大众印刷厂 2006.12

第三联　记账联

外贸企业增值税出口退税计算

（1）一般贸易出口货物退税计算：

应退税额＝出口货物数量×购进货物加权平均单价×退税率

（2）进料委托加工复出口货物退税计算：

应退税额＝受托方开具的增值税专用发票金额×退税率

按照税法的规定，受托方开具专用发票时，必须将原材料价款与加工费金额一并填写在发票中。

（3）委托方将购进或进口的原材料交由受托方加工时，应按销售货物的方式向受托方开具增值税专用发票。

（4）上述计算公式中所用到的金额均为不含增值税、不包括价外费用的金额。

【业务5】 10月20日，将10月5日购进的100箱A型香粉、20箱B型护肤霜及10月15日加工回购的B型香水全部运到上海浦东机场，准备出口给美国波士顿斯美百货公司，支付国内运输费3 000元。

要求：进行支付运费、增值税进项税的账务处理，填制1张通用记账凭证。

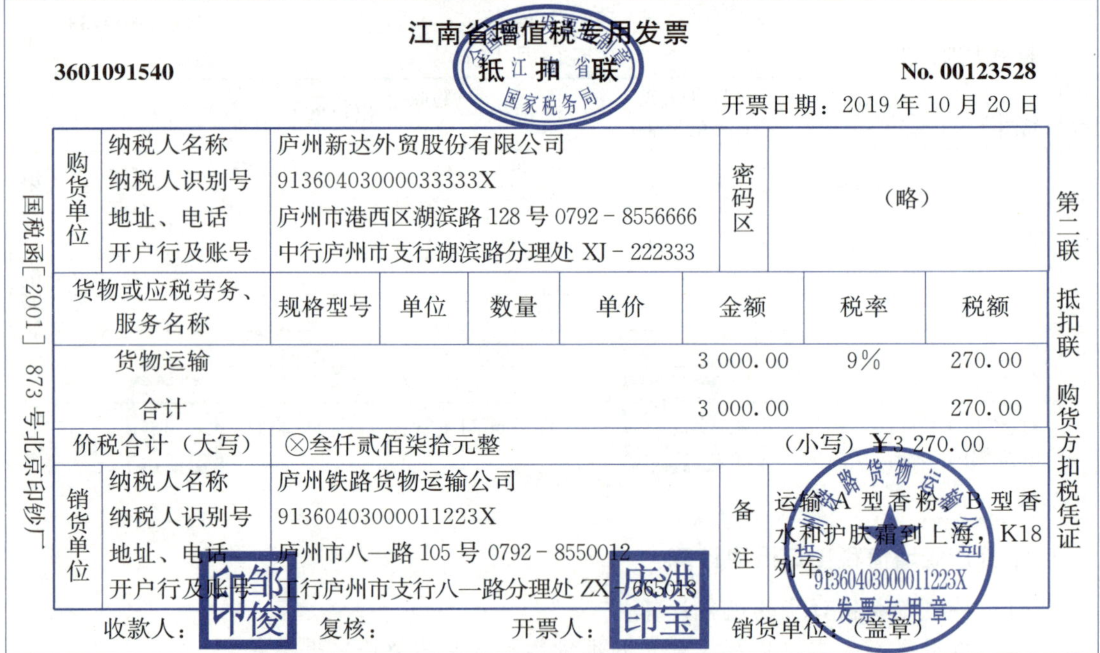

库存商品出库单

科目：　　填开日期：2019年10月20日　　对方科目：

商品名称	计量单位	数量	单位成本	金额	用途
A型香粉	箱	100	10 000.00	1 000 000.00	出口
B型香水	箱	10	14 000.00	140 000.00	出口
B型护肤霜	箱	20	3 000.00	60 000.00	出口
合计				1 200 000.00	

主管：　记账：婷肖印婷　仓库负责人：华熊印建　部门负责人：

江南省增值税专用发票

抵扣联

3601091540　　No. 00123528

开票日期：2019年10月20日

购货单位	纳税人名称	庐州新达外贸股份有限公司	密码区	（略）
	纳税人识别号	913604030000033333X		
	地址、电话	庐州市港西区湖滨路128号 0792－8556666		
	开户行及账号	中行庐州市支行湖滨路分理处 XJ－222333		

货物或应税劳务、服务名称	规格型号	单位	数量	单价	金额	税率	税额
货物运输					3 000.00	9%	270.00
合计					3 000.00		270.00
价税合计（大写）	⊗叁仟贰佰柒拾元整				（小写）￥3 270.00		

销货单位	纳税人名称	庐州铁路货物运输公司	备注	运输A型香粉、B型香水和护肤霜到上海，K18列车
	纳税人识别号	913604030000011223X		
	地址、电话	庐州市八一路105号 0792－8550012		
	开户行及账号	工行庐州市支行八一路分理处 ZX－665018		

收款人：　复核：　开票人：　销货单位：（盖章）

第二联 抵扣联 购货方扣税凭证

国税函[2001] 873号北京印钞厂

外贸企业出口退税计算依据的确定

外贸企业出口货物以“购货价格”为计算增值税出口退税额、消费税出口退税额的依据，“购货价格”以不含增值税的工厂销售额为标准，不含运输费、包装物租金、价外补贴等各种价外费用。

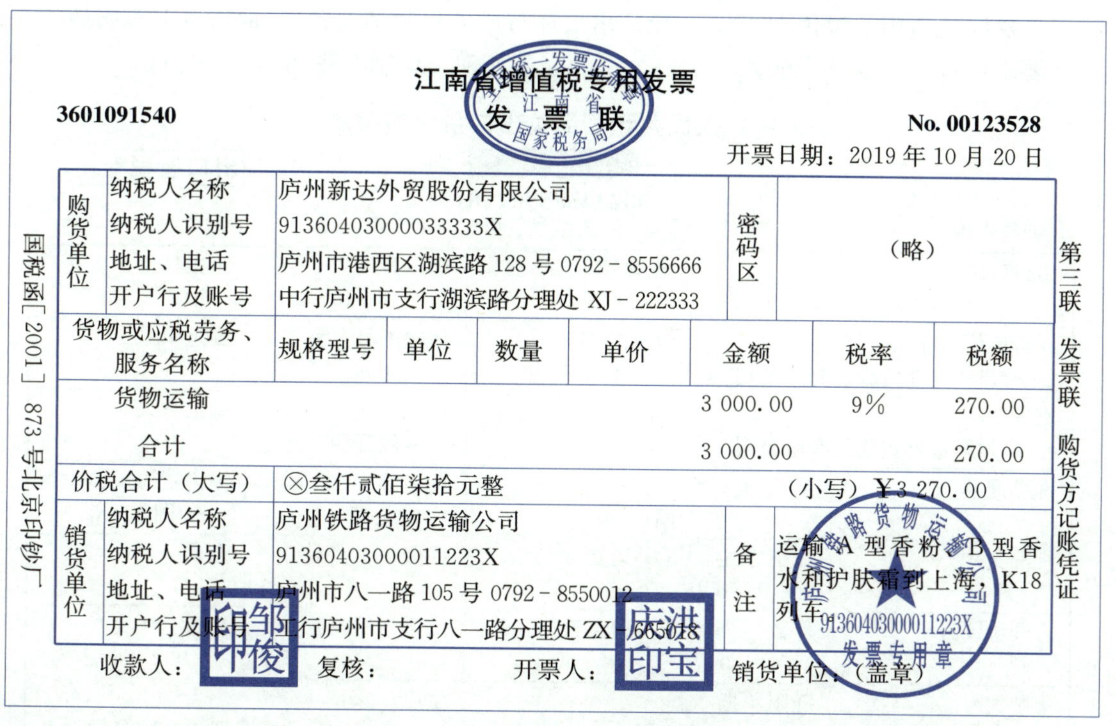

江南省增值税专用发票

发 票 联

3601091540　　No. 00123528

开票日期：2019 年 10 月 20 日

购货单位	纳税人名称	庐州新达外贸股份有限公司				密码区	（略）	
	纳税人识别号	91360403000033333X						
	地址、电话	庐州市港西区湖滨路 128 号 0792－8556666						
	开户行及账号	中行庐州市支行湖滨路分理处 XJ－222333						
货物或应税劳务、服务名称		规格型号	单位	数量	单价	金额	税率	税额
货物运输						3 000.00	9%	270.00
合计						3 000.00		270.00
价税合计（大写）		⊗叁仟贰佰柒拾元整				（小写）￥3 270.00		
销货单位	纳税人名称	庐州铁路货物运输公司				备注	运输 A 型香粉、B 型香水和护肤霜到上海，K18 列车	
	纳税人识别号	91360403000011223X						
	地址、电话	庐州市八一路 105 号 0792－8550012						
	开户行及账号	工行庐州市支行八一路分理处 ZX－665018						

收款人：邹俊　　复核：　　开票人：庆洪宝　　销货单位：（盖章）

国税函[2001] 873 号北京印钞厂

第三联 发票联 购货方记账凭证

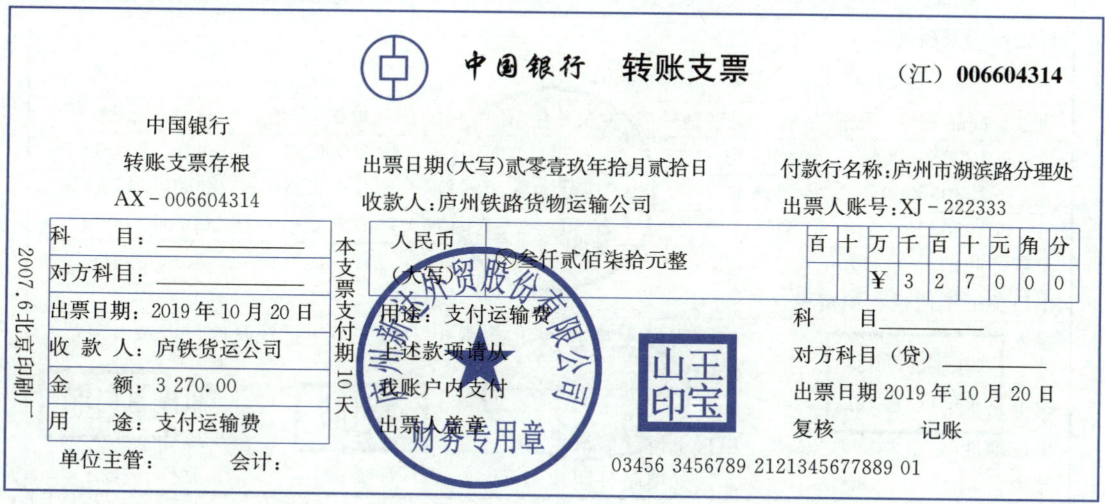

中国银行　转账支票　（江）006604314

中国银行
转账支票存根
AX－006604314

科　目：	
对方科目：	
出票日期：2019 年 10 月 20 日	
收 款 人：庐铁货运公司	
金　额：3 270.00	
用　途：支付运输费	

单位主管：　　会计：

2007.6 北京印刷厂

本支票支付期 10 天

出票日期(大写)贰零壹玖年拾月贰拾日　　付款行名称：庐州市湖滨路分理处

收款人：庐州铁路货物运输公司　　出票人账号：XJ－222333

人民币（大写）	⊗叁仟贰佰柒拾元整	百	十	万	千	百	十	元	角	分
				￥	3	2	7	0	0	0

用途：支付运输费
上述款项请从
我账户内支付
出票人签章

科　目＿＿＿＿
对方科目（贷）＿＿＿＿
出票日期 2019 年 10 月 20 日
复核　　记账

王山宝

03456 3456789 2121345677889 01

外贸企业办理出口退税应准备的材料

出口电子申报数据、增值税纳税申报表及其附表二复印件、消费税纳税申报表复印件、出口货物报关单（出口退税联）、收汇核算单（出口退税联）、应税消费品收购发票，以及出口货物退免税申报汇总表、出口货物退免税申报明细表、出口货物退免税凭证明细表等。

【业务 6】 10 月 21 日，委托上海东亚报关服务公司办理化妆品、护肤品、香水的出口报关手续，同时缴纳出口关税（假定上述三种商品均应征收关税，化妆品适用关税税率

20%，护肤品适用关税税率10%，免征出口环节增值税和消费税）。取得以下原始凭证。

要求：进行应收外汇账款、出口关税的账务处理，填制2张通用记账凭证。

中华人民共和国海关出口货物报关单

出口退税专用

00234588901201

纳税人编号：360403000033333　　　海关编号：000206126875

出口口岸 浦东机场　2233		备案号 00234588901201	出口日期 2019-10-21	申报日期 2019-10-21
经营单位 庐州新达外贸股份有限公司		运输方式 航空运输	运输工具名称 东航119	提运单号
发货单位 庐州新达外贸股份有限公司		贸易方式	征免性质 一般征税 101	结汇方式
许可证号	运抵国（地区） 美国　201		接运港 波士顿　301	境内货源地 中国庐州
批准文号	成交方式 上海　CIF	运费	保费	杂费
合同协议号	件数 130	包装种类 纸箱	毛重（千克） 2 000	净重（千克） 2 000
集装编号 00234	随附单据 A		生产厂家： 庐州宝洁化妆品股份有限公司	

标记唛码及备注

随附单证号：310300106005501

项号	商品编号	商品名称、规格型号	数量及单位	最终目的国（地区）	单价	总价	币制	征免
	001230350004	A型香粉	100箱	美国波士顿	2 000.00	200 000.00	USD	
	001230350005	B型香水	10箱	美国波士顿	6 000.00	60 000.00	USD	
	001230350006	B型护肤霜	20箱	美国波士顿	800.00	16 000.00	USD	

税费征收情况

出口免征增值税和消费税

录入员　录入单位 00123456780123 报关员　张大明	兹声明以上申报无讹并承担法律责任	海关审单批注及放行记录（盖章）
报关员 单位地址 邮编　　电话	申报单位（盖章） （填制日期）	审单　沪关1107　审价　沪关1107 征税　统计 查验　放行

报关单基本知识

（1）进出口货物报关单，既是进出口货物报关凭证，也是进出口货物的应税申报凭证，同时是纳税人核算应收应付外汇账款的原始凭证。

（2）出口货物报关单一式六联，第一联为作业联，第二联为海关留存联，第三联为企业留存联，第四联为海关核销联，第五联为收汇证明联，第六联为出口退税证明联。

海关　出口关税　专用缴款书

收入系统：海关系统　　　填发日期：2019 年 10 月 21 日　　　号码：011234133

收款单位	收入机关	中央金库			缴款单位（人）	名　　称	庐州新达外贸股份有限公司
	科　　目	出口关税	预算级次	中央		账　　号	XJ－222333
	收款国库	浦东区中心支库				开户银行	中行庐州市支行湖滨路分理处

税号	货物名称	数量	单位	完税价格	税率	税款金额
004	A 型香粉	100	箱	1 200 000.00	20%	240 000.00
005	B 型香水	10	箱	360 000.00	20%	72 000.00
006	B 型护肤霜	20	箱	96 000.00	10%	9 600.00
金额人民币（大写）⊗叁拾贰万壹仟陆佰元整					合计（小写）	￥321 600.00

申请单位编号		报关单编号	123450065	填制单位	收款国库（银行）
合同（批文）号		运输工具号		制单人	
交缴期限	2019 年 11 月 4 日前	提/装货单号		复核人	业务公章
备注	一般征税 USD 6.0 国际代码：			单位盖章	

【业务 7】 10 月 28 日，收到美国波士顿斯美百货公司汇来的货款，当日汇率 1RMB：6 USD，开出出口形式发票。

要求：进行收汇核销的账务处理，填制 1 张通用记账凭证。

LUZHOU XINDA EXTERNAL TRADING LTD

庐州新达外贸股份有限公司

ADD：No. 128 HONG KONG WEST LAKE ROAD，LU ZHOU，JIANG NAN，CHINA

TEL：0102－0792－8556666　FAX：0102－0792－8556667

PROFORMA INVOICE：No. JL－2019－8221　　　DATE：28－OCTOBER－2019

NOTE：THIS PROFORMA INVOICE IS VALID UP TO 30－NOVEMBER－2019

唛头 MARKS	货品名称及规格 COMMODITIES & SPECIFICATIONS	数量 QUANTITY	单价 UNIT PRICE	总价 AMOUNT
NL－0012－04	A Type powder	100	USD 2 000.00	USD 200 000.00
NL－0012－05	B Type perfume	10	USD 6 000.00	USD 60 000.00
NL－0012－06	B Skin cream	20	USD 800.00	USD 16 000.00
TOTAL				USD 276 000.00

1. PAYMENT：L/C AT SIGHT
2. PACKING：PEPER PACKAGING BOX，EVERY BOX 130 BOXRS
3. PORT OF LOADING：LUZHOU CHINA
4. PORT OF DISPATCHING：BOSTON
5. DELIVERY：ON/BEFORE 22－OCTOBER－2019

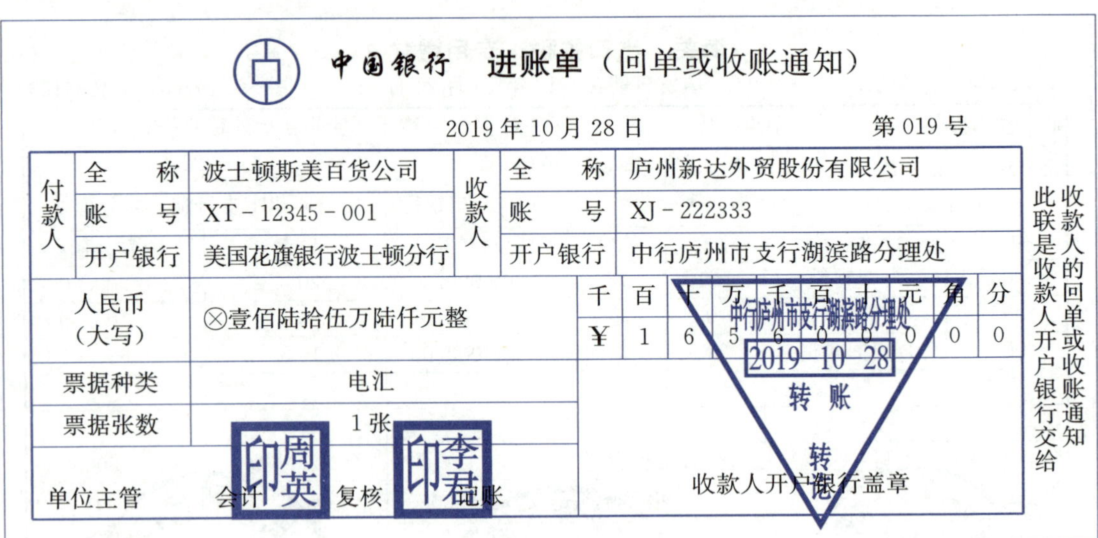

中国银行　进账单（回单或收账通知）

2019 年 10 月 28 日　　第 019 号

付款人	全称	波士顿斯美百货公司	收款人	全称	庐州新达外贸股份有限公司
	账号	XT－12345－001		账号	XJ－222333
	开户银行	美国花旗银行波士顿分行		开户银行	中行庐州市支行湖滨路分理处
人民币（大写）		⊗壹佰陆拾伍万陆仟元整		千百十万千百十元角分	¥ 1 6 5 6 0 0 0 0 0
票据种类		电汇			
票据张数		1 张			
单位主管　会计　复核　记账				收款人开户银行盖章	

此联是收款人开户银行交给收款人的回单或收账通知

办理出口退税的时间

自货物报关出口之日（以出口货物报关单上注明的出口期限为准）起 90 日内，向所在地主管税务机关出口退税管理部门申请办理退税手续。

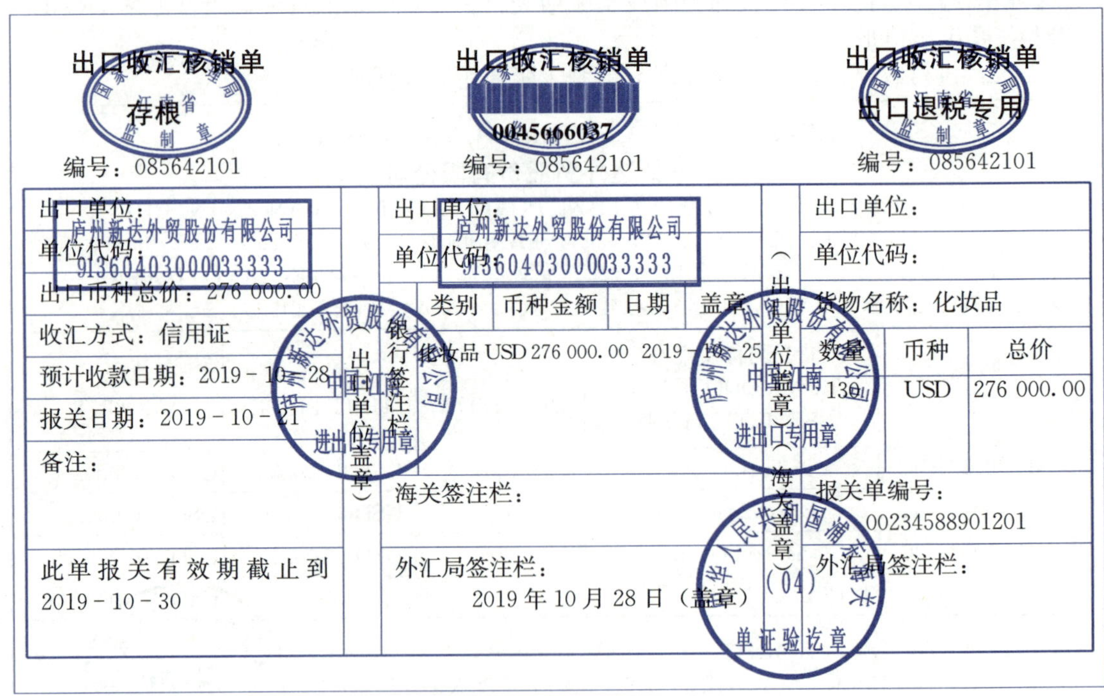

出口收汇核销单　存根　编号：085642101

- 出口单位：庐州新达外贸股份有限公司
- 单位代码：91360403000033333
- 出口币种总价：276 000.00
- 收汇方式：信用证
- 预计收款日期：2019－10－28
- 报关日期：2019－10－21
- 备注：
- 此单报关有效期截止到 2019－10－30

出口收汇核销单　0045666037　编号：085642101

- 出口单位：庐州新达外贸股份有限公司
- 单位代码：91360403000033333

类别	币种金额	日期	盖章
化妆品	USD 276 000.00	2019－10－25	

（出口单位盖章）　银行签注栏

海关签注栏：

外汇局签注栏：2019 年 10 月 28 日（盖章）

出口收汇核销单　出口退税专用　编号：085642101

- 出口单位：
- 单位代码：
- 货物名称：化妆品

数量	币种	总价
130	USD	276 000.00

（出口单位盖章）（海关盖章）

报关单编号：00234588901201

外汇局签注栏：

【业务 8】 计算应退增值税额和消费税额，化妆品增值税退税率为 13%，护肤品增值税退税率为 13%。消费税退税率与征收率相同。

要求：(1) 计算应退的增值税额、应转出的增值税额（退税率与征收率之差的部分）。

(2) 计算应退的消费税额。

(3) 根据上述三项应退、应转出的税额，填制 3 张通用记账凭证。

【业务 9】 填制外贸企业出口货物退（免）税申报资料，办理出口退税。

要求：(1) 填制外贸企业《出口货物退免税汇总申报表》《出口货物退免税申报明细表》。

(2) 准备出口货物报关单（出口退税联）、出口货物收汇核销单（出口退税联）、出口货物购货发票等退税凭证，到主管税务机关办理出口退税。

【业务 10】 11 月 10 日，公司提出出口退税申请，15 日，本期退税申请得到批准，收到主管税务机关开出的《中华人民共和国税收收入退还书》，所退税款已入账。

要求：(1) 以公司的名义分税种填写 2 份出口退税申请书。

(2) 以税务机关退税部门办事员的身份填制 2 份税收收入退还书。

(3) 以公司会计员的身份进行收到退税款的账务处理，填制 2 张通用记账凭证。

【业务 11】 根据业务 1～10 的会计分录，登记相关涉税账户。

要求：(1) 登记"应交税费——应交增值税""应交税费——应交增值税（进项税额）""应交税费——应交增值税（销项税额）"明细账。

(2) 登记"应交税费——应交增值税（出口退税）""应收出口退税款"等相关出口退税涉税账户。

附：进出口税收科目编码

进口货物增值税科目编码：101010201 进口货物增值税

进口消费品消费税科目编码：101020209 进口其他消费品消费税（除成品油外）

出口货物退增值税科目编码：101010301 出口货物退增值税

出口消费品退消费税科目编码：1010203 出口消费品退消费税

进口关税科目编码：101170101 进口关税

出口关税科目编码：101170102 出口关税

◆ 外贸企业消费税出口退税账务处理

(1) 申报出口退税时：

借：应收出口退税款

　贷：商品销售成本

(2) 收到出口退税款时：

借：银行存款

　贷：应收出口退税款

◆ 外贸企业增值税出口退税的账务处理

(1) 申报出口退税时：

借：应收出口退税款

　贷：应交税费——应交增值税（出口退税）

(2) 收到出口退税款时：

借：银行存款

　贷：应收出口退税款

项目六

城镇土地使用税、房产税会计核算与纳税申报实训

【实训目的】通过本项目的实训操作，学生应熟练掌握城镇土地使用税与房产税的应税计算、涉税账务处理、纳税申报资料填报的基本技能，为从事相关税费的会计核算、计税报税奠定良好的技能基础，实现毕业即可就业的目标。

【实训内容】城镇土地使用税的涉税会计核算与纳税申报资料填报、房产税的涉税会计核算与纳税申报资料填报、契税的涉税会计核算与纳税申报资料填报（土地增值税的会计核算与纳税申报见项目二）。

【实训方法】以企业房地产受让、拥有、转让业务为基础，以仿真发票和税收票证为素材，结合相关税种实体法和《企业会计准则》，在实训教师的指导下，学生自己动手进行操作，在操作中深化学习，在学习中不断提高。

【实训要求】实训前要充分学习相关税种实体法和《企业会计准则》，准备好操作用通用记账凭证、涉税账页、纳税申报表；实训时要自己动手，认真、仔细，并按业务流程有序操作，操作中可以互相学习和讨论，但不能抄袭或复制他人习作。

实训一　城镇土地使用税会计核算与纳税申报

在我国，城镇土地归国家所有，工商企业从事生产经营需要土地，可通过政府出让土地使用权的方式取得一定期限的土地使用权，也可从其他企业通过转让方式取得土地使用权。按照现行规定，工商企业拥有土地使用权应缴纳城镇土地使用税。

一、企业基本资料

庐州新华机械设备股份有限公司，于2000年10月5日经庐州市工商行政管理局注册登记成立，同年10月25日办理开业税务登记，该公司的基本情况如下：

(1) 注册类型：股份有限公司；统一社会信用代码：913604030000667722A；计算机管理代码：00234126；法人代表：张华伟；财务负责人：王新华；办税员：李长江；开户银行：工商银行庐州市支行开发区分理处，账号：0214-0023126。

(2) 注册地址：庐州市开发区西二路175号；电话：0792-8371155；邮政编码：332000；电子邮箱：lzxhjx2000@163.com；生产经营范围：食品机械设备、农业机械设备、建筑机械设备的生产与销售。

(3) 地税主管机关：庐州市开发区地方税务局；组织机构代码：000234568；办税服务厅经办人：陈国栋；办公电话：0792－8236655。

二、涉税业务资料

城镇土地使用税属于地方税，主管税务机关根据该公司的具体情况，核定该公司按年计算、分季缴纳城镇土地使用税。根据下列资料进行操作时，为了强化技能训练，要求按业务逐笔计算第三、第四季度城镇土地使用税，并进行账务处理。

【业务 1】 2019 年 1 月 1 日，土地登记卡上反映的公司年初占有土地情况如下。

公司用地具体情况一览表

序号	用地项目	坐落地点	占用土地面积	土地等级	土地性质
1	办公楼用地	庐州市开发区西二路 175 号	2 000m^2	二级	国有
2	综合楼用地	庐州市开发区西二路 175 号	2 000m^2	二级	国有
3	商住楼用地	庐州市开发区西二路 175 号	2 000m^2	二级	国有
4	生产车间用地	庐州市开发区西二路 175 号	3 000m^2	二级	国有
5	生产车间用地	庐州市开发区西二路 175 号	3 000m^2	二级	国有
6	仓库用地	庐州市开发区西二路 175 号	4 000m^2	二级	国有
7	厂区道路用地	庐州市开发区西二路 175 号	10 000m^2	二级	国有
8	厂内公园用地	庐州市开发区西二路 175 号	20 000m^2	二级	国有
9	待建用地	庐州市开发区西二路 175 号	54 000m^2	二级	国有
10	新华宾馆	庐州市长虹大道 75 号	2 700m^2	一级	国有
合计		二级用地：100 000m^2，一级用地 2 700m^2			

土地登记卡

单位：元

财产	统一		设卡日期	清查表编号
	分类	土地	2017 年 12 月 10 日	查字第 01 号
	编号	01		

土地标示		新地名		所有权记录		
	坐落	庐州市开发区		庐州新华机械设备股份有限公司	原所有权人	庐州市政府
	地号	007 号		庐州市开发区西二路 175 号	购置日期	2011 年 2 月 20 日
	地目	工业用地	面积	10 公顷	所有权证字号	No. 012006689
	等级	二级		10 万平方米	土地使用现状	在用

土地成本					租赁（编号）：		
付款日期	成本项目	年期	税率	金额	所有权人核准文号：		
2011.03.20	地价款	70 年		80 000 000.00	期限	年租金	本期租金
2011.04.29	契税		4%	3 200 000.00			
2011.05.02	其他费用			100 000.00			
合计				83 300 000.00			

地项权利设定	权利人姓名	地址	登记原因	登记日期	字号	存续时间	证明书字号	设定日期	申请注销登记	
									日期	字号

土地登记卡

单位：元

财产	统一		设卡日期		清查表编号	
	分类	土地	2017 年 12 月 10 日		查字第 02 号	
	编号	02				
土地标示	坐落	庐州市长虹新区	新地名	庐州新华宾馆	所有权记录	原所有权人：庐州市政府
	地号	005 号		庐州市长虹大道 75 号		购置日期：2010 年 1 月 20 日
	地目	商业用地	面积	0.27 公顷		所有权证字号：No. 012003305
	等级	一级		0.27 万平方米		土地使用现状：在用

土地成本					租赁（编号）：		
付款日期	成本项目	年期	税率	金额	所有权人核准文号：		
2010.03.20	地价款	50 年		2 000 000.00	期限	年租金	本期租金
2010.04.29	契税		4%	80 000.00			
2010.04.30	其他费用			20 000.00			
合计				2 100 000.00			

地项权利设定	权利人姓名	地址	登记原因	登记日期	字号	存续时间	证明书字号	设定日期	申请注销登记 日期	申请注销登记 字号

【业务 2】 2019 年 7 月 25 日，公司参与庐州市开发区商用地块竞标拍卖会，中标庐州市开发区西二路 03 号商业用地。8 月 10 日与庐州市国土资源局签订土地出让合同，8 月 20 日政府下发土地出让批文，土地等级为二级。9 月 5 日，公司向国土资源局缴纳土地出让金，办理土地使用权证等相关手续，并向地方税务局缴纳契税，取得以下原始凭证。

中国工商银行　转账支票　（江）1234567801

中国工商银行
转账支票存根
AX－1234567801

科　　目：	
对方科目：	
出票日期：2019 年 9 月 5 日	
收 款 人：庐州市国土资源局	
金　　额：30 011 600.00	
用　　途：支付土地出让金	

单位主管：　　会计：

2007.6北京印刷厂

出票日期(大写)贰零壹玖年玖月零伍日　　付款行名称：庐州市开发区分理处

收款人：庐州市国土资源局　　出票人账号：0214－0023126

本支票支付期 10 天

人民币（大写）	⊗叁仟零壹万壹仟陆佰元整	千	百	十	万	千	百	十	元	角	分
		3	0	0	1	1	6	0	0	0	0

用途：支付土地出让金　　科　　目

上述款项请从　　对方科目（贷）

我账户内支付　　出票日期 2019 年 9 月 5 日

出票人盖章　　复核　　记账

（印章：□□华源设备股份有限公司 财务专用章；张伟印华）

03456 3456789 2121345677889 01

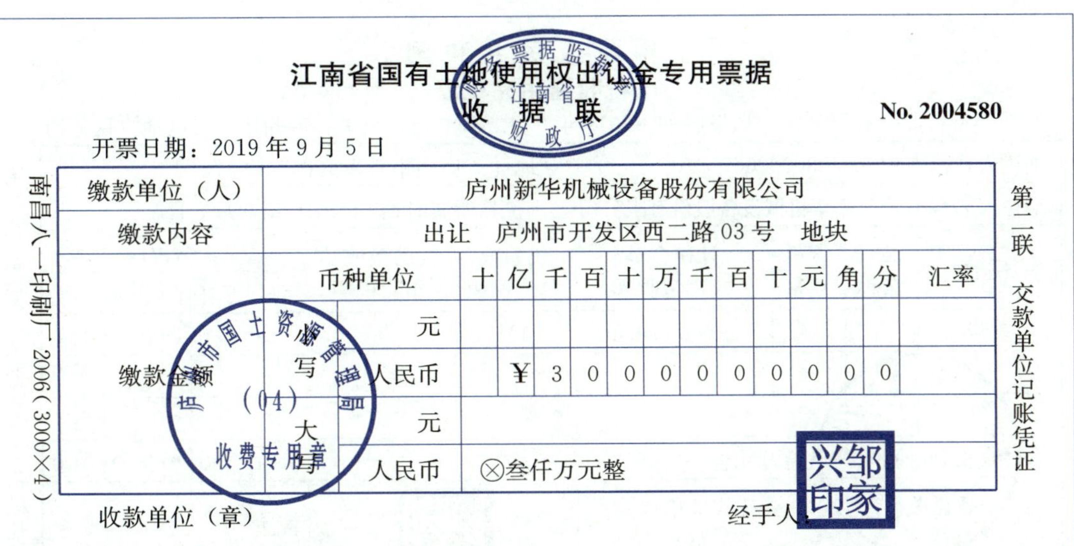
江南省国有土地使用权出让金专用票据

收　据　联

No. 2004580

开票日期：2019 年 9 月 5 日

缴款单位（人）	庐州新华机械设备股份有限公司													
缴款内容	出让　庐州市开发区西二路 03 号　地块													
缴款金额	币种单位	十	亿	千	百	十	万	千	百	十	元	角	分	汇率
小写	元													
	人民币		¥	3	0	0	0	0	0	0	0	0	0	
大写	元													
	人民币	⊗叁仟万元整												

收款单位（章）　　　　经手人：

南昌八一印刷厂 2006（3000×4）

第二联　交款单位记账凭证

城镇土地使用税纳税义务发生时间

（1）购置新建商品房，自房屋交付使用之次月起缴纳城镇土地使用税。

（2）承受土地使用权，自合同约定交付土地之次月起缴纳城镇土地使用税；合同没有约定交付时间的，自合同签订之次月起缴纳城镇土地使用税。

（3）购置存量房，自办理权属登记手续，登记机关签发房屋权属证书之次月起缴纳城镇土地使用税。

（4）出租、出借房产，自交付出租、出借房产之次月起缴纳城镇土地使用税。

（5）新征用耕地，自批准征用之日起满 1 年时开始缴纳城镇土地使用税，新征用的非耕地，自批准征用之次月起缴纳城镇土地使用税。

江南省政府非税收入统一票据

收据联

No. 00890866

填制日期：2019 年 9 月 5 日　　执收款单位名称：庐州市国土资源管理局

缴 款 人：庐州新华机械设备股份有限公司　　执收款单位编码：000056892

项目编码	项目名称	单位	数量	收费标准	金额
015	土地登记费	m^2	20 000	0.58 元/m^2	11 600.00

人民币（大写）⊗壹万壹仟陆佰元整　　（小写）¥11 600.00

校验码　007720　　制单：　　执收单位：（盖章）

南昌八一印刷厂（2005—6680）

第一联　交款单位记账凭证

中华人民共和国
税收通用完税证

注册类型：股份有限公司　填发日期：2019年9月5日　征收机关：庐州市开发区地方税务局

纳税人代码	91360403000066772A			地址	庐州市开发区西二路175号									
纳税人名称	庐州新华机械设备股份有限公司			税款所属时期	2019年9月5日									
税种	品目名称	课税数量	计税金额或销售收入	税率或单位税额	已缴或扣除税额	实缴税额								
						百	十	万	千	百	十	元	角	分
契税			30 000 000.00	3%			9	0	0	0	0	0	0	0
合计金额（大写）⊗玖拾万元整						¥	9	0	0	0	0	0	0	0
税务机关（盖章）	委托代征单位（盖章）			填票人（签章）		备注								

第二联 收据 交纳税人作完税凭证

【业务3】2019年9月15日，公司购置商务用房（新房），准备用于职工教育培训，支付购房款550万元。10月10日，与房地产开发公司办理房屋交接手续，办理房产所有权证，缴纳契税，取得以下原始凭证（该商务用房建筑面积1 000平方米，占地面积1 000平方米，所处地段为一级）。

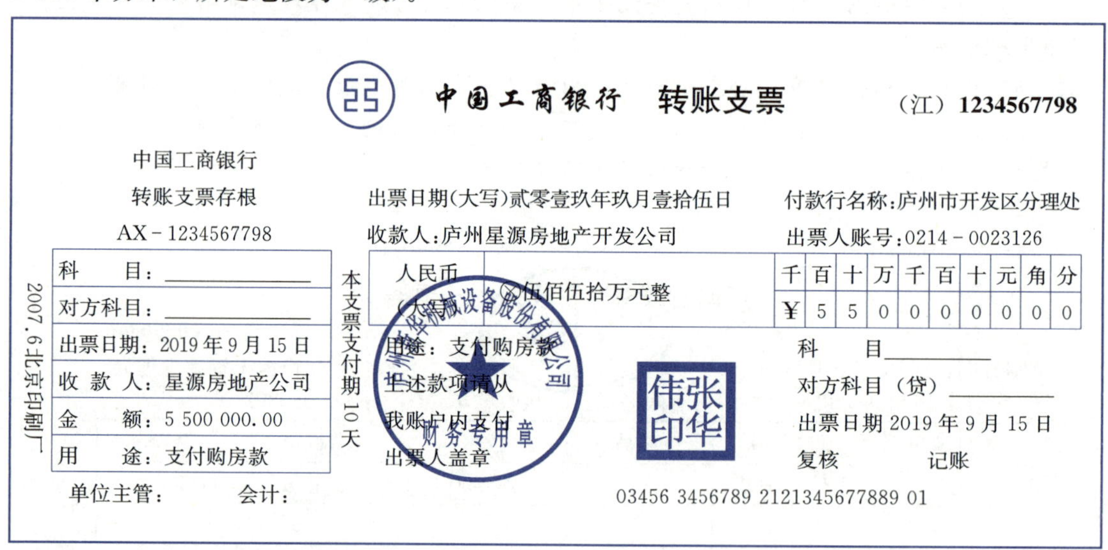

中国工商银行　转账支票　（江）1234567798

中国工商银行
转账支票存根
AX－1234567798
科　　目：
对方科目：
出票日期：2019年9月15日
收 款 人：星源房地产公司
金　　额：5 500 000.00
用　　途：支付购房款
单位主管：　　会计：

2007.6北京印刷厂

本支票支付期10天

出票日期(大写)贰零壹玖年玖月壹拾伍日　付款行名称：庐州市开发区分理处
收款人：庐州星源房地产开发公司　出票人账号：0214－0023126

人民币（大写）	⊗伍佰伍拾万元整	千	百	十	万	千	百	十	元	角	分
		¥	5	5	0	0	0	0	0	0	0

用途：支付购房款
上述款项请从
我账户内支付
出票人盖章

科　　目
对方科目（贷）
出票日期2019年9月15日
复核　　记账

03456 3456789 2121345677889 01

缴纳契税的账务处理

（1）购买楼房缴纳契税：借记“固定资产”科目，贷记“银行存款”科目。
（2）受赠房产缴纳契税：借记“税金及附加”科目，贷记“银行存款”科目。
（3）受让土地缴纳契税：借记“无形资产”科目，贷记“银行存款”科目。

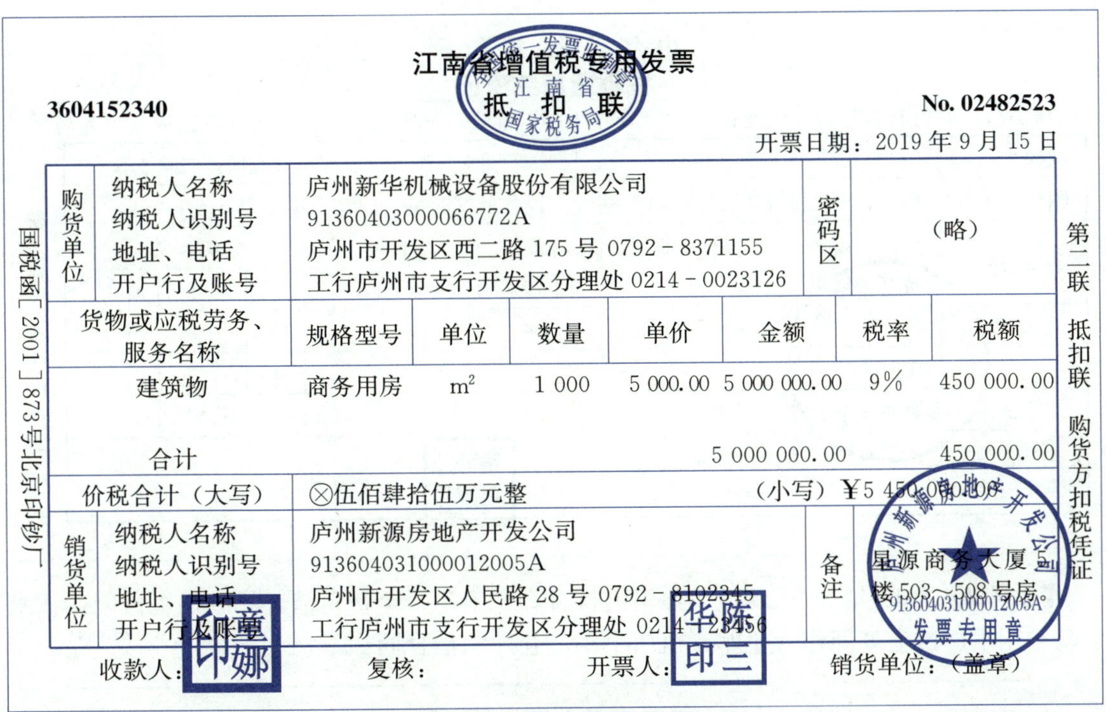

江南省增值税专用发票

抵　扣　联

3604152340　　No. 02482523

开票日期：2019 年 9 月 15 日

购货单位	纳税人名称 纳税人识别号 地址、电话 开户行及账号	庐州新华机械设备股份有限公司 91360403000066772A 庐州市开发区西二路 175 号 0792－8371155 工行庐州市支行开发区分理处 0214－0023126			密码区	（略）	
货物或应税劳务、服务名称	规格型号	单位	数量	单价	金额	税率	税额
建筑物	商务用房	m^2	1 000	5 000.00	5 000 000.00	9%	450 000.00
合计					5 000 000.00		450 000.00
价税合计（大写）	⊗伍佰肆拾伍万元整				（小写）￥5 450 000.00		
销货单位	纳税人名称 纳税人识别号 地址、电话 开户行及账号	庐州新源房地产开发公司 913604031000012005A 庐州市开发区人民路 28 号 0792－8102345 工行庐州市支行开发区分理处 0214－23456			备注	星源商务大厦 5 楼 503～508 号房。	

收款人：章娜　　复核：　　开票人：陈华三　　销货单位：（盖章）

国税函[2001]873号北京印钞厂

第二联　抵扣联　购货方扣税凭证

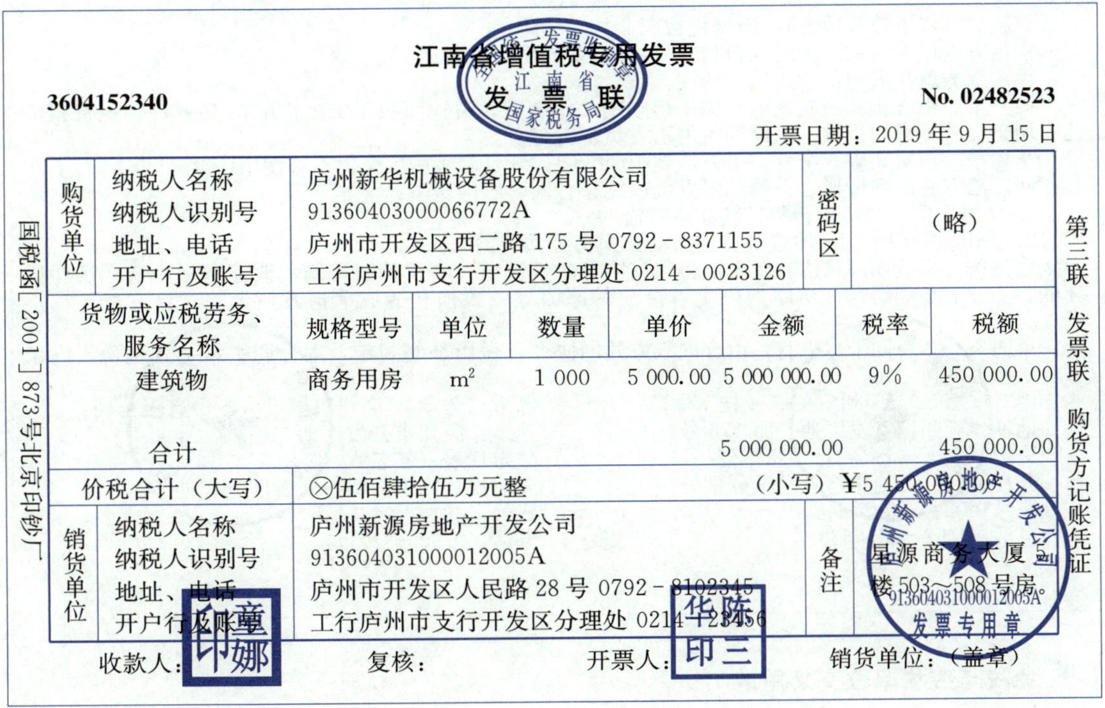

江南省增值税专用发票

发　票　联

3604152340　　No. 02482523

开票日期：2019 年 9 月 15 日

购货单位	纳税人名称 纳税人识别号 地址、电话 开户行及账号	庐州新华机械设备股份有限公司 91360403000066772A 庐州市开发区西二路 175 号 0792－8371155 工行庐州市支行开发区分理处 0214－0023126			密码区	（略）	
货物或应税劳务、服务名称	规格型号	单位	数量	单价	金额	税率	税额
建筑物	商务用房	m^2	1 000	5 000.00	5 000 000.00	9%	450 000.00
合计					5 000 000.00		450 000.00
价税合计（大写）	⊗伍佰肆拾伍万元整				（小写）￥5 450 000.00		
销货单位	纳税人名称 纳税人识别号 地址、电话 开户行及账号	庐州新源房地产开发公司 913604031000012005A 庐州市开发区人民路 28 号 0792－8102345 工行庐州市支行开发区分理处 0214－23456			备注	星源商务大厦 5 楼 503～508 号房。	

收款人：章娜　　复核：　　开票人：陈华三　　销货单位：（盖章）

国税函[2001]873号北京印钞厂

第三联　发票联　购货方记账凭证

契税账务处理的特点

契税按实际取得不动产的价格计算并一次性征收，不存在与税务机关结算或清算的问题，不需要通过“应交税费”账户核算。

中华人民共和国
税收通用完税证

注册类型：股份有限公司　填发日期：2019 年 10 月 10 日　征收机关：庐州市开发区地方税务局

纳税人代码	91360403000066772A			地址		庐州市开发区西二路 175 号								
纳税人名称	庐州新华机械设备股份有限公司			税款所属时期		2019 年 10 月 10 日								
税种	品目名称	课税数量	计税金额或销售收入	税率或单位税额	已缴或扣除税额	实缴税额								
						百	十	万	千	百	十	元	角	分
契税			5 000 000.00	3%			1	5	0	0	0	0	0	0
合计金额（大写）壹拾伍万元整						¥	1	5	0	0	0	0	0	0
税务机关（盖章）	委托代征单位（盖章）		填票人（签章）			备注								

第二联　收据　交纳税人作完税凭证

【业务 4】2019 年 8 月 20 日，公司因自有仓库不足，免费租借近邻庐州机械职业技术学院空闲平房教室 3 间作为仓库，租期半年，仓库租借合同如下。

房屋租借合同（简易）

出租方（以下简称甲方）：庐州机械职业技术学院
承租方（以下简称乙方）：庐州新华机械设备股份有限公司
甲乙双方就房屋租借达成以下协议：

第一条　甲方将其旧院区内一栋平房空闲教室 3 间，占地面积 1 200 平方米（一级），免费租给乙方用于存放不常用货物。租借期内由乙方负责管理。

第二条　租赁期限 6 个月，甲方从 2019 年 8 月 20 日起将房屋交付乙方使用，至 2020 年 2 月 20 日收回。乙方有下列情形之一的，甲方可以终止合同，收回房屋：

1. 承租人擅自将房屋转租、转让或转借的；
2. 承租人利用承租房屋进行非法活动，损害公共利益的。

第三条　租赁期间，乙方在未征得甲方同意的情况下，不得擅自修缮、改建房屋，造成房屋损坏的，乙方应负责赔偿。房屋如因不可抗力的原因导致毁损和造成承租方损失的，双方互不承担责任。

第四条　本合同未尽事宜，由合同双方共同协商，做出补充规定，本合同正本一式两份，出租方、承租方各执一份。

甲方（盖章）：庐州机械职业技术学院
地址：庐州市开发区西二路 176 号
法定代表人（签名）：张丰建
开户银行：工商银行开发区分理处
账号：0214－0012345
电话：0792－8376688

乙方（盖章）：庐州机械设备股份有限公司
地址：庐州市开发区西二路 175 号
法定代表（签名）：张华伟
开户银行：工商银行开发区分理处
账号：0214－0023126
电话：0792－8371115

二〇一九年八月二十日

免税与应税单位交叉用地

（1）免税单位无偿使用纳税单位土地，免交城镇土地使用税；纳税单位无偿使用免税单位土地，应照章缴纳城镇土地使用税。

（2）纳税单位与免税单位共同使用共有使用权土地上的多层建筑，纳税单位按其占用建筑面积占建筑总面积的比例计算缴纳城镇土地使用税。

城镇土地使用税适用税率

城镇土地使用税采用地区差别幅度定额税率形式，国务院规定的定额税率幅度为：大城市1.5元～30元，中等城市1.2元～24元，小城市0.9元～18元，县城、建制镇、工矿区0.6元～12元。具体由各省、市、自治区人民政府规定。

【业务5】2019年9月5日，公司兼并一家小型食品机械厂，折付本公司股权200万股，价值500万元。该公司实际拥有土地使用权3 000平方米（二级）。

【业务6】根据上述1～5笔业务，填制城镇土地使用税应纳税额汇总表，登记“应交税费——应交城镇土地使用税”明细账户。假定江南省人民政府规定的城镇土地使用税税率为：一级土地每平方米6元，二级土地每平方米5元，三级土地每平方米4元。

【业务7】填制第一季度、第二季度城镇土地使用税纳税申报表，填制第一季度、第二季度《电子缴库专用缴款书》。

实训二　房产税会计核算与纳税申报

房产税同城镇土地使用税一样，涉及面广、涉及企业多。几乎每一个工商企业均有房产税的纳税义务，均需要缴纳房产税。现以庐州市太平洋百货集团公司为例，以该公司2017年度房地产涉税业务为依据，练习房产税涉税会计核算与纳税申报。

一、企业基本资料

庐州市太平洋百货集团公司，于2006年10月5日经庐州市计委批准，在原来庐州太平洋百货商场的基础上改组成立，同年10月25日办理工商变更登记、税务变更登记，该公司的基本情况如下：

（1）注册类型：股份有限公司；统一社会信用代码：91360403000032011A；计算机管理代码：00321234；注册地址：庐州市西城区大中路212号；电话：0792-8335225；邮政编码：332000；电子邮箱：lztby2006@163.com。

（2）经营范围：家用电器、服装鞋帽、金银首饰、烟酒饮料、日用百货等批发、零售以及仓储物流等；法定代表人：应和平；财务负责人：扬锐志；办税员：陈江涯。

（3）开户银行：工商银行庐州市支行大中路分理处；账号：0218-115681。地税主管机关：庐州市西城区地方税务局；办税服务厅经办人：李光跃；负责人：李瑞平；办公电话：0792-8332568。

二、涉税业务资料

庐州市太平洋百货集团公司下设太平洋百货商场、太平洋家用电器销售公司、太平洋首饰店、太平洋床上用品销售公司、太平洋物流公司等。为了加强公司管理，公司实行统一核算、汇总报税的财务体制。主管税务机关核定该公司按年计算、按季缴纳房产税。该公司2019年第四季度的房产税涉税业务如下。

【业务1】公司自有存量房产主要有百货大楼、综合大楼、物流仓库、临街门面等，其具体资料如下。

要求：计提存量房产第一季度、第二季度房产税，填制1张通用记账凭证。

房产税应税主要规定

(1) 征税范围：城市、县城、建制镇、工矿区四区内的生产经营用房。

(2) 适用税率：自用房屋1.2%，出租房屋12%，出租居住用房1.5%。

(3) 计征方法：自用房屋从价计征，应纳税额=扣除房产原值比例30%后的余额×适用税率；出租房屋从租计征，应纳税额=租金收入×适用税率。

(4) 房屋原值：按照财务会计制度的规定，在账簿上记载的房产原值。对纳税人未按财务会计制度规定记载，房产原值不实和没有原值的房产，由房产所在地税务机关参考同时期的同类房产核定。

(5) 征收方法：按年征收，分期缴纳。具体的缴纳期限由市、县税务局规定。

(6) 纳税人：产权所有人、经营管理单位、承典人、房产代管人或者使用人。

房屋登记卡（正面）

房屋名称：百货大楼　　　　金额单位：万元

<table>
<tr><td rowspan="3">财产</td><td>统一</td><td></td><td colspan="4" rowspan="3">设卡日期：2017 年 4 月 30 日</td></tr>
<tr><td>分类</td><td>房屋及建筑物</td></tr>
<tr><td>编号</td><td>01</td></tr>
<tr><td rowspan="8">建设物标示</td><td>基地坐落</td><td>庐州市西城区大中路 212 号</td><td colspan="2">使用单位</td><td colspan="2">用途</td></tr>
<tr><td>楼号或门牌</td><td>212 号</td><td colspan="2" rowspan="2">百货商场</td><td colspan="2" rowspan="2">用于自营及出租</td></tr>
<tr><td>保存登记</td><td>建设附表：　　年　月　日</td></tr>
<tr><td>来源</td><td>自建</td><td>屋顶</td><td>屋架</td><td>墙壁</td><td>地面</td></tr>
<tr><td>建筑日期</td><td>2016 年 12 月 8 日</td><td rowspan="4">水泥顶、琉璃瓦</td><td rowspan="4">框架结构</td><td rowspan="4">砖造</td><td rowspan="4">大理石</td></tr>
<tr><td>耐用年数</td><td>50 年</td></tr>
<tr><td>原始总值</td><td>6 000 万元</td></tr>
<tr><td>式样</td><td>欧式</td></tr>
</table>

<table>
<tr><td rowspan="5">建筑面积</td><td>层次</td><td>面积（平方米）</td><td>户型</td><td>备注</td></tr>
<tr><td>基层</td><td>2 000</td><td></td><td rowspan="4">1. 基层及二层作为商场营业区；
2. 三层至四层用于出租，年租金 200 万元。</td></tr>
<tr><td>二层</td><td>2 000</td><td></td></tr>
<tr><td>三层</td><td>2 000</td><td></td></tr>
<tr><td>四层</td><td>2 000</td><td></td></tr>
</table>

<table>
<tr><td rowspan="4">价值增减动态</td><td>年度</td><td>摘要</td><td>增值</td><td>减损</td><td>已提折旧额</td><td>净值</td><td>备注</td></tr>
<tr><td>2017</td><td>计提折旧</td><td></td><td></td><td>120</td><td>5 880</td><td></td></tr>
<tr><td>2018</td><td>计提折旧</td><td></td><td></td><td>120</td><td>5 760</td><td></td></tr>
<tr><td></td><td></td><td></td><td></td><td></td><td></td><td></td></tr>
</table>

房屋登记卡（正面）

房屋名称：综合大楼　　　　金额单位：万元

财产	统一		设卡日期：2017年4月30日			
	分类	房屋及建筑物				
	编号	02				
建设物标示	基地坐落	庐州市西城区大中路205号	使用单位		用途	
	楼号或门牌	205号	公司总部		办公、首饰店	
	保存登记	建设附表：　　年　月　日				
	来源	自建	屋顶	屋架	墙壁	地面
	建筑日期	2016年3月8日	水泥顶	框架结构	砖造	水泥地
	耐用年数	50年				
	原始总值	2 000万元				
	式样					

建筑面积	层次	面积（平方米）	户型	备注
	基层	1 000		基层为公司首饰店，二层为集团公司办公区，三层为单身职工临时宿舍。
	二层	1 000		
	三层	1 000		

价值增减动态	年度	摘要	增值	减损	已提折旧额	净值	备注
	2016	计提折旧			30	1 970	
	2017	计提折旧			40	1 930	
	2018	计提折旧			40	1 890	

房屋登记卡（正面）

房屋名称：物流仓库　　　　金额单位：万元

财产	统一		设卡日期：2017年4月30日			
	分类	房屋及建筑物				
	编号	03				
建设物标示	基地坐落	庐州市十里区150号	使用单位		用途	
	楼号或门牌	150号	物流公司		仓库	
	保存登记	建设附表：　　年　月　日				
	来源	自建	屋顶	屋架	墙壁	地面
	建筑日期	2016年3月8日	水泥顶	框架结构	砖造	水泥
	耐用年数	30年				
	原始总值	1 200万元				
	式样					

建筑面积	层次	面积（平方米）	户型	备注
	基层	2 000		
	二层	2 000		

价值增减动态	年度	摘要	增值	减损	已提折旧额	净值	备注
	2016	计提折旧			30	1 170	
	2017	计提折旧			40	1 130	
	2018	计提折旧			40	1 090	

房屋登记卡（正面）

房屋名称：临街门面　　　　金额单位：万元

财产	统一		设卡日期：2017 年 4 月 30 日			
	分类	房屋及建筑物				
	编号	04				
建设物标示	基地坐落	庐州市西城区中山路 55 号	使用单位		用途	
	楼号或门牌	55 号	家用电器销售公司		经营	
	保存登记	建设附表：　　年　月　日				
	来源	购置	屋顶	屋架	墙壁	地面
	建筑日期	2016 年 6 月 25 日	水泥顶	框架结构	砖造	大理石
	耐用年数	30 年				
	原始总值	300 万元				
	式样					

建筑面积	层次	面积（平方米）	户型	备注
	基层	2 000		
	二层			

价值增减动态	年度	摘要	增值	减损	已提折旧额	净值	备注
	2016	计提折旧			5	295	
	2017	计提折旧			10	285	
	2018	计提折旧			10	275	

房屋登记卡（正面）

房屋名称：临街门面　　　　金额单位：万元

财产	统一		设卡日期：2017 年 4 月 30 日			
	分类	房屋及建筑物				
	编号	05				
建设物标示	基地坐落	庐州市北城区精品街 15 号	使用单位		用途	
	楼号或门牌	15 号	床上用品销售公司		经营	
	保存登记	建设附表：　　年　月　日				
	来源	购置	屋顶	屋架	墙壁	地面
	建筑日期	2016 年 12 月 8 日	水泥顶	框架结构	砖造	水泥
	耐用年数	30 年				
	原始总值	300 万元				
	式样					

建筑面积	层次	面积（平方米）	户型	备注
	基层	1 000		
	二层	1 000		
	三层			

价值增减动态	年度	摘要	增值	减损	已提折旧额	净值	备注
	2017	计提折旧			10	290	
	2018	计提折旧			10	280	

【业务2】 10月15日，公司从保利来金融投资公司购买金融大厦办公用房10间，准备成立投融资公司，支付购房款550万元，缴纳契税15万元，取得以下原始凭证。

要求：进行购置房地产、契税完税的账务处理，填制3张通用记账凭证。

中国工商银行　转账支票　（江）1234522567

中国工商银行
转账支票存根
AX－1234522567

科　　目：	
对方科目：	
出票日期：2019年10月15日	
收 款 人：保利来金融公司	
金　　额：5 500 000.00	
用　　途：支付购房款	

单位主管：　　　会计：

2007.6北京印制厂

本支票支付期10天

出票日期(大写)贰零壹玖年拾月壹拾伍日　　付款行名称：庐州市大中路分理处

收款人：庐州保利来金融投资公司　　出票人账号：0218－115681

人民币（大写）	⊗伍佰伍拾万元整	千	百	十	万	千	百	十	元	角	分
		¥	5	5	0	0	0	0	0	0	0

用途：支付购房款

上述款项请从

我账户内支付

出票人盖章

科　　目＿＿＿＿

对方科目（贷）＿＿＿＿

出票日期2019年10月15日

复核　　　记账

03456 3456789 2121345677889 01

平应印和

庐州太平洋百货集团公司财务专用章

房产税纳税义务发生时间

新建房屋：建成之次月起；购置新房：交付使用之次月起；购置存量房：权属转移之次月起；出租出借：出租出借房屋之次月起。

江南省增值税专用发票

抵扣联

3604152340　　No. 02482132

开票日期：2019年10月15日

购货单位	纳税人名称：庐州太平洋百货集团公司 纳税人识别号：91360403000032011A 地址、电话：庐州市西城区大中路212号 0792－8335225 开户行及账号：工行庐州市支行大中路分理处 0218－115681				密码区	（略）	
货物或应税劳务、服务名称	规格型号	单位	数量	单价	金额	税率	税额
建筑物	商务用房	m^2	1 000	5 000.00	5 000 000.00	9%	450 000.00
合计					5 000 000.00		450 000.00
价税合计（大写）	⊗伍佰肆拾伍万元整			（小写）¥5 450 000.00			
销货单位	纳税人名称：庐州保利来金融投资公司 纳税人识别号：91360403000055221A 地址、电话：庐州市开发区长江路28号 0792－8120012 开户行及账号：工行庐州市支行长江路分理处 0214－60023				备注	庐州市开发区金融大厦6楼601＃～610＃，合计500平方米	

收款人：　　复核：　　开票人：　　销货单位：（盖章）

印董娜　　印扬欧歌

国税函[2001]873号北京印钞厂

第二联　抵扣联　购货方扣税凭证

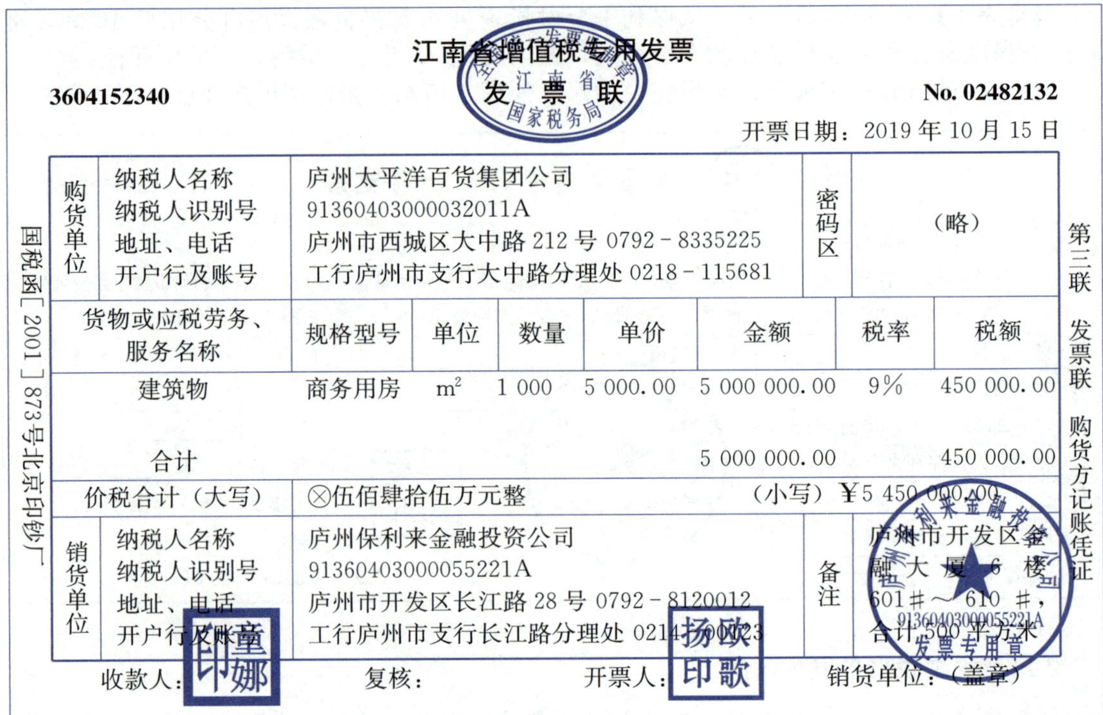

江南省增值税专用发票

发票联

3604152340 No. 02482132

开票日期：2019 年 10 月 15 日

购货单位	纳税人名称：庐州太平洋百货集团公司 纳税人识别号：91360403000032011A 地址、电话：庐州市西城区大中路 212 号 0792－8335225 开户行及账号：工行庐州市支行大中路分理处 0218－115681				密码区	（略）	
货物或应税劳务、服务名称	规格型号	单位	数量	单价	金额	税率	税额
建筑物	商务用房	m^2	1 000	5 000.00	5 000 000.00	9%	450 000.00
合计					5 000 000.00		450 000.00
价税合计（大写）	⊗伍佰肆拾伍万元整				（小写）￥5 450 000.00		
销货单位	纳税人名称：庐州保利来金融投资公司 纳税人识别号：91360403000055221A 地址、电话：庐州市开发区长江路 28 号 0792－8120012 开户行及账号：工行庐州市支行长江路分理处 0214－00023				备注	庐州市开发区金融大厦 6 楼，601＃～610＃，合计 500 平方米	

收款人：童娜 复核： 开票人：欧阳歌 销货单位：（盖章）

国税函[2001]873号北京印钞厂

第三联 发票联 购货方记账凭证

契税纳税人及税率

在我国境内，凡转移土地、房屋权属，承受的单位和个人为契税的纳税人。企业承受土地、房屋权属，契税实行 3%～5%的幅度比例税率，具体由地方税务机关确定。

中华人民共和国
税收通用完税证

注册类型：股份有限公司 填发日期：2019 年 10 月 15 日 征收机关：庐州市西城区地方税务局

纳税人代码	91360403000032011A			地址	庐州市西城区大中路 212 号								
纳税人名称	庐州太平洋百货集团公司			税款所属时期	2019 年 10 月 15 日								
税种	品目名称	课税数量	计税金额或销售收入	税率或单位税额	已缴或扣除税额	实缴税额							
						百	十	万	千	百	十	元	角	分
契税			5 000 000.00	3%			1	5	0	0	0	0	0	0
合计金额（大写）⊗壹拾伍万元整						￥	1	5	0	0	0	0	0	0
税务机关（盖章）	委托代征单位（盖章）			填票人（签章）		备注								

第二联 收据 交纳税人作完税凭证

【业务 3】2019 年 11 月 20 日，公司增资配股时，接受第二大股东投资的门面房 4 间，资产评估机构确认不含税价格为 400 万元，取得以下原始凭证。

要求：进行投资入股、契税完税的账务处理，填制 3 张通用记账凭证。

江南省增值税专用发票

抵扣联

3604152340　　　　No. 02482235

开票日期：2019 年 11 月 20 日

购货单位	纳税人名称 纳税人识别号 地址、电话 开户行及账号	庐州太平洋百货集团公司 91360403000032011A 庐州市西城区大中路 212 号 0792－8335225 工行庐州市支行大中路分理处 0218－115681					密码区	（略）
货物或应税劳务、服务名称		规格型号	单位	数量	单价	金额	税率	税额
建筑物		商务用房	m^2	400	10 000.00	4 000 000.00	9%	360 000.00
合计						4 000 000.00		360 000.00
价税合计（大写）		⊗肆佰叁拾陆万元整			（小写）¥4 360 000.00			
销货单位	纳税人名称 纳税人识别号 地址、电话 开户行及账号	庐州汇通家用电器股份有限公司 91360403000011998A 庐州市江北区沿江路 20 号 0792－8126689 工行庐州市支行沿江路分理处 0214－04568					备注	庐州市大中路 102＃门面房，合计 400 平方米

收款人：何明　　复核：　　开票人：章显　　销货单位：（盖章）

第二联　抵扣联　购货方扣税凭证

国税函[2001]873号北京印钞厂

江南省增值税专用发票

发票联

3604152340　　　　No. 02482235

开票日期：2019 年 11 月 20 日

购货单位	纳税人名称 纳税人识别号 地址、电话 开户行及账号	庐州太平洋百货集团公司 91360403000032011A 庐州市西城区大中路 212 号 0792－8335225 工行庐州市支行大中路分理处 0218－115681					密码区	（略）
货物或应税劳务、服务名称		规格型号	单位	数量	单价	金额	税率	税额
建筑物		商务用房	m^2	400	10 000.00	4 000 000.00	9%	360 000.00
合计						4 000 000.00		360 000.00
价税合计（大写）		⊗肆佰叁拾陆万元整			（小写）¥4 360 000.00			
销货单位	纳税人名称 纳税人识别号 地址、电话 开户行及账号	庐州汇通家用电器股份有限公司 91360403000011998A 庐州市江北区沿江路 20 号 0792－8126689 工行庐州市支行沿江路分理处 0214－04568					备注	庐州市大中路 102＃门面房，合计 400 平方米

收款人：何明　　复核：　　开票人：章显　　销货单位：（盖章）

第三联　发票联　购货方记账凭证

国税函[2001]873号北京印钞厂

中华人民共和国
税收通用完税证

注册类型：股份有限公司　填发日期：2019 年 11 月 20 日　征收机关：庐州市西城区地方税务局

纳税人代码	91360403000032011A			地址	庐州市西城区大中路 212 号								
纳税人名称	庐州太平洋百货集团公司			税款所属时期	2019 年 11 月 20 日								
税种	品目名称	课税数量	计税金额或销售收入	税率或单位税额	已缴或扣除税额	实缴税额							
						百	十	万	千	百	十	元	角	分
契税			4 000 000.00	3%			1	2	0	0	0	0	0	0
合计金额（大写）⊗壹拾贰万元整						¥	1	2	0	0	0	0	0	0
税务机关（盖章）	委托代征单位（盖章）			填票人（签章）		备注								

第二联 收据 交纳税人作完税凭证

（印章：庐州市西城区地方税务局 (02) 征收专用章；印陈华蒙）

【业务 4】 2019 年 12 月 20 日，公司将综合大楼与庐州派拉蒙百货大楼交换，综合大楼作价2 400万元（账面净值 1 877 万元），派拉蒙百货大楼作价 3 000 万元，取得以下原始凭证。

要求：进行房屋交换、契税完税的账务处理，填制 5 张通用记账凭证。

江南省增值税专用发票

抵扣联

（印章：全国统一发票监制章 江南省国家税务局）

3604152340　　　　**No. 02482227**

开票日期：2019 年 12 月 20 日

购货单位	纳税人名称 纳税人识别号 地址、电话 开户行及账号	庐州太平洋百货集团公司 91360403000032011A 庐州市西城区大中路 212 号 0792－8335225 工行庐州市支行大中路分理处 0218－115681				密码区	（略）
货物或应税劳务、服务名称	规格型号	单位	数量	单价	金额	税率	税额
建筑物	商务用房	m^2	3 000	10 000.00	30 000 000.00	9%	2 700 000.00
合计					30 000 000.00		2 700 000.00
价税合计（大写）	⊗叁仟贰佰柒拾万元整				（小写）¥32 700 000.00		
销货单位	纳税人名称 纳税人识别号 地址、电话 开户行及账号	庐州派拉蒙百货股份有限公司 91360403000044123A 庐州市西城区大中路 20 号 0792－8123366 工行庐州市支行大中路分理处 0214－01834				备注	庐州市大中路20# 百货大楼，合计 3 000 平方米

收款人：印泽洪　　复核：　　开票人：印朝阳　　销货单位：（盖章）

（印章：庐州派拉蒙百货股份有限公司 91360403000044123A 发票专用章）

国税函[2001]873号北京印钞厂

第二联 抵扣联 购货方扣税凭证

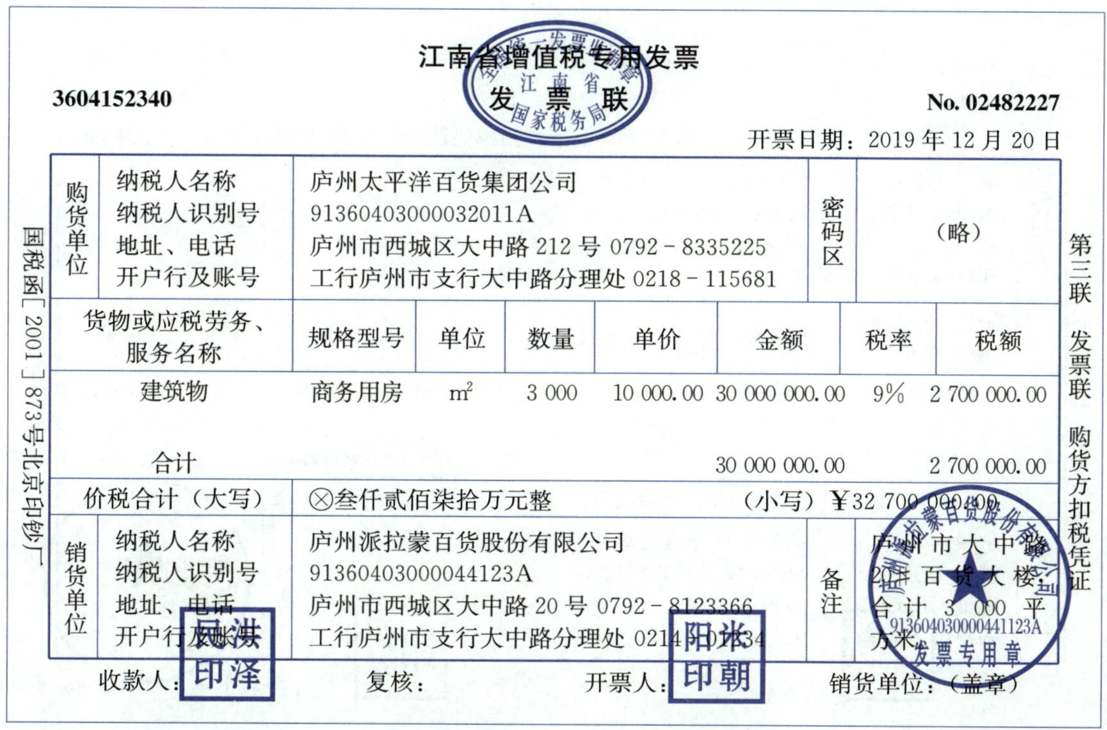

江南省增值税专用发票

发　票　联

3604152340　　　　　　　　　　　　　　　　No. 02482227

开票日期：2019年12月20日

购货单位	纳税人名称 纳税人识别号 地址、电话 开户行及账号	庐州太平洋百货集团公司 91360403000032011A 庐州市西城区大中路212号 0792－8335225 工行庐州市支行大中路分理处 0218－115681			密码区	（略）	
货物或应税劳务、服务名称	规格型号	单位	数量	单价	金额	税率	税额
建筑物	商务用房	m^2	3 000	10 000.00	30 000 000.00	9%	2 700 000.00
合计					30 000 000.00		2 700 000.00
价税合计（大写）	⊗叁仟贰佰柒拾万元整				（小写）￥32 700 000.00		
销货单位	纳税人名称 纳税人识别号 地址、电话 开户行及账号	庐州派拉蒙百货股份有限公司 91360403000044123A 庐州市西城区大中路20号 0792－8123366 工行庐州市支行大中路分理处 0214－01234			备注	庐州市大中路20号百货大楼，合计3 000平方米	

收款人：　　复核：　　开票人：　　销货单位：（盖章）

第三联　发票联　购货方扣税凭证

国税函［2001］873号北京印钞厂

房屋交换应纳契税规定

交换房屋，由支付差价一方按差价计算缴纳契税，交换房屋价格相同时不缴纳契税。

中　华　人　民　共　和　国

税收通用完税证

注册类型：股份有限公司　填发日期：2019年12月20日　征收机关：庐州市西城区地方税务局

纳税人代码	91360403000032011A			地址	庐州市西城区大中路212号								
纳税人名称	庐州太平洋百货集团公司			税款所属时期	2019年12月20日								
税种	品目名称	课税数量	计税金额或销售收入	税率或单位税额	已缴或扣除税额	实缴税额							
						百	十	万	千	百	十	元	角	分
契税			6 000 000.00	3%			1	8	0	0	0	0	0	0
合计金额（大写）⊗壹拾捌万元整						￥	1	8	0	0	0	0	0	0
税务机关（盖章）		委托代征单位（盖章）		填票人（签章）		备注							

第二联　收据　交纳税人作完税凭证

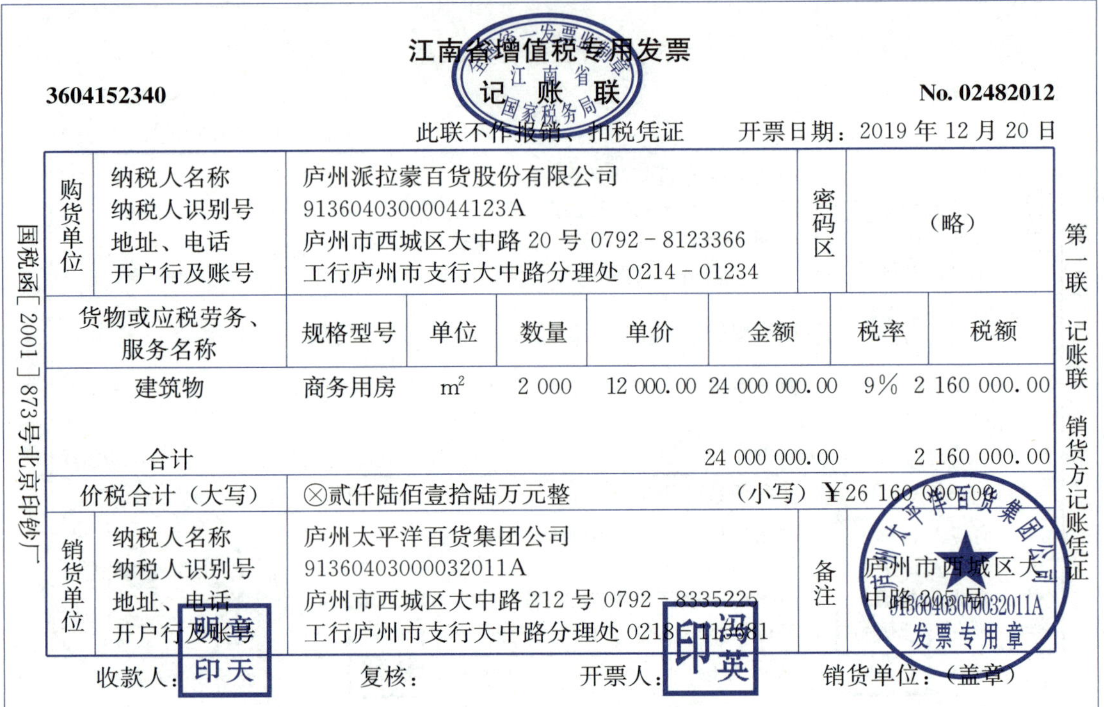

江南省增值税专用发票

记账联

3604152340　　　　No. 02482012

此联不作报销、扣税凭证　　开票日期：2019 年 12 月 20 日

购货单位	纳税人名称 纳税人识别号 地址、电话 开户行及账号	庐州派拉蒙百货股份有限公司 91360403000044123A 庐州市西城区大中路 20 号 0792－8123366 工行庐州市支行大中路分理处 0214－01234				密码区	（略）
货物或应税劳务、服务名称	规格型号	单位	数量	单价	金额	税率	税额
建筑物	商务用房	m^2	2 000	12 000.00	24 000 000.00	9%	2 160 000.00
合计					24 000 000.00		2 160 000.00
价税合计（大写）	⊗贰仟陆佰壹拾陆万元整				（小写）￥26 160 000.00		
销货单位	纳税人名称 纳税人识别号 地址、电话 开户行及账号	庐州太平洋百货集团公司 91360403000032011A 庐州市西城区大中路 212 号 0792－8335225 工行庐州市支行大中路分理处 0218－115681				备注	庐州市西城区大中路 205 号

收款人：　　复核：　　开票人：　　销货单位：（盖章）

第一联 记账联 销货方记账凭证

国税函[2001]873号北京印钞厂

个人购房缴纳契税相关政策

（1）个人购买家庭唯一住房，面积为 90 平方米及以下的，减按 1%的税率征收契税；面积为 90 平方米以上的，减按 1.5%的税率征收契税。

（2）个人购买家庭第二套改善性住房，面积为 90 平方米及以下的，减按 1%的税率征收契税；面积为 90 平方米以上的，减按 2%的税率征收契税。

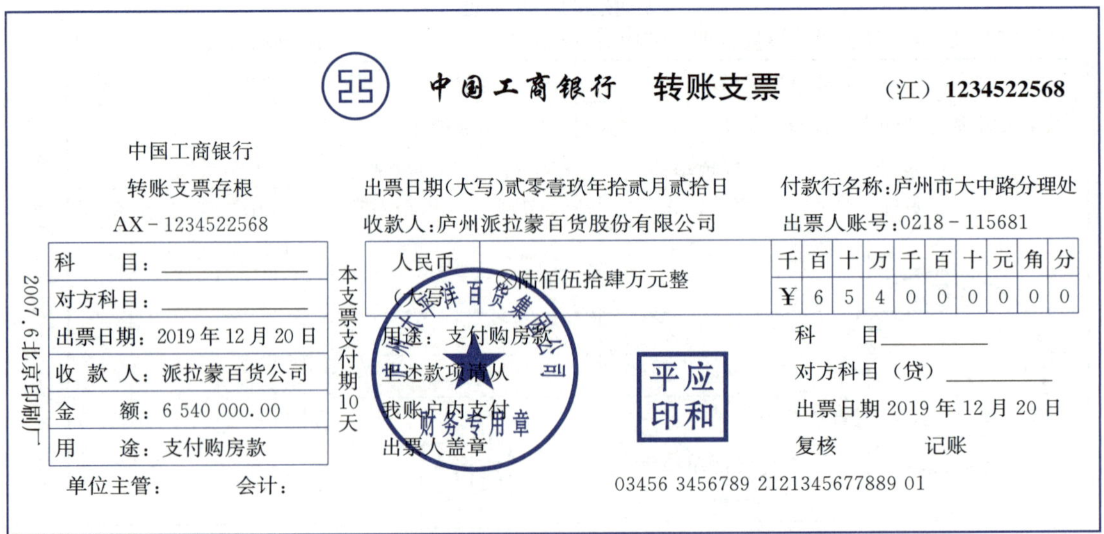

中国工商银行　转账支票　（江）1234522568

中国工商银行
转账支票存根
AX－1234522568

科　　目：	
对方科目：	
出票日期：	2019 年 12 月 20 日
收 款 人：	派拉蒙百货公司
金　　额：	6 540 000.00
用　　途：	支付购房款

单位主管：　　会计：

2007.6北京印刷厂

出票日期(大写)贰零壹玖年拾贰月贰拾日　　付款行名称：庐州市大中路分理处

收款人：庐州派拉蒙百货股份有限公司　　出票人账号：0218－115681

人民币（大写）	⊗陆佰伍拾肆万元整	千	百	十	万	千	百	十	元	角	分
		￥	6	5	4	0	0	0	0	0	0

本支票支付期10天

用途：支付购房款
上述款项请从
我账户内支付
出票人盖章

科　　目
对方科目（贷）
出票日期 2019 年 12 月 20 日
复核　　记账

03456 3456789 2121345677889 01

【业务 5】根据上述 1～4 笔业务的记账凭证填制房产税应纳税额汇总表。

【业务6】登记“应交税费——应交房产税”明细账户。

【业务7】根据房产税应纳税额汇总表填制2019年第四季度房产税纳税申报表，同时填制《电子缴库专用缴款书》。

附：房产税科目编码

1011001 国有企业房产税

1010102 集体企业房产税

1010103 股份制企业房产税

1010106 私营企业房产税

项目七 印花税、车船税会计核算与纳税申报实训

【实训目的】 通过本项目的实训操作，学生应熟练掌握印花税、车船税的应税计算、涉税账务处理、纳税申报资料填报的基本技能，为从事印花税、车船税的会计核算与计税报税工作奠定良好的技能基础，实现毕业即可就业的目标。

【实训内容】 各类经济合同、产权转移书据、权利许可证照、营业账簿等印花税涉税业务的应税计算、账务处理、纳税申报资料填制；车船税、车辆购置税涉税业务的账务处理、应税计算与纳税申报资料填制。

【实训方法】 以工商企业书立、使用、领受应税凭证业务，购置使用应税车辆业务为基础，以仿真原始单证为素材，结合税收实体法和《企业会计准则》，在实训教师的指导下，学生自己动手进行操作，在操作中深化学习，在学习中不断提高。

【实训要求】 实训前要充分学习印花税、车船购置税、车船税等税收实体法和《企业会计准则》，准备好操作用通用记账凭证、涉税账页、纳税申报表；实训时要自己动手，认真、仔细，并按照业务流程有序操作，操作中可以互相学习和讨论，但不能抄袭或复制他人习作。

实训一 印花税会计核算与纳税申报

印花税是以经济活动和经济交往中书立、使用、领受应税凭证的行为为征税对象，向在我国境内书立、使用、领受应税凭证的单位和个人征收的一种税。以下以庐州飞天实业集团公司为例，进行印花税的涉税会计核算与纳税申报模拟操作。

一、企业基本资料

庐州飞天实业集团公司，于2019年1月4日经庐州市工商行政管理局注册登记成立，同年1月25日办理开业税务登记，该公司的基本情况如下：

(1) 注册类型：股份有限公司；统一社会信用代码：913604030000111115A；计算机管理代码：00446688；法定代表人：李华明；财务负责人：江海涛；办税员：周江潮；电话：13755239075。

(2) 注册地址：庐州市江南区沿江路98号；电话：0792－8556688；邮政编码：

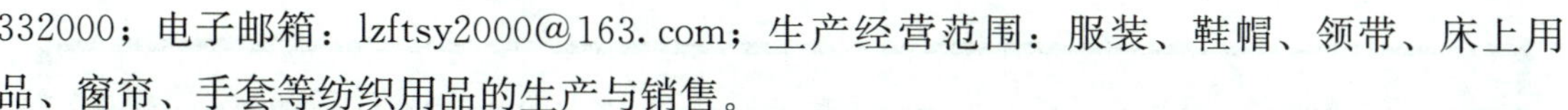

332000；电子邮箱：lzftsy2000@163.com；生产经营范围：服装、鞋帽、领带、床上用品、窗帘、手套等纺织用品的生产与销售。

(3) 开户银行：工商银行庐州市支行沿江路分理处；账号：0213－365722。地税主管机关：庐州市江南区地方税务局；组织机构代码：002303456；办税服务厅经办人：陈小敏；办公电话：0792－8553377。

二、涉税业务资料

主管税务机关根据该公司的具体情况，核定该公司可采用即贴即用、按期汇总纳税两种印花税缴纳方式。2019年1月，该公司的印花税涉税业务如下。

【业务1】 1月5日，公司向庐州市工商行政管理局申请办理注册登记，领取企业法人营业执照正、副本各一本。

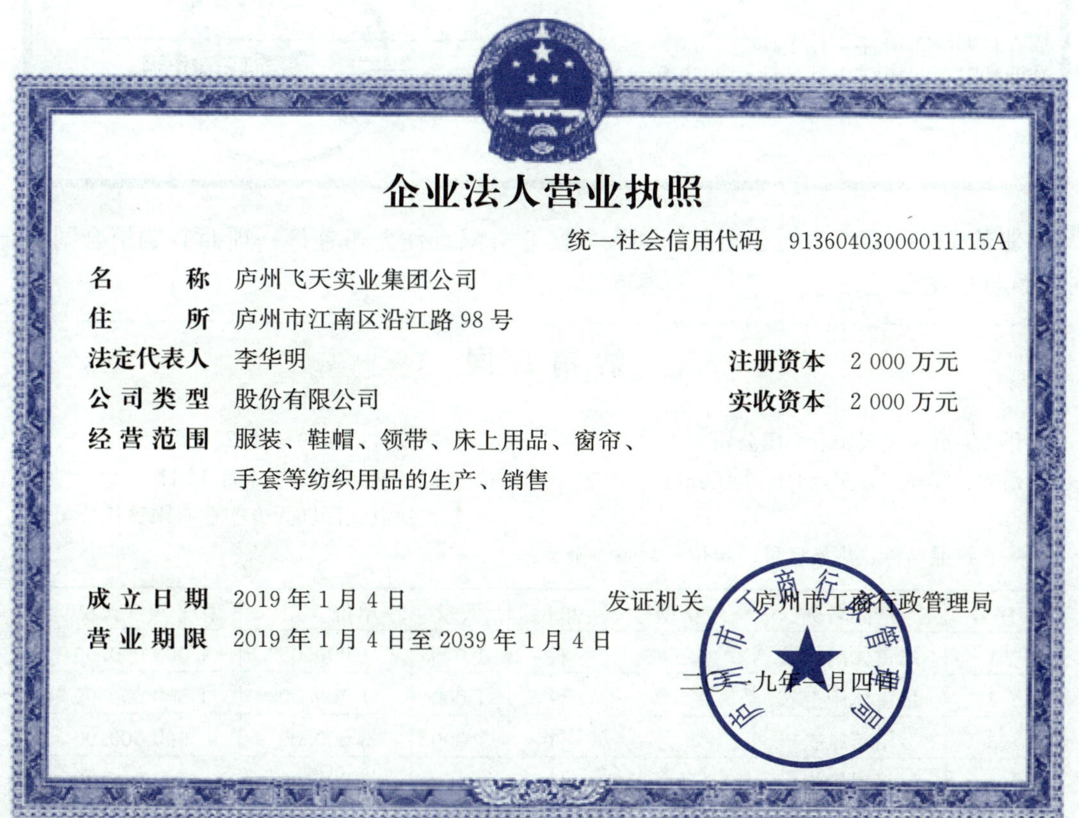

企业法人营业执照

统一社会信用代码　91360403000011115A

名　　称　庐州飞天实业集团公司

住　　所　庐州市江南区沿江路98号

法定代表人　李华明　　　注册资本　2 000万元

公司类型　股份有限公司　　　实收资本　2 000万元

经营范围　服装、鞋帽、领带、床上用品、窗帘、手套等纺织用品的生产、销售

成立日期　2019年1月4日　　　发证机关　庐州市工商行政管理局

营业期限　2019年1月4日至2039年1月4日

二〇一九年一月四日

印花税应税凭证

(1) 印花税应税凭证包括购销及加工承揽合同、建筑工程勘探设计合同、财产租赁及仓储保管合同、货物运输及技术合同、借款和财产保险合同，以及产权转移书据、营业账簿、权利许可证照等。

(2) 凡是在境内书立、使用或领受税法列举的应税凭证的，均应缴纳印花税。从2018年5月1日起，对资金账簿减半征收印花税，对其他账簿免征印花税。

企业法人营业执照

（副本）

统一社会信用代码　91360403000011115A

名　　称　庐州飞天实业集团公司

住　　所　庐州市江南区沿江路98号

法定代表　李华明

注册资本　人民币贰仟万元

企业类型　股份有限公司

经营范围　服装、鞋帽、领带、床上用品、窗帘、手套等纺织用品的生产、销售

成立日期　2019年1月4日

营业期限　2019年1月4日至2039年1月4日

1.《企业法人营业执照》是企业取得企业法人资格和合法经营的凭证。

2.《企业法人营业执照》分正本和副本，正本和副本具有同等法律效力，正本放于企业法人住所醒目的位置，企业法人可根据业务需要向登记机关申请领取若干副本。

3. 营业执照不得伪造、涂改、出租、出借、转让，除登记机关外，任何单位和个人不得扣留、收缴和吊销。

4. 企业法人在核准登记范围内从事经营活动。

5. 企业法人登记注册的事项发生变化时，应向原登记机关申请变更登记。

6. 每年1月1日至4月30日，登记机关对企业法人进行年检。

7. 企业注销登记时，应交回营业执照正、副本，营业执照被登记机关吊销后，自动失效。

【业务2】 1月12日，公司与深圳天方实业有限责任公司签订一项西装购销合同，合同金额390万元。

购销合同

供方：庐州飞天实业集团公司　　　　合同编号：2019－0112

需方：深圳天方实业有限责任公司　　签订日期：2019年1月12日

签订地点：深圳天方实业有限责任公司

一、产品名称、规格型号、单位、数量、金额：

序号	产品名称	规格型号	单位	数量	单价（元）	总金额（含税）
1	培雷休闲男裤		件	1 000	1 000.00	1 000 000.00
2	培雷休闲上衣		件	1 000	1 500.00	1 500 000.00
3	培雷风衣		件	300	3 000.00	900 000.00
4	培雷旗袍		件	100	5 000.00	500 000.00
合计人民币金额（大写）：叁佰玖拾万元整						

二、质量要求及技术标准：符合中国国家标准的原制造厂出厂标准。

三、交（提）货地点、方式、时间：深圳市福田区泰然四路天方实业有限责任公司1号仓库，2019年2月28日以前交货50%，2019年3月31日前交货50%。

四、运输方式及到达站港和费用负担：采用汽车运输方式，运输费用及运输途中出现的所有损失均由供货方承担。

五、包装标准：按原厂家包装。

六、验收标准及提出异议期限：以生产厂家技术指标为验收标准，需方提出异议期限为收到货物当天。

七、结算方式及付款期限：货到当日付清全部货款，如拖延付款，从超过之日起，需方应按未付款的5‰/天支付违约金。

八、争议解决：凡因执行本合同或与本合同有关事项引起的任何争议，应由供需双方通过友好协商解决，如无法达成一致，应提交中国经济贸易仲裁委员会深圳分会，按其现行有效的仲裁规则进行仲裁。

九、其他：本合同自双方签字盖章后生效，正本一式两份，甲乙双方各执一份，副本一份，送公证处备案，合同原件及签章传真件具有同等法律效力，有效期4个月。

需方	供方
单位名称（章）：深圳天方实业有限责任公司	单位名称（章）：庐州飞天实业集团公司
地址：深圳市福田区泰然四路劲松大厦13E-1	单位地址：庐州市江南区沿江路98号
电话：0755-83869197	电话：0792-8556688
开户银行：工行深圳市支行福田分理处	开户银行：工行庐州市支行沿江路分理处
账号：DX-800358341	账号：0213-365722
税号：91440301000000024A	税号：91360403000011115A
授权代表：李永国	授权代表：张天明

深圳市公证处（盖章）　　　　电话：0755-85557234

【业务3】1月15日，公司与庐州宏达服装有限责任公司签订一项财产租赁合同，承租一号仓库，租期三年，年租金12 000元。

财产租赁合同

出租方：庐州宏达服装有限责任公司

承租方：庐州飞天实业集团公司

根据《中华人民共和国合同法》及有关规定，为明确出租方与承租方的权利义务关系，经双方协商一致，签订本合同。

第一条　出租方将其厂区内一号仓库4间，面积500平方米，租给承租方用于库存商品，交于承租方前，出租方要确保门窗、屋顶、地面、设备良好，适合存储货物。

第二条　租赁期限3年，出租方从2019年3月1日起将房屋交付承租方使用，至2022年3月1日收回。承租人有下列情形之一的，出租人可以终止合同，收回房屋：

1. 承租人擅自将房屋转租、转让或转借的；
2. 承租人利用承租房屋进行非法活动，损害公共利益的；
3. 承租人拖欠租金累计达3个月的。

第三条　每年租金12 000元人民币，按年交纳，于当年3月5日前一次交清，如国家没有另外规定，在租赁期内，出租方不得提高租金标准。

第四条　出租人对房屋及其设备每隔一年应认真检查、修缮一次，以保障承租方的人身安全和正常使用。出租人维修房屋时，承租人应积极协助，不得阻挠施工。

第五条　违约责任：

1. 出租方未按规定向承租人交付合乎要求的房屋的，负责赔偿 2 000 元。未按时交付出租房屋供承租人使用的，负责偿付违约金 2 000 元。未按时（或未按要求）修缮出租房屋的，负责偿付违约金2 000元；修缮时造成承租方人员人身受到伤害或财物损毁的，负责赔偿损失。

2. 承租方逾期交付租金的，除应及时如数补交外，应支付违约金 2 000 元。承租方违反合同，擅自将承租房屋转给他人使用的，应支付违约金 2 000 元，因此造成承租房屋毁坏的，还应负责赔偿。

3. 房屋如因不可抗力导致毁损和造成承租方损失的，双方互不承担责任。

第六条　本合同在履行中如发生争议，双方应协商解决；协商不成时，任何一方均可向工商管理局经济合同仲裁委员会申请调解或仲裁，也可以向人民法院起诉。

第七条　本合同未尽事宜，一律按《中华人民共和国合同法》的有关规定，经合同双方共同协商，做出补充规定，补充规定与本合同具有同等效力。

本合同正本一式两份，出租方、承租方各执一份；合同副本一份，送见证单位备案。

出租方（盖章）：庐州宏达服装有限责任公司	承租方（盖章）：庐州飞天实业集团公司
地址：庐州市沿江路 168 号	地址：庐州市江南区沿江路 98 号
法定代表人（签名）：张丰建	法定代表（签名）：李华明
委托代理人（签名）：李洲	委托代理人（签名）：关中国
开户银行：工商银行庐州市支行沿江路分理处	开户银行：工商银行庐州市支行沿江路分理处
账号：2-12348571	账号：0213-365722
电话：0792-8348990	电话：0792-8556688
见证方：庐州房屋租赁置换有限公司	
电话：0792-8557234	二〇一九年一月十五日

【业务 4】 1 月 20 日，公司与中国工商银行庐州市支行签订一份流动资金贷款合同，贷款金额 300 万元，贷款期限 2 年，年利率 6%。

借 贷 合 同

借款方：庐州飞天实业集团公司

贷款方：中国工商银行庐州市支行

借款方因增加流动资金需要向贷款方申请贷款，经贷款方审查同意发放。双方为明确责任，恪守信用，除执行《中国工商银行结算贷款办法》外，根据国家有关规定，特签订本合同，共同遵守。

一、贷款金额：人民币（大写）叁佰万元整。

二、贷款用途：增加流动资金。

三、贷款期限：从 2019 年 3 月 2 日起至 2021 年 3 月 1 日止，共 2 年。贷款方保证按有关规定和下列用款计划供应资金，借款方保证按下列用款计划和还款计划用款和还款：

用款计划：2019 年 3 月 2 日 150 万元，2020 年 3 月 2 日 150 万元。

还款计划：2021 年 3 月 1 日一次还清本息。

四、贷款利息：按月息 5‰计算，按季结息，由贷款方从借款方账户扣收。贷款不能按本合同规定的还款计划归还的部分，作逾期处理，加收利息 1%。在本合同有效期内，如发生国家政策性的利率变动，本合同贷款利率亦做相应调整。

五、贷款到期，借款方如未还清本息，由保证单位在接到贷款方还款通知后的三个月内代为偿还。三个月后仍未归还，贷款方可以直接从借款方或保证单位的各项投资和存款中扣收。

六、需要变更合同条款的，经双方协商一致后，由双方签订变更合同文件，作为本合同的组成部分。

七、贷款方保证按照合同的规定，及时支付贷款资金。因贷款方责任未按期提供资金的，贷款方根据违约数额和延期天数，按本合同规定贷款利率的20%计算违约金，付给借款方。

八、贷款方有权检查、监督贷款的使用情况，了解借款方的经营管理、计划执行、财务活动、物资库存等情况，借款方保证及时提供有关统计报表、会计报表、账册及资料。如发现贷款被挪作他用，贷款方按规定向借款方加收罚息1%，并有权停止发放贷款或限期追回贷款。在本合同有效期内，借款方因实行承包、租赁、兼并等而变更经营方式的，必须通知贷款方参与清产核资和承包、租赁、兼并合同的研究、起草、签订的全过程，并根据国家有关规定落实债务、债权关系。

九、本合同自签订之日起生效，至贷款本息偿清之日止失效。在合同生效后5天内，借款方如不向贷款方办理开户手续，合同即自行失效。

十、借款方开立账户后，要将资金按用款计划从贷款账户中转到存款账户内，借款方根据划入资金在存款账户中支用贷款。借款方不按期将资金转入存款户的，逾期5天后，贷款方将代为划转。

十一、本合同正本三份，借款方、贷款方、保证单位各执一份，副本两份。

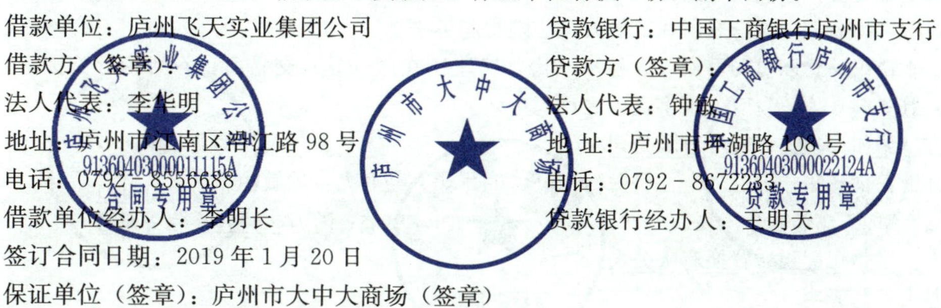

借款单位：庐州飞天实业集团公司　　贷款银行：中国工商银行庐州市支行

借款方（签章）：　　贷款方（签章）：

法人代表：李华明　　法人代表：钟敏

地址：庐州市江南区沿江路98号　　地址：庐州市平湖路108号

电话：0792－8556688　　电话：0792－8672233

借款单位经办人：李明长　　贷款银行经办人：王明天

签订合同日期：2019年1月20日

保证单位（签章）：庐州市大中大商场（签章）

【业务5】1月22日，为了改善公司办公条件，加强生产经营管理，公司计划购置一栋旧办公楼，价款1 000万元。

房屋买卖合同

编号：3－0067

卖方：庐州天华纺织股份有限公司（以下简称甲方）

买方：庐州飞天实业集团公司（以下简称乙方）

见证方：庐州房屋租赁置换有限公司（以下简称丙方）

甲乙双方经友好协商，就甲方向乙方转让甲方旧办公楼一事达成以下条款：

一、甲方依据市场交易原则将本公司所有、位于庐州市沿江路35号的办公楼转让给庐州飞天实业集团公司，房屋建筑面积5 000平方米，房屋所有权证书为庐房转字第89号。

二、甲方保证该房屋符合国家及庐州市房屋交易有关规定及政策法规，甲方有权将该房屋上市交易。由于违反国家及庐州市相关政策法规而引起的法律及经济责任由甲方承担。

三、乙方愿意在本合同第一条款及第二条款成立的前提下，就向甲方购买上述房屋的完全产权之事签订本协议，并认可仅在此种情况下签订才具有法律效力。

四、双方同意上述房屋售价为每建筑平方米人民币2 000元，价款合计人民币壹仟万元整。

五、乙方应在签订《房屋买卖合同》时，支付相当于总房款10%的定金。在办理立契过户手续前3个工作日内，支付剩余90%房款。

六、甲乙双方签订合同后，乙方若中途悔约，应书面通知甲方，甲方应在3个工作日内，将乙方的已付款（不计利息）返还乙方，但购房定金归甲方所有。甲方若中途悔约，应书面通知乙方，并自悔约之日起3个工作日内将乙方所付定金的双倍及已付购房款返还给乙方。

乙方如未按本协议第五款规定的时间付款，甲方对乙方的逾期应付款有权追究违约利息，每逾期一天，乙方应支付甲方所应付房款的0.4‰作为违约金，逾期超过15天，即视乙方违约，定金不予返还。

甲方应在获得全部房款后3个工作日内将房屋搬空，每逾期一天，甲方应按乙方已付房款的0.4‰向乙方支付违约金，逾期超过15天，即视甲方违约，乙方可要求法院强制执行。

七、甲乙双方就房屋交付达成以下细目：没有房屋欠账，如电话费、电费、物业管理费、取暖费等；没有固定不可移动装修物品的破坏；房屋本身没有影响房屋使用或外观的破坏。

八、本协议签订后，甲乙双方应向房屋所在区（县）房地产交易所申请办理房屋买卖立契过户手续，并按有关规定申领房屋所有权证。办理上述手续时产生的税费及相关费用，由甲乙双方依照有关规定缴纳。办理过程中由丙方先行垫付，在物业交验时提供相应票据。

九、本协议未尽事宜，双方可签订补充协议。本协议的附件和双方签订的补充协议为本协议不可分割的组成部分，具有同等法律效力。当本合同在履行中发生争议时，双方协商解决。协商不能解决的，双方均有权向该房屋所在地的人民法院提起诉讼。

十、本协议一式四份，甲乙双方各执一份，房屋所在区（县）交易所留存一份，见证方一份，均具有同等法律效力，自双方签字盖章之日起生效。

甲方：庐州天华纺织股份有限公司　　　乙方：庐州飞天实业集团公司

经办人：梅建华　　　经办人：钟敏明

电话：0792－8350098　　　电话：0792－8556688

丙方：庐州房屋租赁置换有限公司

经办人：马天明

电话：0792－8822222

二〇一九年一月二十二日

【业务6】 1月25日，公司与庐州宏富实业股份有限公司、南昌得方投资股份有限公司达成协议，将本公司持有的庐州沿江实业发展有限公司的股份转让给上述两家公司，转让价合计570万元。

股权转让协议书

转让方：庐州飞天实业集团公司（甲方）　　　受让方：庐州宏富实业股份有限公司（乙方）

地 址：庐州市江南区沿江路98号　　　地 址：庐州市大中路234号

统一社会信用代码：91360403000011115A　　　统一社会信用代码：91360403000022223A

受让方：南昌得方投资股份有限公司（丙方）

地址：南昌市八一大道27号1楼

统一社会信用代码：91360403000033334A

庐州市沿江实业发展有限公司（以下简称公司）于2001年3月7日成立，注册资金1 000万元人民币，实际投资人民币1 000万元。其中甲方投资400万元，占40%的股权，现甲方愿将其占该公司40%的股权转让给乙、丙两方，经公司股东大会审议通过，并征得其他股东的同意，现甲、乙、丙三方协商，就股权转让一事，达成协议如下：

一、甲方现将占公司10%的股权以人民币150万元转让给乙方，将30%的股权以人民币420万元转让给丙方。乙丙两方于本协议签订之日起10日内一次性付清价款。

二、甲方保证对其拟转让给乙丙双方的股权拥有完全、有效的处分权，保证该股权没有质押，并免遭第三人追索，否则应由甲方承担由此引起的一切经济和法律责任。

三、本合同一经生效，三方必须自觉履行，如果任何一方未按合同规定履行义务，应当承担损害赔偿责任。如乙丙两方不能按期支付股权价款，应按日支付逾期部分总价款0.03%的违约金。如因违约给甲方造成经济损失，违约金不能补偿的部分，还应支付赔偿金。

四、凡因履行本协议所发生的争议，甲、乙、丙三方应友好协商解决，如协商不成，可向庐州市人民法院起诉。

五、发生下列情况之一时，可变更或解除本协议，当事人签订的变更或解除协议书，经庐州市产权交易所见证，并报审批机关同意变更登记后生效。

1. 因不可抗力，造成本合同无法履行；2. 因情况发生变化，当事人三方经过协商同意。

六、在转让过程中，发生与转让有关的费用（如见证、审计等费用），由乙丙两方承担。

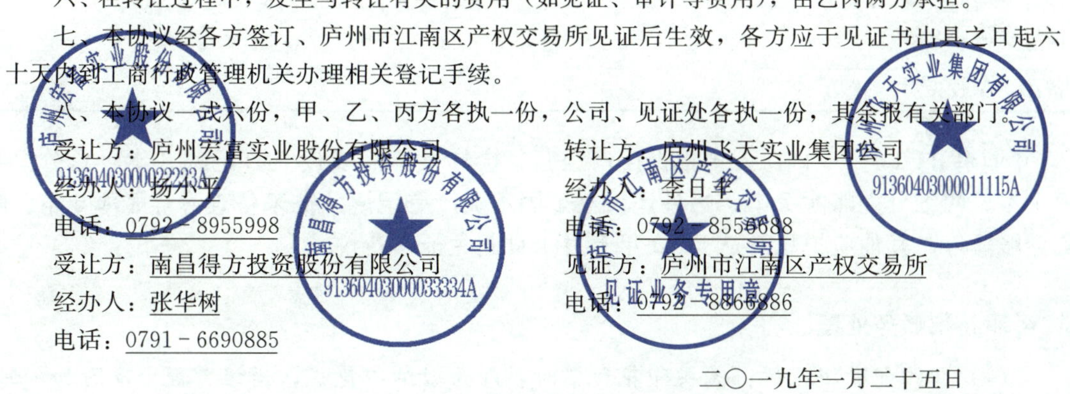

七、本协议经各方签订、庐州市江南区产权交易所见证后生效，各方应于见证书出具之日起六十天内到工商行政管理机关办理相关登记手续。

八、本协议一式六份，甲、乙、丙方各执一份，公司、见证处各执一份，其余报有关部门。

受让方：庐州宏富实业股份有限公司　　转让方：庐州飞天实业集团公司

经办人：扬小平　　经办人：李日生

电话：0792－8955998　　电话：0792－8556688

受让方：南昌得方投资股份有限公司　　见证方：庐州市江南区产权交易所

经办人：张华树　　电话：0792－8866886

电话：0791－6690885

二〇一九年一月二十五日

【业务7】1月25日，公司利用闲余资金购入"东方电子"股票100 000股，每股成交价格5.68元，同年1月28日，卖出该股票300 000股，每股成交价格7.00元。

国盛证券庐州营业部股票交割单

买：2019年1月25日成交过户交割凭单	
公司代码：600787 股东账号：123456789 资金账号：8004456 股东姓名：庐州飞天实业集团公司	证券名称：东方电子 成交数量：100 000 成交价格：5.68 成交金额：568 000.00
申请编号：2345 申请时间：2019年1月25日13点30分 成交时间：2019年1月25日13点30分 资金前余额：2 300 000.00 资金余额：1 729 095.00 证券交易前余额：200 000股 证券余额：300 000股	标准佣金：2 840.00 过户费：15.00 印花税： 附加费用：50.00 其他费用： 实际支付金额：570 905.00
备注：A股买卖	

国盛证券庐州营业部股票交割单

卖：2019 年 1 月 28 日成交过户交割凭单	
公司代码：600787 股东账号：123456789 资金账号：8004456 股东姓名：庐州飞天实业集团公司	证券名称：东方电子 成交数量：300 000 成交价格：7.00 成交金额：2 100 000.00
申请编号：6655 申请时间：2019 年 1 月 28 日 14 点 08 分 成交时间：2019 年 1 月 28 日 14 点 08 分 资金前余额：1 729 095.00 资金余额：3 816 430.00 证券交易前余额：300 000 股 证券余额：0 股	标准佣金：10 500.00 过户费：15.00 印花税：2 100.00 附加费用：50.00 其他费用： 实际收存金额：2 087 335.00
备注：A 股买卖	

（印章：江南国盛证券公司庐州营业部 证券交割专用章）

【业务 8】 1 月 28 日，公司根据生产经营、会计核算需要设立日记账 2 本、总分类账簿 1 本、明细分类账簿 7 本，另外还设立了固定资产登记簿、往来备查簿等账簿 3 本。除资金账簿外，其他应税账簿从 2018 年 5 月 1 日起免征印花税。

印花税账务处理

（1）即购即贴印花税：购买印花税票时，即为缴纳印花税，借记“税金及附加”科目，贷记“库存现金”或“银行存款”科目。

（2）汇总缴纳印花税：计提印花税时，借记“税金及附加”科目，贷记“应交税费——应交印花税”科目；缴纳印花税时，借记“应交税费——应交印花税”科目，贷记“银行存款”科目。

中华人民共和国
印花税票销售凭证

（印章：江南省地方税务局 税票证监制）

填发日期：2019 年 1 月 28 日　　　　江地税印［2010］08 号

江南省地方税务局［2010］09 号

购票单位	庐州飞天实业集团公司		购票人	周江潮	
购买印花税票					
面值种类	数量	金额	面值种类	数量	金额
壹角票			伍元票	10	50.00
贰角票			拾元票		
伍角票			伍拾元票		
壹元票			壹佰元票		
贰元票			总计	10	50.00
合计金额（大写）⊗伍拾元整				￥50.00	

第二联　收据联　购票单位报销凭证

（印章：庐州市江南区地方税务局（02）税收票证专用章）

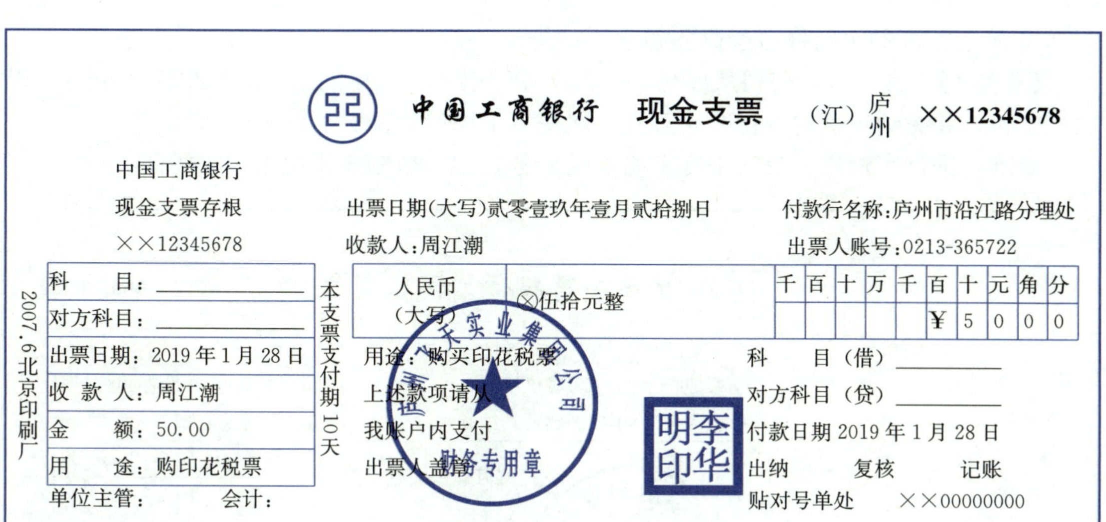

中国工商银行　现金支票　（江）庐州　××12345678

中国工商银行
现金支票存根
××12345678

科　目：
对方科目：
出票日期：2019年1月28日
收款人：周江潮
金　额：50.00
用　途：购印花税票
单位主管：　会计：

本支票支付期10天

出票日期（大写）贰零壹玖年壹月贰拾捌日　付款行名称：庐州市沿江路分理处
收款人：周江潮　出票人账号：0213-365722

人民币（大写）	⊗伍拾元整	千	百	十	万	千	百	十	元	角	分
							¥	5	0	0	0

用途：购买印花税票　科　目（借）
上述款项请从　对方科目（贷）
我账户内支付　付款日期2019年1月28日
出票人盖章　出纳　复核　记账
贴对号单处　××00000000

李明印华

财务专用章

2007.6北京印刷厂

【业务9】1月31日，根据1～8笔业务编制印花税应纳税额汇总计算表，计算本月印花税应纳税额。

【业务10】根据业务1～8登记“应交税费——应交印花税”账户。

【业务11】编制印花税纳税申报表，并填制《电子缴库专用缴款书》。

实训二　车船税会计核算与纳税申报

车船税是以车船为征税对象，向拥有车船的单位和个人征收的一种税，根据《车船税暂行条例》的规定，车船税按年计算，具体纳税期限由地方人民政府规定。现以庐州捷达运输股份公司为例，进行车船税的涉税会计核算与纳税申报的实务操作。

一、企业基本资料

庐州捷达运输股份公司，于2019年7月5日经庐州市计经委批准在原有三家运输公司的基础上改组成立，同年7月25日办理税务登记，该公司的基本情况如下：

（1）注册类型：股份有限公司；统一社会信用代码：91360403000022116A；计算机管理代码：00125645；法定代表人：庄敬民；财务负责人：宋灵辉；办税员：苟志清；电话：13902345678。

（2）注册地址：庐州市港西区大桥路108号；电话：0792－8551188；邮政编码：332000；电子邮箱：lzjdys2008@163.com；经营范围：货运、客运、停车场经营、车辆修理、车辆出租及其他运输服务等。

（3）开户银行：工商银行庐州市支行港西区分理处；账号：0216－552288。地税主管机关：庐州市港西区地方税务局；组织机构代码：002301235；办税服务厅经办人：陈飞；办公电话：0792－8552266。

二、涉税业务资料

车船税为地方税，根据江南省人民政府的规定，车船税按年计算，按季征收。该公司

2019 年第三季度的车船税涉税业务如下。

【业务 1】 7 月 3 日，公司从庐州丰田汽车 4S 店购入一辆丰田凯美瑞 2.5L 小轿车，货款已支付，并缴纳车辆购置税 2.4 万元，取得以下原始凭证。

要求：进行车购税、第三季度车船税的账务处理，填制 3 张通用记账凭证。

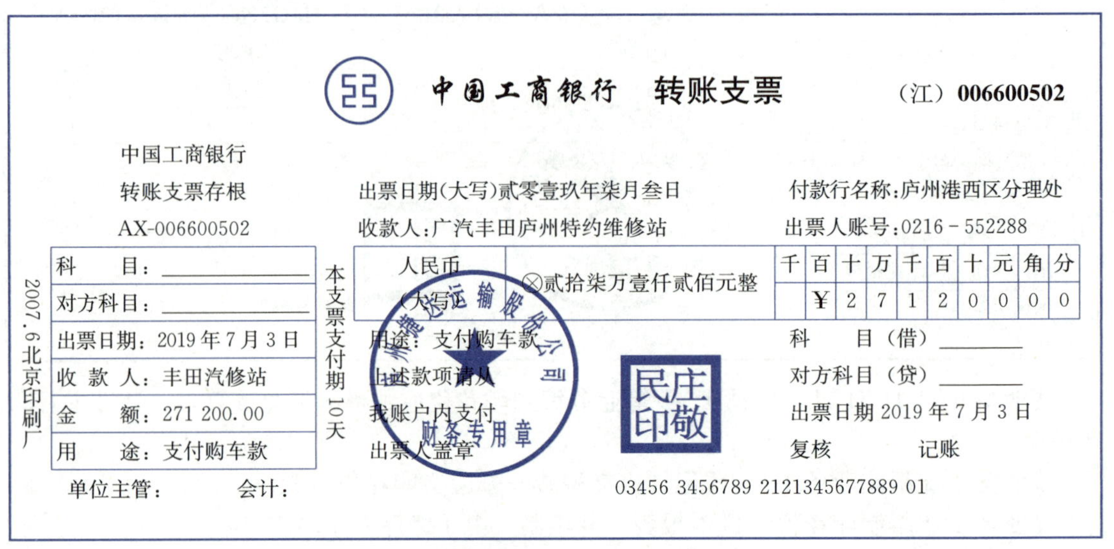

中国工商银行 转账支票 （江）006600502

中国工商银行
转账支票存根
AX-006600502

科　　目：	
对方科目：	
出票日期：	2019 年 7 月 3 日
收 款 人：	丰田汽修站
金　　额：	271 200.00
用　　途：	支付购车款

单位主管：　　会计：

2007.6 北京印刷厂

本支票支付期 10 天

出票日期(大写)贰零壹玖年柒月叁日　　付款行名称：庐州港西区分理处

收款人：广汽丰田庐州特约维修站　　出票人账号：0216－552288

人民币（大写）	⊗贰拾柒万壹仟贰佰元整	千	百	十	万	千	百	十	元	角	分
			¥	2	7	1	2	0	0	0	0

用途：支付购车款　　科　　目（借）

上述款项请从　　对方科目（贷）

我账户内支付　　出票日期 2019 年 7 月 3 日

出票人盖章　　复核　　记账

庐州捷达运输股份公司 财务专用章　　民庄印敬

03456 3456789 2121345677889 01

机动车销售统一发票

发 票 联

发票代码：**136040922212**

发票号码：**00570226**

开票日期：2019 年 7 月 3 日

机打代码 机打号码 机器编码	136040922212 00570226 DL－001－23456		税控码	（略）		
购货单位	庐州捷达运输股份公司		身份证号码/组织机构代码		91360403000022116A	
车辆类型	丰田凯美瑞 2.5L	厂牌型号	SVW7203FPI		产地	广州
合格证号	WAE080703015506	进口证明书号			商检单号	
发动机号码	BNL218389	车辆识别代号/车架号码				
价税合计	⊗贰拾柒万壹仟贰佰元整				小写 ¥271 200.00	
销货单位名称	广汽丰田汽车庐州特约维修站		电话	0792－8537055		
纳税人识别码	91360403000043918A		账号	0214－663322		
地址	江南省庐州市九威大道中段市车管所左侧		开户银行	工商银行庐州市支行九威大道分理处		
增值税率或征收率	13%	增值税额 ¥31 200.00	主管税务机关及代码	庐州市港西区地方税务局 002301235		
不含税价	小写 ¥240 000.00	吨位	1.829	限乘人数		5 人

销货方（章）：　　开票人：香高印丽　　备注：一车一票

第一联 发票联 购货单位付款凭证

佳达印刷有限公司（0791-8321104）征偾字（2006）印 05 号

中华人民共和国
税收通用完税证

注册类型：股份有限公司 填发日期：2019年7月3日 征收机关：庐州市国家税务局车购税分局

纳税人代码	91360403000022116A			地址	庐州市港西区大桥路108号									
纳税人名称	庐州捷达运输股份公司			税款所属时期	2019年7月3日									
税种	品目名称	课税数量	计税金额或销售收入	税率或单位税额	已缴或扣除税额	实缴税额								
						百	十	万	千	百	十	元	角	分
车辆购置税		1	240 000.00	10%				2	4	0	0	0	0	0
合计金额（大写）⊗贰万肆仟元整							¥	2	4	0	0	0	0	0
税务机关（盖章）	委托代征单位（盖章）		填票人（签章）		备注									

第二联 收据 交纳税人作完税凭证

（印章：庐州市国家税务局车购税分局（02）征收专用章；刘馨佳印）

车船税纳税义务时间

已办理车船登记的，以车船登记证书或车船行驶证书所记载日期的当月为纳税义务发生时间；未办理车船登记的，以车船购置发票开具时间的当月为纳税义务发生时间。

【业务2】 7月5日，对公司改组前的所有车辆进行建卡登记，其中东风货车15辆，旅游客车10辆，小轿车1辆。原有车辆的具体情况如下（限于篇幅，这里只列举三张登记卡，实际业务中应“一车一卡”）。

要求：进行存量汽车第三季度车船税账务处理，填制1张通用记账凭证。

固定资产登记卡（正面）

总账科目：固定资产 本卡编号：101

明细科目：车辆 财产编号：车辆01 设卡日期：2019年7月5日

中文名称	东风厢式运输车	抵押权设定、解除及保险记录	抵押行库			
英文名称			设定日期			
规格型号	DFL5201XXYAX		解除日期			
车牌号码	江GA-127248		险别			
购置日期	2017年8月1日		承保公司			
购置金额	100 000元		保单号码			
存放地点	本厂车库		投保日期			
耐用年限	5年		费率			
载重吨位	10吨		保险费			

日期	凭单号码	摘要	单位	数量	资产价值（元）			每月折旧额（元）
					借方	贷方	余额	

固定资产登记卡(正面)

总账科目:固定资产　　　　本卡编号:116

明细科目:车辆　　　　财产编号:车辆 16　　　　设卡日期:2019 年 7 月 5 日

中文名称	帕萨特领驭 2.0L	抵押权设定、解除及保险记录	抵押行库				
英文名称			设定日期				
规格型号	SVW7203FPI		解除日期				
车牌号码	江 GA－120998		险别				
购置日期	2016 年 12 月 2 日		承保公司				
购置金额	196 000 元		保单号码				
存放地点	本厂车库		投保日期				
耐用年限	10 年		费率				
载重吨位	额定人数 5 人		保险费				

日期	凭单号码	摘要	单位	数量	资产价值(万元)			每月折旧额(元)
					借方	贷方	余额	

固定资产登记卡(正面)

总账科目:固定资产　　　　本卡编号:117

明细科目:车辆　　　　财产编号:车辆 17　　　　设卡日期:2019 年 7 月 5 日

中文名称	金龙旅游客车	抵押权设定、解除及保险记录	抵押行库				
英文名称			设定日期				
规格型号	YC6A240－30		解除日期				
车牌号码	江 GB－036823		险别				
购置日期	2017 年 12 月 5 日		承保公司				
购置金额	300 000 元		保单号码				
存放地点	本厂车库		投保日期				
耐用年限	8 年		费率				
载重吨位	额定人数 45 人		保险费				

日期	凭单号码	摘要	单位	数量	资产价值(万元)			每月折旧额(元)
					借方	贷方	余额	

【业务 3】 8 月 20 日,公司从南华汽车制造股份有限公司购入中型客车 10 辆,用于短途客运,货款已通过银行汇票付讫,取得以下原始凭证。

要求:进行车购税、第一季度车船税的账务处理,填制 4 张通用记账凭证。

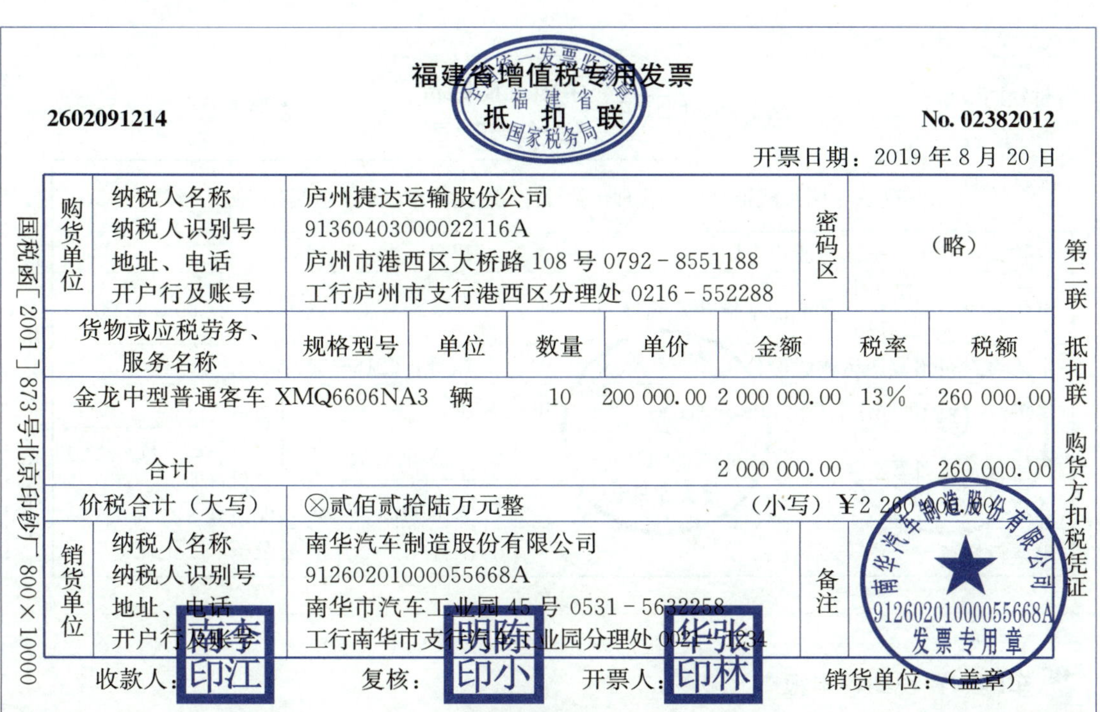

福建省增值税专用发票

抵 扣 联

2602091214 No. 02382012

开票日期：2019 年 8 月 20 日

购货单位	纳税人名称	庐州捷达运输股份公司				密码区	（略）
	纳税人识别号	91360403000022116A					
	地址、电话	庐州市港西区大桥路 108 号 0792 - 8551188					
	开户行及账号	工行庐州市支行港西区分理处 0216 - 552288					
货物或应税劳务、服务名称	规格型号	单位	数量	单价	金额	税率	税额
金龙中型普通客车	XMQ6606NA3	辆	10	200 000.00	2 000 000.00	13%	260 000.00
合计					2 000 000.00		260 000.00
价税合计（大写）	⊗贰佰贰拾陆万元整				（小写）¥2 260 000.00		
销货单位	纳税人名称	南华汽车制造股份有限公司				备注	
	纳税人识别号	91260201000055668A					
	地址、电话	南华市汽车工业园 45 号 0531 - 5632258					
	开户行及账号	工行南华市支行汽车工业园分理处 0021 - 1234					

收款人：李江印 复核：陈小印 开票人：张林印 销货单位：（盖章）

国税函[2001]873号北京印钞厂 800×10000

第二联 抵扣联 购货方扣税凭证

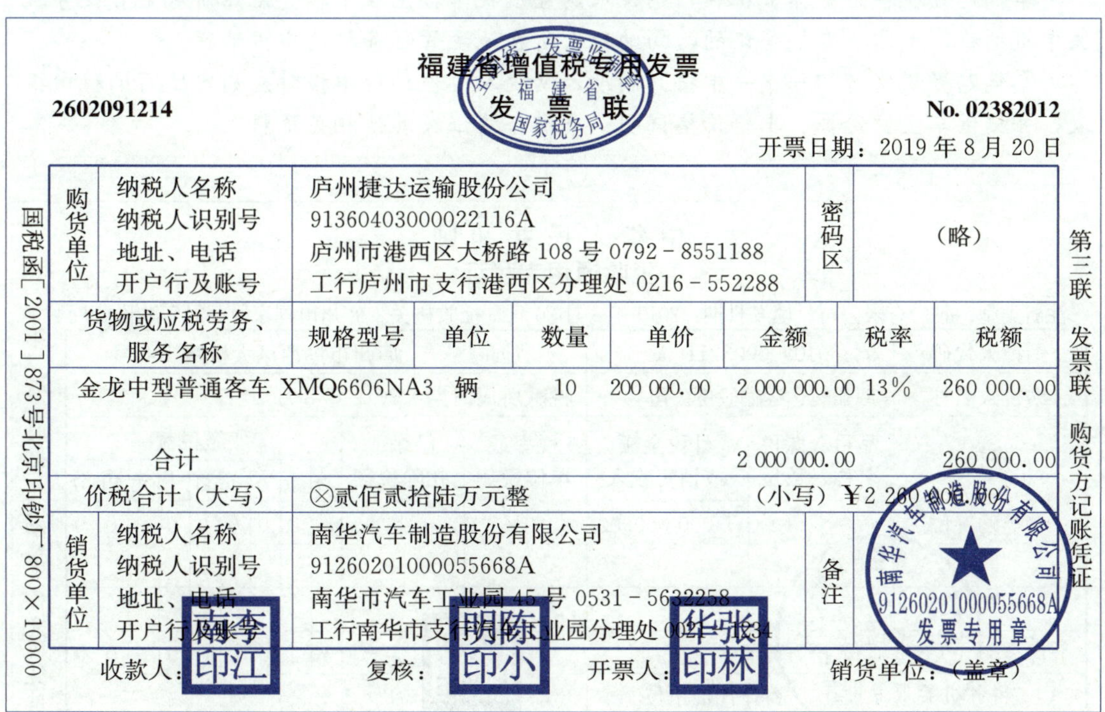

福建省增值税专用发票

发 票 联

2602091214 No. 02382012

开票日期：2019 年 8 月 20 日

购货单位	纳税人名称	庐州捷达运输股份公司				密码区	（略）
	纳税人识别号	91360403000022116A					
	地址、电话	庐州市港西区大桥路 108 号 0792 - 8551188					
	开户行及账号	工行庐州市支行港西区分理处 0216 - 552288					
货物或应税劳务、服务名称	规格型号	单位	数量	单价	金额	税率	税额
金龙中型普通客车	XMQ6606NA3	辆	10	200 000.00	2 000 000.00	13%	260 000.00
合计					2 000 000.00		260 000.00
价税合计（大写）	⊗贰佰贰拾陆万元整				（小写）¥2 260 000.00		
销货单位	纳税人名称	南华汽车制造股份有限公司				备注	
	纳税人识别号	91260201000055668A					
	地址、电话	南华市汽车工业园 45 号 0531 - 5632258					
	开户行及账号	工行南华市支行汽车工业园分理处 0021 - 1234					

收款人：李江印 复核：陈小印 开票人：张林印 销货单位：（盖章）

国税函[2001]873号北京印钞厂 800×10000

第三联 发票联 购货方记账凭证

车辆购置税计算提示

购买应税车辆，以不含增值税价为车辆购置税的计算依据，与购车同时购买的车辆工具、零部件及装饰费应作为价外费用一并作为计算车辆购置税的依据。

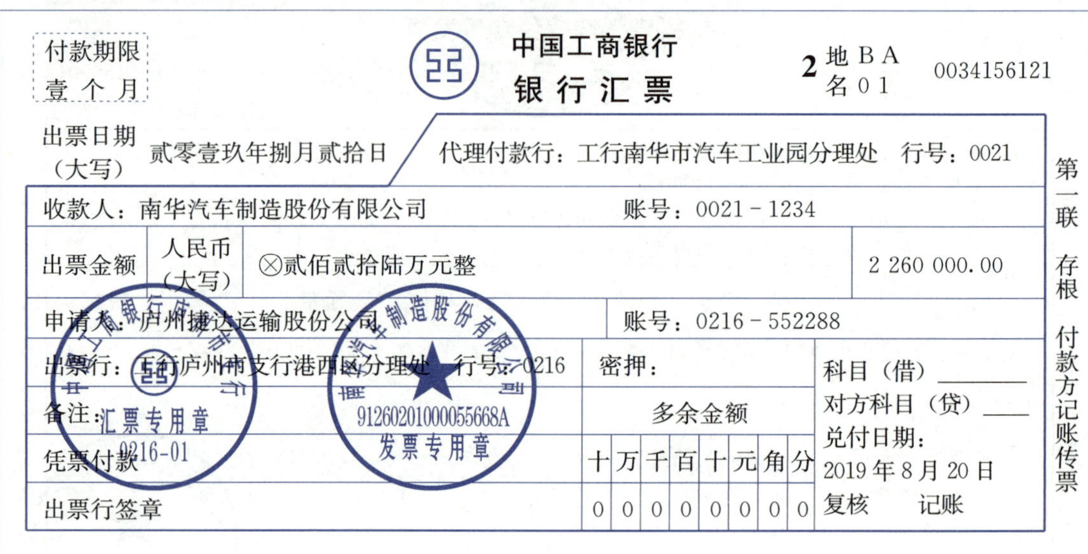

付款期限 壹个月

中国工商银行
银行汇票

2 地BA 名01　　0034156121

出票日期（大写）	贰零壹玖年捌月贰拾日	代理付款行：工行南华市汽车工业园分理处	行号：0021
收款人：南华汽车制造股份有限公司		账号：0021－1234	
出票金额	人民币（大写） ⊗贰佰贰拾陆万元整		2 260 000.00
申请人：庐州捷达运输股份公司		账号：0216－552288	
出票行：工行庐州市支行港西区分理处　行号：0216		密押：	科目（借）＿＿＿＿
备注：		多余金额	对方科目（贷）＿＿＿
凭票付款		十 万 千 百 十 元 角 分	兑付日期：2019年8月20日
出票行签章		0 0 0 0 0 0 0 0	复核　记账

第一联 存根 付款方记账传票

汇票专用章 0216-01

91260201000055668A 发票专用章

车辆购置税纳税申报

车辆购置税在消费环节征收，纳税人购置应税车辆应在车辆登记注册地主管税务机关申报纳税，不需要车辆登记的，向纳税人所在地主管税务机关申报纳税。

车辆购置税实行“一车一申报”制度，纳税人办理纳税申报时应如实填写纳税申报表，并提供车主身份证、车辆价格证明、车辆合格证及其他相关资料。

中华人民共和国
税收通用完税证

注册类型：股份有限公司　填发日期：2019年8月20日　征收机关：庐州市国家税务局车购税分局

纳税人代码	91360403000022116A	地址	庐州市港西区大桥路108号
纳税人名称	庐州捷达运输股份公司	税款所属时期	2019年8月20日

税种	品目名称	课税数量	计税金额或销售收入	税率或单位税额	已缴或扣除税额	实缴税额 百	十	万	千	百	十	元	角	分
车辆购置税		10	2 000 000.00	10%			2	0	0	0	0	0	0	0
合计金额（大写）⊗贰拾万元整						¥	2	0	0	0	0	0	0	0
税务机关（盖章）	委托代征单位（盖章）		填票人（签章）			备注								

第二联 收据 交纳税人作完税凭证

庐州市国家税务局车购税分局 (02) 征收专用章　刘馨印佳

【业务4】9月25日，公司从美国购入1辆双层大型客车用于长途客运，该车厂牌型号为GB9107－88，发动机号码为S63B64B1023，车辆识别代码为JLY6110BG。到岸价格

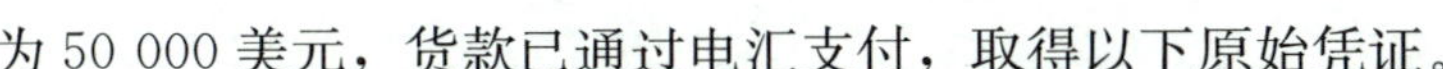
为 50 000 美元，货款已通过电汇支付，取得以下原始凭证。

要求：进行车购税、第三季度车船税的账务处理，填制 4 张通用记账凭证。

WASHINGTON DDD IMPORT & EXPORT TRADING CO.，LTD

No. 28，CHINATOWN ROAD，WASHINGTON，U. S. A

TEL：0310－0021－23455566　FAX：0310－0021－23455568　E-MAIL：USAW－TTT@163. com

PROFORMA INVOICE

TO：LUZHOU JETTA TRANSPORT COMPANY　　INV NO. 1202－12234

NO. 108，HONG KONG WEST BRIDGE ROAD LUZHOU，JIANG NAN，CHINA　DATE：2019－09－20

ITEM NO.	COMMODITY & DESCRIPTION	QUANTITY	PRICE	AMOUNT
				CIF
LLA001245	BMW PASSENGER VEHICLE	USD 50 000. 00	USD	50 000. 00
MORE OR LESS：　% ARE ALLOWED LESS COMMISSION %			USD	0. 00
SAY USD FIVTY THOUSAND ONLY		TOTAL：	USD	50 000. 00

SHIPMENT：BEFORE　25　SEPTEMBER　2019

DESTINATION：LUZHOU　　LOADPORT：WASHINGTON

PAYMENT：L/C

BANK A/C：PAYMENT TO：WASHINGTON DDD IMPORT & EXPORT TRADING CO.，LTD

BANK：WASHINGTON BRANCH OF CITIBANKS

A/C：1055－201－8083008－45

ADD：NO. 28 CHINATOWN，WASHINGTON，U. S. A

REMARK：REMARKS：

MARKS：MADE IN U. S. A

（印章：DDD Import and Export Trading Co.,LTD U.S.A Washington）

海关 进口关税 专用缴款书

收入系统：海关系统　　填发日期：2019 年 9 月 25 日　　No. 011233366

收款单位	收入机关	中央金库		缴款单位	名　　称	庐州捷达运输股份公司
	科　　目	进口关税	预算级次　中央		账　　号	0216－552288
	收款国库	庐州市中心支库			开户银行	工行庐州市支行港西区分理处

税号	货物名称	数量	单位	完税价格	税率	税款金额
	双层客车	1	辆	350 000. 00	20%	70 000. 00
金额人民币（大写）⊗柒万元整					合计（小写）	70 000. 00

申请单位编号		报关单编号	00123017	填制单位　收款国库（银行） 制单人 复核人　业务公章 单位盖章
合同（批文）号		运输工具号		
交缴期限	2019 年 10 月 10 日前	提/装货单号		
备注	一般征税 USD：7. 0 国际代码：			

（印章：中华人民共和国庐州海关（02）验讫章；中华人民共和国国家金库庐州市中心支库）

第一联　收据　国库收款签章后交缴款单位

海关 进口增值税 专用缴款书

收入系统：海关系统　　填发日期：2019 年 9 月 25 日　　No. 011233367

收款单位	收入机关	中央金库			缴款单位	名　称	庐州捷达运输股份公司
	科　目	进口增值税	预算级次	中央		账　号	0216－552288
	收款国库	庐州市中心支库				开户银行	工行庐州市支行港西区分理处

税号	货物名称	数量	单位	完税价格	税率	税款金额
	双层客车	1	辆	420 000.00	13%	54 600.00
金额人民币（大写）⊗伍万肆仟陆佰元整					合计（小写）	54 600.00
申请单位编号		报关单编号	00123017		填制单位 制单人 复核人 单位盖章	收款国库（银行） 业务公章
合同（批文）号		运输工具号				
交缴期限	2019 年 11 月 10 日前	提/装货单号				
备注	一般征税 USD：7.0 国际代码：					

（印章：中华人民共和国庐州海关（02）验讫章；中华人民共和国国家金库 庐州市中心支库）

第一联 收据 国库收款签章后交缴款单位

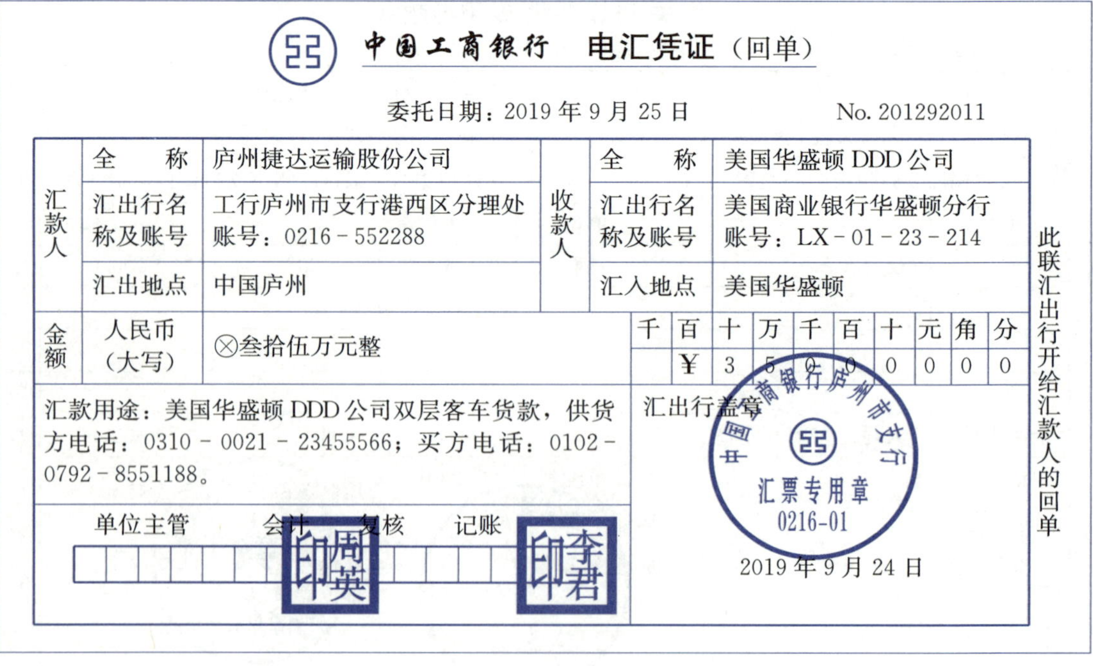

中国工商银行　电汇凭证（回单）

委托日期：2019 年 9 月 25 日　　No. 201292011

汇款人	全　称	庐州捷达运输股份公司	收款人	全　称	美国华盛顿 DDD 公司
	汇出行名称及账号	工行庐州市支行港西区分理处 账号：0216－552288		汇出行名称及账号	美国商业银行华盛顿分行 账号：LX－01－23－214
	汇出地点	中国庐州		汇入地点	美国华盛顿
金额	人民币（大写）	⊗叁拾伍万元整		千 百 十 万 千 百 十 元 角 分	¥ 3 5 0 0 0 0 0 0
汇款用途：美国华盛顿 DDD 公司双层客车货款，供货方电话：0310－0021－23455566；买方电话：0102－0792－8551188。				汇出行盖章	
单位主管　会计　复核　记账				2019 年 9 月 24 日	

（印章：中国工商银行庐州市支行 汇票专用章 0216-01；印 周英；印 李君）

此联汇出行开给汇款人的回单

【业务 5】在按业务逐笔计算第三季度车船税应纳税额并进行账务处理的基础上，编制车船税应纳税额汇总表。

【业务6】登记“应交税费——应交车船税”账户。

【业务7】填制车船税纳申报表、《电子缴库专用缴款书》。

附列资料：当地政府规定，车船税单位税额为：乘用车超过1.6～2.0升，年单位税额400元；超过2.0～2.5升，年单位税额700元；大型客车，年单位税额1 200元；中型货车，年单位税额800元；货车，年单位税额80元/吨。

项目八

企业所得税、个人所得税会计核算与纳税申报实训

【实训目的】 通过本项目的实训操作，学生应熟练掌握企业所得税和个人所得税的应税计算、涉税账务处理、纳税申报资料填报的基本技能，为从事所得税办税业务奠定良好的技能基础，实现快速上岗的基本要求。

【实训内容】 工商企业预缴企业所得税涉税会计核算与纳税申报资料填报，工商企业年度企业所得税涉税会计核算与纳税申报资料填报，企业单位代扣代缴个人所得税涉税会计核算与纳税申报资料填报。

【实训方法】 以企业常见经济业务为基础，以仿真账证和税收表单为素材，按照《企业所得税法》《个人所得税法》《企业会计准则》等法规制度规范，在实训教师的指导下，学生自己动手进行操作，在操作中深化学习，在学习中不断提高。

【实训要求】 实训前要充分学习《个人所得税法》《企业所得税法》《企业会计准则》，准备好操作用通用记账凭证、涉税账页、纳税申报表及其附列资料；实训时务必自己动手，认真、仔细，可以互相学习和讨论，但不能抄袭或复制他人习作。

实训一　预缴企业所得税会计核算与纳税申报

根据现行《企业所得税法》的规定，企业所得税采用“按年计征、分月（季）预缴、年终汇算清缴、多退少补”的纳税方法。现以庐州长江电力设备股份有限公司为例，进行月（季）度企业所得税涉税会计核算与纳税申报的模拟实训。

一、企业基本资料

（1）注册类型：股份有限公司；统一社会信用代码：91360403000238899A；计算机管理代码：20100302；法定代表人：张海涛；财务负责人：周建军；办税员：徐孝杰；电话：13945231268。

（2）注册地址：庐州市西城区十里大道 20 号；电话：0792－8221148；邮政编码：332000；电子邮箱：lzcjdl2010@163.com；生产经营范围：高低压变压器、整流器、压力传感器、智能分段高压计量箱等。

（3）开户银行：中国工商银行庐州市支行十里分理处；结算账户：0221－54002111，网银缴税专用账户：0221－54002344。

(4) 国税主管机关：庐州市国家税务局直属分局；办税服务厅经办人：陈先进；负责人：李建国；办公电话：0792－8221345。地税主管机关：庐州市地方税务局直属分局；办税服务厅经办人：王小平；负责人：周莉莉；办公电话：0792－8226678。

二、涉税账户资料

庐州长江电力设备股份有限公司，于2005年6月6日经庐州市工商局行政管理局注册登记成立，同年6月20日办理税务登记和增值税一般纳税人认定，2010年5月开始实行网上缴税。企业所得税涉税资料（2019年1—9月累计数据）如下。

主营业务收入明细表

单位：元

序号	收入项目	入账金额	备注
1	销售A型变压器	20 312 000.00	
2	销售高压电线	7 250 000.00	
3	销售高压绝缘材料	3 220 500.00	
4	销售B型变压器	8 154 000.00	
5	销售T型发电机	10 227 000.00	
6	销售A型变压器	5 058 000.00	
7	销售B型变压器	10 485 600.00	
8	销售A型变压器	6 072 000.00	
合计		70 779 100.00	

主营业务成本明细表

单位：元

序号	成本项目	入账金额	备注
1	销售A型变压器	23 267 080.00	
2	销售高压电线	5 077 000.00	
3	销售高压绝缘材料	2 093 000.00	
4	销售B型变压器	14 166 090.00	
5	销售T型发电机	6 949 600.00	
合计		51 552 770.00	

税金及附加明细表

单位：元

序号	税费项目	已提金额	备注
1	房产税	20 000.00	
2	车船税	8 000.00	
3	土地使用税	16 000.00	
4	印花税	7 000.00	
5	城建税	238 500.00	
6	教育费附加	102 210.00	
7	1—8月企业所得税	3 398 000.00	
合计		3 789 710.00	

财务费用明细表

单位：元

序号	费用项目	入账金额	备注
1	计提银行借款利息	500 000.00	
2	计提母公司利息	600 000.00	
3	计提宏达公司利息	200 000.00	
合计		1 300 000.00	

销售费用明细表

单位：元

序号	费用项目	入账金额	备注
1	购置办公用品	3 000.00	
2	报销差旅费	280 000.00	
3	支付广告费	1 200 000.00	
4	支付运输装卸费	20 000.00	
5	销售人员工资	140 000.00	
6	职工福利费	21 000.00	
7	职工教育经费	3 500.00	
8	职工工会经费	2 800.00	
合计		1 670 300.00	

管理费用明细表

单位：元

序号	费用项目	入账金额	备注
1	购置办公用品	12 000.00	
2	支付招待费	250 000.00	
3	报销差旅费	220 000.00	
4	研发中心材料费	150 000.00	
5	支付水费	27 000.00	
6	支付电费	58 000.00	
7	管理人员工资	480 000.00	
8	职工福利费	72 000.00	
9	职工教育经费	12 000.00	
10	职工工会经费	9 600.00	
合计		1 290 600.00	

投资收益明细表

单位：元

序号	投资项目	收益金额	备注
1	国库券利息收入	200 000.00	
2	金融债券利息收入	80 000.00	
3	转让 A 股股票	912 000.00	
合计		1 192 000.00	

营业外收入明细表

单位：元

序号	收入项目	入账金额	备注
1	收取宏达公司违约金	30 000.00	
2	以货物抵债重组所得	40 000.00	
3	永昌公司免除债务	2 000 000.00	
合计		2 070 000.00	

营业外支出明细表

单位：元

序号	支出项目	入账金额	备注
1	税务机关罚款	200 000.00	
2	技术监督局罚款	30 000.00	
3	向灾区企业捐款	2 000 000.00	
合计		2 230 000.00	

三、模拟实务操作

【业务 1】根据上述账户资料，编制该公司 2019 年 9 月利润表，编制记账凭证，结转收入与成本费用类账户。

【业务 2】计算该公司 2019 年 9 月企业所得税应纳税额，进行企业所得税应税账务处理。

【业务 3】填制《企业所得税月（季）度预缴纳税申报表（A 类）》，填制《电子缴库专用缴款书》。

实训二　汇算清缴企业所得税会计核算与纳税申报

企业所得税年终汇算清缴是企业计税报税、涉税账务处理业务中较为复杂的内容。实务操作的重点是涉税错账调整、纳税调整、应纳税额计算和纳税申报资料填制。现以庐州丰华酒业股份有限公司为例，进行企业所得税年终汇算清缴的模拟实务操作。

一、企业基本资料

（1）注册类型：股份有限公司；组织机构代码：000236677；统一社会信用代码：91360403000236677A；计算机管理代码：20100912；法定代表人：王全有；财务负责人：程素素；办税员：欧阳建。

（2）注册地址：庐州市开发区西二路 120 号；电话：0792－8375521；邮政编码：332000；电子邮箱：lzjzjx2008@163.com；生产经营范围：粮食白酒、薯类白酒、啤酒等酒类产品的生产、销售、加工及进出口。

（3）开户银行：中国工商银行庐州市支行开发区分理处，结算账户：0223－345612，网银缴税专用账户：0223－345613。

（4）国税主管机关：庐州市开发区国家税务局；办税服务厅经办人：姜宝灵；负责人：桑宏扬；办公电话：0792－8375526。地税主管机关：庐州市开发区地方税务局；办税服务厅经办人：王平平；负责人：洪安石；办公电话：0792－8376688。

二、涉税账户资料

庐州丰华酒业股份有限公司，于2008年8月8日经庐州市工商行政管理局注册登记成立，同年8月20日办理税务登记和增值税一般纳税人认定，2010年5月开始实行网上缴税。2019年度企业所得税涉税资料如下。

（一）收入情况资料

2019年度该公司投资收益、主营业务收入、营业外收入等各项收入项目的具体情况如下。

投资收益明细表

单位：元

序号	投资项目	投资金额	收益金额	备注
1	投资A公司股权红利	500 000.00	60 000.00	美国公司适用的所得税税率为20%
2	转让A股股票净收益	500 000.00	90 000.00	
3	国库券利息收入	300 000.00	20 000.00	
4	金融债券利息收入	100 000.00	10 000.00	
5	投资美国B企业红利	600 000.00	50 000.00	
合计			230 000.00	

主营业务收入明细表

单位：元

序号	收入项目	入账金额	备注
1	销售白酒	35 000 000.00	
2	销售啤酒	12 000 000.00	
3	对外加工白酒取得加工费收入	500 000.00	
4	对外提供技术服务收入	400 000.00	
5	销售下脚料、废料收入	300 000.00	
6	包装物出租收入	600 000.00	
7	包装物押金收入	100 000.00	
8	门面出租收入	200 000.00	
9	自产白酒交换原料收入	300 000.00	
合计		49 400 000.00	

营业外收入明细表

单位：元

序号	收入项目	入账金额	备注
1	以白酒抵债重组净收益	60 000.00	
2	合同违约金收入	3 000.00	
3	接受捐赠收入	200 000.00	
4	用白酒酿酒技术交换啤酒酿酒技术净收益	300 000.00	
5	先征后返增值税税款	500 000.00	
合计		1 063 000.00	

（二）扣除项目资料

2019度该企业财务费用、管理费用、销售费用、营业外支出、营业成本、税金及附加等各个扣除项目的具体情况如下。

财务费用明细表

单位：元

序号	费用项目	入账金额	备注
1	向金融机构借款利息	600 000.00	1. 向工商银行借款10 000 000.00元，年利率6%； 2. 向庐州宏达公司借款2 000 000.00元，年利率12%； 3. 向长江集团公司下属的长江财务公司借款5 000 000.00元，年利率7.2%。 上述借款用于补充流动资金。
2	向其他企业借款利息	240 000.00	
3	向母公司长江集团借款利息	360 000.00	
4	银行罚息	130 000.00	
5	销售折扣	150 000.00	
6	汇兑净损失	50 000.00	
合计		1 530 000.00	

管理费用明细表

单位：元

序号	费用项目	入账金额	备注
1	行政人员工资	800 000.00	1. 业务招待费中含与生产经营业务无关的招待费40 000元； 2. 社会保障缴款的计提比例比当地政府规定的比例提高了10%； 3. 固定资产原值10 000 000元，公司按综合直线法计提折旧，如果按分项直线法计提折旧，应计提折旧600 000元。
2	职工福利费	160 000.00	
3	职工工会经费	16 000.00	
4	职工教育经费	24 000.00	
5	业务招待费	800 000.00	
6	差旅费	200 000.00	
7	社会保障缴款	780 000.00	
8	劳动保护费	340 000.00	
9	固定资产折旧费	1 000 000.00	
10	“三新”研发费	1 000 000.00	
11	其他费用	500 000.00	
合计		5 620 000.00	

销售费用明细表

单位：元

序号	费用项目	入账金额	备注
1	营销部人员工资	300 000.00	
2	职工福利费	60 000.00	
3	展览费	487 000.00	
4	广告费	3 500 000.00	
5	产品质量保证（维修费）	400 000.00	
合计		4 747 000.00	

营业外支出明细表

单位：元

序号	支出项目	实际支出数额	备注
1	罚没支出	23 000.00	1. 通过民政局向东北灾区捐赠150 000.00元； 2. 通过希望工程向某农村小学捐赠300 000.00元； 3. 企业直接捐给灾区乡镇企业200 000.00元； 4. 税务机关罚款20 000.00元，技术监督局罚款3 000.00元； 5. 非广告性赞助100 000.00元，广告性赞助200 000.00元。
2	赞助支出	300 000.00	
3	应收债权转让损失	5 000.00	
4	资产置换损失	20 000.00	
5	债务重组损失	20 000.00	
6	违约金支出	5 000.00	
7	捐赠支出	650 000.00	
合计		1 023 000.00	

营业成本明细表

单位：元

序号	成本项目	实际发生数额	备注
1	A型白酒销售成本	15 000 000.00	
2	B型白酒销售成本	5 000 000.00	
3	A型啤酒销售成本	6 000 000.00	
4	B型啤酒销售成本	2 000 000.00	
5	对外加工劳务成本	50 000.00	
6	包装物出租成本	300 000.00	
7	产品交换成本	200 000.00	
8	赠送产品成本	200 000.00	
本期销售成本		28 750 000.00	

税金及附加明细表

单位：元

序号	税费项目	已计提税额	备注
1	增值税	1 000 000.00	注意：价外税与企业所得税无关。
2	消费税	7 000 000.00	
3	城建税	560 000.00	
4	教育费附加	240 000.00	
5	房产税	150 000.00	
6	城镇土地使用税	250 000.00	
7	印花税	30 000.00	
8	车船税	20 000.00	
9	企业所得税（1—11月）	500 000.00	
合计		9 750 000.00	

全年实发工薪明细表

单位：元

序号	扣除项目	工薪金额	工薪三费	备注
1	生产工人工薪	2 700 000.00		
2	车间管理人员工薪	450 000.00		
3	销售人员工薪	300 000.00		
4	行政管理人员工薪	800 000.00		
5	福利部门人员工薪	200 000.00		
6	工会管理人员工薪	100 000.00		
7	合计	4 550 000.00		
8	职工福利费支出		910 000.00	
9	职工工会经费支出		91 000.00	
10	职工教育经费支出		136 500.00	
合计		4 550 000.00	1 137 500.00	

三、涉税错账资料

该公司办税员在准备2019年度企业所得税纳税申报资料时，发现当年共存在5笔涉税错账，具体情况如下。

【错账1】2月第30号记账凭证记载，基建工程领用材料60 000元错记入管理费用，其记账凭证记录情况如下。

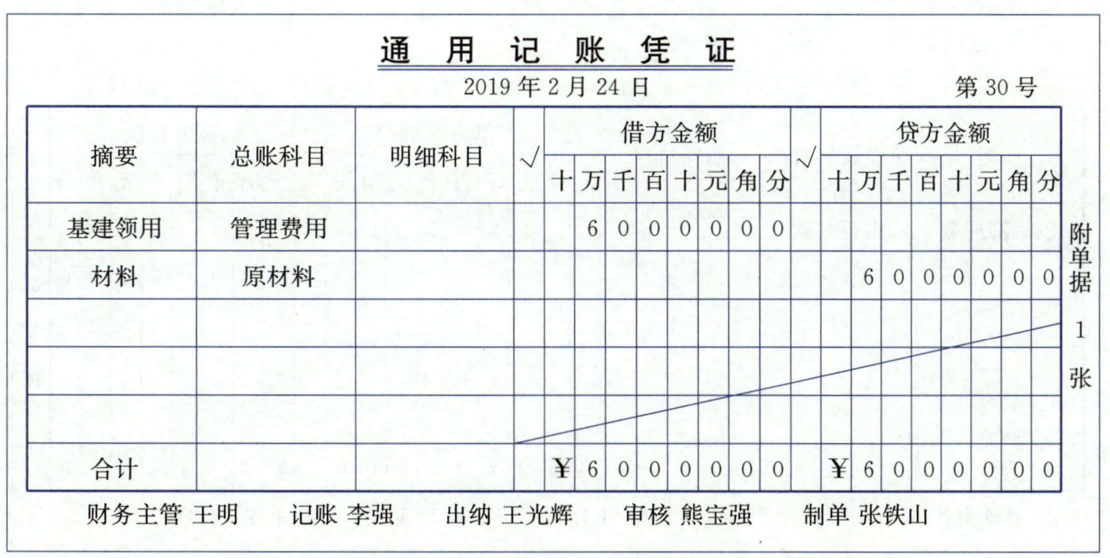

通　用　记　账　凭　证

2019年2月24日　　　　第30号

摘要	总账科目	明细科目	√	借方金额								√	贷方金额							
				十	万	千	百	十	元	角	分		十	万	千	百	十	元	角	分
基建领用	管理费用				6	0	0	0	0	0	0									
材料	原材料													6	0	0	0	0	0	0
合计				¥	6	0	0	0	0	0	0		¥	6	0	0	0	0	0	0

附单据1张

财务主管 王明　记账 李强　出纳 王光辉　审核 熊宝强　制单 张铁山

【错账2】4月第15号记账凭证记载，预付非独立核算门市部2019年5月至2020年4月全年门面租金时，全部记入当月管理费用，其记账凭证记录情况如下。

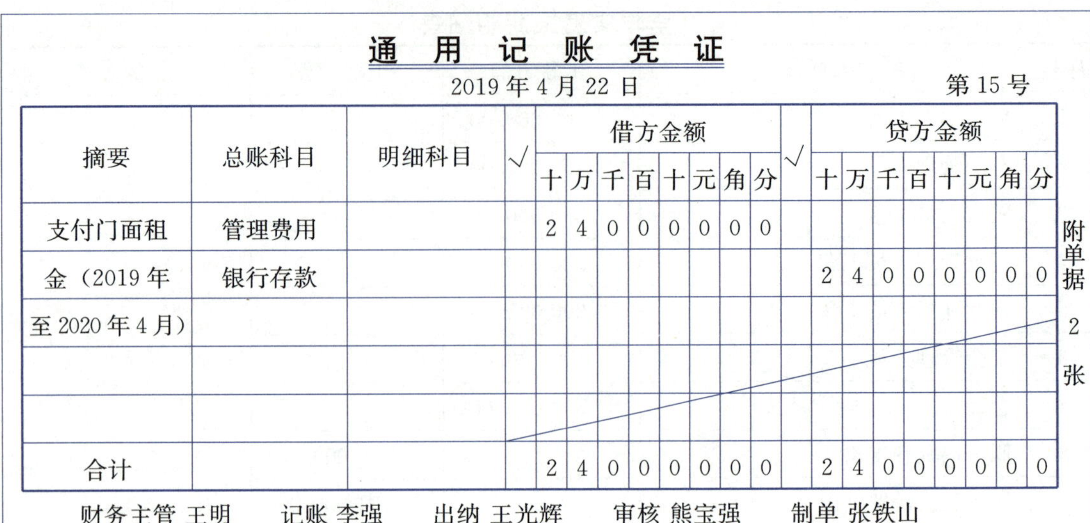

通 用 记 账 凭 证

2019 年 4 月 22 日　　　　第 15 号

摘要	总账科目	明细科目	√	借方金额								√	贷方金额							
				十	万	千	百	十	元	角	分		十	万	千	百	十	元	角	分
支付门面租	管理费用			2	4	0	0	0	0	0	0									
金（2019 年	银行存款												2	4	0	0	0	0	0	0
至 2020 年 4 月）																				
合计				2	4	0	0	0	0	0	0		2	4	0	0	0	0	0	0

附单据 2 张

财务主管 王明　　记账 李强　　出纳 王光辉　　审核 熊宝强　　制单 张铁山

涉税错账处理提示

企业计税报税过程中发现涉税错账时，应先进行涉税错账调整，然后进行纳税调整，如果将涉税错账纳入纳税调整中进行，必然会产生错误的调整结果，从而影响企业所得税的计算。

【错账 3】6 月第 18 号记账凭证记载，6 月 20 日收取的啤酒包装物押金（押期 3 个月），至年底仍挂在“其他应付款”账户上，其记账凭证记载情况如下。

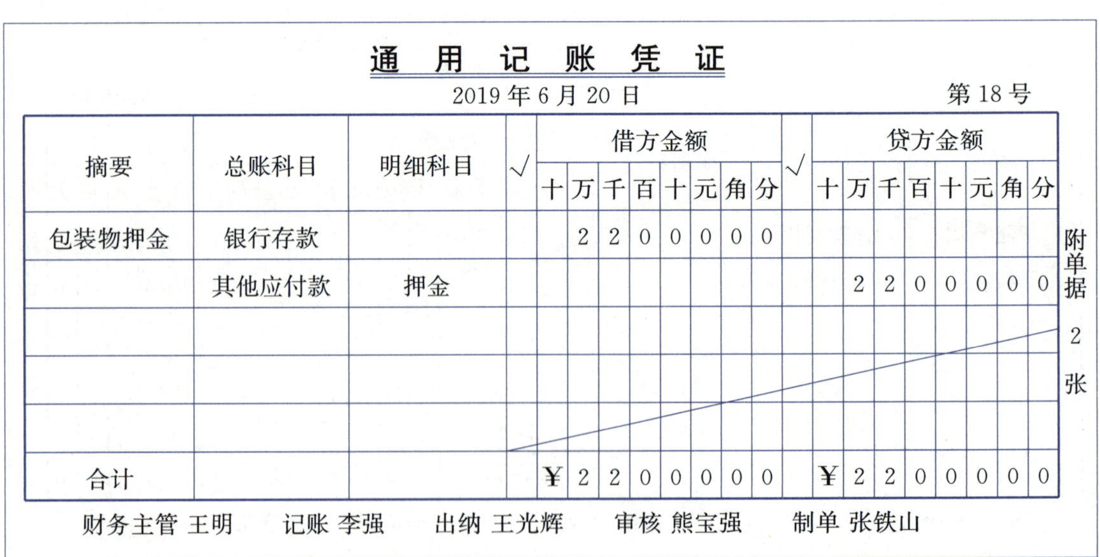

通 用 记 账 凭 证

2019 年 6 月 20 日　　　　第 18 号

摘要	总账科目	明细科目	√	借方金额								√	贷方金额							
				十	万	千	百	十	元	角	分		十	万	千	百	十	元	角	分
包装物押金	银行存款				2	2	0	0	0	0	0									
	其他应付款	押金												2	2	0	0	0	0	0
合计				¥	2	2	0	0	0	0	0		¥	2	2	0	0	0	0	0

附单据 2 张

财务主管 王明　　记账 李强　　出纳 王光辉　　审核 熊宝强　　制单 张铁山

【错账 4】8 月第 23 号凭证记载，8 月 15 日将 20 瓶自产 A 型白酒赠送给市政府领导品尝，直接按成本借记“销售费用”账户，未计提增值税。A 型白酒同类产品不含税售价为 300 元/瓶，每瓶 500g。其记账凭证记载情况如下。

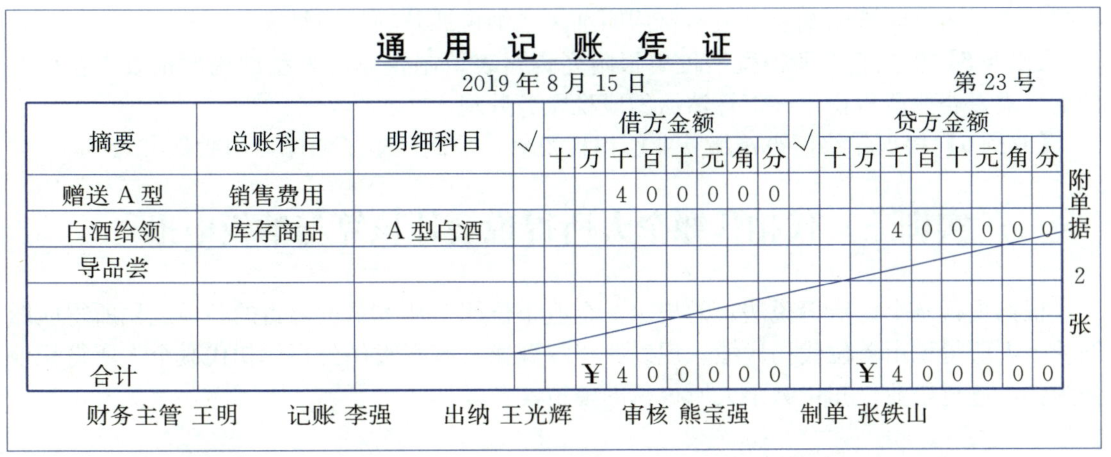

通　用　记　账　凭　证

2019 年 8 月 15 日　　　　第 23 号

摘要	总账科目	明细科目	√	借方金额								√	贷方金额								
				十	万	千	百	十	元	角	分		十	万	千	百	十	元	角	分	
赠送 A 型	销售费用					4	0	0	0	0	0										附单据
白酒给领	库存商品	A 型白酒													4	0	0	0	0	0	
导品尝																					2
																					张
合计					¥	4	0	0	0	0	0			¥	4	0	0	0	0	0	

财务主管 王明　　记账 李强　　出纳 王光辉　　审核 熊宝强　　制单 张铁山

改变货物所有权的账务处理

改变自产货物所有权，应按照同类产品加权平均售价确认销售收入；改变外购货物所有权，应按外购货物买价确认销售收入。

【错账 5】 12 月第 28 号凭证记载，12 月 25 日多计提当月借款利息 3 000 元（该笔借款已于上月归还），其记账凭证记载情况如下。

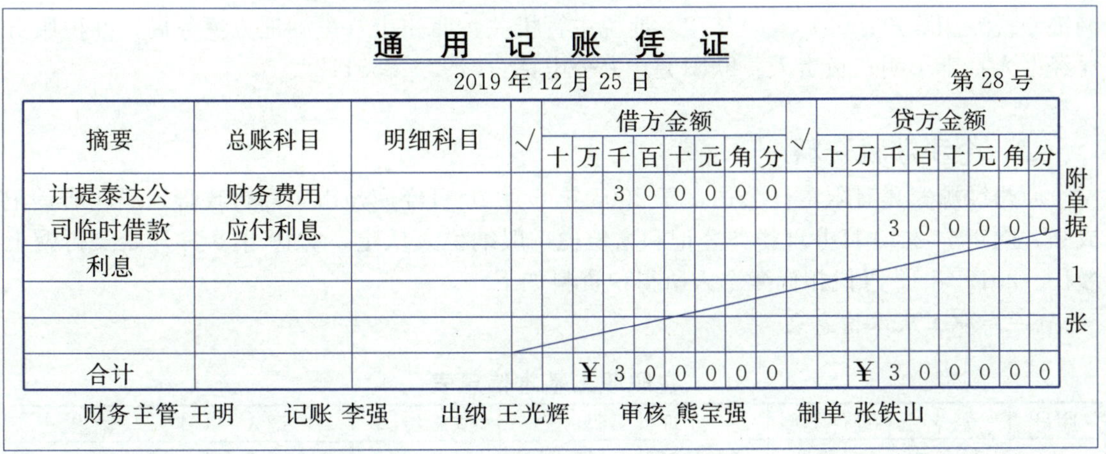

通　用　记　账　凭　证

2019 年 12 月 25 日　　　　第 28 号

摘要	总账科目	明细科目	√	借方金额								√	贷方金额								
				十	万	千	百	十	元	角	分		十	万	千	百	十	元	角	分	
计提泰达公	财务费用					3	0	0	0	0	0										附单据
司临时借款	应付利息														3	0	0	0	0	0	
利息																					1
																					张
合计					¥	3	0	0	0	0	0			¥	3	0	0	0	0	0	

财务主管 王明　　记账 李强　　出纳 王光辉　　审核 熊宝强　　制单 张铁山

四、模拟实务操作

【业务 1】 根据收入情况资料和项目调整资料，编制 2019 年度利润表，计算 2019 年度会计利润。

【业务 2】 根据涉税错账 1～5，进行涉税错账调整并进行账务处理，在此基础上重新编制 2019 年度利润表，计算 2019 年度会计利润。

【业务 3】 根据收入情况资料、扣除项目资料，结合涉税错账调整后计算的 2019 年度会计利润，编制企业所得税纳税调整工作底稿。

【业务 4】 根据收入情况资料、扣除项目资料、纳税调整资料编制企业所得税纳税申报附列资料表（收入明细表、成本费用明细表、纳税调整项目明细表）。

【业务5】根据企业所得税纳税申报附列资料表填制企业所得税纳税申报表，在此基础上，进行企业所得税年终汇算清缴的应税账务处理。

【业务6】根据年终汇算清缴企业所得税税额，填制《电子缴库专用缴款书》。

实训三　代扣代缴个人所得税会计核算与纳税申报

根据现行《个人所得税法》的规定，企业单位职工从本单位取得的各项应税所得应缴纳的个人所得税由单位代扣代缴。现以庐州绿源家具有限责任公司代扣代缴个人所得税业务为例，进行企业代扣代缴个人所得税的模拟实务操作。

一、企业基本资料

（1）注册类型：有限责任公司；组织机构代码：000234455；统一社会信用代码：91360403000234455A；计算机管理代码：20100812；法定代表人：程高杰；财务负责人兼出纳：丁香凝；会计兼办税员：王重阳。

（2）注册地址：庐州市八里湖滨江路215号；电话：0792－8554488；邮政编码：332000；电子邮箱：lzlyjj2010@163.com；生产经营范围：家用家具、办公家具、木工装饰板、实木地板、木制工艺品等的生产与销售。

（3）开户银行：中国工商银行庐州市支行八里湖分理处；结算账户：0215－345678；网银缴税专用账户：0215－345679。地税主管机关：庐州市八里湖地方税务局；办税服务厅经办人：李小明；负责人：欧阳健；办公电话：0792－8551122。

二、个税涉税资料

庐州绿源家具有限责任公司，于2005年6月20日经庐州市工商行政管理局注册登记成立，同年7月10日办理税务登记和增值税一般纳税人认定，2010年5月开始实行网上缴税。2019年12月代扣代缴个人所得税资料如下。

（一）职工基本信息表

在职职工基本信息表

序号	姓名	证件类型	证件号码	邮政编码	调入	调出
1	程高杰	身份证	360403195601170912	332000	2005－5－15	
2	丁香凝	身份证	360403196202201923	332000	2005－5－15	
3	王重阳	身份证	360403196805121924	331000	2006－8－20	
4	董金顺	身份证	360406198308250924	334000	2007－9－10	
5	程鹏程	身份证	352406196803210892	336000	2009－10－3	
6	王小华	身份证	351402197603230913	335000	2010－8－25	
7	余小虎	身份证	360403198502120913	332000	2010－8－23	
8	张灵英	身份证	360403198402180923	332000	2010－8－23	
9	熊宝宝	身份证	360403197802240912	332000	2009－9－25	
10	扬宗宝	身份证	360403197208120923	332000	2010－10－5	

（二）职工工资明细表

2019 年 12 月在职职工工资表

单位：元

序号	姓名	基本工资	加班工资	奖金	生活补贴	小计	扣缴社保	应发工资
1	程高杰	8 000.00	2 000.00	4 000.00	500.00	14 500.00	500.00	14 000.00
2	丁香凝	3 500.00	1 000.00	1 500.00	500.00	6 500.00	200.00	6 300.00
3	王重阳	2 000.00	1 000.00	1 000.00	500.00	4 500.00	200.00	4 300.00
4	董金顺	2 000.00	1 200.00	500.00	500.00	4 200.00	200.00	4 000.00
5	程鹏程	2 000.00	1 200.00	500.00	500.00	4 200.00	200.00	4 000.00
6	王小华	2 000.00	1 200.00	500.00	500.00	4 200.00	200.00	4 000.00
7	余小虎	2 000.00	1 200.00	500.00	500.00	4 200.00	200.00	4 000.00
8	张灵英	2 000.00	1 200.00	500.00	500.00	4 200.00	200.00	4 000.00
9	熊宝宝	1 500.00	1 200.00	500.00	500.00	3 700.00	200.00	3 500.00
10	扬宗宝	1 500.00	1 000.00	400.00	500.00	3 400.00	200.00	3 200.00
合计		26 500.00	12 200.00	9 900.00	5 000.00	53 600.00	2 300.00	51 300.00

（三）职工年终奖明细表

2019 年度在职职工年终奖金发放表

单位：元

序号	姓名	年终奖	过年慰问金	小计	备注
1	程高杰	20 000.00	300.00	20 300.00	
2	丁香凝	12 000.00	300.00	12 300.00	
3	王重阳	6 000.00	300.00	6 300.00	
4	董金顺	5 500.00	300.00	5 800.00	
5	程鹏程	5 500.00	300.00	5 800.00	
6	王小华	5 500.00	300.00	5 800.00	
7	余小虎	5 500.00	300.00	5 800.00	
8	张灵英	5 500.00	300.00	5 800.00	
9	熊宝宝	5 500.00	300.00	5 800.00	
10	扬宗宝	5 500.00	300.00	5 800.00	
合计		76 500.00	3 000.00	79 500.00	

三、模拟实务操作

【业务 1】根据公司 2019 年 12 月在职职工工资表、年终奖金发放表，填制《代扣代缴个人所得税计算表》。

【业务 2】根据《代扣代缴个人所得税计算表》填写《代扣代缴个人所得税纳税明细申报表》。

【业务 3】根据《代扣代缴个人所得税纳税明细申报表》填写《中华人民共和国代扣代收税款凭证》。

图书在版编目（CIP）数据

纳税会计与纳税申报实训操作/傅文清，付丽莎主编．--4版．--北京：中国人民大学出版社，2019.10
21世纪高职高专精品教材．新税制纳税操作实务系列
ISBN 978-7-300-27576-5

Ⅰ.①纳… Ⅱ.①傅… ②付… Ⅲ.①税收会计－高等职业教育－教材 ②税收管理－中国－高等职业教育－教材 Ⅳ.①F810.42 ②F812.423

中国版本图书馆CIP数据核字（2019）第223272号

"十二五"职业教育国家规划教材
经全国职业教育教材审定委员会审定
全国财政职业教育教学指导委员会教研课题
21世纪高职高专精品教材·新税制纳税操作实务系列
纳税会计与纳税申报实训操作（第四版）
主　编　傅文清　付丽莎
Nashui Kuaiji yu Nashui Shenbao Shixun Caozuo

出版发行	中国人民大学出版社		
社　　址	北京中关村大街31号	**邮政编码**	100080
电　　话	010－62511242（总编室）		010－62511770（质管部）
	010－82501766（邮购部）		010－62514148（门市部）
	010－62515195（发行公司）		010－62515275（盗版举报）
网　　址	http://www.crup.com.cn		
经　　销	新华书店		
印　　刷	北京鑫丰华彩印有限公司	**版　　次**	2008年8月第1版
规　　格	185 mm×260 mm　16开本		2019年10月第4版
印　　张	23.75	**印　　次**	2021年7月第2次印刷
字　　数	545 000	**定　　价**	45.00元